才气、勇气和傲气
狂狷、狡黠和洒脱

李大钊传

傅宁军 著

人民文学出版社

图书在版编目(CIP)数据

李敖大传/傅宁军著.—2版.—北京：人民文学出版社,2014
ISBN 978-7-02-010289-1

Ⅰ.①李… Ⅱ.①傅… Ⅲ.①李敖—传记 Ⅳ.①K825.6

中国版本图书馆CIP数据核字(2014)第037510号

责任编辑　杜　丽
装帧设计　刘　静
责任校对　罗翠华
责任印制　任　祎

出版发行　人民文学出版社
社　　址　北京市朝内大街166号
邮政编码　100705
网　　址　http://www.rw-cn.com

印　　刷　三河市鑫金马印装有限公司
经　　销　全国新华书店等

字　　数　367千字
开　　本　720毫米×1020毫米　1/16
印　　张　27.25　插页9
印　　数　8001—13000
版　　次　2003年6月北京第1版
　　　　　2018年6月北京第2版
印　　次　2018年6月第2次印刷

书　　号　978-7-02-010289-1
定　　价　49.00元

如有印装质量问题,请与本社图书销售中心调换。电话:010-65233595

李敖与童年李文

李敖早年情人罗

李敖女友吴海蒂

中兴大学时的小屯

小蕾曾是李敖的读者

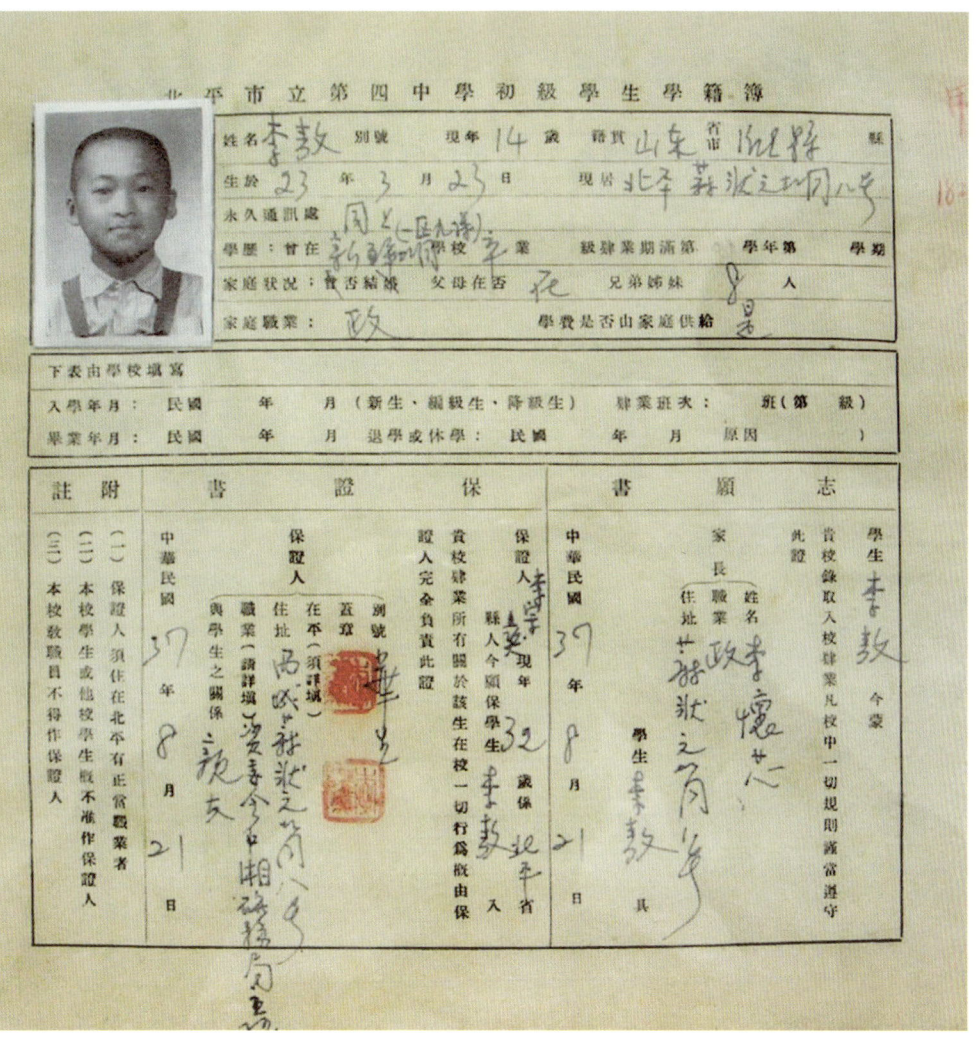

李敖的学籍卡（摄影：傅宁军）

李敖母亲张桂贞

童年李敖

学子李敖

李敖与母亲及姐妹们

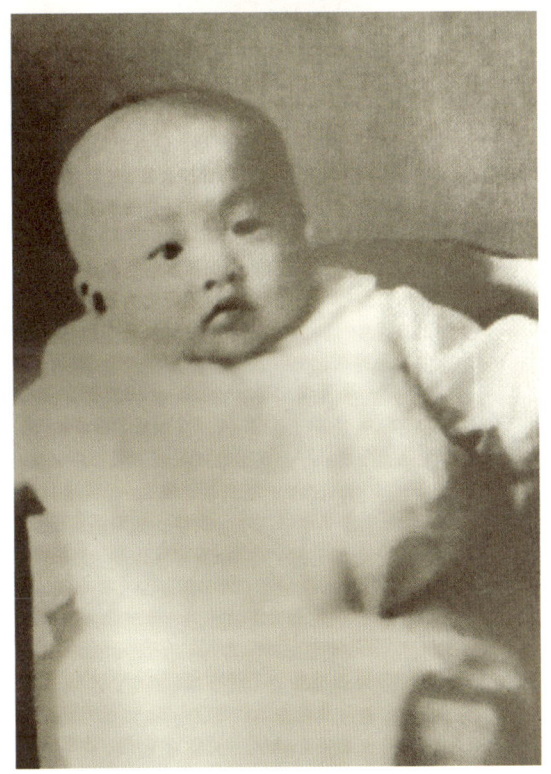

周岁李敖

李敖登上天安门

李敖收藏的资料令作者
傅宁军惊叹

作者傅宁军在李敖书房

李敖与胡茵梦

李敖胡茵梦结婚照

李敖与儿子李戡

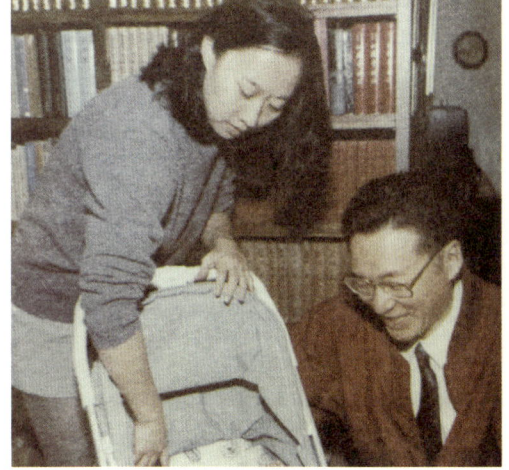
李敖与王小屯

李敖三十岁生日

长袍李敖在校园

李敖在阳明山家门口

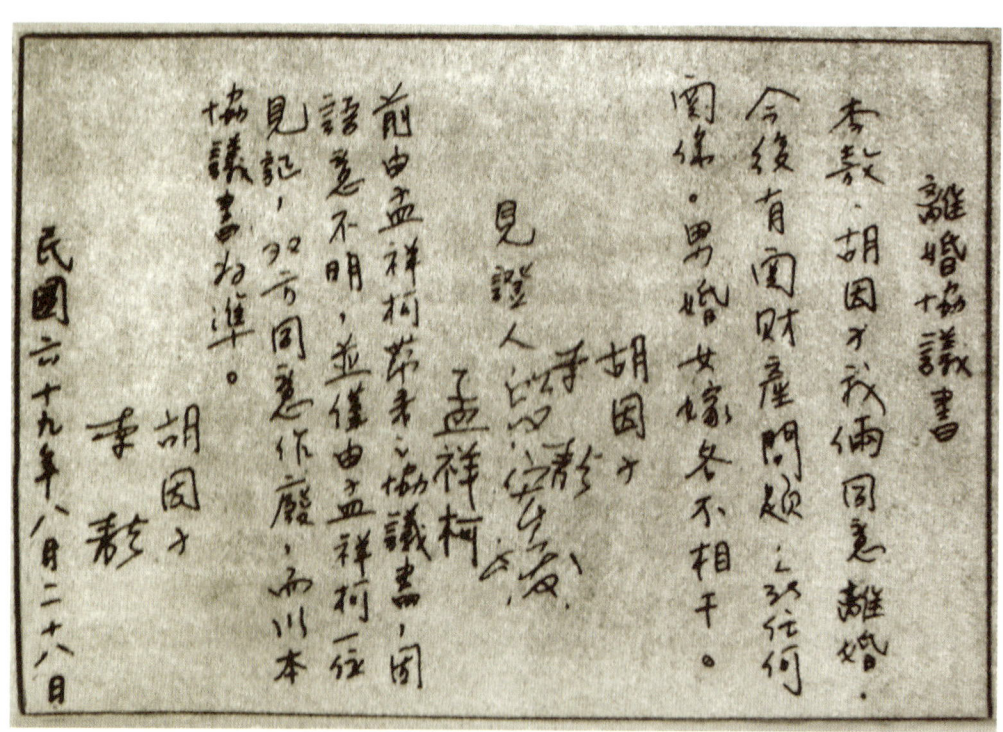

李敖与胡茵梦的离婚协议书
(胡茵梦后改名"胡因梦")

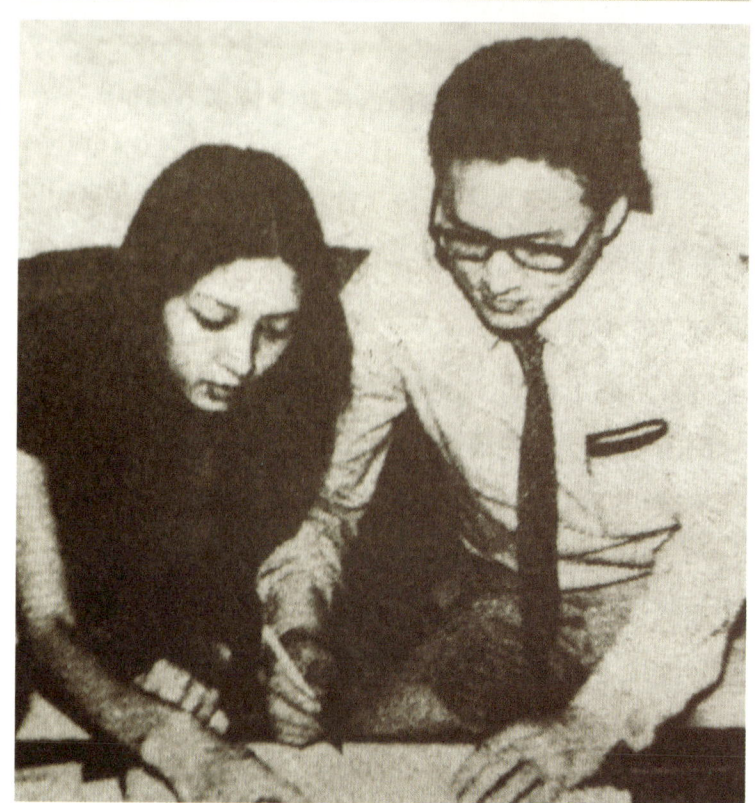

李敖胡茵梦在离婚协议书上签字

楔子：与李敖有缘

一九九六年六月十八日，我随摄制组踏上台湾的土地，是缘于电视系列片《海峡情不断》的前期拍摄。因为负有总撰稿之责，还在北京列出采访提纲阶段，我就列上了李敖的大名，摄制组碰头研究时，都对李敖寄予了厚望。揭示海峡两岸悠远的文化承传，镜头对准台湾文化名人，不能缺了李敖的"实况声"。

天下谁人不识君，这句话用来形容李敖并不为过。很多作家的成就是圈内认可，老百姓不一定知道，李敖是个杰出的例外。他的成功属于书斋，亦属于公众，但又跟别的公众人物大不一样——他的笔厉害，嘴厉害，行止时常出人意料。到台湾见不到李敖，肯定是个大遗憾。我之所以没把这个遗憾带回来，多亏了台北的朋友。

当初，我在采访人名中列入李敖这个名字的时候，真有些迟疑。早就读过李敖的文章了，对他钦佩已久。但也有些担心，李敖的名字可谓如雷贯耳，他能放下架子，接受来自祖国大陆的电视采访吗？虽说我采访过众多名人，也算是"久经沙场"，可像李敖这样被外界传成"目空一切"的人物，还真没遇到过。

李敖对我们来说，是个最大的悬念。他对很多来访者说不，外人看来不近人情，他不在乎。曾有几位北京著名作家访问台湾，想到李敖府上拜访，被他婉言谢绝，毫无商量余地。他公开表示不跟台湾官方合作，台湾文化圈的面子他也不给。翻开台湾当局出版的"作家名录"，洋洋洒洒一大本，数到七百零三名，连李敖前妻胡茵梦都榜上有名，李敖居然被"遗漏"了，这自然逃不过李敖的痛击，叫他更不买账。

帮我们跟李敖联系的，是台北友人崇恩圆先生，卓越文化传播公司老总，高高的，胖胖的，是台湾人中少有的重量级身材。他性格爽朗，声音洪亮，却是粗中有细，遇事讲究方法，什么也难不倒他。我们传真给崇先生一堆采访对象名单，尽管分散在台湾各地，肯定是麻烦透顶，他不说二话，费尽周折去约定。

在我们一行人之前，还没哪一个大陆记者或作家到李敖家访问过，只是听说这人或那个人想采访李敖碰了壁。崇先生说话办事很实在，他如实告诉我，李敖先生是出了名的"怪咖"，得要做好被拒绝的思想准备。想想也是，你想见李敖，李敖想不想见你，还两说呢。

试试吧，被一口回绝也在预料之中。

当初我们知道入台拍摄时间有限制，申请了三十天，只批准了二十天，包括头一天到台北和最后一天离境到香港，实际上有效时间只有十八天。崇先生帮了大忙，在我们来到台湾时，大部分采访对象都敲定了，唯有李敖还在联系之中。既然仍在联系，就有两种可能，或者接受，或者不接受，我们只能一边抓紧采访拍摄，一边等待着李敖的回音。

有一天，崇先生乐哈哈地告诉我，他又给李敖挂电话了，李敖终于同意接受采访。我一听太高兴了。崇先生真行，他把李敖说服了。

事后，我曾悄悄向崇先生打听，你究竟有什么高招，能把李敖说动了。他得意地一笑，说他在电话里跟李敖谈得很融洽，越说话越多，其实他跟李敖并不认识，也没有什么诀窍，他能做的，就是表达自己的钦佩之情。

真逗，李敖素来刀枪不入，架不住崇先生的"智取"。崇先生在大学读的是工科，毕业后搞经济，转入电视行业做制片人，谈文学实在隔膜，而他避实就虚，以普通读者的敬重打动李敖，说李敖被百姓仰慕。这一招很灵，作家其实离不开读者，文学界外的声音让李敖感动。

至于李敖跟崇先生的电话内容，倒有一个细节可说，那就是崇先生的姓氏，叫李敖非常在意。崇先生自报姓名，李敖马上就问崇先生是哪里人，因为姓崇的人不多。崇先生回答说，他在台湾生，台湾长，但他父亲的老家是江苏兴化，祖籍则在中原河南。李敖便说，不知你的祖先是怎么到江苏的，不过有一点可以肯定，崇姓原先起缘于满族，后来才失散到中原的。李敖的"崇姓说"，崇先生闻所未闻，也大长了见识。两人在电话里越说越近乎，李敖当然是非答应不可了。

楔 子
与李敖有缘

李敖的博学,果然名不虚传。

一九九六年七月三日,我们日程表上最重要的事,就是采访李敖。

那是夏日的一个上午,驱车顶着炎炎酷暑,穿过市区的滚滚车流,直奔临街的金兰大厦,李敖家就在大厦的其中一层。进楼门上电梯,我们并没有遇到一个人,楼里静悄悄的,看来李敖真如古人所言,"大隐隐于市"。不用围墙,就把自己藏在都市里,还能罩笼着某种神秘的感觉,不能不叫人佩服。

走出电梯,我们停在一个深绿色的防盗门前。崇先生按响了门铃。防盗门打开了。李敖的眼睛在镜片后面笑着,把我们一行人迎进他的寓所。

不约而同,我们尊称"李敖老师",其实很贴切。李敖的学识当老师是绰绰有余的,但他最倒霉时想当老师却当不成。等他著作等身,名扬四海,根本不想当老师了,却被请上了大学讲台,在台湾最有名的大学都讲过课。

李敖穿着短衬衫,显得十分精神,笑容可掬,一下子拉近了我们与他的距离,原来打算应对冷漠与傲慢的我顿时轻松了不少。他伸出手,与大家一一相握。我说,感谢李敖老师接受我们的采访,李敖说:"我的习惯是,凡是我同意来到我家的人,我都不再拒人于千里之外。狡兔三窟,这是我的三窟之一。"

他接过我们的每张名片,很礼貌地看了看。我之所以注意到这个细节,是因为我跟台湾的一些名人见面,交换名片,人家一般是不会仔细看的,随手就放进胸前的口袋里,最多在需要招呼的时候掏出来,看着叫出你的名字。李敖是知道尊重别人的,他接过大家的名片,一一看过,再找出他的名片盒,分送给各位。

我低头细看,李敖的名片与众不同,雪白的硬纸片上只有李敖签名的手写体字迹,下面是他的地址和电话,没有大陆文化人常见的种种头衔。李敖确实是不需任何注释的名人,名片的空白之中体现着他极度的自信。

崇先生示意我们换鞋,我才注意到李敖家里铺的是实木地板,地面一尘不染,摆设井井有条。匆匆一瞥,朝南的两个单间,一是李敖的会客室,一是李敖的写作间。外面则是偌大的一个厅,足有上百平方米,好像是几个房间的墙壁打通而成的。

这是李敖的"资料库",他很自豪地让我们欣赏。

两层窗帘，把燠热隔在屋外。窗户偌大，透过白纱的光线，柔和地洒满房间，李敖的家因此而明净敞亮。深棕色的书架古朴沉着，都竖在会客室和写作间里，一层层地立着装潢考究的精装书。而他放满资料的大屋没有书架，只是把书籍和资料从外到内铺展着，中间留出人走的窄道，像个规模可观的图书超市。

显然，李敖放置资料书的原则，不是表面好看，更注重的是实用。因为这些书籍和资料摆成了半人高，正好可以站着翻阅，不用低头弯腰，也不要踮脚跟去取。字条夹在书里，书与书的分类摆放有他的道理。所有的东西都井然有序，不管他要找什么资料，马上就可以找到，这是他不让别人动的原因。

李敖的藏书有十万册之多。他当仁不让地说，就当代的个人而言，这里大概是中国私人藏书的"冠军之家"。以前跟李敖论战的人，光看他的惊人成绩，认定他不是一个人，一个人哪能有这么多的学问，他的背后可能是一个集团。等他公布了他的"藏书大屋"，人家不得不相信了，他真的是一个人。

此时，我突然感到，李敖的藏书是有生命的。没有刀光剑影，却有金戈铁马。十万藏书仿佛十万大军，在李敖身边匍匐着，只要李敖一声令下，它们就会呼啸而出。李敖熟悉它们，知道它们每一个成员的位置。它们与李敖血肉相连。

李敖在他的书屋里特别自如，他拍拍这一摞书，又拍拍那一摞书，说他可以随时拿到他想拿的书。他随手抽出一本来，这是一本年代久远、纸页发黄的旧书，小巧而厚实。打开来，他像孩童般地笑着说："这是我小时候看的书，叫《儿童实用科学大纲》，可爱吧？我刻了李敖的印，是铜印，盖在书上的，可惜这个印丢掉了。那时我有个自己的实验室，所以还盖了这么一个戳，也就是图章。

李敖有问必答，举止自然，笑声爽朗而亲切，他对来访者的热情和随意，让我们感到亲切，完全不像难以接近的怪人。算来李敖已年过花甲，但他的身上找不到任何老者的标志。头发乌黑浓密，脸膛皮肤平整而有光泽。他不仅外表年轻而且内心更年轻，说话像他文字那样幽默风趣，但又不失棱角锋芒。

他的眼睛，透过金丝边的镜片闪动，黑亮，尖锐。

坐在客厅里的长沙发上，我与李敖对谈。

楔 子
与李敖有缘

李敖妙语连珠,思绪跳跃于千里之外,话题无所约束。原先所有的担心都烟消云散。留下的,还是有缘相识的感慨。

和李敖如此地近距离,听李敖说一口地道的北京话,带着浓浓京腔,仿佛海峡的阻碍不复存在,我几乎忘记了我置身在台北。李敖在台湾生活了这么多年,而且被蒋介石当做"台独"大员坐过牢,口音丝毫未改,也真是奇事。李敖的北京话,不是"儿"字音特强的那种老北京方言,而是符合播音标准的那种"字正腔圆",比台湾式的国语要正宗,属于大陆推广普及的普通话。

李敖的地理观念高屋建瓴,岛上的风云遮不住他的目光。他半开玩笑道:也许经过几千年上万年,突然来了考古学家,发掘台湾的过去,看到的是一片苍茫,只有一个真的活人,就是李敖。尤其这么多年,我真正为中国问题沉思,苦心孤诣,我的话不是随便讲的。我下一个结论,看起来好像是粗线条的,事实上那个结论的产生,我是下了功夫的。

"我们中国人勤俭刻苦。过去没有机会,现在有机会了,可以赚点钱改善生活了。所以大家在拼命地改善,这是对的。可是从长远看的话,如何在这经济成长的过程里面,使我们的头脑也跟得上?台湾有点分开了:大家生活上这么好,在头脑上很浑。这就不行了。我的意思是,能够做些补救是很重要的。"

一屋子人都在听李敖说,津津有味,他的话锋突然一转:"我的方法没有别的,就是头脑要清楚的话,一条路子:好好看李敖的书。"大家都笑了。李敖不笑。他不是在调侃,说得郑重其事。细细想,他有他的表达方式,只是我们不习惯于李敖式的自信。作品是作家表达情感的载体,我理解李敖的意思,他的看法都写进他的书里了,人家读他的书就是听听他怎么说的。他认为他说得对,你不听进去怎么能做出判断呢?

我想起李敖在接受台湾记者采访,曾经抨击台湾的知识分子,那个记者就说,你认为台湾的知识分子应该怎么做呢?李敖说,很简单啊,他们可以展开一个"学习李敖运动",学习我李敖的骨气,以及我李敖的博大精深啊。

也许是久已习惯于中国文化人的含蓄,甚至"王顾左右而言他",当面聆听李敖这样单刀直入的谈话,我感到震撼,感到吃惊。

在跟李敖交谈时,我的思绪有些走神。李敖这大半辈子,跟磨难相随,也跟女人相伴,他凭什么点燃恋爱之火,让爱她的女人心痴情迷?

他说话的时候,神情非常专注,眼睛里没有游移,那目光有一种慑人的力量,逼着你的念头从别处收回,跟着他走。他的外表一点不魁梧,甚至可以归入英俊书生之列,但他的感悟,领着你昂起头,看到天外有天。难怪有人说,成年人的脸上是有文化的,他的神态,他的谈吐,渗透着人生智慧,而不仅仅是聪明。

这就是离开书桌的李敖。以为李敖是个凶神恶煞,靠近不得,是个最大的误会。他有大义凛然、不畏强权、傲骨铮铮的一面,也有温文尔雅、亲切体贴、细致入微的另一面。比如,他听你诉说采访意图时,望着你轻轻点头,不因为自己是著名人物就目中无人。比如,你提出看书屋,他就领着你在书堆中走,也不因为与采访无关就不耐烦。

不知不觉,你觉得有一种相识已久的感觉。大概,这也是李敖的魅力,或者说,是一种亲和力,让男人敬重,让女人爱慕。

李敖是懂得来访者心理的,当摄像机前的采访告一段落,李敖站起身,领着大家参观他的工作环境,从书房式客厅到写作间。其实刚才进门,大家已简单地浏览了个大概,只是初来乍到,不好意思多问,也不好意思拍照。我端起相机,要跟李敖合影拍几张照片。李敖欣然同意。我和李敖并肩站在他的"家庭图书馆"里,李敖拉住了我的手。我把相机交给同事,抢下了这个极其珍贵的瞬间。

李敖的写作间窗明几净,桌上虽然有不少书和资料,但一切都是井井有条。早就听说李敖爱干净,最恨乱七八糟的邋遢,没想到他的家收拾得这么整洁,而且是他自己动手的。他说,抹桌子扫地,是他锻炼身体的方法。

把家务劳动当作体育锻炼,李敖简直能当"模范丈夫"了。他不以为苦,也不嫌烦,反而到处"炫耀"他做家务的本领,这在其他作家身上,是很难找到相同案例的。拿起笔打天下,拿起扫帚打扫房屋,他能把两者协调得如此之好。

李敖翻开大书桌上的一个卡片箱,给我看他收集的分类资料。他告诉我:虽然四十多年没回过北京,老北京的许多资料他都有,比北京人还懂得多,写起历史的北京毫不吃力。他还得出结论,不需要远行或考察,什么都能够从书里查到。他的确

楔　子
与李敖有缘

是这样做的,书和资料使他有用不着远行的充分理由。

我突然想起来,片子里要用几张李敖不同时期的照片,插在李敖访谈内容的中间。我向李敖提出要求,并且表示不带走,就在他家里翻拍一下。李敖是行家,非常理解地点点头,到他的资料柜里翻了一通,找出了几张黑白照。其中有一张是他在小学时拍的,当时用在学生证上,已经发黄了。照片上的李敖光着脑袋,嘴巴紧抿着,眼睛似乎在盯着什么看,那是一个不服输的少年李敖。

乘着李敖和其他人说话的空当,我赶紧又拍了几张李敖家的室内照,特别是他的家庭图书馆。我知道,来一趟台湾不易,到一次李敖家更不易,这些照片能加深我的记忆。李敖很有兴致地跟大家聊天,对大家的好奇心很是理解。

我们告辞时,李敖送大家到门口。占用了李敖的宝贵时间,我们心里有些忐忑不安,但李敖的笑容是真诚的,自始至终兴致挺高,客气而不做作。

满载而归,皆大欢喜。当时,李敖已经在北京央视四套露了面,但海峡两岸的隔绝太久,互动层面仍有待开拓,要说李敖是个名人,没有人有异议,但他的人生经历,一步步地如何走来,对于许多读者来说,还是有点云山雾罩。

于是,我萌生了写李敖的念头。

当时,我成为"走进台湾李敖家的第一个大陆作家",绝非自我溢美,只是陈述一个事实。在我之前的某著名主持人有外籍身份。而几位打电话采访的记者,无缘到台北李敖家采访。更何况在我之前,作为中国作家协会会员,还没有过。

不过,真的动笔,是在这次采访的四年之后。

又过了五年,我在北京再次见到了李敖。

二〇〇五年五月,"李敖神州文化之旅"在北京开启,李敖将在清华与北大进行演讲,我受《凤凰周刊》孙谦社长之约,专程赴京采访李敖。需知李敖携家人来大陆马不停蹄,高潮迭起,一连数日成为各家媒体争抢的焦点,李敖由深居简出、难以采访而如今竟然频繁在两岸媒体前曝光,叫我不胜感慨!

再见李敖,自然又是一番感慨。

孙谦社长交给我的任务,是写出我眼中的李敖。我拿到了李敖活动的日程表,从北大到清华,从《鲁豫有约》对李敖的专访到李敖与昔日同学的聚会,我都挂着特制的"记者牌"在现场。借《凤凰周刊》的安排,征得主办方的同意,避开媒体记者的围堵,我得以在宾馆单独与李敖见了面。

问候李敖,握手,寒暄,合影。凤凰卫视副总裁王纪言帮我按下相机的快门。我忘了递上我的名片,显得不礼貌,而李敖仍从西装口袋里掏出名片盒,把他的名片递给我,很是周到。我低头细看,李敖名片和他当年给我的那张一样,雪白的柔面纸片只印有李敖两个宋体字,下面是地址和电话,仍然没有任何头衔。

当我再次与李敖交谈,听着他的京腔语调,不禁引发物是人非的感慨。李敖依然神采飞扬,身板硬朗,只是头上多了白发,手中多了拐杖。

岁月不饶人,即使如李敖这般强者。

不变的,是李敖的洒脱心态。

李敖终于跨越海峡,媒体当然不会轻饶他。一到北京机场,记者就盯着问:李敖先生,你以前说过不回大陆,这次为什么会来?

李敖笑着说了五个字:我改主意了。

李敖至今不曾否认他说过的话,这叫我很佩服。李敖有句名言,宁做"真小人",不做"伪君子"。九年前,我的确揣着一个疑问:台湾开放赴大陆探亲多年了,李敖母亲生前回过大陆了,李敖姐姐从大陆到台湾去过了,李敖作品在大陆也出版这么多了,李敖为什么不能回大陆,尤其是回北京看一看呢?

李敖这样回答说:"如果从感情层面,我以为回大陆'重温旧梦',可能是'破坏旧梦'。那个旧梦没有了,我希望我不要有意破坏它。如果是理性层面,要了解大陆,不需要这么麻烦,不需要我亲临其境,我从很多资料中可以了解。一定要直接了解吗?不一定。很内行的人不一定要直接了解。我的知识都是间接来的。"

李敖心目的"旧梦",是传统的,也是神圣的,包含着那种中国人原始的美德。"我可以告诉你,我不回大陆的原因之一,就是我所看到的那个五十年前的北京,现在没有了。我告诉你那个北京吧,你穷飕飕到他店里去,他一看见就知道你买不起他东西的,他会跟你说很客气的话,然后倒一杯茶给你。这个味道现在有吗?没有了吧?那是真正文化的、礼貌的,当然你可以说那是虚伪的,可是人与人之间相处的那种分寸捏得很准。那种文明,在海峡两岸都有过的,现在全部给撕裂了……"

当我听到李敖再次谈到他难以割舍的老北京、比豆汁儿更原味的老北京、寒风中送一杯茶给客人的老北京,我的心怦然而动。

于是,我更能理解李敖,尤其看到了李敖在故宫稀世名画前的如数家珍,看到了李敖慷慨解囊为胡适塑像的感恩之举,看到了李敖回到母校新鲜胡同小学的相赠古语,看到了李敖看望小学鲁老师时的单腿跪拜,看到了李敖对患癌少年的亲切鼓励,看到了李敖宴请小学同学的真情流露……

李敖是经得起比较的——人格的比较。有的人在弱者面前是强者,不可一世,趾高气扬,而到了权势面前又唯唯诺诺,低三下四。李敖恰恰相反,他是一个爱憎分明的角色。诚如我在书中所写的:"李敖能分辨出,谁是好人,谁不是好人。你是羊,他也是羊。你是狼,他也是狼。你是老虎,他就是武松。"他的侠肝义胆的准则,近乎于古典的做人之道,凸显着他的人格力量。

其实,李敖说不回来也罢,李敖又回来也罢,他不是近乡情怯,不是望断归途,他痛惜的是一种人文关怀、一种纯朴大爱。

李敖来了,嘻笑怒骂,不藏锋芒。"与过去的我对话"的李敖,还是那个一以贯之的作家李敖,还是那个腹有诗书的智者李敖。

李敖是谁?谁是李敖?有人说他可敬,有人说他可爱,也有人说他可怕。我想当一个向导,与大家一起靠近真实的李敖。

目 录

第 一 章　"小噢"叫成了小敖 …… 001
第 二 章　"伟大惊人"的少年 …… 012
第 三 章　父亲是个"老北大" …… 025
第 四 章　失恋了，李代桃僵 …… 035
第 五 章　台大"长袍怪" …… 043
第 六 章　"鬼才"通吃军营 …… 053
第 七 章　到校园"暂栖身" …… 063
第 八 章　"文星"闪烁 …… 073
第 九 章　"小人物的傲骨" …… 080
第 十 章　一个永远的老师 …… 088
第十一章　"碧潭山楼"之恋 …… 096
第十二章　讨回一点公道 …… 103
第十三章　纸上的浪漫 …… 112
第十四章　"文星"的时代 …… 124
第十五章　"没有青春只有斗" …… 131
第十六章　从爱情到友情 …… 140
第十七章　"求人不如求己" …… 152
第十八章　软禁时，情人相伴 …… 161
第十九章　训练男子汉的地方 …… 171
第二十章　在狱中品尝孤独 …… 182

第二十一章	"坐牢家爸爸"	190
第二十二章	"自动申请斗室独居"	196
第二十三章	明星加明星的婚姻	204
第二十四章	"因不了解而分手"	212
第二十五章	"黑牢不白坐"	223
第二十六章	"战斗性隐居"	234
第二十七章	"台独"走不通	243
第二十八章	有力量的"善霸"	252
第二十九章	无嗜好的"工作狂"	263
第 三 十 章	应聘"东吴"上讲台	274
第三十一章	电视上的"笑面虎"	283
第三十二章	参选"总统"的"老顽童"	294
第三十三章	李登辉,我告你!	305
第三十四章	"女人我不想躲"	314
第三十五章	跟诺贝尔有点缘	324
第三十六章	养生送死母子情	333
第三十七章	给漂亮女人一个机会	343
第三十八章	老李飞刀,其乐无穷	356
第三十九章	"难忘我是大陆人"	367
第 四 十 章	单打独斗,永远乐观	379
第四十一章	"我希望继续做李敖"	395

后记:中国有个李敖 ……………… 414

第一章 "小噢"叫成了小敖

雁过留声，人过留名。李敖的名字已享誉海内外，他对自己的单名作过一番考证：翻开"李氏宗谱"，有一代祖宗名叫李敖。从《湖南省博物馆藏古玺印集》中，可以查出汉朝"李敖"铜印，魏晋南北朝官谱也有"李敖"之名。

比李敖大五岁的李家二女儿李珣，对弟弟李敖大名的来历这样说：李敖原名叫安辰，把辰字放进名字里，可能是长辈们对男孩子出生时辰的重视，毕竟李敖是长子。"实际上并没有人叫他安辰，大人用噢噢的声音逗他，被四妹误解，于是四妹喊他小噢，变成了李敖大名的来源典故。"

看来李敖的起名毫不神奇，真有些歪打正着的意思。李敖并不觉得二姐说的实情"有碍观瞻"，反而如实收入自己的文集，并评点道："很多我小时候的轶闻其实她比我记得清楚，并且是权威无疑。"

在李敖家人的印象里，李敖的聪明与顽皮同样顶尖。二姐的文章是李敖动员她写的，做姐姐的秉笔直书，对有了名的敖弟不留情面，跟李敖个性是一个路子："敖弟小时候皮肤较黑，有点儿对眼，发音的时候舌头也不那么利落，还有几分眯缝眼，说话的时候喜欢嬉皮笑脸地盯着人看，直到今天我看他笑还能捕捉到他童年的影子。"

李敖一九三五年出生在东北哈尔滨。依母亲的说法，他的生日是乙亥年三月二十三辰时，也就是上午七至九时。李敖二十岁时，自己查出他出生那天，阳历是一九三五年四月二十五日，从此，李敖放弃了阴历生日，只过阳历生日，省得每年阴历有变化，生日的时间固定不下来。

等李敖到了六十岁，才与失散多年的二姐李珣见面。提起敖弟的生日，二姐却记得在三月初三，"在这个问题上，我哪里敢跟妈妈争。"二姐也不是等闲之辈，是燕京大学毕业的工程专家，她笑言："找个真能掐会算的证明一下：一九三五年阴历三月初三或三月二十三辰时生的男丁，到底哪一个命中注定有两次牢狱之灾，不就真相大白了吗？"

不信邪的李敖，从不信算命先生。二姐的说法跟母亲的说法，使他的生日时间相差二十天，但都不出四月份。以前台湾报纸把李敖归入"金牛座"，作为分析李敖的依据。他只是发笑，看到二姐的确切回忆，他可以嘲弄给他排"星座"的人了："如二姐记忆属实，则市井报刊描写李敖的'金牛座'性格，就全部崩盘，我反而是'白羊座'的。我是不信什么星座的，但我的例子可以拆穿星座谬说，亦一快事。"

李敖呱呱落地，正是春暖花开的时节，东北却是人心惶惶，百业凋零。"九一八"事变后的三年七个月，白山黑水沦入异国之手，东北成了日本掌控的"满洲国"。李敖长大了才体味到他出生时的时代悲哀："照历史的说法，我一出生就是'遗民'，就像孔夫子一出生就是'遗民'一样。不过，孔夫子做'遗民'，做来做去，是给不同的中国统治者做'遗民'，但我却一生下来，就给日本鬼子卵翼的中国末代皇帝做'遗民'，所以，我比孔夫子还窝囊。"

达官贵人喜欢把自己的祖籍与古代圣贤相连，似乎是炫耀的资本。比如蒋介石默许为他写传的文人，经过别出心裁的"考证"，查出蒋家祖先是周公，即春秋战国时期的周文王和周武王，曾经受到李敖的抨击。李敖自己则不然，他以"李氏宗谱"作考证，追溯到李氏远籍在云南乌撒，是属于社会底层的普通人。

李敖打小就记得，每逢过大年，家中珍藏的"李氏宗谱"就会摆上供桌，和祖先牌位一起，被全家人焚香膜拜。这部宗谱不知传了多少代，后来被李敖家人带到台湾，李敖父亲去世，就归李敖保存。源远流长的李氏族系，发端于云南乌撒。据说乌撒是一支少数民族，元代设有乌撒路，即如今云南镇雄县和贵州威宁县；明朝改成乌撒卫，就是威宁县。"李氏宗谱"记载，明洪武年间，明太祖曾派傅友德为征南将军，率兵三十万征云南，在强迫性的民众北移时，李氏家族自乌撒迁到山东潍县（现为潍坊）。

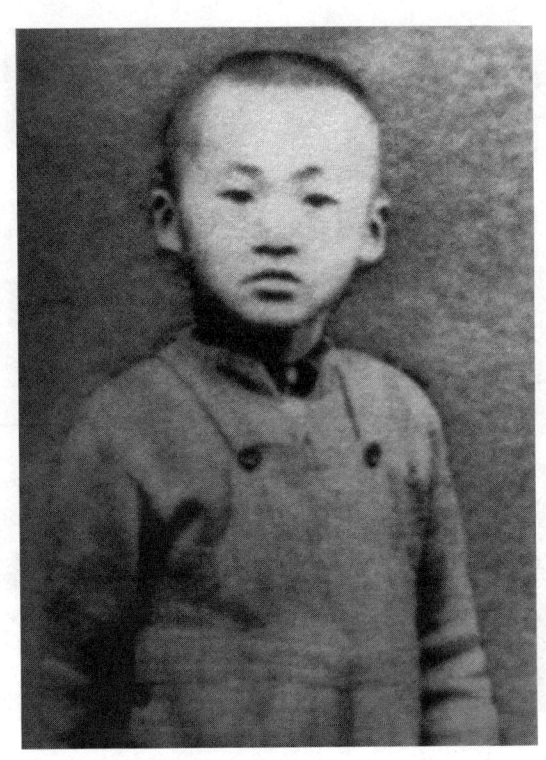

四岁李敖

 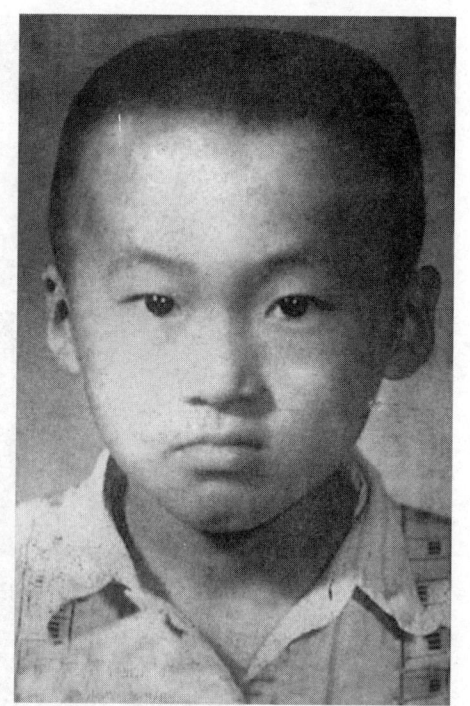

左：李敖幼年证件照
右：李敖小学毕业照

第一章

"小噢"叫成了小敖

"我的祖先,很可能是苗族。而照人类学家凌纯声等的研究,苗族的支流,渡海来台湾,成为高山族的一部分,所以,我是台湾高山族的族人,而目前自称真正台湾人的福佬与客家,比起高山族来,其实是假台湾人,或是喧宾夺主的台湾人。"

李敖的先辈迁入胶东半岛后,老实本分,勤谨度日,当了五百年安土重迁的农民,与发财致富无缘。直到李敖的爷爷李凤亭,李氏家族还没有名流出现,也没有文人细胞,他连名字都写不全,但他却改变了李氏家族的命运。

李凤亭生于晚清末年的潍县,那是辛亥革命前五十年前后。他是个苦出身,幼年就饱受穷困的折磨。有一年闹饥荒,母亲带着他外出逃荒要饭,路上碰到了恶狗。眼见恶狗扑上来,他母亲紧紧护着他,自己却被恶狗咬死了。他流着泪继续流浪,没法糊口,也找不到活儿干,就替那些"闯关东"的人赶马车,跑到了东北。

东北地大物博,物产丰富,对山东、河北等省的穷苦人是个诱惑,也是他们北上"闯关东"的动因。东北是满族人的祖居地,满族人入关建立清朝,曾把东北划为汉人不得迁徙的禁区,只有发配的囚犯例外。但诱惑在,"闯关东"的人络绎不绝。李凤亭到了东北,几经辗转,定居在吉林扶余县。这里紧挨松花江,是哈尔滨与长春之间的交通枢纽。

李凤亭在东北过了六十年,为李家打下了一份丰厚的家业。他是个传奇人物,做过赶车的、打工的、种地的、打更的、看坟的,还当过流氓、土匪、打土匪的,后来是银楼老板。别看他不识字,却是个有胆有识、有勇有谋的能人。

在李凤亭七十多岁的时候,有一天深夜,一帮土匪包围了他家,大喊叫他开门。院子里只有他和哥哥嫂嫂(李敖大伯父和大伯母),用人们吓成一团。李凤亭处变不惊,他叫哥嫂在屋里使劲地吹警笛,自己手握一根丈八蛇矛,用这支张飞操练的兵器,在前门和后门之间来回奔跑,吼叫着向土匪叫板。居然把土匪们镇住了。本来想弄些钱财,冒出一个不怕死的,他们似乎也没有拼命的决心,商量半天,快快地撤退了。

李敖还记得,有个衣柜跟着他家人搬迁,那是当时的土匪从墙头朝爷爷开枪,子弹射穿窗户玻璃,击碎窗台上的花盆,最后打到衣柜上,留下了一个圆坑。这个带着弹痕的衣柜,刻着爷爷的骄傲。

李敖最欣赏爷爷的,就是他的人间大勇。

李敖的爷爷和奶奶的结合,没有媒妁之言,也是不同凡俗。李凤亭当土匪冲冲杀杀,受了伤躺在山洞里,奄奄一息,生命垂危,幸好被当地一个姑娘看到了,她不顾男女授受不亲的老观念,熬草药,喂汤水,像亲人似的照料这个年轻男子。李凤亭病好了,就跟她结了婚。奶奶是热河人,也姓李,中国传统是同姓不婚,他们不信这个邪,采取了瞒天过海的手法,让她改姓了吕。奶奶长得粗壮,两人吵架,爷爷骂她:"穷山恶水,丑妇刁民!"不示弱的奶奶回敬他:"土匪!"

信奉多子多福的年代,李敖奶奶前后生了十二个孩子,六男六女,其中有五个孩子夭折,还剩下五男二女,占了十二分之七。爷爷吃了没文化的亏太多,他有了钱,发誓把孩子都送进学堂。大儿子李宝彝,在李家读书最早,并没有考上像样的学校,回到村里教了私塾,跟着爷爷守家园了。爷爷寄希望于二儿子李鼎彝,李鼎彝读书勤奋,终于考上了北京大学国文系。

李鼎彝便是李敖的父亲。他生于一八九九年,一九二〇年他二十一岁时进入北大,前一年刚爆发五四运动,正是北大的鼎盛时期。主张"兼容并包"的蔡元培是校长,教授中有陈独秀、胡适、鲁迅、周作人、钱玄同、沈尹默等一代大家,他的同班同学中后来不少人成为大学者。一九二六年李鼎彝毕业,毕竟是吉林省出的人才,省政府想送他公费留学,这个深造的机会被他拒绝了。

李鼎彝之所以拒绝,是因为父母年事已高,家道衰落,急需他挣钱养家。他有京师大学堂的学历,在东北家乡极受重视,被聘为东北大学的讲师,而且兼任哈尔滨吉林六中校长,并在吉林女子师范和吉林大学兼课。他一生中惟一的学术著作《中国文学史》也在这段时间写成,不过一直没机会问世,直到李鼎彝病故多年,李敖主持"文星",才由文星书店印刷出版。当时李敖写的长序惹起了麻烦,险遭查禁,这当然是后话了。

在吉林女子师范上学的女学生张桂贞,成为李鼎彝的第二任妻子。李鼎彝的第一任妻子尹女士,不能生孩子,郁郁而终。张桂贞嫁到李家,却是生育能力极强,接连生了四个女儿,长女李珉,次女李珣,三女李琳,四女李玎。虽说李家挺新潮,并不

第一章
"小噢"叫成了小敖

那么重男轻女,但在当时的社会环境下,总没有男孩子,做母亲的似乎缺欠了什么。也许是思儿心切,四女小名叫招弟。李敖是婆家和娘家盼望多年的第一个男丁,长辈们自然异常欣喜,谁见了这个胖小子都要抱一抱,说一番吉利话,张桂贞扬眉吐气了。

李敖出生的当天,父亲李鼎彝兴奋极了,他叫大女儿和二女儿穿上新潮衣服,打扮得漂漂亮亮,以电影明星彩色广告为背景拍照留念。姐姐们真奇怪,爸爸不拍敖弟却拍两个大女儿!其实高兴归高兴,李家并不守旧,男尊女卑的意识不占上风,敖弟沾了"物以稀为贵"的光。何况大人们拿敖弟当个宝,四个姐姐没把他放在眼里。敖弟在长辈那里到处吃香,到姐姐们跟前捞不着便宜。李敖的四个姐姐如花似玉,谁都不是好惹的。

此时的李家,是个四世同堂、人丁兴旺的大家庭。除了李敖爷爷奶奶住在这里,李敖外祖父外祖母也跟他们同住。母亲张桂贞姐妹三个,没有弟兄,她是长女。一个屋檐之下的,还有李敖的五叔、三姨、四姑、老姨、小姑等,外加大爷、大娘一家人,加起来有十九口之多,非常热闹。小李敖在大家庭中备受呵护。

那时李敖当然不会懂得父辈的痛苦。东北已是日本扶植的伪"满洲国",马占山将军领导东北抗日义勇军,打出了抗日保家的义旗。李鼎彝不甘做"亡国奴",悄悄地参加抗战活动,他和友人吴焕章潜入哈尔滨,组织"黑龙江省青年抗敌会"。日本加紧大规模侵华准备,李鼎彝决定率家人南迁。一九三六年春,经过紧张的筹划,这个大家庭变卖家产,搬到了北京(当时改称北平)。

其实在东北时的李敖太小,恐怕没有什么记忆,家族往事是他以后收集的。而北京,给李敖的人生打上了最初的烙印。

在北京读过六年书的李鼎彝,离开时一个单身汉,重返故都已是老老少少一大家子。现实是无情的,在东北他熟门熟路,到北京却两眼一抹黑。肩头扛着全家人生计重担的李鼎彝,四处寻找职业。无奈之时,他去找过他的老师胡适。胡适向来不帮人介绍职业,只对有成就的人另眼相看。也许李鼎彝在北大不出众,胡适想不起来,没有理他。

功夫不负有心人，李鼎彝终于找到一份差使，在法部上班。那时法部在西城，李家住在东城，李鼎彝走路去上班，舍不得花费车钱。他下班回家路过面包行，总要买两块面包，一块给全家年纪最大的爷爷吃，一块给全家年纪最小的李敖吃。没有更多的钱，其他人只能饱眼福了。

李敖四岁了，他非常喜欢爷爷，常常钻到他的屋里玩，这一老一少的感情特别好。爷爷一生的最后一个旧历年，从大年三十起，李敖给爷爷磕头拜年，他觉得有趣，一会儿就去磕一次，跟爷爷相对大笑。爷爷笑着说："这小子今年怎么回事？怎么老是向我磕头，磕个没完，看这样，要把我给磕死了。"

热闹的大年过去了，在奶奶去世百日那天，爷爷到寺庙给奶奶做佛事。佛事结束，爷爷如释重负，他对僧人们说："我不会再来了，再来就是麻烦你们了！"当晚，大爷来陪爷爷过夜，父亲在座，听爷爷兴致勃勃地大谈京戏。谈到很晚，爸爸告辞，回到房里。不多会儿，大爷急急地敲门，说爷爷不行了。全家人忙过去，想找出寿衣替爷爷穿上，按规矩寿衣得在人咽气前穿好。一片慌乱，找不着寿衣。这时爷爷突然睁眼，清楚地说出装寿衣的箱子在哪里。大家去找，果然找到了，替爷爷穿好，他就闭眼了。

爷爷的棺材，是二儿子李鼎彝在他生前预订的，棺木是千年古柏，系安葬的上品。小李敖看到，那时的人习惯于生前备好送终的寿衣寿材，并且老人都得试穿试躺，爷爷奶奶试的时候乐得合不拢嘴。李敖回忆说："他们那时代的人对'慎终''送死'都极重视，也毫不忌讳。只有后来的人，才那样远离死、漠视死，死得那样没有准备。"

八十三岁的爷爷，与童年李敖永别了。他活着不安分，充满了传奇色彩，死得不糊涂，"真是高人的死法"。李敖在勇敢、强悍、精明、厉害、豪迈上，"有乃祖风"，他说也是由他爷爷而来。

李鼎彝领着一大家人，从关外到关内，当时是想摆脱日本人的控制。没想到一年后发生卢沟桥事变，日本军队由东北长驱直入，很快占据了北京。李鼎彝是这个大家庭的顶梁柱，也被大家庭拖累，没有能力再南迁了，他同意年轻的五叔到后方

第一章
"小噢"叫成了小敖

去，其余的人只得又做了"遗民"。

李鼎彝富有爱国之心，尽管不能南下抗日，仍在从事秘密抗日活动。马占山将军组建东北义勇军之初，他就是其麾下的秘密盟员。在马占山将军身边有一个军师，名叫吴焕章，他毕业于北京法政大学俄文法政学系，与李鼎彝友情笃深，称他为二哥。"九一八"事变后，吴焕章介绍李鼎彝参加地下抗日。北平陷落，吴焕章"同意由李同志参加到敌伪组织内，做掩护与策动各工作"，并由东北挺进军总司令马占山将军秘密任命。李鼎彝成为"同志"，与国民党无关，而是跟"不做亡国奴"的马占山将军志同道合。

这时李鼎彝在北京法部继续做科员，属于"参加敌伪组织"。他的才华被他的上司看中，来了官运，扶摇直上，升到华北禁烟总局下太原禁烟局局长的职位，负责查禁鸦片烟。在太原前后三年多，夫人张桂贞带着最小的六丫头随行。此外，二女儿李珣在太原度过两个暑假，而李敖在太原度过了三个暑假。

晚年李珣在台北跟李敖坐在一起忆旧。为什么家里兄弟姐妹这么多，除了六妹，只有她和敖弟去过太原？谁也说不清楚，反正李敖待的时间最长。而他们都记得在太原的公园里看见过一只五条腿的牛，都记得跟着大人去看日本相扑表演赛，都记得太原帽儿巷禁烟所的房屋结构，尤其是正房边上那个小跨院，给他们抹不去的神秘印象。李珣想起来，敖弟在太原是五到七岁，他怎么会记得这么多，太让她惊讶了。

李鼎彝小心谨慎，仍没有逃脱日本人的监视。一九四三年暑假过后，快要开学了，他和张桂贞送三个孩子(二女儿李珣、长子李敖、六妹李璎)回北京。火车开出太原，就过来几个日本兵和一个翻译，他们查实李鼎彝的身份，叫他在前面下车。他冷静地问："能否先将家眷送回北京？"遭到拒绝，他对妻子说："我们要在下一站榆次下车。"

车外夜色漆黑，大雨滂沱。李敖以为火车出故障才让大家下车。没想到雨中下车的，除了两个日本宪兵，仅有他们一家人。他突然意识到这不是什么好事。一行人艰难地行进在泥泞昏暗的铁道旁边。一个日本宪兵一手拿着个纸灯笼，一手牵着李珣的手，走在最前面。当中是母亲张桂贞抱着小女儿，父亲李鼎彝和另一抱着李敖的宪兵走在最后。他们顶着风雨,踩着烂泥,吧唧吧唧地走着。一不小心,领着李珣的宪兵掉进水沟,母亲惊慌地喊女儿。十二岁的李珣又惊又怕,脸上雨水和泪水交织在一起。

七岁的李敖却不吵不闹,似乎已经懂得为大人分忧。走了许久,他们被押送到日本宪兵队驻地。李鼎彝单独关押,妻子和三个孩子另住,显然不准他们夫妻在一起交谈。李敖躺在母亲身边,一会儿就进入梦乡。第二天早晨醒来,他看到的是一间旧式平房,中间的院子不大,外面守着持枪的宪兵。到了下午,他们一家人被解送回太原,关进了太原的日本宪兵队。

后来,张桂贞和孩子们都被释放,李鼎彝还被关着。李敖跟着母亲和姐妹回家,他始终默默地依在妈妈身边,什么也不问,什么也不说。日本人的趾高气扬、中国人的痛苦无奈,他在这次被捕经历中深深感受到了。

李鼎彝坐了六个月的牢,他被卷入了敌伪内部的人事纠葛之中,也被日本人怀疑有抗日倾向。所幸他的手下人没有咬他,他最后无罪释放。当时担任"华北政务委员会"委员长的王克敏对李鼎彝很欣赏,请他出任华北禁烟总局局长的职位,但是李鼎彝谢绝了,他打算脱离官场做点研究。

他选中的课题是中国土地问题,从此每天必去的地方,是国立北平图书馆。他在这个中国最大的图书馆里,找回了书斋文人的乐趣。他读遍古今土地问题的书籍,做了大量笔记,摒弃外界的烦恼。他是图书馆常客,有时高兴了,也带李敖来。他看他的大人书,李敖看他的儿童书。"父子对读,构成我一生中最值得怀念的一幅图画。"

日本投降后,国民党接收大员来了,李鼎彝担任过"伪职",很有"汉奸"的嫌疑,他曾跑回东北老家避风头,等有人为他说话了,他才又回到北京来。其实他在沦陷区当官,是有地下抗日盟员背景的,他考虑安全因素,没在家人面前透露过。李敖太小,对父亲的作为也有过不小的误解。他在一九六一年写给胡适的信中,提到父亲任"伪职"做地下工作,并不想为父亲贴金:"他在胜利后从书堆里掏出一张马占山开给他担任敌后工作的证明,可是我颇怀疑他对工作认真的程度。"

第一章
"小噢"叫成了小敖

　　李敖明白事实真相,是在他得到父亲老友吴焕章写的证明材料之后,这是一份辗转多时才到李敖手中的密件。李敖最感兴趣的是吴焕章所说的太原一段:"李同志遂转任太原禁烟分局局长,局面即较扩大,抗敌工作自易进行,被掩护之同志较多(河北省工作人员尹金寿、王敬之、王馨阁等数位工作人员,均在掩护之列)。当时李同志一面完成焕章付与之工作,一面利用职务上之便利,做禁烟禁毒之宣传工作。"并说明,日本人抓捕李鼎彝,是怀疑他"行为可疑"。

　　这使李敖对父亲肃然起敬。在父亲谦和的外表之下,李敖看到了爷爷的遗传,那就是为人正直的忠义之勇。

　　李敖在太原的记忆,还伴随着一个他所钦佩的人。不是名流,也不是富翁,而是他家的男用人,名叫温茂林。李家在太原时,温茂林被找来照顾"李少爷",像个保镖似的跟他形影不离。温茂林是个留分头的中年汉子,个头不高,两眼有神,腮帮子干瘦,穿着裤脚缠绸带的黑棉裤,脚蹬黑布鞋,带着典型的山西淳朴农民的特征。温茂林不多话,粗通文字,个性憨实,李敖做错了事,他会瞪着眼睛责骂。李敖很喜欢他,这个山西汉子耿直倔犟的脾气,影响了李敖的一生。

第二章 "伟大惊人"的少年

李敖童年和少年的家,在北平内务部街甲44号。这个院子的主人沈铭三,是李敖外祖父的亲戚,他租给李敖一家人住,前后有十年之久。李敖的许多未成年的缤纷记忆,都跟这个亲切的院子有关。

沈铭三排行老二,人们都叫他沈二爷。别人能叫,晚辈李敖不能跟着叫,因为沈二爷的辈分是外祖父级,李敖得叫他"二姥爷"。他在北京置有几处房产,也就不用找什么职业,随心所欲地过日子。他属于老派的中国绅士,讲义气,够朋友,重承诺。年轻时他家里有钱,也放荡不羁,逛妓院爱上一个美丽女子,许了个愿,把她赎出来,不管别人怎么议论,就跟她结了婚。他此后收了心,虽然妻子不能生孩子,但他的感情始终如一。

沈铭三比李敖父亲李鼎彝年长,两个人交情却极深。国民党当了政,但他对国民党以前的人情世故,舍不去某种眷恋。他常跟李鼎彝说,以他的经验,他是不信国民党的,国民党太自私,没原则,不可靠。后来局势突变,国民党强行发行金圆券,下令收缴民间黄金,他死也不肯拿黄金兑换,说是宁肯被查,黄金没收,人被枪毙,也不受骗。沈二爷确有先见之明,金圆券崩溃了,他靠着手头保住的黄金,跑到了台湾。

李家与沈铭三的友情延续到台湾。李鼎彝去世,沈二爷在大热天里帮着料理后事,四处筹募"李鼎彝先生子女教育基金"。李敖难忘沈铭三老人的恩德,这笔基金让他们兄弟姐妹得以完成学业。

沈铭三给李敖的教益,一是做人准则,二是读书启迪。其实沈铭三没受过像样的新式教育,他常放在桌前的只有一部书,是明朝进士吕坤的《呻吟语》。这部论述

李敖全家福

父母、三姐与李敖

李敖为新鲜胡同小学题字

李敖与当年的老同学(摄影:傅宁军)

第二章
"伟大惊人"的少年

道德修养的书写了三十年,吕坤认为人的身心常在病中,"人心者,国家之命脉。"可谓中国正人君子的教科书。

沈铭三的立身行事,使李敖注意到现代人忽略的《呻吟语》一书,他对中国传统人格的形成过程,发生了兴趣。"沈二爷使我对朋友之道,变得甚为古典,我变得喜欢交够朋友的朋友,这些朋友,都是旧式的。我对工业社会里的朋友之道一概不欣赏,我觉得那种友情现实、速成而易消,因此我的朋友不多,我很挑剔。但成为我的朋友的,我就忠心耿耿,他们对我,也是一样。"

内务部街,因北洋政府内务部设在这里而得名。内务部所在的院子,后来改成市立第二中学,与甲44号院隔街相望。

这是李敖一生中印象最深的一个院子,也是这个大家庭最值得回忆的故居。他还记得大红门是不常开的,常开的是大红门中间套着的一个两扇小门。走进院内,房子有大小十多间,前后相连,规整有序,非常典型的四合院格局。正房客厅宽敞,李家住进去重修了木板隔墙,里面小间的地板可以掀开,径直进到地下室。除了客厅,还有书房、饭厅和浴室。李敖一家住在中间一溜,前屋住过外祖父、外祖母,后屋住过爷爷、奶奶。

到了北京后,李敖又有了两个妹妹和一个弟弟。大妹李珈,小妹李璎,弟弟李放,被大家称为"小八弟"。这样,张桂贞生了六女两男,共八个孩子。在那个医疗保健落后的年代,李敖在内的八个孩子都很健康,很少见。而过了六十年,一个甲子,八个兄弟姐妹居然在台北相会,重聚母亲的身边,一个也不少,更是一个奇迹。尤其六姐妹,小时候李敖说不过她们,就咒她们嫁不出去,可她们都嫁得成功,从美丽少女到幸福奶奶,家庭和睦,子孙满堂。李敖开玩笑说,她们没一个离过婚,是"御夫有术"。

在"小八弟"李放出世之前,李敖上有四个姐姐,下有两个妹妹,他被女孩子包围着,却没有那么娇气,也不喜欢女孩子玩的跳绳、拍皮球等游戏。他爱玩耍的,是京戏的刀枪剑戟。大伯母妹妹的儿子大连和他做伴,两个小男孩耍弄刀枪,嘴里哼着咣咣锵锵的锣鼓声,比画着看戏模仿来的"武功"。他们有时挂上京剧道具胡子,吹胡子瞪眼地走着方步,自得其乐。

跟姐姐斗嘴,李敖占不了什么便宜。一旦女孩子受了惊吓,李敖便挺身而出,做出"英雄救美"之举。一天,客厅窗户没关严,飞进了一只马蜂,追着二姐嗡嗡转悠,吓得她大叫。坐在旁边沙发上的李敖抬起头,一声不响地跳下地,用巴掌拍住飞动的马蜂。马蜂落地,他又抬起脚丫踩下去。二姐看呆了,敖弟胆子真大,到底是男孩子!

那时,大人们常到北海公园茶座喝茶,几个孩子钻进假山堆中玩。一次,他们爬上一个小土坡,突然看到好多非常大的蚂蚁。李敖抓起一只,放在自己手臂上,看它是如何爬的,蚂蚁当然不客气,咬了他几口,顿时手臂肿起好大一片红疙瘩。他看得津津有味,像个小生物学家。

出甲44号院的东口拐角,有个门面不大的酱油店,兼卖咸菜和调味品。大人不时会差小孩子去那里买葱姜、打酱油。酱油店对面还有个南货店,店老板将铁蚕豆、杏板儿、花生仁、南瓜子、苹果干等等诱人的食物,用普通白纸包成立体三角形,赚的是小孩子的零用钱和压岁钱。

孩子们的压岁钱,有一部分会输给外祖母。外祖母对于麻将很着迷,也很在行。她平时有固定牌友,轮不到孩子们上场。逢到过年过节,牌友忙于其他应酬,而她老人家手痒,就凑合着让孙子辈的给她解闷儿,当然绝大多数是她赢。遇上三缺一,喊李敖来凑数。姐姐最恨坐在李敖下家,他只会对对和,不停地碰。后来李敖牌技不错,可能就是那时打下的基础。

北京是个历史古都,拥有许多名胜古迹。李鼎彝有空的时候,带着几个女儿和李敖,跑遍了北京城。故宫、天坛、北海、雍和宫、颐和园,还有汇聚八方神奇的庙会,都留下了他们的足迹。李鼎彝是学中文的,对历史掌故烂熟于心,李敖边看边听,从朝代更迭到人世沧桑,增长了不少知识。

逛雍和宫那天,李鼎彝夫妇俩带着李敖和他二姐。这两个孩子直到老年,也不明白家里孩子那么多,为什么爸爸妈妈只带了他们两个人,让他们做了男孩和女孩的代表。雍和宫里有一个殿供奉欢喜佛,游人要额外付钱观看。登上那个窄楼梯之前,导游和尚望了二姐一眼,小声问父亲:"小姐是不是也上去?"父亲看看二女儿说:"没关系。"这番对话,让女孩好生奇怪,为什么光问女孩不问男孩?上楼之后,他们看到了不易见到的文物。父亲的宽容,使孩子们从小就有了开阔的视野。

第二章
"伟大惊人"的少年

李敖在北京的古都文化氛围中受益匪浅。他说过,"我是'宫外孕',不是台湾这个子宫里孕育出来的。"

此时,山西人温茂林也跟着李敖一家人到了北京,继续照顾李敖。他对李家其他孩子不放在眼里,只对小主人李敖呵护有加。李敖在回首往事时说,温茂林"是中国民间耿直、倔憨而又忠诚的人物的代表,当然也是某些方面愚昧的代表"。

李敖本来不喜欢鸟。北平素有皇家气派,大家族的纨绔子弟,出门卷着白袖子,提着鸟笼子,嘴边叼着烟,迈着八字步走路,摆出一副满不在乎的派头。温茂林喜欢鸟,更多的是对小动物的怜爱,李敖受其感染,也对鸟有了兴趣,养过好几只。有一只百灵鸟,学会了十一种动物的声音,可惜其中有猫叫。温茂林一本正经地告诉李敖:百灵鸟一学猫叫,身价就大跌了。

温茂林文化粗浅,却有些手头的绝活。李敖最佩服他的"一笔鸟",就是鸟形在心,落笔不断,用连绵相接的线条,勾勒出鸟来。李敖聪明,学得师傅真谛,毫不逊色。得意之余,他在家里的墙上画了两只"一笔鸟",一左一右,对称相戏。左边写上"温鸟",右边写上"李鸟"。

李敖后来对小动物一直友善,他坐牢出狱后生活安定了,在家里养过各种猫,上街给漂亮狗拍过照,还到公园里看小老虎。在小动物面前,李敖开心得像个孩子。他的这些喜好,都能在他的童年生活中寻找到答案。

这天,热衷于收藏古董的李鼎彝带回几只旧茶碗,放在桌子上,就出门办事了。李敖跑过去看,发现茶碗挺别致,碗边画着彩色图案,男人女人都没穿衣服。温茂林跟着走来,严厉地说:"这种东西,不准看!"温茂林板着个脸,弄得李敖莫名其妙。很多年后,李敖才回过味来,原来他偶尔看到的,是古瓷器上的春宫画。

或许是温茂林的耳提面命,小李敖也"道学"起来。他四五岁那会儿,家里空闲房子分租给别人住,那家房客有个小女儿,大家管她叫小妹,她与李敖年龄相仿,常在一块儿玩,但李敖忌讳人家说他和小妹有什么关系。姐姐们吃准他的弱点,一吵架就点他的"穴",故意说他是"小妹丈夫"。李敖气不过,就用"大连太太"来回敬。大连是李敖的玩伴,也是个脸皮厚的捣蛋小子,美丽高傲的姐姐自然不屑一顾。

这两个相互攻击的"恶名",成为李敖和姐姐们口头协议的赌咒。姐姐失信,就是"大连太太",敖弟失信,就是"小妹丈夫"。对于"小妹丈夫"过敏症,李敖长大后跟姐姐们说起来就笑,好一个"小道学"!

温茂林管李敖,李敖反过来管温茂林。你不是"男女授受不亲"吗?你同女用人一起吃饭,李敖就在旁边虎视眈眈:男人跟女人不许讲话!有一次温茂林看李敖不在,讲了几句话,不料李敖躲在桌底下,马上跳出来,对他大声申斥。"严男女之大防"的温茂林万万没想到,小李敖比他有过之而无不及,实在哭笑不得。

温茂林重男轻女,对小少爷李敖的耿耿忠心,是全家人公认的。李敖肚子痛,以为受了风寒,用热水袋敷了半天,还是没用。虽然李家老人是信中医的,李鼎彝仍当机立断,把李敖送进北京协和医院治疗。协和外科主任,当时中国的名医关颂韬诊断,李敖患阑尾炎必须手术治疗。李敖怕开刀,故意说自己不痛了,温茂林帮着李敖说话,求李鼎彝别手术:"动刀开膛还了得?"

李敖的小伎俩瞒不过医生,关大夫提醒李鼎彝,再拖下去,李敖阑尾可能穿孔,那就有危险了。李鼎彝信任关大夫的诊治方案,同意尽快开刀。李敖被推进手术室,温茂林送到门口,蹲在地上哭,比任何人都伤心。李敖腹腔被打开,医生发现盲肠烂了,手术后二十多天才能下床。李鼎彝为儿子大难不死而庆幸,但并不怪罪温茂林,他知道温茂林舍不得李敖,是用自己的方式帮李敖,尽管有时是在帮倒忙。

李敖七岁了,他背着书包,跨进的第一所学校,就是新鲜胡同小学,它在李敖的人生之途上占有启蒙的位置。

出内务部街东边胡同口,沿朝阳门南小街朝前走,向右拐就是新鲜胡同。这条胡同中的窄路,把新鲜胡同小学一劈两半。路北是分校,包括一、二年级教室和一个挺像样的操场。路南是校本部,包括三至六年级教室、音乐教室和教员室、校长室。李敖闭着眼睛,都能指出每个角落是做什么用的。

校本部的房子挺别致,有纵向的五排,侧向的三排,其中第二、三排盖得很早,比一般的房子高,显得蛮有气势,算来已有三百多年。它们原来是明朝大宦官魏忠贤的生祠。当年魏忠贤大权在握,各地官吏拍马有术,到处造他的生祠,这也是其中之

第二章
"伟大惊人"的少年

一。明熹宗去世,明思宗上台,魏忠贤上吊死了,他的生祠随之毁了或废了。把生祠改为学堂,虽是废物利用,却也是蛮合适的。

当时李敖在家是宝贝疙瘩,任性惯了,刚上学受约束,很不习惯。温茂林不放心,也就陪他到学校。上课了,李敖坐进课堂,温茂林站在教室窗外,让李敖抬头就可以看到,似乎有着隔窗遥望的照应。在温茂林看来,读书是比干活更累的差事,他对坐在那里不能动弹的小主人,抱有最大的同情。

李敖耳朵听着老师上课,眼睛却不时瞟向窗外,紧张地看一眼站在外面的温茂林。温茂林是李敖的保护神,让李敖心里踏实许多。李敖拿到的课本,第一课只有三个字:"天亮了"。第二课是"弟弟妹妹快起来"。一堂课上下来,李敖就信心倍增,课文太简单了,学起来一点不吃力。

李敖没上过幼稚园,也不像有的同学读过私塾再转入小学,他跟着父亲,已经会背《三字经》,看过《小熊逃学》《小狗回家》等儿童书,他的阅读量和他的识字程度,在同龄孩子中非常突出。窗里窗外的上课法,几天后就结束了,李敖觉得没必要叫人陪,他可以单独上学了。

李敖受大家庭的熏陶,从小就知道要对大人有礼貌。这天早上,李敖上学,进校门口碰到一位男老师,他一边敬礼,一边大喊"老师早",那个男老师那天拉着个脸,大概心情不好,停住脚斥责了李敖:"喊什么喊!"满腔热忱的李敖,像被兜头泼了一盆凉水,脑袋耷拉下来。

放学回家,李敖想想还是委屈,好不伤心,大哭了一场。他的五叔问清事由,一拍脑门,那男老师原来曾是他的学生,怎么能这样欺负人!五叔跑到学校,把那个男老师教训了一顿。这件事李敖忘不了:"我相信办教育的人对小孩子的态度,真不可不小心。小孩子是最容易受伤害的。"

山西人温茂林的倔犟个性,已成为李敖的立身榜样:我不欺负别人,也不受别人欺负。有一次,李敖在厕所小便,一个小男生恶作剧,在他背后猛地一推,他站不稳,赶紧用两手撑,陷到了尿池里。他不像别人孩子受委屈就哭,爬起来沉着地说:"我告老师去!"那个小男生以为他不敢,他真的跑去报告了老师。在教室,老师问是谁推的,他说不出名字,就走到那个男生的课桌前,把他揪了出来。

李敖跟李珣的联系,在中断了几十年后才续上,二姐把她精心保存的一本纪念册寄到台湾。二姐李珣小学毕业那年,买了这本漂亮的纪念册,让同班同学题词留念。有的同学画了画,有的同学写了字。李敖翻看一遍,一时兴起,提起笔,在纪念册上画了一条船,船头站着一个撑着篙的人,船下用几条曲线表示水波。另一边写着充满稚趣的字:"二姊:伟大惊人"。落款是:"愚弟小敖　六月二日"。

纸面发黄的本子,唤醒了李敖远逝的记忆,他惊喜地说:"我看了这歪七扭八的四个大字,完全不记得了。'伟大惊人',想是与二姐共勉的话,也许二姐从不敢以'伟大惊人'自居,那就全是愚弟自道了。二姐说得没错,那的确是残留下来的李敖最早的笔迹,那时我大概八九岁。"

李敖升入四年级,是在一九四五年夏,日本无条件投降了,街头的太阳旗不见了,逃难到外地的北京人也回来了。

这时,班上来了一个名叫詹永杰的新同学。他的脸蛋又圆又红,眼睛又大又亮,说起话来头头是道。他会背《国父遗嘱》,会读《三民主义》,会唱《义勇军进行曲》,而这些文章和歌曲,在日伪统治之下是看不到也听不到的,大家感到很新鲜。他跑的地方多,懂的事情多,功课都是优等,自然得到大家的钦佩,几乎成了同学们的偶像。

在四年级第二学期,詹永杰挺身而出,挑头与班上一个大块头男生作对。那个男生名叫齐凤鸣,仗着他的年龄比其他同学大,长得又壮实,动不动挥举拳头,有的弱小同学受了他的欺负,也是敢怒不敢言。詹永杰说:"我们抗齐八学期,如今要随着抗战八年,一起胜利才对。"

算来一至四年级,正是八个学期,詹永杰的话正对李敖的胃口。还在二年级时,齐凤鸣对李敖动过拳头,他早就想报仇了。如今有人振臂一呼,全班同学群起围斗齐凤鸣。齐凤鸣眼见人多势众,像泄了气的皮球,表示服输,不敢再耀武扬威,跟同学们讲好。事后,班上姓鲁的女老师对李敖刮目相看:"没想到你那么凶!"

讨回了公道,李敖和詹永杰好得像亲兄弟,上学放学经常在一起。詹永杰举止大方,彬彬有礼,十分讨人喜欢,李敖深受其感染。他来到李敖家,几个姐姐也都喜欢他。过大年,他俩都穿上缎子长袍黑马褂,形影不离。姐姐们发笑,就像回到巴金写的"家春秋"的年代似的,与读教会中学、习惯于洋打扮的女孩子,在穿戴方面格格

第二章
"伟大惊人"的少年

不入。让李敖大开眼界的是,詹永杰给长辈磕头的样子也是有板有眼,显然是受过正宗的训练。

从小在北京长大的李敖,六岁时就能背诵《三字经》,十岁时已遍读《水浒传》等旧小说,他说:"文化古城与幼时环境使我在智力上趋向早熟。"这种早熟,正是李敖与詹永杰谈得来的原因。李敖的父亲开明,家里有不少杂书,而詹永杰也是个书迷,两个人经常交换着读。

李敖和詹永杰商量着,仿照三国刘关张,来个"桃园三结义"。可是,两人怎么"三结义"?他们又找了一个要好的同学,那是一个后脑留"坠根"(又叫"孝顺毛")、左耳戴金圈耳环的男生。父亲很欣赏詹永杰,赞成李敖跟他来往,他看见三个孩子要拜把兄弟,不但不反对,还跟他们说,不要"拔香头子",就是再有天大的事也别决裂。于是,三个孩子焚香膜拜,交换"金兰谱",结为异姓兄弟。

难得一本正经的李敖,经历了许多情与爱的纠葛,惟独对于初恋印象保持着最美妙也是最神秘的感觉。李敖的初恋可以追溯到他情窦初开之时。在新鲜胡同小学时,他读过许多课外读物,其中《罗密欧与朱丽叶》的故事令他洒泪哽咽,不久他就在自己身边发现了"朱丽叶"的影子。

也许在旁人看来,名叫敏的同年级小女生并没有什么特别的:一张清秀的脸蛋,一双黑亮的眼睛,深蓝色学生裙服穿在身上合体而飘逸。敏跟李敖不在一个班,只是时常在校门口碰面,出于礼貌对他温和地一笑,露出洁白如贝壳般牙齿的笑容,一下子让李敖感到一种说不出的亲切。这以后,李敖格外留意敏,他会装出若无其事的模样,悄悄地看着敏进出隔壁教室。

次年,李敖升入五年级。所有考入"高小"的同学,分入甲乙丙三个班,他被分在丙班。老师把全体学生集中起来,按高低个排座位,李敖的旁边竟是敏,一张课桌成了他们的纽带。开头,少男少女的矜持,让他们很少说话,但不知为什么,李敖内心深处却有着莫可名状的快乐。

李敖天资聪颖,学业在全班领先。别的同学极头痛的古文拗口难懂,他读得顺,记得牢。像《陋室铭》《归去来辞》《秋声赋》等名篇,他背得溜熟,叫敏不得不佩服。

他痛恨日本对中国的侵略,上日文课不用心,父亲看到他的成绩单,对他说:"你恨日本侵略和学习日文,是两回事。学一样东西,总要学好才对。"

父亲说了个外交家顾维钧的故事。顾维钧在大学读国际政治专业,他看到课程表上有一门必修课是矿物学,就去找教务长说:是不是排错了?教务长反问他:你是不是觉得这门课又没用又枯燥?他点点头。教务长便说道:"你面对一门又没用又枯燥的学科,把它耐心学会,这也是教育的目的之一。"

不用再多讲道理,李敖一点就通,他把父亲的忠告听进去了,于是开始发愤,很快后来居上,最后日文成绩是满满的一百分。

在学校,因为有敏这样的邻座,刺激着李敖的表现欲。假如敏有什么难题要问他,他最高兴不过,在她面前显示一番才华是求之不得的美差。敏的一点就通,也是女孩子中少有的聪明,她功课在女生中名列前茅,而且写得一手工整漂亮的好字。她是地道北京人,一口儒雅的京腔,李敖听来极顺耳。

六年级后,敏和李敖相处非常融洽,同窗情谊之中带了些朦胧美。谁也没约谁,他们下课回家会走一路,然后把笑声洒满归途。高年级同学在校门口值班,两个同学一组,李敖的搭档就是敏。她亭亭玉立,温文尔雅,目光晶莹而有灵气,姿态挺拔如秀气的白杨树,李敖为她的单纯洁静而心动。

敏是个天天挂着笑的乐天派,只有一次,考试没考好,忍不住哭了鼻子。这是李敖看她哭过的惟一的一次。放学的路上,李敖好言相劝。她泪眼迷离而楚楚可怜,李敖生出一种保护她的强烈愿望。敏的情绪平静了些,他和她唱起当时的流行歌《好大的西北风》:"好大的西北风啊,飞到一座树林里。它叫树林跳舞啊,一二三四呼呼呼……"

李敖进入六(丙)班,当选班上自治会主席,又被选为全校"模范儿童",还是学校图书馆的馆长,一时好不风光。李敖课余时间花在图书馆最多,他爱读书,也爱整理书。敏是老师指派去配合李敖的,称得上李敖这个小馆长的副手。有一次,她把书的标签贴错了,犯了个小错误,爱开玩笑的李敖拉住她的手,说要罚她。她只好伸出小手,任李敖轻打她手心,而且皱紧眉头,装得很疼的可怜样。

李敖永远记得她的天真无邪和美丽清纯。

第三章　父亲是个"老北大"

一九四八年六月，外祖母去世。李鼎彝家搬出了内务部街甲44号的老房子，在西城的麻状元胡同买下了一个四合院。出于对长辈的尊重，正房让给舅姥爷孙棣波住。李敖一家人住在前院的北房。已经在贝满女中就读的二姐、三姐和四姐，离家远，就住在学校的宿舍。学校伙食太差，她们到了周日就赶回家，打打牙祭。

李敖临近小学毕业，奉父命回家奔丧，为外祖母送终。他走得急，没有来得及参加学校的毕业典礼。他没有想到，小学毕业后，朝夕相处的同学们各奔东西，而他次年又跟着家人到了台湾，与詹永杰一海相隔，包括敏在内的所有同学都没能再见面。

李敖在以后的岁月中所见太多，可他始终认定，敏是"最最可爱的小女生"。然而两小无猜，李敖从来没有当面对敏倾诉过，他不知道那个小女孩是否明白，有一个小男孩，一直把她视如魂牵梦萦的初恋情人。

虽然这次"初恋"实在不够浪漫，但李敖非常珍惜。他觉得，这些回忆清纯而单一，不掺杂任何俗情。海峡两岸隔绝四十年后，北京中央交响乐团来台湾演出，乐团的首席双簧管章棣和，是李敖的小学同学，他带来了许多同窗的问候。谈起小学的往事，李敖向他打听敏的近况，没能得到肯定的答案。李敖明白：也许他们不愿把答案给我，朦胧下去也许就是最好的答案了。

李敖仍在神往，他说："只为了那一段少年奇情，只为了那一场春梦无痕的初恋，我愿在时光倒流中停止，在停止中死去，我并不希冀她做我的朱丽叶，但我若能长眠在她怀里，我就宁愿不活十三岁以后的我了。"

李敖连续在北京住了十一年。不过，在李敖所有回忆童年和少年的文字中，"愿在时光倒流中停止"的感叹,只出现过一次,就是这"春梦无痕的初恋"。

也就是因为章棣和赴台演出,带来了詹永杰的问讯,李敖才跟詹永杰恢复了联络。詹永杰在北京,是个大学教授,李敖看到老同学和鲁老师的合照,岁月的潮水打湿了他的眼眶。分手四十年,跟同窗通上音讯,似在历史长河中蓦然回首。詹永杰送一套墨宝文房用品给李敖,内附他的手书:"李敖学兄把信如晤／契阔四十五载／常思念／但愿有朝一日／重相见／弟永杰　1993年3月21日于北京。"

封存着陈年记忆,少年郎的情分依旧。

一九四八年夏,小学毕业的李敖考中学了。十三岁的李敖选择的是北京四中和师大附中,这是两所很难考的学校,学费比私立学校便宜,但成绩要求高,因此考生很多,被录取者很少。考试前和考试后,李敖似乎都是一脸轻松的样子,不见他挑灯背书。问他考得如何,他笑而不答。他不急,家人却有些着急了。

发榜那天,父亲李鼎彝去看榜,李敖不跟他去,照例在家"放假"玩耍。看儿子不当回事的样子,李鼎彝心情有些沉重。在师大附中校门旁的录取学生名榜前,李鼎彝从录取名单的最后一行看起,越看越不是滋味,因为根本没"李敖"这两个字的影子。没想到,李敖的名字排在第四位,差一个就是"前三名"了。

李鼎彝又惊又喜。他再去北京四中门口看榜。站在人群中,他还是从榜尾看起,一直读到榜首。李敖的名字居然排在第一名,高中"状元"。他回来对李敖说:"不错,不错!"难得他兴高采烈,儿子给父亲的脸上争了光。李敖后来得意地说:"事实上,我的家人并不完全知道我的实力。"

还在小学六年级,李敖就给北京《好国民》杂志投过稿,登出了《妄心》《人类的冷藏》等文章,是李敖"发表文字之始"。他的文章跟他十二岁的年龄似乎并不相称。但他的四则运算的本事,让人佩服得不得了。小小年纪,就拥有了一套简陋的试验设备,称之为"私人理化实验室",他煞有介事地刻了个木印"李敖实验室"。《化学仪器吹制法》《儿童实用科学大纲》等参考书籍,到现在还是李敖的藏书。要不是李敖一家不得不离开北京,小实验室办不成了,没准儿李敖会成为一个科学家呢。

这年底,战局急转直下,北京的气氛也日趋紧张。躲避战乱,是李鼎彝考虑最多

第三章
父亲是个"老北大"

的问题,毕竟他是一家之主。他决定先到上海探路,然后把全家人接去。他的一位台湾朋友翁镇来信,问他为什么不去台湾?翁镇在东北得到过李鼎彝的帮忙,劝告也是真诚的。李鼎彝还是把上海作为南下的点,他看国民党军队"虎威犹在",不至于彻底垮掉,与共产党军队"隔江而治"的实力应该是有的,觉得逃到上海就太平了。

李家搬到上海,李鼎彝在上海虹口区找了个旧公寓,地点在提篮桥附近,靠着上海监狱,许多人避之不及。六叔买下了三楼,李鼎彝买下了一楼和二楼。就这个不甚理想的安身之处,仍花费了李鼎彝剩下的大部分积蓄。物价飞涨,李家买了一大堆面粉,足以充当几个月口粮。连六叔一家在内的十九个人,都没有正式职业,虽然精打细算,李敖学费的那笔钱是不会省的,再难,学业不能中断。

一九四九年一月二十五日,李敖考取上海缉规中学春季班,从初一年级重头念起。这个学校原名华童公学,因其成立童子军之故。为纪念清朝在上海当政的曾国藩女婿聂缉规,更名缉规中学。如果说,北京四中母校偏重于古老的凝重,那么,上海缉规中学则偏重于现代西洋的简洁。李敖发现,这个学校的建筑是漂亮而精致的,太贵族化了。

正式开学那天,素来自信的李敖傻了眼。老师和学生都讲上海话,他什么都听不懂。上海的英文课内容比北京的深,他跟不上,坐在教室里如听天书。幸亏李敖有个北大毕业的父亲,每天回家李鼎彝帮儿子"恶补"到半夜,很快李敖的各科成绩冒了尖,成了谁也不敢小看的佼佼者了。

囿于当时的社会风气,班上学生排外心理严重,似乎上海以外的人都是"阿乡"。有个当班长的男生,脸长,眼细,外号叫马面班长。那天中休,李敖在教室刻图章,马面班长过来逗事,嘴里骂骂咧咧。李敖说,你给我停住,再说我就不客气了。他没把李敖放在眼里,骂个不休。李敖随手举起刻印刀,他以为只是吓唬他,嘴还不停。李敖手一挥,刻印刀飞过去。他躲闪不及,落下的刀扎进脚背,疼得大哭大叫。

其他同学赶紧把受伤者抬到医务室。李敖跟在后面,不知怎么办才好,这个祸闯大了。训导主任把李敖喊去:"是侬干的?"李敖点点头。他哼了一声,大概看看李敖文绉绉的,也不像个惹事的主。后来马面班长住了几天医院,李敖父亲承担了费用。学校给李敖记大过一次。"小李飞刀"固然鲁莽,但李敖以邪对邪,收到了震慑的效果，其他同学再也不敢欺负北京来的"外地人"了。

十里洋场的上海，灯红酒绿，纸醉金迷。李敖惟一常去的地方，不是那些最热闹的娱乐场所，而是商务印书馆等几家书店。北京读书时，他就崇拜商务印书馆，在上海能登门选书，实在快乐得很。商务印书馆有"风渍书"卖，书后盖个降价的蝴蝶图章，李敖在里面淘了不少好书，多是"现代问题丛书"和"新时代史地丛书"。

去商务印书馆，李敖得走过大桥到黄浦江畔。有一天早上，李敖在黄浦江畔的银行大厦前，目睹了抢购黄金的人山人海。他后来才知道，那是国民党政府强迫老百姓兑换金圆券的结果，一张张悲愤而无望的脸令他终身难忘。他在路上还看到了逃难的人流，尤其是衣食无着的流浪儿。画家张乐平的《三毛流浪记》在报上连载，感动了无数读者，也感动了李敖的心灵。直到四十年后，李敖有了李敖出版社，专门编辑了《三毛三部作品》一书在台湾问世，表达了他所认同的悲天悯人的情怀。

李敖一家人在上海刚有着落，战事的进展又叫李鼎彝"失算"了。继平津、辽沈大战后，淮海大战也落下帷幕，国民党军队兵败如山倒。在当初确定全家南下时，李敖大姐正在读大学，二姐在贝满女中毕业在即。她们打算晚点儿走。四姑父丁锡庆是飞行员，他打包票说，到时候他能弄到机票，送她们两个到上海，父母亲都相信了。谁想到逃跑的人太多，她们根本搭不上飞机，也不能跟家人团聚了，而且此后一隔就是几十年。

上海风雨飘摇，有钱有势的人纷纷逃离。李鼎彝的北大老校友张松涵全家人，是李敖家的近邻。张松涵是兴安省政府教育厅厅长，太太戴树仁是"国大"代表，他们到台湾后，给李鼎彝代领"入境证"，寄到了上海。

李鼎彝以买价十分之一的低廉价格，卖掉了上海的房子，又领着李敖到轮船公司抢购船票，舱位没有了，"中兴轮"还剩的船票是甲板上的，能抢到是万幸了。他们离开上海前，把储存的面粉等留给六叔，再送给六叔一两黄金。他们剩下的财产只有几两黄金，全家九口人，分不到每人一两。

一九四九年五月的一个傍晚，李敖跟着家人躺在难民船"中兴轮"的甲板上，身旁挨着装满他的藏书的几个纸箱。群星在头顶闪烁，浪涛在身旁涌动。当时他不知

第三章
父亲是个"老北大"

道,这是他在大陆的最后一夜,他只知道,离开上海就像离开北京那样,是要躲避战乱,而全家人都没去过那个岛,他这个初中学生,下一个学校是什么样子?

曙色在李敖的睡梦中来临了。他醒来时,轮船起锚了。他和家人们挤到船舷边,看到人群中有挥泪送别的六叔,他们扶着围栏向岸上招手。泪水在他们的眼边流淌。一声长笛,"中兴轮"缓缓驶出黄浦江,驶出崇明岛。顺着海风,远处的炮声如炸雷隐隐传来。"从上海到海上,我们又逃难了。"

一阵海风夹着雨丝,驱散了甲板上的闷热,轮船终于靠在基隆码头。下了船,李鼎彝找到了前来接人的老友张松涵,他们搭夜车赶赴台中,李敖的耳边灌满了风声和雨声。半夜抵达台中西区模范西巷的张家,简单吃点东西,大人们还在说话,李敖倒头就睡。醒来时,天已大亮,屋外满眼是阳光里的浓绿。

李敖做的第一件事,就是穿木屐走路,张家的三个男孩子教他。平生头一回穿上木屐,李敖很不习惯,走得歪歪扭扭。台湾人那时穷,穿皮鞋是稀罕的,满街都是木屐,渐成习惯,来台湾的人也入乡随俗,踩着木屐就像当地人。

李鼎彝几乎倾其所有,买下模范西巷云龙里72号的房子,总算安顿了家人。也是北大同窗帮忙,他在省立台中一中当了国文教员。李敖以上海缉规中学初一上的学历,参加台中地区的入学考试。他的成绩突出,被台中一中和台中二中同时录取。相比较,台中一中的教学水准更优异,李敖就选定了台中一中,不过并不在父亲教的班上。那时初二上有甲、乙、丙、丁、戊、己六个班,李敖被编在初二上(甲)。

在一中就读不久,班上组织同学外出游玩,征询大家意见,到哪里去最有意思。李敖想到的是日月潭,那是他在北京就知道的台湾名胜。李敖的建议得到同学们一致响应。放了学,李敖兴奋地跑回家,伸手向父亲要钱。李鼎彝为难地说:"我们家早起刷牙,买不起牙粉,更买不起牙膏,只能用盐水刷牙,哪有钱给你去日月潭呢?"李敖知趣地不吭声了。那一天全班同学去了日月潭,李敖只能在家里"心向往之"。

学校选拔优秀学生到菲律宾参加童子军大会。老师选中了李敖,要他交一张头戴童军帽的照片。李敖不敢问父亲要钱照相,翻出一张几年前拍的旧照片,毛笔蘸上墨汁添了顶帽子。这张加工过的照片,帽子不像是真的,怎么看怎么难受。李敖心虚,不敢自己送给老师,就请班长陈正澄(后任台大经济系主任、经济学家)转交。

老师一看就来气：糊弄鬼啊，从来没见过这种照片！于是，李敖的菲律宾之行泡了汤。

在李敖一家人刚到台湾之初，穷字像个幽灵一样挥之不去。虽然李敖父亲谋到了教书的差使，但家里人口多，开销大，加上父亲老年气喘、母亲开刀住院，都是大项支出。大陆带来的黄金变卖完了，仍是入不敷出。台中一中总算分配给李鼎彝半栋宿舍，新北里存德巷13号的日本式木屋的一半，相当于八个榻榻米的面积，搬进一家九口人，当然拥挤不堪。付不起薪水，从大陆跟来的老用人，也只得转到其他人家去帮佣了。

后来，原来那一半让给音乐老师一家住，李敖一家人调到了木屋的另一半，有十多个榻榻米大，面积宽松了许多。他是家里的重点保障对象，专门给他隔了个小单间，约两个榻榻米左右。李敖在他的独立天地里，放了一桌一椅，还有四壁的书籍。

李敖在存德巷13号的家中，一住十三年。在这个外表寒酸的老宅里，他发奋读书，不懈写作，度过了整个的中学时代。

台中一中可谓藏龙卧虎，国民党当局退居台湾，僧多粥少，人才难以致用。在一中老师中，不乏高学历的饱学之士，还有的貌似普通，却在大陆做过不小的官职。但也有例外，李敖最佩服的老师，一个是严侨（另一章专门叙述），一个是二十七岁的杨锦铨，他是福建人，台湾海疆学校毕业，学历并不是名牌，教课很是到位，而且善于启迪学生的思维。他兼学校的事务主任，近水楼台，给李敖等优异学生提供蜡纸、白报纸、油墨，鼓励他们筹办《初三上甲组报》。李敖当了总编，班长陈正澄做发行人，赵天仪（后为台大教授）刻写钢版，小报就开张了。一次，李敖的文章批评到了高班生，他们不高兴，跑来兴师问罪。这是李敖头一次办报，也是他第一次因文字而惹了祸。

李敖跟杨锦铨老师四十多年没见，师生情谊仍绵延不断。又过了十年，李敖在电视节目《李敖笑傲江湖》中提到杨锦铨，称赞老师教学有方，移居美国的杨锦铨获悉后，送了一套才完成的著作《说文意象字重建》给李敖，这是他二十年的心血结晶。李敖感叹，老师高人一等，实为勤勉之榜样。李敖的成绩，杨锦铨引为骄傲，他写信给昔日弟子说："我兄名满天下，却如此念旧，衷心感动不已！"

传统的春节是孩子们的节日，有吃有玩，好不快活。李敖与众不同，他思考着旧

2005年5月,北大向李敖赠送其父当年的毕业照

李敖看望恩师

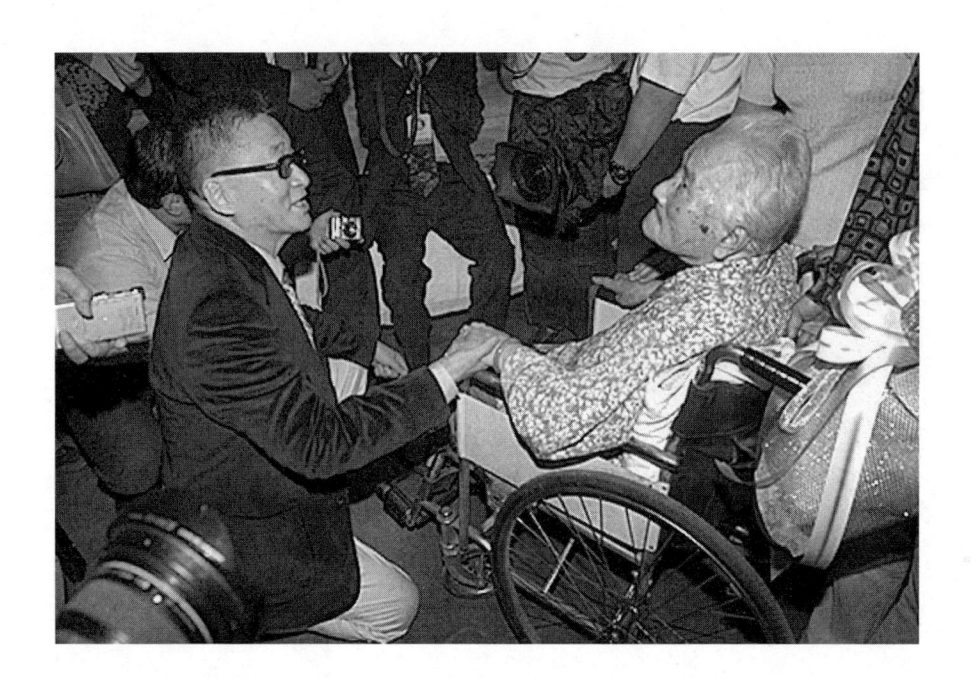

第三章
父亲是个"老北大"

历年的价值何在。上初中二年级时,他突然提出:不过旧历年。李鼎彝也就同意了:"好小子,你不过就不过吧。你不过,我们过!"除夕夜,家里人守岁,李敖一个人倒在床上,早早就呼呼大睡。过年了,鸡鱼肉蛋,大盘大碗。李敖偏不,要吃炒饭,与大鱼大肉无缘。李敖喜欢"标新立异",李鼎彝居然没有怪罪他。

一九五三年,正在念高三的李敖十八岁,满脑子与众不同的思想锋芒,跟刻板拘谨的教学制度格格不入,开学念十多天,他就想自愿休学自习。在台中一中任教的李鼎彝倒也开明:"好吧,你小子要休学,就休吧!"李鼎彝亲自跑到学校去,找到教务主任说:"我那宝贝儿子不要念书啦,你们给他办休学手续吧!"

李敖的休学只是不想坐在课堂里,对于书本的热爱丝毫不减。于是,李敖可以随心所欲,想看什么书就看什么书,那间四面是书的书房兼卧室是他的天堂。他埋头读了一年的书,用他的话说:"痛痛快快地养了一年浩然之气。"

一九五五年,就在李敖考上台大的这一年,李鼎彝突发脑溢血,在家里去世。李敖得到"父病速归"的电报,火速赶回台中的家。没想到李鼎彝已告不治,更没想到天气闷热,家里人决定把李鼎彝遗体入棺了。李敖抚摸钉牢的棺盖,难过地流下了泪水。在他的印象中,李鼎彝还是发病前的模样,活生生地站在面前。他去找一位有照相机的女同学,请她到家里,给李鼎彝的棺木拍了两张照片,作为永久纪念。

听说李敖的父亲去世,他赶回台中家里去了,同班同学纷纷捐款送给李敖,这也是人之常情。可是,惟独跟李敖要好的陆啸钊不肯捐,他说:"李敖个性耿介,他绝不会收你们的钱,不信你们送送看!"其他同学不相信,还是捐了钱,选了代表送到台中的李敖家。不出李敖好友预料,李敖说什么也不肯收这笔钱。

李敖父亲李鼎彝到台湾后,在省立台中一中教了六年国文的课,有个中文科主任的业务头衔,他还在校外替学生补习功课。教学尽职,博学谦和,深得学生和家长的敬重。他的去世使许多人感到难过。

李鼎彝虽说不是做官的,公祭那天,连台中市市长、议长都光临了。两千人济济一堂,悼念李鼎彝先生,在常人看来是李家的荣光,而李敖并不以为然,他竟然敢于"犯众怒",用行动实践丧礼的改革。

依照社会习俗，死者的儿子要烧纸、诵经，要拿着哭丧棒弯下腰表示孝心，要给来吊丧的人磕头，李敖坚决不来这一套，当着众人的面沉着脸，不落一滴眼泪。可想而知，人们对这个"伤风败俗"之举是侧目的。李敖无所谓，他信奉"虽千万人，吾往矣"，认为读句名言很简单，"知易行难"，没有大勇做不到。因为他觉得丧事非改不行，传统的丧事"把活人弄成死人，把死人弄成鬼"。

中国人常说入乡随俗，而且特别讲面子，像李敖这样的举止，上了年纪的人最看不惯。李鼎彝的老同事鄢曾荫先生，也是李敖在台中一中所敬重的国文老师，他劝李敖说："李敖，你读书明理，按古礼，不能这样干吧？"李敖回答说："按古礼？按《易经》是'丧期无数'；按《墨子》是我母亲要殉葬；按《礼记》是我父亲不能火葬……今天我要真行古礼，更不得了了。"

老学究寒窗苦读半辈子，自然是满腹经纶，可李敖尽管年少，也是引经据典，学识渊博，礼数比他还古，他一时不知说什么好了。

李鼎彝过世后的那个除夕，照例仍然贴春联、做年夜饭，但是第一个没有父亲的春节，母亲显得十分寂寞。她深知儿子的脾性，不跟李敖多理论，还是替李敖安排聚餐外的炒饭，没想到李敖阻止了她。母亲欣慰地看到，李敖没有多说什么，和全家人在一起吃团圆饭，一改坚持五年不过阴历年的习惯。

李鼎彝留给李敖的遗产，一是两套《资治通鉴》，一套是残缺不全的铅排胡三省音注本，一套是影印百衲宋本，都在李敖穷困时卖掉了。李敖记得，前者是同班同学买去送了人，后者给历史系买走了，也算"物尽其用"。二是一只普通的手表，李鼎彝戴在腕上的，火葬前把手表拿下来，留给了李敖。

一九六一年，在李鼎彝去世十一年的时候，李敖自费印出他父亲生前写的惟一著作《中国文学史》。他在序言中写道："爸爸对我寄望甚殷，他从来没有拒绝过我向他要钱买书。从来不干涉我想要看的书，并且从来允许我自由意志的自由发挥。"

父亲是个"老北大"，这对李敖的成长至关重要。自由开放的北大校风，造就了"老子不管儿子"的为父之道，李敖受惠良多。他对父亲的深情和思念不是做给人看的，而是融入了生命，藏在自己内心最珍视的地方。

第四章　失恋了,李代桃僵

还在李敖刚把北京四中的校徽别在胸前之时,就想写一部大书《东北志》。虽然他离开东北时,还在母亲的怀中,并没有什么直接印象,但他与东北似乎有着割不断的因缘,他从长辈那里知道了东北的许多掌故,他要为东北立传。

当时能找到的资料,李敖都不放过。谢国桢的《清初流人开发东北史》、张纶波的《东北的资源》、郑学稼的《东北的工业》,还有外国人写的《日本在满洲特殊地位之研究》等等,其他同龄人不感兴趣,他却看得津津有味。

跨进中学,李敖显示出他的早熟和智慧。他的抱负是超常的。"一个初一学生,有这种水平与气魄,洵属罕见。有这种程度的少年人,其骄傲自负,也洵属当然。不过我的骄傲自负,都在我心里,待人接物,我仍旧一片冲和。"

初一学生的李敖,阅读的课外书超出了他的年龄层。学校请著名学者朱光潜来讲美学,礼堂太小了,只准高班生听,李敖眼睁睁地看朱光潜在教室前走过,心中非常遗憾。高班生未必都读过朱光潜的著作,谁也不知道,李敖是朱光潜的忠实读者,朱光潜写的《给青年的十二封信》等畅销书,李敖最喜欢。

来到台湾,李敖的中学经历,是初二念起一直念到高二。"这四年间,我陆续读了许多课外书,由于年复一年在知识上'独与天地精神往来',基本上,学校和同学是不能满足我的'境界'的,在内心深处,我与人颇为疏离,我有一种'知识上的傲慢',不大看得起人,尤其讨厌制式的学校生活。"

而在台中一中的高三,李敖暂别课堂,躲在家中的日子里,他读书的数量惊人,写作能力崭露头角。他出手不凡,从容地写出《从读〈胡适文存〉说起》等论文,写出

《李敖诗集》等作品。他后来能在文坛出人头地,和他自小重视读书的习惯有关,也跟他买书藏书的癖好有关。从上海带到台北的"个人全部财产"五百多本藏书,不够他啃的了。考进中学后,他大部分课余时间耗在藏书丰富的台中图书馆。

休学后,李敖仍是图书馆常客,借书还书乐此不疲。学校图书馆藏书相当丰富,他以义务服务生的资格在书库中泡了四年之久,对书籍常识了然于心。叫管理员们大感惊讶的是,李敖可以闭起眼睛,捧起其中任何一本书,单用鼻子闻一闻,就能鉴定哪本书是上海哪家书店印的,这是李敖非常爱炫耀的一门绝技。

"李敖连中学都没毕业",这话出自李敖之口。他真的没有一张中学毕业文凭,他当初也没想要,他是以"同等学力"考大学的。

从中学时代到大学时代,李敖的感情世界里,走入了一个红颜知己。李敖毫不掩饰他的挑剔,几乎"眼高于顶",他爱上的姑娘也是个美丽的才女。

李敖高中休学在家,虽然不听老师讲课,却有更多时间泡图书馆。台中一中的图书馆不过瘾,他又到省立台中图书馆"淘金"。一个阳光明媚的下午,李敖埋头看他的书,眼睛有些疲劳,便随意地抬起头,不禁愣住了——不知道什么时候,有个清秀的女孩子,隔着桌子,坐在他的对面。橘红色的阳光透过窗户,洒在桌前,那女孩子捧着一本书,全神贯注地读着,眉眼间一片圣洁。校服在她身上那么合体,大概是台中女中的高中生。

李敖杂念顿消,心灵为之净化。没有说话的契机,彼此对面不相识。李敖埋头读自己的书,能感觉到她在对面,被一种美好的情绪打动着。他不时抬起头,仿佛无意地把目光投向那个女孩,看她读书过程中的情绪变化,或会心一笑,或眉头微蹙,或嘴唇轻咬。李敖不愿惊动她,愿意她就这样在他的对面,读一本永远读不完的书。

他后来最喜欢清秀的女人,也许就是从这个画面开始的。他再把目光从书本上移开时,对面的座位已经空了。

第二天,李敖又来到省立台中图书馆,借了自己想看的书,找到昨天的座位坐下来。他多么希望,等他从书本上抬起头,对面坐着那个清秀的女孩。然而,她没有来。相逢过却不相识的女孩,李敖没有再见过。

第四章

失恋了，李代桃僵

怀着失落，怀着惆怅，李敖用写诗诉说他的心情。其中有一首《多情总难免》："多情总难免，恋爱我岂敢，心地要纯洁，爱情要遥远。"遥远，在于无缘，无缘对面不相识。那么有缘呢，千里可以来相会，一点也不遥远。

那天，李敖从图书馆出来，像平常一样往家里走。这是一条他走过无数次的路，许多陌生的面孔在他的眼前闪过，彼此都是熟视无睹。突然，有一个女生从街对面走来，似曾相识。梦里寻她千百度，真像那个图书馆里的女孩，她真的来了？哦不，这是另一个她，仪态大方，步履轻盈，也是同样的清秀。

也巧，她往前走，竟与李敖同路，李敖自然没有放过这个相识的机会：你是某某学校的吧？也许是有缘，他们的话不多，却是心有灵犀。她眼睛明亮，略带羞涩，是一个功课很好的女孩，和他不同校，就读的是台中市中，比他低一年级。

李敖学聪明了，当即留了自己的住址，也问了她的住址，每天路过这里上学的时间，约好下一次同行。对于彬彬有礼而又博学多才的李敖，她也有好感。渐渐地，李敖知道她住在李敖家附近的存信巷里，靠父母开小杂货店有些收入，家庭经济不宽裕，这是她勤奋读书以改变命运的动力。每逢周日，她跟着家人去思恩堂做礼拜，是虔诚的基督徒。李敖是个无神论者，在信仰上和她不一致，但不妨碍他的心里有了她。

李敖诗兴大发，不像以前都是凭空想象，这会儿有了描述对象。他写了题为《遐思》的爱情组诗，第一首是："秋水何茫茫，明月何皎皎；记得绿罗裙，处处怜芳草。"他用"罗裙""芳草"比喻"罗"的美丽而纯朴。

他提笔给她写情书，开头简呼她"罗"。在她放学经过的太平路口，他等着她走过来，当面交给她，一切都在不言中。热情如火的情书感动了"罗"。李敖的诙谐幽默，她是领教过了。李敖的文笔之美、文采之妙，远远出乎她的想象。她虽然有些女孩子的矜持，仍接受了李敖的爱。她走笔信纸，也是一篇美文，让李敖喜出望外。

李敖坠入情网。这是他这辈子的第一个情书"高产"期。他表达自己对于爱情和生活的看法，理智总是占了上风。当李敖考进台湾大学法学院后，情书改由李敖在市中念书的大妹转交。李敖每封信都挺长，谈天说地，倾诉衷肠，有一封信竟长达八十三页。

有一段时间李敖忙于学业,情书随之中断了。"罗"也在应付考试,没顾上跟李敖联系。父亲突然病故,让李敖悲痛万分,他不愿意做表面文章,实则内心里满是哀伤。此时,他收到了"罗"的信,那份理解和安慰叫他感动。

断了的情丝,又续上了。

当李敖重考进台大文学院历史系时,"罗"考入了台大理学院化学系。同住在一个校园里,男生宿舍和女生宿舍相隔并不远,在楼下喊一声,楼上的人就可以答应了。李敖跟其他紧追女生不放的男同学不同,他从来不去女生宿舍找"罗",连在楼下等她也懒得去。他的倾诉方式是古典的,情书照写不误。

这是一段"鸿雁传书"的青春日子。李敖的笔端,凝聚着他所有的才华,一封封往返的情书,充满着情趣,也充满着憧憬。真正的初恋,诗意盎然,甜蜜无比。直到那一个月夜,"罗"主动约李敖在校园的一角见面。月光如水,微风轻拂,纸面语言被热恋的难舍难分替代。此后,他们在图书馆同进同出,在小径上并肩散步,在公园里轻舟荡漾,两人已经形影不离,感情骤然升温。

那时,李敖揽了在校园送报的活儿,可以挣些外快,补贴些学费之外的买书钱。每天早上天没亮,李敖就得起床了,骑着自行车到火车站附近的贩报点,用现金批来各种报纸,就地折好套好,再赶回台大分送到各个办公室和学生宿舍。等他送到女生宿舍的时候,她一定守候在门口,双手捧上一杯冲好的热牛奶,看着李敖喝下肚。

"罗"确实不一般,她的功课门门出众,考大学时中文作文九十分。台大教授台静农告诉李敖:那篇文章在那一届入学中文作文中得分最高,他们原以为是李敖写的,没想到"李敖的女朋友"也有如此功力。这说明"罗"的文采不一般,想来她与李敖往来的情书肯定精彩妙绝,可惜都烧掉了,不曾保存下来。

不知是否因为李敖的影响,"罗"不愿意再跟化学公式打交道了。在大学二年级时,在李敖的鼓动之下,"罗"干脆转出化学系,进了历史系,与李敖同班。就在这对恋人沉醉于爱河时,"罗"的家人出来干预了。首先被挑剔的,是李敖的信仰。"罗"一家人都信教,李敖要跟"罗"好,就得改信教,当基督徒。可是李敖有自己的原则,他既然不信神,就不打算像蒋介石娶宋美龄那样改变信仰,认为这并不影响他对"罗"

第四章
失恋了,李代桃僵

的爱慕,这就构成她父母兄妹激烈反对李敖的口实。

"信教"的冲突,其实是矛盾的表层。更主要的缘由,是"罗"的父母嫌李敖太穷,一个普通的学子,没有富裕的家庭背景,只有孤儿寡母,清苦度日,似乎看不出将来荣华富贵的迹象。开小店的父母对女儿抱有很大希望,嫁个有钱的好丈夫,跟李敖一刀两断。他们的思想并不封建,也不反对女儿结交男友,但坚决反对女儿找个穷对象,这个态度不是针对李敖的,李敖正好被"卡"住了。

与小康之家出身的李敖不同,"罗"的家境贫寒,确实使她"谈穷色变"。李敖对钱看得不重,父母也没有让他为钱苦恼过。"罗"则不能不重视钱,她记得刚来台湾时,家里一贫如洗,妈妈做了双布鞋,叫她沿街去卖,她看到一位魁梧的先生,胆怯地上前问他可要看看这双鞋,不料他大吼一声,很不耐烦。她是哭着回去的。

没有"罗"的家境,也许体会不到没钱的滋味。"罗"的家人省吃俭用替她买了辆脚踏车,想不到被人家偷了,"罗"痛苦之中写出一篇文章《还给我吧,请你!》,发表在香港出版的《今日世界》杂志,笔调凄惨,情深意切。

李敖和"罗"的名字刻在一对石印上,一人一只,作为爱情信物分别珍藏着。她父亲看到了大怒,把"罗"的那颗印磨去名字,退还给李敖。当着李敖的面,她的母亲的话就更难听了,无情地要他们中止:"你将来阔到了做总统,我们也上不了你门;你将来穷得讨了饭,讨到我们家门口,请你多走一步!"

看来李敖这个穷学生,在老师同学中是个才子,在"罗"的父母眼中一文不值,做基督徒的也难发慈悲。眼见女儿不听劝告,仍然与李敖来往,"罗"的父母非常伤心,她妈妈气极了,甚至诅咒李敖。元宵节时,她端着一只盛元宵的碗,一边拿筷子杵着碗里的元宵,一边愤愤地喊着:"李敖,李敖早死!李敖短命!"

李敖何辜,遭此诅咒?诅咒他的人,竟是他希望接纳他为女婿的人!父母是爱女儿的,可"罗"的父母的爱变得如此极端,当然给李敖深刻的刺激。"罗"被父母管着,李敖很痛苦,他的爱的分量,可能抵不过"罗"家的重重阻力。说是文明社会了,两个相爱的年轻人能像旧时代那样"私奔"吗?

李敖自视甚高,他能看中的才女自然非同寻常。"罗"送李敖一个本子,抄的是美学大师朱光潜的《给青年的十二封信》,这是一个蛮费时间的工程。那时没有复印机,她也没钱买书,知道李敖喜欢,她就手抄了整本书,让李敖带在身边。她的字迹跟她人一样漂亮,聪明而有才气,尤其读英文诗,三四遍就能背诵。李敖承认:"我生平交女朋友不少,但是论眼神、论才气、论聪敏、论慧黠,无人能出其右。"

"罗"在父亲的愤怒和母亲的眼泪中,度日如年。一个开小店的人家培养一个大学生,承载着太高的期望值。"罗"是孝顺的女儿,毕竟抵挡不住父母的坚决反对。她离不开李敖,更离不开家庭。在李敖与家人之间,"罗"不得不选择了后者。李敖面对这样的初恋结局,心头在滴血。

相爱的人无可挽回地离他而去,所有的山盟海誓竟然不算数,只是因为他不是个有钱人,李敖感到前所未有的沮丧。他突然对于做学问的生活产生了怀疑,才华似乎无法抵挡金钱的诱惑,这一切又有什么价值呢?

一天傍晚,同学们外出了,李敖一个人躺在床上。年轻气盛的他万念俱灰,感到了从来没有过的绝望。一个人可以鄙视钱,把钱看得狗屁不是,但感情再神圣,碰到钱的阻碍,竟也一筹莫展,这也许就是做人的最大失败。他孜孜不倦,苦苦钻研,探寻人生的意义,当一个人不能爱他所爱的人,人生还有什么意义?

李敖经历着"世俗的我"和"理想的我"的冲突:"在内心深处,我高蹈自负,以超人自勉自诩;但现实上,我没有足够的力量完全摆脱或操之在我。"冲突解脱不了,他悄悄吞了一瓶安眠药,等待死神的来临。他觉得活着比死亡更加痛苦。

也是李敖命大,他不该这么早就离开这个世界。和李敖住一个宿舍的同学翁松燃,从外面回屋,发现床上的李敖神情有些怪异,脸色惨淡非常不正常,床头枕边还有空空如也的安眠药瓶,他联想到李敖近日的情绪,觉得大事不好,忙招呼其他同学,送李敖进台大医院。医生赶紧洗肠,把他从死神那里拉了回来。

李敖的命长着呢,还有许多精彩的故事等着他。活着,在伤痛中站起来,比死更艰难。在《大学札记》《大学后期日记》等书里,李敖不瞒不掖,以一个男子汉敢作敢当的气魄,如实地诉说了自己励志自勉、渡过这场情感危机的经历。李敖是个惹人爱慕的角色,在接下去的日子里,有的女同学向他示爱,他似乎很难接受,因为他从本质上对于情感是很认真的,并没有游戏的成分。

第四章

失恋了，李代桃僵

有三四年的时间，李敖难以释怀。随着时间流逝，李敖终于从悲哀中挣脱出来。他写道：我完全抛弃了"情恹恹地""嗒然若丧若已僵之蚕"的李敖了，我已完全选定了一种新的信仰与生活方式，我每日的精神极好，从不疲惫地大踏步走向前去，我的里程碑永远是同样的三句话：做一个像样子的人！做一个有光彩的人！做一个活泼泼的人！

在大学后期，当关注他的女同学向他表达爱意，他能欣然接受了。那个漂亮女孩是同班的"咪咪"，有英国血统，皮肤雪白，丰满漂亮，集中了亚欧混血儿的优点。她父亲是个名人，家境优裕，举止典雅而有大家风范。学历史的女孩本身就少，既学历史又漂亮的女孩更是稀有。当李敖看到"咪咪"手捧线装本的二十五史，"古籍红颜，正好辉映"，她的英文很棒，中文也出色，李敖的好感油然而生。

有一堂西洋近代史的课，讲台上老师大讲，讲台下李敖大写。他不是写论文，而是给"咪咪"写信："一连五天没有写信给你了，我知道你一定感到很奇怪，奇怪我为什么'懒'起来了。其实真是见你的鬼，我才不懒呢，五天来我每天都勤于反省——我在女孩子面前是否吃了败仗？是否被那诡计多端的小丫头洗了脑？"

最后，李敖颇为自信地说："反省的结果，我，李敖，悲哀地失望了，我想不到我竟有些动摇，于是我大叫一声，往后便倒，倒在床上，活像那只满面病容的猫儿，但疼的并不是右'腿'，而是那征服咪咪的雄'心'。"

李敖与"咪咪"之间的恋情，远没有心心相印的程度。他在日记《十七天的校园生活》里写道："老马中午说得好：'台大最开明进步的分子如本人者，皆觉得你思想跑得太前了，她们女孩子思想又怎么跟得上你呢？我看你的自由恋爱谈不成了！'真的，今天Rosa之言女孩子性格，使我深感我的自由恋爱谈不成了……"

"征服"不难，相识不易。李敖在给"咪咪"的信中倾诉道："这几天来我出奇地沉默，不愿跟别人交往，我感到很疲劳，在世俗场中我周旋得太久了，我渴望休息，于是我也'唯心'起来，神游着六合以外的幻境，在那里没有庸碌之往来碍我耳目，也没有俗场中人来扰我心灵，在孤岛上只有你——那最能了解我的小东西。"

与"咪咪"的相处，李敖是有绅士风度的，他在日记中提醒自己说："一定要对'咪咪'好些。别忘了她很懂事，在她的年纪里，她已经做得够了。中国女孩子头脑真不开化,如'咪咪'者太少了。"他也记下了两人之间的分歧:"当把一生快乐的事写成《得意集》。'咪咪'说该把失意的事写成以为警惕,我觉得不需要。"

李敖的思想活跃,意识超前,是个绝不循规蹈矩的新潮派;他的举止却又古典老迈,清心寡欲,是个"不去教堂、不会跳舞的死硬派",这两者之间的落差,给他在大学校园与"红颜知己"加深感情,平添了难度。

果然,他和"咪咪"的思想和性格都有分歧,他们坦诚相见,友好地分手了。与"罗"的离去相比,这场恋爱似乎没有那么刻骨铭心,开始和结束都没有太多的内涵,连痛苦的争执也不曾有过。"咪咪"是快乐的,李敖也快乐起来。

李敖后来坚信,恋爱者是可以好聚好散的。当时,李敖把保存着的"咪咪"的来信还给她。李敖写给"咪咪"的信,没有要回来,不知是不是"咪咪"有意留下了。李敖则保存了一张她送给他的幼年照片,天真无邪,可爱极了。至于情书,他只剩下一封信的副本,就是上文引的那一封,他把它发表在《李敖情书集》中,作为开卷之作。

他死而复生,奉劝天下的失恋者,根本方法不是自怨自艾,而是"李代桃僵",赶紧以新的情人取代旧的,一如桃子没了,解决之道不是励志自勉桃子多不好吃,而是赶紧吃起李子来,有李子好吃,自然对桃子有抵抗力,不再耽恋。

自己跌倒了,自己爬起来,这就是李敖。他把所有的痛苦吞进肚里,然后笑对人生,依然生龙活虎。

第五章　台大"长袍怪"

一九五四年夏,在家休学的李敖参加台湾大专联招。他填写的第一志愿是台湾大学中文系。台大乃名牌大学,中文系是李敖的首选之系。报名简章要求考生必须填三个志愿,李敖看到法律专修科也是属于台大,也顺便填了它,没想到他考取台大,却与台大中文系擦肩而过,进了台大法律专修科。

走进台大校园,法律专修科的学生议论纷纷,他们来不及品尝名牌大学生的荣耀,就被烦恼包围了。原来,台大法律专修科是第二届,前一年入学的是第一届,共有一百五十人。当时高考是四院校联招,分别为台湾大学、省立师范学院(师范大学前身)、省立农学院(中兴大学前身)、省立工学院(成功大学前身),台大法律专修科两届学生考试成绩不差,都在后面三个学院学生之上,为什么只是个专科?

虽有本科的成绩,没有本科的待遇,不能像其他学生那样读满四年,更要命的是,毕业时不能戴方帽子,拿不到学士学位。同学们当然群情激愤,大呼上当。班上同学谢世闻以化名"陋闻",给香港《自由人》投稿《谈台大的法律专科》,指出"该科设立原由'司法行政部'提议,经费由'司法行政部'拨给",抨击"'司法行政部'也管起大学来了","适见自乱体制,破坏教育之行政系统耳"。

李敖对于同学的抗争,乐见其成,而他的目光,不只盯着那一张本科的文凭。他已经超越名利场,超越凡尘的甘苦,在生与死之间穿行。

他家在台中,到台北念台大,没有钱住旅店,就借住在一家佛学圣地善导寺。善导寺的住持李子宽老居士,是台中同学李天培的父亲。李天培喜爱读书,与李敖趣味相投,他是随父亲到台湾的,在大陆深受传统文化的熏陶。他告诉李敖,父亲早年投身辛亥革命,做过孙中山的秘书,被蒋介石关过,后归顺蒋介石,晚年主持"中国佛教会",住在善导寺。他接纳李敖,把他安排在寺庙的一间空屋里。

李敖不信佛,对老居士说的那套佛理也没兴趣。善导寺是日本人盖的,谁都知道佛学为日本的国学,但信奉佛祖的日本人,却向中国人举起屠刀,残杀了无数中国百姓,这是李敖所亲身经历过的。老居士垂垂老矣,相当固执,偶尔遇上了,李敖听他高谈阔论,不便与他争执,礼貌地点点头,对付过去了事。

在善导寺的地下室,有个不对外开放的骨灰间,阴森森的,放着许多善男信女的骨灰缸。李敖住的房间,就在地下室隔壁,他长这么大,这是头一次"与鬼为邻"。人死了,真的有魂吗?这么多的死人,中间有鬼吗?

当管理骨灰间的职员来打扫灰尘的时候,李敖又随他进屋。那个职员是绝对相信有鬼的,指着一排排的骨灰缸,告诉李敖:某一天哪一个缸有了响声,某一晚哪一个缸似乎有歌吟,说得人毛骨悚然。这个不大的地下室,骨灰缸叠放在一起,曾经活过的人就密集地挤着,给李敖深深的震撼,他与这些灵魂似乎很近、很近。

有时李敖看书看累了,他会走过去,推开地下室的门。他低了头,像考古专家那样,一个个地细看那些骨灰缸,缸上贴着名字,还贴着拥有那个名字的人生前的照片。李敖想到,一个人奔波一生,劳碌一生,这是最终的归宿。他们的名字消失了,灵魂到底有没有,在哪里呢?他无法回答自己,也找不到什么答案。

曾经有过的肉体,化为枯骨一坛。"他们死了,我还活着。"李敖的生命意识在觉醒,他决意珍视活着的每一天,不看人眼色,不仰人鼻息。一个十九岁的青年人,无意之中有了生与死的领悟。也许很多人走到生命终点,才会有这样的领悟,而李敖,似乎已经活过了一辈子。他在校园走进走出,独自消化着他的领悟,对于人世间的纷争多了一份超然。本应无忧无虑的时候,就亲近那么多"死人",这种生生死死的悲壮之情,冲击着他正在成形的思想,死去活来,涅槃重生。

是专科,还是本科,法律专修科的学生不断地申诉。在兼职教授中,就有"司法行政部"的高官,如教"刑法总则"课的是"司法行政部"部长,教"中国司法组织"的徐世贤是"司法行政部"次长,学生当面请愿,陈述改制的理由。

第五章
台大"长袍怪"

一番抗争,到底有了结果。台大宣布,经有关部门认可,法律专修科改为法律系司法组,原有的法律系改为法学组,这就是说专修科学生同为法律系本科生,与台大其他学生平起平坐了。一百五十位学生欣喜若狂,忙不迭地会餐庆贺,一两年的不平之气,久已积郁在心头,终于一吐为快。

全班人都沉浸在兴奋之中,李敖也高兴,因为大家的请愿有理。他的思路与他人不同,虽然觉得这是应该的结果,却不愿在法律系读下去。他志在学文,不在弄法,没考入文学院而到法学院,在毕业时也能有个学士方帽戴,在他看来并没有什么意思。他做出了一个别人不敢想的决定,放弃法学院,重考文学院。

同学们吃惊不小。谁都知道,台大在校学生不能重考本校其他专业,如果一定要考,必须自动退学,然后才能参加下一年的报考。已经跨入名校之门的李敖,在旁人看来可以高枕无忧了,居然不计后果,在没有任何压力的情况下,从名校之门退出去,再像别的新生一样考进来,竞争激烈,谈何容易。

"君子一言,驷马难追"。李敖在法律专修科正式改制前夕,真的自动退学了。法律专修科改法律本科的两届学生,因为"兴趣不合"之故敢于退学的,仅有李敖一个人。就台大而言,也是没有前例的。

不过,李敖聪明过人,以他的悟性,在法律专修科的课堂并没有白坐。他阅读了大量的法学著作,后来他官司不断,起草起诉书不用他人代劳,比那些读完法律本科的同学丝毫不差,甚至更好,显示了熟悉法律常识的长处。

李敖退学回到台中的家,再复习功课从头考,家里习惯他的出格之举,并不以为惊奇。头一回考台大中文系差几分,就被数学拉了后腿。李敖不以为然,丘吉尔头痛数学,不是照当英国首相?泰戈尔讨厌数学,也不妨碍他成为大文豪嘛!但是说归说,高考既然如此设线,李敖只得面对现实,光发牢骚无济于事。他有心重敲台大之门,暂时把数学的议论搁置一边,找来了一个精通数学的老同学"恶补"。

一九五五年的高考,李敖的文史成绩拔尖,数学成绩过关,如愿以偿地跨过门槛,以第一志愿考入台大文学院历史系,这是个名牌大学的热门专业,李敖向往已久,许多校友后来出人头地,一跃成为台湾的政界要人或者学界名流。当时从台大退学,再考入台大,一般人想也不敢想,保险系数太低了,李敖能出此绝招,以他的实力和他的自信放胆一搏,而且获得成功,确乎给台大创造了一个史无前例的奇迹。

在台大历史系的迎新会上,教师与学生的发言都是文绉绉的,带有客套的习俗。轮到李敖,他的发言语出惊人,一下子把"温吞水"的气氛搅热了:"历史系是一个神秘的系,它可使狂者愈狂,狷者愈狷,笨者愈笨。"

二十岁的李敖,重新做了台大学生,照样与众不同。他的兴奋期很快就过去了,开始感到失望。表面上看,他不是死用功的学生,不感兴趣的课就不上,上课也不抄笔记,更不买老师的账,尤其是他看不起的老师。其实他的知识结构是庞杂的、超前的,很多大学生念的书,他早在小学和中学阶段就念过了。

平时再随便的学生,考试不敢马虎,惟有李敖懒得应付,对分数不当回事。在大一时考的八门主课,李敖有三门不及格,连中文都差点不及格。教中文的老师,李敖实在看不上,认为他没有学问却装腔作势,这两点都是李敖难以容忍的。那个老师公开夸奖李敖的作文是全班第一,可是李敖对他没有好感。有一篇古文要背,李敖拒绝,他气得说,给你不及格。当他把这件事说给他的老师郑骞听,这位中文系的教授讲了一句话:"李敖的中文不及格,谁的中文及格呀?"于是,李敖得了68分,勉强过关。

李敖是台大历史系公认的优等生,大一的总成绩叫人费解。第一学期只有平均71.2分,第二学期只有平均65.45分,在全班属于下游,然而没有谁能小看李敖。他的格言是:"不畏浮云遮望眼,只缘身在最高层。"他说的话是别人不敢说的:"我始终自喜我有学问,只是不屑上课和应付考试而已。"

李敖的穿着是台大一绝。一身青色长袍,一副黑框眼镜,是李敖的"个人的商标"。就年龄而言,像李敖这样的年轻学子,既不西装革履,也不新潮时尚,居然喜欢老气横秋的长袍,并且一年四季,天天不变,任何议论都置之不理,的确算得上特立独行。

教中国通史的一位老教授也喜爱穿长袍,可是夏日炎炎,暑气闷腾,老教授只能忍痛割爱,破例穿上短袖衫。李敖似乎不为酷热所动,还是穿着长袍大褂,抱着书在校园里旁若无人地走过。这位老教授特地走到李敖的跟前,不声不响地盯着他看了

当学生的李敖

李敖1957年在台大校园

第五章
台大"长袍怪"

一阵,最后摇摇头,不胜感慨地说:"你简直比我还顽固!"

有一次,李敖在校园里碰到一位颇有灵性的女生,她不解地问道:"李敖,我忍不住了,我一定要问你,这么热的天气你还穿这玩意儿,难道你不热吗?"望着女孩子脸上好奇而同情的表情,看到她身上穿的裙子,李敖突然来了灵感,他慢条斯理地回答:"冬天那么凉,你还要穿裙子露小腿,难道你不冷吗?"

这当然是女孩子没想到的。看着她似有所悟,怏怏离去,李敖忍不住偷偷地乐。他故意调侃一通,把他的不怕热和女孩子的不怕冷相提并论,其实是玩笑罢了。李敖的"长袍情结"与其说是一种格调,不如说是一种修炼,就是要强硬地表示愤世嫉俗,"绝对不怕孤立"。他在《大学札记》里说:"有一股力量的人太少了,我简直看不到,我决心要把我自己变成一个(在人们和朋友眼中的)有一股力量的人。"

对李敖的长袍议论多了,我行我素的李敖接过这个话题,索性见诸文字,写了一篇《长袍心理学》,说道:"香港出版的一期《大学生活》里,某君曾列举台大的四怪三丑,而怪丑之尤就是'长袍怪',好像长袍就是我的化身一般。事实上,若论台大声名显赫的人物,除钱校长外大概就是我了。没有一个人敢说他没见过'文学院那穿长袍的',除非他是瞎子,可是瞎子也得听说过李某人,除非他还愿意做聋子!"

李敖一身长袍与他人区别,显示着他的强悍做派,但他与同学相处并不霸道。和李敖同住一室的陈彦增,是他的"小老弟"。当李敖刚考进历史系的时候,陈彦增正在念经济系二年级,他们住在温州街73号台大第一宿舍。这是一座四合院式的院落。男生宿舍的每一间寝室,都摆有五张上下铺的床,五张书桌,可以住十个人。他们一个上铺一个下铺,两人还共用着一张不到一平方米的书桌。

李敖与陈彦增分到的"地盘",是在第四寝室朝南的角落,由于李敖的书籍资料特别多,堆在桌上像个小山,两人共用的桌面常被占去大半。陈彦增忍无可忍,写了首打油诗留在桌上,开头两句写道:"乱七八糟一大堆(河南音读第三声),李敖是个邋遢鬼。"陈彦增之所以注明发河南话的音,为的是李敖结交了不少河南朋友,河南音更有亲切感。李敖见过字条,真诚地表示歉意,从此"收敛"了起来。

李敖的"君子风度"让陈彦增很感动,他们后来成为终身的朋友。陈彦增说李敖

"邋遢"实在是气话，主要是"抗议"他多占了桌子。李敖是所有学生中特别整洁的一位，即使是书籍再多，也会摆放得整齐有序。

李敖的生日，是朋友们的节日。陈彦增回忆说：李敖是个新派人士，在当时就过着新（阳）历的生日，因为他人缘不错，每年四月一过中旬，就有人要为他张罗二十五日的"华诞"了，可是，每到这个时期却常见他有"避寿"之举，其方式乃是放下自己的蚊帐，躺在床上做"闭关"状。最后少不得由大家把他拖了出来，或去罗斯福路浦城街口的"寿而康"餐厅大快朵颐一番，或是去西门町闹区看场晚场电影。"如果错过了最后一班的零南公车，还得安步当车走上个把小时才能回到宿舍，因为坐三轮车要花上十几块，羞涩的阮囊，反而锻炼了我们双腿的耐力。"

台北的夜风里，一帮大学生说说笑笑，不知疲倦地行走着。李敖长袍飘飘，却和朋友谈论着最近的思想。路灯的辉映下，他的长袍有些突出，但没有人觉得他老朽，只感到他的见地跑在其他人的前面，使旁人有些跟不上趟。

"长袍怪"李敖，在朋友眼中并不"怪"。

在台大当学生，李敖结识的前辈人物，有两个人至关重要，一个是当时担任"中央研究院"院长的胡适，一个是台大著名教授殷海光。

虽然李敖父亲曾是胡适的学生，但胡适没印象，李敖跟胡适的交往更是与此无关。他在北京念小学时，胡适大名就如雷贯耳。初中时他读了《胡适文存》，深为胡适思想所折服。台大的《这一代》杂志，约李敖投稿，他写了《从读〈胡适文存〉说起》。编者觉得锋芒太露，没采用。同学陆啸钊办《大学》杂志，才把稿子登了出来。

"罗"已经考入台大，与李敖重续前缘，也是李敖的第一读者。有一天，"罗"向李敖提议说："何不寄给《自由中国》？他们一定登！"《自由中国》是学者雷震主办的畅销杂志，李敖删改了一遍，"罗"誊抄一遍，寄给了《自由中国》。这是李敖在《自由中国》上发表的第一篇也是最后一篇文章，刊于一九五七年三月一日。

《自由中国》发表李敖文章三年之后，从美国回来的胡适，约李敖到台大校长钱思亮的家面谈。提到那篇《从读〈胡适文存〉说起》，胡适说："呵！李先生！连我自己

第五章

台大"长袍怪"

都忘记了、丢光了的著作,你居然都能找得到!你简直比我胡适之还了解胡适之!"他向李敖透露:"雷震特别写信给我,推荐你这篇文章。"

雷震主办《自由中国》杂志,在台湾知识界颇有名气,它敢于针砭时政,在海外都有影响。李敖文章用真名在《自由中国》发表,他引以为光荣。而当时有人虽然也在《自由中国》写文章,但不敢用真名发表。

一九五八年十二月十七日,是胡适六十八岁生日。十二月六日,李敖作了首白话打油诗《好事近》寄给胡适,表示一个小朋友的祝贺:"哈哈笑声里,六十八岁来到,看你白头少年,一点都不老。寿星说话不妨多,喝酒可要少,不然太太晓得,那可不得了(适之先生曾提倡'不老'哲学,又是美国怕太太协会的会员,用这两点意思成此小词,敬贺他六十八岁的生辰)!"

看到李敖在《自由中国》的文章,殷海光托人带信给李敖,约他见面。殷海光是台大哲学系教授,也是《自由中国》的灵魂人物。

在殷海光家里,李敖看到的是一个与名气不相称的老者,远不如胡适那样温文尔雅。身材瘦小,头发灰白,有些跛脚,脸上布满风霜,三角眼皮下的眼睛似乎不友善地盯着你。真不像大学教授,李敖忍不住这样想。

殷海光的身后,突然钻出一条毛茸茸的大狼狗,让李敖吃了一惊。它显然是主人的爱物,殷海光命名为"领袖",仿佛是对纳粹党的讽刺。"领袖"威风凛凛,比主人神气多了。瘦弱的主人与强壮的大狗,形成了奇怪的反差。

接下来的话题并不投机。说到《自由中国》对台湾当局敢于直言,李敖问:"殷老师,骂国民党是对的,国民党真的该骂。我要请问的是:你过去为国民党主持过宣传,你是国民党员,你怎么解释这一点?"也只有李敖,会这样不留情面。殷海光脸沉下来,表情有些窘迫,似乎对于年轻人懂得太多有些不满。他想了想,才缓缓地说:"我已经忘了我做过国民党了!我对这种历史的问题没有兴趣。"

李敖其实对殷海光是非常佩服的,期待他的坦荡面对。没想到殷海光不愿正面答复,未免使他失望,他觉得以殷海光的学识和气魄,理应更诚实,更有反省的能力。他说:"我是学历史的人,我对这种问题有兴趣。"

李敖同殷海光的第一次谈话,不欢而散。他对殷海光这个人,在校园里保持了距离,甚至不想选他的课。到了大四时考试,殷海光监考,看李敖下笔千言,感叹了一句:"你的考卷洋洋洒洒。"随后,李敖路遇殷海光,向他请教一个方法学上的名词。其他场合,李敖也学老师的模样,做冷峻状,好像素不相识。李敖淘气地想,殷海光不通人情,就该给他还以颜色,他才不会有意地讨好什么人呢。

然而,李敖仍是殷海光的忠实读者。他对殷海光文章的思想火花,佩服得很,与同学谈及,曾用"光芒四射"来形容。毕竟气味相投,李敖与殷海光终成"忘年之交",那已经是在他走出校园,脱离了学生时代之后了。

第六章 "鬼才"通吃军营

一九五九年九月七日,二十四岁的李敖登上了南下从军的汽车。他告别了校园,告别了老师和同学,到凤山军营接受预备军官训练。

从一个台大学生,到一个预备军人,似乎风马牛不相及。况且当兵对于台湾青年来说,是不得已而为之,带着无奈和恐惧。李敖与台湾统治者格格不入,立志做体制之外的"英雄",台湾军队则是国民党体制中控制最严密的部分,他能适应当兵的日子吗?

李敖的个性,就是在无奈中不屈服,在苦涩中还能找到快乐。他脱下长袍,剪去头发,穿上一身黄军衣,就决定勇敢地面对社会底层的生活。他把美国小说家海明威当做理想中的勇敢文人榜样。虽然他很清楚,他与海明威所处的历史环境不同,被"反攻大陆"的幻想支撑的台湾军队,曾有过丢失大陆的惨败记录,信仰破灭,方向迷茫,愚昧与腐败就在他的周围。他给朋友写信说:"目前最心折的人是海明威,我买了一本何欣写的《海明威创作论》,读之颇快,我喜欢他那几次参加战斗,追求死的精神与勇迈,因此在军中生活,我的态度与看法殊异于一般人,我觉得这不是虚度日子,这是最好的一种磨炼与生活……"

在台大分手时,有个同学送给李敖一支圆珠笔,他手握这支圆珠笔,开始写军中日记。从踏进兵营的第一天,到离开兵营的最后一天,长达一年半的时间,他几乎天天不漏,挥笔不辍。这是李敖一生中最完整的一段日记。

李敖当预备军官,先在凤山陆军步兵学校受训半年。集体生活的整块时间都不属于自己,李敖可以"眼观六路,耳听八方",也可以让思绪"飞越千里",但不可能拥有校园那样的自由。李敖是个精力充沛的人,到了午休的时候,别人累得赶紧背铺板,他把午休利用起来,成为偷写日记的最佳时段。人家大睡,李敖大写,痛快淋漓。

既然是写日记,李敖无所约束,直抒胸臆,他视日记为珍宝,属于个人的绝对机密。放在宿舍里不放心,李敖干脆用塑料袋把日记本包起来,塞进胸前的口袋,跟他"肌肤相亲",寸步不离。这样,淋雨也罢,流汗也罢,隔着塑料纸的日记本完好如初。

李敖以诙谐的笔调,记述了他在兵营中的感受。换一个人,或者换一个角度,也许只会消沉,只会哀怨。李敖反其道而行之,把悲剧变成了喜剧。

李敖编在凤山陆军步兵学校第三总队第二大队第九中队第五号:"在头发剃光、穿上军装以后,就面临了所有入伍训练的折腾与折磨。首先是整理内务,把棉被叠成豆腐块,有人为了清早起来,没办法把棉被快速折出棱角,宁愿不盖棉被,冻着睡;有人洗澡时不愿露小鸡,竟不脱内裤穿着洗,怪态百出。"

他的《凤山杂诗》写军中的夏日:"白天世仇为烈日,晚上情人乃草席;整日耳边闻何事?立正稍息与看齐。"他写没有热水澡,连冷水冲洗都困难:"南台九月很少雨,整日昏昏不得已。水厂断水不必愁,每天沐浴以汗洗。"他写军官们对下和对上的不同嘴脸:"队前吆喝人生畏,台上颐指群俯首。羔羊圈里是大虫,长官到来变走狗。"

别看李敖才离开校园,却不是弱不禁风的书生。早在中学时,他就醉心于"形体美",那时台中一中的运动风气盛行,男生热衷于锻炼,举哑铃、掰手腕、比肌肉,他曾兴趣浓厚。有了锻炼的老底子,李敖当个排长"小菜一碟"。

在日记中,李敖记下训练强度:"体能测验:引体向上八,交互蹲跳十八,伏地挺身十五,两分钟仰卧起坐十五,三百码跑六十四秒。总分虽少(七十一),然皆用心准确为之。大折腾一阵,身体反倒较为舒服了。"

又一日,李敖写道:"早晨练跳木马,我简直不成,不是'拍马屁'就是'骑马',再不就是俯卧马背,惟一直苦练不止。大概跳了近二十次后,居然洞开诀窍,跳过去了,众为之鼓掌,且吾姿势亦'美妙异常',马区长为之称道,施珂说看我还离马头那么多,简直不像是刚学会的。宏谋、秋原、镇京说我得意之态不可一世,神气之余戏

第六章
"鬼才"通吃军营

作一诗：今天又来跳木马,腾身越腿不容发;小子看了皆咋舌,生公看了不说法。个人轻似低飞燕,千钧可立屋上瓦;蜻蜓点水飘然过,不知窍门那才傻。"

李敖给母亲的信,也照抄在他的日记本里:"这个地方在仁武附近,凤山北面,天气最热,苍蝇最多,今天早上买了五张苍蝇纸,一抓就是一二百只——只不过是八席大的一个房子,就有这么多的苍蝇!水也极不方便,用老百姓的井水,又远,又不干净。臭虫多,蚊子多,厕所远,吃饭要蹲着,交通极端不便,都是这个地方的缺点,不过这也是个读书的好机会,我懒得动,懒得往外跑,倒也可多读一些书。在这儿礼拜天不放假,每礼拜的星期三才放假,我倒不管这些,反正我懒得出去。"

李敖把书生气丢在了军营之外,他的处世原则是灵活的:"虽在军队,我仍展示出我又守原则、又粗犷、又狡猾的一面,我曾声言:大丈夫要能软能硬、软中带硬、软硬兼施、能屈能伸、粗中有细,方能在军中混。"

一起到军营的同学中,有的是国民党员,可是李敖和几个铁杆好友瞪大眼睛,也不知道谁是谁不是。入伍不久,校方组织学员量衣服尺寸,过了一阵子,队长宣布有些人的衣服要重量,他报出学号,把他们带了出去。李敖很敏感,他们一走,他就悄悄断定,那些人都是国民党员,后来验证,果然不出李敖所料。

李敖在队中编号第五号,他前面的第四号是台大中文系的孙玉华,他祖籍东北,加入了国民党,靠李敖近,负有暗中打李敖的小报告之责,李敖看穿指导员给孙玉华的任务,时常跟他开玩笑,写了首歪诗给他:"见了二娘呼婶婶,见了悟空喊大爷。退役以后饿不死,衡阳街口擦皮鞋。"等他们退伍离开军营时,李敖得知,被他冷嘲热讽的孙玉华,无愧于同学一场,在他不得不打的小报告上,并没写李敖和别的同学的坏话。李敖感慨地说:"这种东北人孙玉华的忠厚,是南方人国民党所不及的。"

预备军官受训期间,政工长官拉年轻学生加入国民党,千方百计,多方施压。好些学生无奈,只能加入了,还有人不理睬。当官的使出最后一招,说不入党的会被发配到金门前线。那时金门是"八二三炮战"的前沿地带,弄不好就要送命的,大家当然害怕,仅有的少数非党员学生,也大都入党了,可是李敖不为所动。

指导员对他说:"李敖,你不怕去金门?"李敖说:"我不怕。"指导员说:"你很优秀，我们国民党没拉到你，很可惜。"李敖说："你们拉到一个贪生怕死、为了怕去金门而入党的李敖，才真可惜呢！"指导员说："你不入党，你在台湾活下去，会永远不方便。"李敖说："我准备死在金门，没什么不方便了。"指导员与李敖谈不拢，摇摇头，叹息而去。

没想到，最后分配到金门前线的，竟然是那些临时加入国民党的人，拒绝入党的李敖反倒"躲过一劫"。分配方案透露出来，身为国民党员的学生预官目瞪口呆，跑去质问指导员，为什么说话不算话？指导员回答倒挺干脆："前线需要忠贞的人，把李敖送到前线，他会影响民心士气，所以还是你们去好一点。"振振有词的一番话，气得有人把青天白日的党证都撕掉了。李敖好不开心，直扮鬼脸。

凤山陆军步兵学校受训结束，在离校之前，要每位学员连夜填写"留守名簿"，交给步校存档留底。就像学员下部队可能"阵亡"似的。李敖在纸上先写"李敖遗嘱"，然后是："骨灰请交台北县中和乡中和路85号张丽珍，请她用我身后的余尘，在仲夏时节、大贝湖畔，为我种朵玫瑰花。"其实当时李敖并没有女朋友。张丽珍是他的高中同学，有人拿她跟李敖开玩笑，李敖笑而纳之，玩一番弄假成真的游戏。

野外行军途中，队友说："李敖，最近有没有女朋友写信给你？"李敖答："有一位啊。"队友问："是不是以前的那位？"李敖拉长了腔调："不，是一位老女人——"队友惊诧，他才说："就是我母亲。"

一九六〇年三月三日，李敖结束军校半年的短训，分到野战师。先是派往四二炮连做副排长，不久调到团部连搜索排当排长。一排之长，管了十来号人，这是一个军中最小的芝麻官，也是李敖一生中惟一当过的官职。

三天后，李敖取来短训结业时的留影，那是一张穿军装的免冠照片。李敖对着照片上剪着平头的自己，当即写下了《题二十五岁造像》："势如江海气如山，妙语如花现一斑。口里谈兵君莫笑，土头土脑李教官。"

当李敖等一帮学生预官陆续登车，准备出发之时，前来送行的指导员把一个牛皮纸袋郑重地交给带队同学，要这位同学转给新单位。行进的路上，大家发现这个牛皮纸袋事关重大，装的是预官们的思想考核资料。好奇心促使他们很技巧地偷拆

左:预备军官李敖
右:在军营不减傲气的李敖

泳装李敖

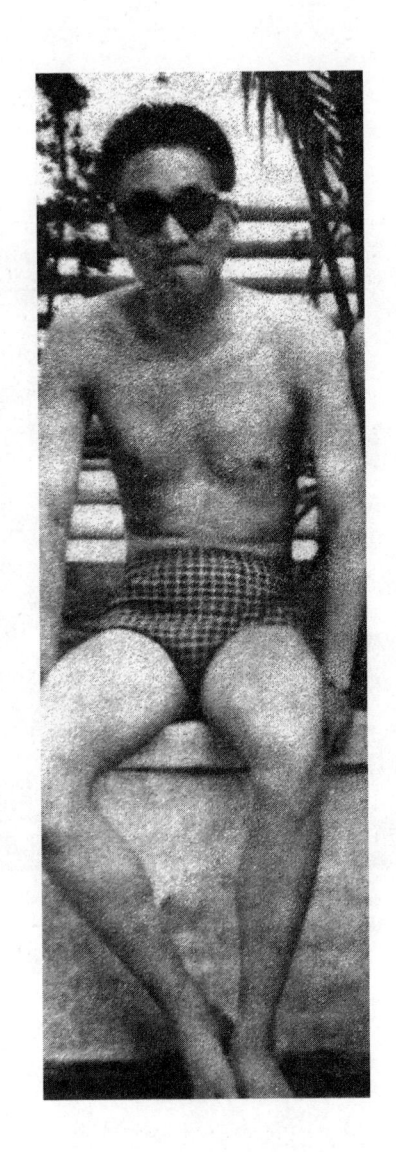

第六章
"鬼才"通吃军营

开袋口,不看不知道,一看吓一跳。很多同学的评语都不佳。在李敖的资料卡片上,赫然有这样的评语:"思想游移,媚外思想甚重。"

别看指导员表面笑眯眯的,跟李敖他们周旋半年,最后写出这十个不吉利的字,把李敖"看死"了。李敖叹息道:"政工人员之可怕,由此可见!而我在半路后,得窥他们如何害人,想来也不无奇趣也!"

李敖和同学们下部队,汽车一站一站地停,越走人越少。这其中的奥妙李敖自然清楚,是"人情关系"在起作用。虽然都是学生预官,有背景的就留在上头,或留在军团部,或留在师部,或留在团部。像李敖这样没背景的,对不起,就逐级下放,哪一层也不留,最后分到最基层,在一个连队当小排长。

李敖并不以为意,管他呢,到哪里都行。当排长就当排长,李敖没一句怨言。可是军营是吃苦的地方,最苦的莫过于当兵的,排长是兵头将末,什么都要领着兵干,李敖吃得消?看他那一副无所谓的样子,心里好像有什么底似的。

李敖很快就在最底层大放光彩。他开讲"地雷与诡雷"一课,上午和下午各两小时。天气闷热,气温升高,他讲得满头大汗,听课的老兵也是热汗挥洒,讲课效果却是奇佳,台下的这些老兵好像对李敖很着迷,多次把掌声送给李教官。他们欢迎这位满口"生殖器""私窑子""欢喜佛""王八兔子"的"老百姓",讲地雷的大概加起来不到半小时,其余时间节外生枝借题发挥,听得过瘾。

李敖原本就是个口若悬河的主,嬉笑怒骂,迸发着聪慧的火花,而在兵营,他入乡随俗,自然少说文绉绉的话。不料,军中组织"三民主义讲习班",指令李敖等预备军官参加。长官附庸风雅,举办了一场"历史人物评价"的演讲比赛。也许是怕各人发挥,难免出格,收不了场,于是划定了范围,题目都是预定的。分给李敖的题目是讲关公。这是个在人们心目中久已定论的话题,李敖居然旁征博引,推陈出新,说出了没有人说过的新鲜词。听众乐得前仰后合,掌声一阵接着一阵。

历史正是李敖的强项,他大出风头,不少官兵争着与他相识,约他聊天。有一位预备军官说:"我们很久没听你讲演了,你又来了!"还有一位少校说:"李敖啊!你真有一套,你的历史背得真有一套!"李敖虽然受欢迎,长官并不高兴。指导员说:"为了讨好听众,你的效果达到了;为了争取第一,你就失败了。我们内心佩服你,可是场合不同,所以你得了最末一名!"李敖获讲演的"倒数第一",有人为他抱不平,他不当回事,根本无所谓,只要他上场,就是掌声不绝,笑声不断。

等讲习班结束之后,有一天中午,操场上没人,李敖找了个角落,坐在冷风里写日记,遇上几位值星的军官。一位营长笑着跟李敖握手,先是伸右手,左手又握上来,李敖出于礼貌,也伸出手让他握,两个人的四只手握在一起。那位营长连声说"我们是'三民主义讲习班'同学",李敖说不敢当不敢当,想不起他是谁。

客套了一通,营长劝李敖,以后讲话要小心,他关切地问李敖,是不是受过什么刺激,看他的样子,好像担心李敖有点神经病。李敖一眼看出对方的心思,忍不住想:你才受过什么刺激呢,问这话的人心里头就有神经病!

后来,李敖又被调到第四连做兵器排排长。在"反攻大陆"甚嚣尘上之时,李敖把这个连队中的"官长部"描绘如下:一、连长——想做生意。二、副连长——想升官。三、指导员——想结婚。四、干事——想洗鸳鸯澡。五、第一排排长——想说相声。六、第二排排长——想打炮(搞妓女)。七、第三排排长——想子弹房小老婆。八、兵器排排长——想退伍。九、行政官——想八仙山盗林。

直到退伍,李敖当了近一年的排长。他毫不特殊,与最底层的老兵们泡在一起,体会他们的喜怒哀乐,融入他们之中,成为他们的一员。在都市长大的李敖目睹了另一种人生。"这段军人生涯,是我人生中的重大转折。"

在"老兵油子"当中,河北人张永亭是突出的一个。李敖在北京长大,北京在河北地界的包围之中,自然就是老乡。李敖跟别人很客气,跟张永亭却可以骂他一顿、打他一拳,这是有交情的缘故。军中有"老兵油子"送到"顽固队"管训的先例,但张永亭虽"油"却善,不外乎稀拉、邋遢、懒惰、嗜赌、借钱不还、出操时偷溜回营房睡觉、脚臭得叫人受不了,但他做七五炮组长,不抗命,也不欺负人。

张永亭的枪法在全连数一数二,实弹射击却没个准头。他懒懒地端起机枪,隔着一尺左右的距离,朝一个土堆发射一通,然后扒开土堆,把子弹壳找出来包在一起,当废铁去卖钱。李敖明白他的心思:你"政府"抓老子来当兵,给老子这么可怜的军饷,却舍得花大钱去造枪炮子弹,老子就给你浪费一下,变成废铁吧!

第六章
"鬼才"通吃军营

李敖看到,靠卖废铁赚外快的,何止当兵的——射击训练时,靶场的警戒线外面,围着许多翘首以盼的穷苦百姓,枪炮声一停歇,他们就蜂拥而上,寻找可以卖钱的弹壳。有时通讯联系不畅,误炸误伤的悲剧时有发生。特别是那些穷人家的小孩子,他们想来发点小财,捡来废弹敲了玩,引发爆炸,更是触目惊心。

张永亭打过的仗多了,还受过伤。李敖觉得他伤得有趣,他的伤都在背上和后腿上,身体的正面却一点没有。李敖点破其中秘密,他只得点头招供,不外乎他逢战必逃、走为上计,子弹当然打在背后。李敖取笑他,他也不生气。一次比赛,他在摔跤项目中连赢三次。李敖感激他为本排争了光,买来"双喜烟"重赏。人逢喜事精神爽,他那天大谈当兵史,指着李敖说:"头一次上战场没有不害怕的,我们的排长,你们平时看他张牙舞爪不可一世,可是他若上战场,前面砰啪枪一响,他后面扑哧屎就来了!"他绘声绘色,表情滑稽,听者笑得直不起腰来,李敖的眼泪都笑出来了。

训练间隙,大家聊天时谈到"反攻大陆"。张永亭说:"'反攻大陆'后第一件事,就是回老家,掘掉自己的祖坟。祖坟风水不好,害得我一辈子倒了大霉。"李敖反问:"回不去呢?"他说:"回不去吗?那我退伍后,老得不能动了,我就脱掉裤子,跳河自杀,我会向我妈说:'妈,我光着屁股来,现在光着屁股回去了!'"

有一次冒雨演习,全排人跟着李敖,蹲在狭路上吃饭。大雨如注,饭盒盖住一半,吃的时候还会流入雨水。饭后躲到三角茅棚,拧了拧衣服。这时张永亭跑来了,他竟然是偷偷违反军令,顶着风雨溜回营房,替李敖取了干内衣来换。张永亭自己穿背心可以穿一周而不换,他对北方老乡排长如此细心,李敖感动了。

李敖退伍的前一晚,兄弟们为他摆了"惜别宴",排副代表众人,把大家出钱合买的钢笔送给李敖。散席了,张永亭等老兵依依不舍,李敖与他们谈到夜深。老兵要送给李敖一笔"川资",他谢绝了。

次日清早,官兵集体送李敖上车,有的老兵叫着说:"李排长,你的故事还有好多没有讲哪!"张永亭随车送李敖到码头。李敖听说,张永亭昨天口袋里只有十元钱,他想攒点钱,可以送送李排长,特地去赌,可是一上桌,就输了五元,不敢继续赌了。李敖心领了,拿出十元钱送给张永亭。同时退伍的老兵施珂,李敖也送了十元。钱虽少,情谊深。这样,李敖剩下的钱,只够买一张回家的火车票了。

老兵们苦闷，又不能成家，有了钱就去"红灯区"。李敖被别人拉去参观"仁武特约茶室"，也就是所谓"军中乐园"，他对妓女的接客方式做了考察。此后，他多方搜集资料，时隔二十六年后的一九八六年，发表了洋洋四万多字的长文《"军中乐园"的血与泪》，剖析了这一丑恶现象，寄予了深切的同情。

一本，一本，又一本。李敖在当预备军官期间，竟然写下了六十六万字的从军日记。"看似鸡零狗碎，实系吉光片羽。"记录了军人时代的李敖，也记录了李敖当军人的那个时代。因为坚决不入国民党，李敖吃过一般预备军官不大容易吃到的苦，也留下了一般预备军官没有记录的详细历史。

三十多年后，李敖出版《一个预备军官的日记》，他不请任何名人作序，而是请了曾经是台大同学、又与李敖同队受训的老友潘毓刚、杨尔琳、刘耀祖、施珂、陈瑞洲写了五篇序，李敖的军中日记，当年流传于同学之间，不是什么秘密。重新再读，激起许多记忆，他们对李敖的评价是真实的，没有拔高或者隐讳。

陈瑞洲的序言《谈吐正如同他所写的东西》："我和李敖同属预官八期第九队，在二十四周的训练期间，我们吃饭在一起，睡眠也在一起（他七号，我八号），天天见他写日记。他随身携带日记本，遇有休息时间，就从军便服里取出日记本用心记载，见他创作快速，文思泉涌，队上同学送给他一个绰号——鬼才。"

刘耀祖的序言《可爱的家伙》："一提起李敖，不少人的心目中认为他是很喜欢挖人家疮疤、打官司的大坏蛋，其实他是相当有正义感的可爱家伙，因有正义感，不怕权势，敢打抱不平，所以也得罪了不少人，也吃了漫长的免费正义饭。所谓可爱的家伙，他讲义气，够朋友，绝不会暗箭射人，他不但眼睛不会往上看，有时还会往上瞪。"

李敖自己则说："自有预备军官以来，我想从来没有像我这样认真地从这一年半的军人生涯中汲取经验、留下记录，在磨炼中加工、在困境中周旋，不消极、不退缩、不屈服、不鬼混，最后得其正果。国民党政府以预备军官制度笼络人，可是我却能冲决罗网，趁势加强了我日后打击他们的本领与本钱！国民党号召做'革命军人'，最后冒出了李敖这种革他们命的军人，可真有趣极了。"

第七章　到校园"暂栖身"

一九六一年二月六日,二十六岁的李敖结束预官生涯,回到台中。十五日,他搭乘火车北上,又回到了台湾大学的校园。

熟悉的教学楼。熟悉的林荫道。熟悉的大操场。然而,夹着书包匆匆走过的学生,并不知道这个重回母校的校友是谁。一张张年轻而陌生的面孔,都是下一届的学弟学妹。当年同窗已各奔东西,李敖油然涌起一种沧桑之感。

他似乎在从远处审视校园,重新给它定位。他对现行的高校教育体制并不认同,他的目光已经穿越了校园。他反思着他的大学所教给他的一切,然而大学在向李敖招手,他无法抗拒。"教育好像是一架'冷冻机',接近它的时间愈久,人就变得愈冷淡。大多的理智恰像泰戈尔形容的无柄刀子,也许很实际很有用,可是太不可爱了!虽然如此,我还是得回来,待从头收拾'冷冻机',不退却。"

是收拾"冷冻机",还是被"冷冻机"收拾?

当李敖还在兵营的时候,是全身心投入其中的,对于将来的打算在脑海里挺模糊。他这个人虽然走了,名气留在校园里,热心的同窗和老师已经为他退役后的前程张罗了,尤其是看中了李敖才华的姚从吾教授。

姚从吾在台湾史学界堪称权威。他是河南襄城县人,一九一七年考入北京大学文科史学习,一九二〇年毕业,正是李敖父亲考入北大的那一年。一九二二年通过北大选拔考试后赴德深造,进入柏林大学研究所。一九二九年应聘任德国波恩大学东方学研究所汉文讲师,一九三一年任柏林大学研究所讲师。

在经历了二十二年海外求学与教书的生活后,姚从吾于一九三四年回国,任北京大学文学院历史系教授。一九三六年兼任系主任。一九四六年任河南大学校长。一九四八年任故宫博物院文献馆馆长。一九四九年任台湾大学教授。一九五八年当选为"中央研究院"院士。李敖在台大历史系就读时，选修课就是姚从吾教授所讲的《辽金元史》。

在李敖看来，头顶光环的学术权威，绝非可以五体投地地崇拜。李敖不欣赏姚从吾心无旁骛，埋首于故纸堆中，以半生的心血而成为老学究。他隐隐觉得，他与姚教授的治学态度是不合拍的，姚对他倒是非常欣赏。在他当兵到了军营，老同学萧启庆来信说："日前与姚老谈，他认为在我们班上，在各方面，您都是最成熟的一人。又说您不轻易写东西，而写出来的东西一定'很像样'。"

李敖本来是准备教书的，他要在讲坛上，一试他的口才。他自信，他如果当老师，会是个与众不同的老师。他在一九六〇年九月利用假期，去了一趟台湾大学。也许是他的"狂妄"把有些人得罪了，他未能如愿。

李敖回到军队不久，又收到萧启庆的信："昨日和姚老闲谈，据他说，胡大博士（胡适）仍有意'栽培'您，但希望您读完台大历史研究所。姚老也为您想到解甲后的职业问题，他想聘您为国家讲座的研究助教，虽然规程仍未决定，但他认为不会有太大问题。如此，您便可以安心读几个月的书，而不必为酱爆肉担心了。"

李敖给老同学回信，表示感谢，愿意接受姚老师的好意。当时李敖还有个打算，求不得大学教师之职，也愿意降格以求，到中学执教。他父亲曾在台中一中当国文教师，他母亲仍在台中一中任职，却是帮不了他。母亲说，你是"名气臭古城"，在台中没有哪一个学校敢要你。

姚从吾长李敖四十三岁，他把李敖这个晚辈视为得意门生，确实也为李敖的工作职位出了力。一九六一年一月十二日，离李敖退役只有二十五天的时候，台湾《联合报》在第二版发表消息称："发展科学委员会　教授助理聘定"，台湾"国家长期发展科学委员会五十年度研究讲座教授助理研究人员已正式聘定四十二人"，其中专任十一名，兼任三十一名。李敖的名字，被列入专任的行列之中。

按常人的价值标准，这是李敖跳龙门的第一个台阶。李敖却不以为是个美差。他有些忧虑，他深知纳入体制之内，会有些想不到的烦恼的。然而，教书的路已经被

李敖与老师姚从吾教授

李敖在"四席小屋"怡然自得

第七章
到校园"暂栖身"

封死了,只能在研究的位子上"暂栖身",作权宜之计。

返校后的李敖,暂住温州街73号台大第一宿舍第四室。他的心愿,是找一间单独住的小屋,可以让自己看书和写作,没有其他人的干扰。从念大学到进军营,他都得跟人家合住。拥有一个单人房间的小小心愿,几乎是个奢望。

过了两天,李敖租到新生南路三段60巷1号的房子。它地处一条陋巷深处,这里有一长溜门对门的木屋,李敖住的这间面积极小,站起身来双手抬起,就可以摸到屋顶,而且还不能完全伸直。喜欢自嘲的李敖起名"四席小屋",形容房间只有四张席子那么大。不管怎么说,他总算有了自己的窝。

正式住进"四席小屋"这天,是一九六一年二月十七日,在李敖是乔迁之喜的大日子,值得记住。他在附近买了日常生活用品,还独自跑到西门町老街,以一百四十五元选购了一张旧的行军床,又用剩下的钱,淘了一堆旧书,过了一番"买书瘾"。小屋的月租二百二十元,是老同学李士振借给他的。

次日李敖醒来,天已大亮,他写下日记一则:"入夜在小屋中边整理边读写,伏大桌上,点一百支灯。听外面小雨声,想到多年奔波,今夜起聊得小休,兴奋得连撒三尿。"他对小屋甚为满意,用一块黑白幔遮住门板,增添了几分神秘气味。他又大书"四席小屋"几个字,贴在门楣之上。

"四席小屋"的其他邻居也多是台大学生。有个胖侨生重一百零一公斤,租的房子就靠李敖不远,胖子怕热,屋里有一台小电扇,呼呼地吹着凉风,让李敖十分眼馋。电扇在那时是奢侈品,他买不起,只有看人家的份儿。

在李敖从台中考入台大之初,曾由老同学李天培引见,结识了他的父亲李子宽老居士,在善导寺小住过一段。李子宽对李敖大为叹服:后生可畏。这回李敖退役回校,觅得"四席小屋",李天培的弟弟李善培也搬到他的隔壁,李子宽闻之很是欣慰。近朱者赤,近墨者黑,其子李善培能和李敖相近,自然能受李敖的勤奋与博学的感染。他专门来到"四席小屋"探望,嘱李敖好生照顾李善培。

毕竟做过孙中山秘书,李子宽老居士虽是佛家人士,倒是毫不保守。他见到李敖桌上的胡适像,就说:"胡博士!"见到李敖墙上贴的美女像,也笑笑,不以为意。李敖说动正在搬家的李善培,把旧物整翻一通,意外地翻出李敖八年前写的二十五封信,读了昨日的文字,李敖仿佛看到了一个成长的自我。

这二十五封信,写的时候是向朋友诉说见解,没想到八年后,是李敖早期的重要史料,弥足珍贵。原先他就喜欢写信,把信作为他"发表"观点的阵地。李敖对写信的意义重新审视,令他坚持写信的习惯有了更大的动力。

穷学生也有"享受"的办法。李敖和李善培是一墙之隔。他俩各出一半钱,合买了一台收音机,又弄来一台唱机,放在哪里听呢?他们在木板隔墙板上挖了一个大洞,把收音机与唱机搁在洞口,就像放在一个齐腰身高的平台上,谁都可以使用它。他们看书累了,小屋就会回荡起优美的旋律。

李敖有了"四席小屋",也有了"教授助理"的名分,可是并没有改变借钱维生的窘迫。他到台大的时候,除了一大堆书,口袋里空空如也,母亲送他二百元,三妹送他一张火车票,全家"赞助"他到了台北。

此时的李敖囊中羞涩。有一次他外出,返回时遇到下雨,拦了辆出租车。他眼看着里程表的数字不停地跳动,心也跟着一起跳,毕竟每一跳都是更多的钱。跳到十元的价位,他忙连声喊司机停住:"下车!下车!"顾不上斯文的叫停,是李敖的"狼狈"经历。他感慨:"人穷之时,连计程车都坐不安稳。"

让李敖恼火的是,助理的薪水迟迟没能发下,满腹经纶抵不过饥肠辘辘。有一天,李敖只有一张吃一顿的饭票了,可是他没有吃饭,隔壁李善培也没有吃饭,他把饭票送给李善培,他说他吃过了,自己饿了一顿。李敖的债务不断增加,他决定:"彻底控制钞票,否则漏洞愈来愈大,必将不可收拾,一、非为写稿,不上街、不买书。二、不买纸烟。三、不订报。四、能将就就不买。"

李敖人穷志不短,他除了埋头做学问,就是抽出时间,赶写文章给报刊发表,攒点稿酬以应不时之需。他接连写出《充员官》《独身者的独白》《爱情的刽子手》《中国小姐论》等文章,分别发表在《中华日报》《联合报》和《人间世》等杂志,稿酬单来了,他新写的稿子又寄出了。

李敖的老同学施珂在成功中学教语文,也帮他"另辟财源"。改作文是件苦差

第七章
到校园"暂栖身"

事,学校的语文老师偷懒,愿意以每改一本付一元的代价,交外面承包。施珂见李敖手头拮据,问愿不愿意挣点钱,他可以帮着牵线搭桥。李敖一听就笑着说:"当然愿意。"他以前想当个中学教师,也是过点"教师瘾"。

这天晚上,施珂送来一摞作文本,是一位张先生的班上五十个学生的。李敖坐定,手执朱笔,像个古代判官,一小时内就改了二十本,净赚二十元。他看得仔细,时不时还落笔圈点。作文题目叫做《我的理想》,一个初三甲的学生写道:"有些人的理想很大,但是不能去实行,也就和没有理想一样。我的理想并不大,就是能够把中国复兴起来……"李敖在旁边批道:"此理想也不小。"李善培见李敖批改得挺有劲,凑过来看,一看李敖竟跟学生打笔仗,大笑。

李敖不富裕,却是富有的。他的精神独往独来,超然物外,笔端剔去苦涩,文字变得豁达。一篇《独身者的独白》,写出了他在困惑中的人生思考,使人见到了幽默而达观的李敖:"心想既然'时不我与','女人不我与',何不就此提倡独身主义?一个人一生中不像培根那样提倡一阵子独身主义,就好像维纳斯丢了那条胳膊一般。换言之,一个堂堂七尺大丈夫如本文作者,一定要花他生命一段时间去恨女人恨家庭不可,无娇娃可藏、无孺子可教、无脸色可看、无小心可赔、无冤大头可当……而孑然一身,独与天地精神往来,遨游于无何有之乡、广漠之野、纵浪大化以适其适,这是何等气魄!何等境界!"

"对!我把烟一丢,拍案而起。独身不但可无妻儿之累,而且可益寿延年:牛顿没结婚,可是活了八十岁;康德没有老婆,活了八十四岁;米开朗基罗打了一辈子光棍,却享年八十有九,独身之为用大矣哉!既可使'蒙主宠召'延期,又可兼做伟人,无怪乎老祖宗们要以'君子必慎其独'来垂训吾等了!"

这年三月十二日,《联合报》上登出李敖的《独身者的独白》。看到文章变成铅字,李敖大为高兴。与严谨的论文相比,他更喜欢这些率性而发的文字。他兴奋地把报纸拿给姚从吾教授看,没想到姚从吾脸色大变,显得分外地激动。他不客气地说:"做助理不可以在外发表文章!"见李敖还不理解,他又说:"一句话,要发表文章大家就算了。"

姚从吾发脾气了,李敖不买账,脾气也上来。凭什么管人家发文章,不就是因为屈居人下吗？李敖当即表示请辞之意。不干了，总可以吧？姚从吾把话缓下来，改口说："你写就写吧，但是不要告诉我。"

姚从吾看不惯李敖那些文章，而李敖则看不惯这个"老派人物"的思维方式，冲突自然难以避免。一天，姚从吾语气严厉地问李敖："你为什么在小报上发牢骚？胡先生（指胡适）在医院里看到了，他问我李敖年纪轻轻的，发什么牢骚，整天挖苦女人，不好好搞历史，为什么？"

李敖知道姚从吾想"栽培"他，爱之深而恨之切。姚身为李敖的导师，认为李敖既是"专任"的学术助理，就不该分心写什么小文章，更不该跟"那些文人"来往。李敖据理力争，维护自己写文章的自由。姚从吾发现李敖没有悔改的意思，自然很不高兴。李敖并不介意，宁可得罪人也不愿讨好人。

"四席小屋"虽然实现了他拥有单间的愿望，但是环境不佳，每晚少不了老鼠在天花板上跑来跑去，白天因为地处要冲，来来往往的熟人太多，碰到了就要来坐一坐，最多的一天接待十四个访客，李敖不胜其扰。附近的居家也是吵闹得很，老太婆、少奶奶、小孩子一大堆，让他难以心静。

熬了四个月，李敖决定干脆搬到乡下去，避开都市的喧嚣。他到处选址，最后在市郊的新店选到了一间出租的小屋。

六月十五日，李敖装满了一卡车的书，搬到他的新家。这里是新店的狮头路16号，月租二百元，省了二十元，还比"四席小屋"多了一席，房间有五个榻榻米大，屋顶结构是钢骨水泥的，没有老鼠在头上奔驰。二房东家有个浴缸，可以分用。更主要的是闹中取静，背负青山，临近水波。李敖逍遥自在，可以倘佯山水之间，也可以跑到附近镇上看廉价电影，孤寂而快乐。

李敖给新店小屋取名"碧潭山楼"，与湖光山色为邻，一面准备研究生考试，一面读书与写作。他时常闭门静想，整理思绪："我的气息如此坚决，我甘心把我自己堕入孤独、小屋、幻想和工作里，我不太倚靠理论，我只信任'实行上没有困难'，我相信这一点，因此我几乎没有顾忌地放弃了大量的'快乐'（某些种类的，也许是合乎自然律的，可惜是高价而短暂的）。"

第七章
到校园"暂栖身"

"两个月前迁居的时候,他们有的说我一个月会搬回台北,有的说两个月,现在两个月了,我仍在新店如火如荼大张挞伐地过着'修道'生活!我在变化,成功地变化,过去的李敖将不认识今日的自己,我不能不惊叹于我的能力,我毕竟把我锻炼成一个我要变成的人,我不想后悔!"

一九六一年八月十八日,李敖参加台大历史研究所的考试。笔试轻松过关。面试那天,考官是几位教授,姚从吾也在座。面对李敖,教授们居然找不出什么像样的题目为难这个熟读历史的出众学生。"主考官"是台大文学院院长沈刚伯,他只问了一句话:"你考上研究所,还穿长袍吗?"大家哄的一声大笑,没有人再提问了,李敖同样轻松地通过了面试关。

李敖仍然跟随姚从吾做学问。师生之间相差的不只是年龄,姚从吾对李敖关心备至,但他们之间总像隔着点什么,似乎不光是年龄,还有彼此的心境离得很远。这段时间,李敖离"青灯黄卷"的校园生活最近,也最淡泊、最宁静。

姚从吾教授的今天像一面镜子,照出了李敖的明天。原先姚从吾跟李敖长谈,李敖为老师的诚意所感动,曾作诗明志:"鱼倦低游每返渊,鸟倦高飞总知还。摒情专心穷文史,隐姓埋名二十年!"以李敖的聪明和功底,像姚从吾那样,有一天成为教授或研究员乃至院士,在李敖来说,并非难事。

二十七岁的李敖真的坐在姚从吾的身边,老师满脸皱纹与稀疏白发,使年轻的李敖心悸。姚从吾的学术地位和成就,来源于日复一日的孜孜苦学,古书堆似乎是永远的乐园。背弯了,眼花了,"白首校书"构成了学究生涯的图画,激起李敖的反叛意识。"忍不住油然而生敬意,也忍不住油然而生茫然。我觉得,在一位辛勤努力的身教面前,我似乎不该不跟他走那纯学院的道路。"

李敖跟姚从吾交流学术观点,姚希望李敖能选定研究课目,李敖则希望独立思考,他在日记中写道:"随我自由研究,在一块大园地里随便种什么。胡先生说的也不一定对。姚的看法也不一定对,现在对可能将来就不对了。"

李敖的路,究竟在何方?思考之后的李敖,对近期目标设定如下:"其一,决心过一段宁静而努力的日子,初步计划是两年——研究所这两年。其二,两年以后再作出境计。其三,迟作出国打算厥因得奖学金难,出去为谋生苦太不值得,他法出去,亦可得人看得起也。"

  李敖的母亲劝他,作出国留学的打算。李敖考虑,出国不是为了镀金,而是真正地做学问,要有基本生活保证。后来的李敖仍然把主要精力放在中国文化的思考上,他脚踏台湾之土,并没有像有的同学那样到国外留学,而是选择了另一种体制外的职业,走上了另一条人生道路。

第八章 "文星"闪烁

夜幕降临了,李敖随姚从吾走出研究室,然后把门锁上。他们把房间的灯熄灭了,整个文学院大楼一片漆黑。这漆黑包裹着李敖年轻的身体,像针在刺着他的神经。他想到自己的身世和抱负,恨不能大喊一声,仰天长叹。

李敖与姚从吾道别。姚从吾那迟缓的背影走进了黑暗,在黑暗里消失了。也许因为年轻,对这样的生活才难以忍受吧?李敖忍不住思绪飞驰:"也许有更适合我做的事,'白首下书帷'的事业对我还太早,寂寞投阁对我也不合适,我还年轻,我该冲冲看!"

姚从吾对于李敖的信任,是叫其他人羡慕的。姚从吾的研究室,因为珍贵资料很多,钥匙从来就是自己亲自掌管。李敖来了,姚从吾配了一把钥匙交给他。而多年做姚从吾学生的其他人,也在研究室工作,却没有这样的"待遇"。

姚从吾不摆架子,也是出名的。他年过花甲,跟学生以"兄弟"相称,一口一个"兄弟我"如何如何。下了课,女生大呼"倒霉"。正值妙龄的年华,被姚老的谦虚拉成了"同辈",岂不"冤枉"?谁愿意有这么老的"兄弟"呢?

李敖与姚从吾有事通信时,李敖总是恭恭敬敬地落款:"学生李敖敬上"。而姚从吾的信,先是称"李敖同学",后来则是"敖之吾弟如晤",谦和得超过了常理。李敖对于姚从吾的垂青虽然感激,但也清醒,他意识到他与老师的隔膜,尤其是在观念上的差异。他该不该走姚从吾走过的"成名之路"?

在寒气袭人的深夜,李敖独自走上了碧潭的吊桥。没有月亮的天空阴沉沉的,一颗星星也没有。在他的四围,山水是一片死寂、一片浓墨。他感觉巨大而黑暗的影子好像要压倒他了。风吹着吊桥摇撼不定,他稳住脚步,整理着纷繁的思绪。

李敖终于在不安与疑虑中找回了归途。"一种声音给了我勇敢的启示,那是桥下的溪水,不停地、稳健地、直朝前方流去,流去。我望着、望着,不知什么时候,出现在我眼前的溪水已变成稿纸,于是我推开《窃愤录》,移走《归潜志》,拿起笔,写成了投给《文星》的第一篇文字《老年人和棒子》。"

与学院派的论文相比,《老年人和棒子》写得并不长,却像一道闪电,照亮了李敖沉寂的青春。它预示着李敖从故纸堆里抬起头,不仅用他的思绪,而且用他的行动,把目光投向了芸芸众生。他要说出属于自己的声音。

李敖并不掩饰经济拮据的困境。一九六一年十月十六日,在李敖考取研究所前两天,忍无可忍的李敖曾写信给胡适,发泄他对"助理"职位的不满,对于本该按月发放的薪金总是拖欠,感到气愤与不解。因为胡适是"中央研究院"的院长,也是"国家长期发展科学委员会"负责人。

李敖在信中说:"我们做助理的人与研究讲座教授和领甲乙种补助的先生们不同,他们有教授、讲师的本薪,补助的钱对他们是'安定费',是本薪以外的'补'与'助',可是我们'助理级'的就不同了,早几天或晚几天发薪对我们所生的影响是不能跟他们比的,每月惟一的一千元,它是我们的本薪,它迟迟不发,对'专任'两个字是一种讽刺,并且使我个人不好意思再向姚先生借钱,使我三条裤子进了当铺,最后还不得不向您唠叨诉苦,这是制度的漏洞还是人谋的不臧我不清楚,说句自私话,我只不过是不希望'三无主义'在我头顶上发生而已。"

胡适是个有肚量的人,他接到这位"助理"的信,挺当回事,一方面转给相关人员,一方面亲自回信,用"限时信"寄到李敖的新店山居。他把李敖当做"忘年之交",对李敖毫不见外,还附上了自己的一千元钱。

李敖读到胡适的亲笔信,颇为感动。毕竟他是个小助理,而胡适已是大院长,却礼贤下士,古道热肠。当时的千元钱是挺可观的,胡适的不同寻常之举,表明了他对李敖的器重。胡适对李敖的知遇之恩,令他思绪万千。他深知,胡适对他的赏识,纯粹是基于爱才之心,有眼光看出他的潜能。"我很感谢他对我的特别照料,这一千元

第八章
"文星"闪烁

的确帮了我大忙。也许有人说风凉话,说胡适此举,意在收买人心。但是他老先生这样做,对人有益,对己无害(除了少了一千元外),又何乐而不为?别的老先生,高高在上,会这样帮助一个年轻人吗?一比之下,就知道胡适的高人一等了。"

三天后的夜晚,李敖敞开胸襟,秉笔直书,给胡适写了一封长信,有五千多字。李敖感谢他对后辈的提携与真诚,他写了自己的家史、家庭和身世,其中包括他所经历的往事,提到了他在中学时跟老师严侨的关系,以及他所敬重的严侨被捕和去世后,受到胡适思想的影响,得以从悲痛中解脱。

至于胡适送他的一千元钱,李敖受之有愧,却之不恭,他写道:"你用你收下我送的书的事来'诱'我收下这钱,其实这是不能相提并论等量齐观的。钱是可爱的,可是我若收了,我不能找理由说这是不'苟取',老祖宗们喜欢'一介不苟取',何况一千元乎?所以在这件事上,我要坚守固有道德,不能收。你既然这么好心帮我一个大忙,那么就让我把它作为一项借款,用它救一下急,周转一下,缓一口气,我决定在明年三月十二日还你,你千万不要推辞。"

胡适收到李敖酣畅淋漓的真率长信,感动不已。他拿给周围的人,说李敖的信很动人。胡适不久去世,这封信竟然作为"罪证",给李敖找了不少麻烦,这是写信的李敖和收信的胡适都没有想到的。

胡适的热忱,给李敖莫大的温暖,但并不能解决他的衣食之忧。李敖曾经的不满是每月一千元助理薪水发得不及时,可是他考取了台大研究所的研究生,助理职业自行取消,按照助理任用的规定,助理必须专任,研究生不能兼,李敖专任助理时的一千元薪水没有了,只能拿研究生的研究费四百元。

从一千元退至四百元,李敖显然无法接受。他得花钱独自租房,不肯省几个钱就跟别人合租,他回到台大有了个习惯:房间有另外一个人在,就看不了书。"没有人相信我穿的衣服没有一件不是老子的余荫,没有人相信我要筹还大学时代的零星旧债,没有人知道我为买书而存下半年吃早饭的钱。"

李敖并不着急,他的对策很简单,再干一份助教的活儿,研究生兼任助教在台大是有先例的。不料校方有人对李敖"特殊对待",就在李敖申请助教的那几天,研究生兼助教的规定突然废除了,新规定是"另聘助教",应聘者居然有的是考不取研究所的落榜生。李敖当然不服气，他看出了其中的"猫腻"。

十二月十三日，已经决意告别研究所的李敖向姚从吾老师辞行，他选择了写信的方式，书面表达了离开台大的缘由："十个月来我不相信穷不能为学，现在我相信了，至少我相信它使我的学问的成绩大打折扣，过去我奋斗、我挣扎，为了不让米缸和当票困扰我做学问的情绪，现在我不奋斗了，不挣扎了，我决心去做一个中学教员，把我的青春与活力，埋葬在另一代的愚昧底下。"

李敖的"出走"，被姚从吾教授挡住了。姚惜才心切，仍希望李敖能在研究领域有所作为。李敖是为生计所迫，姚从吾就把他作为人才，推荐给"中华民国开国五十年文献编纂委员会"，想让李敖有一份固定的收入。姚从吾请出另一位历史教授吴相湘，一同向那个机构的主持人陶希圣推荐。

姚从吾之所以能向陶希圣推荐人，是因为陶希圣是北大毕业生，又曾在北大教书，和姚从吾有些交情，而且这次陶希圣的儿子陶晋生也在教授助理之列，他和姚从吾是出了力的。陶晋生也是台大历史系的，比李敖高三班，姚从吾挑选助理时，选了李敖，同时选了陶晋生，两人同为姚从吾教授的助理。陶晋生后来留学美国，但台大历史所这一段，也是挺重要的。姚从吾提携陶晋生，陶希圣欠他的情。

姚从吾把他的想法和吴相湘教授说了，吴相湘认为可行。他早就看中李敖，想拉着李敖研究近代现代史，姚从吾比他还高一辈，是他的老师，已经把李敖抢过去，拉进中古史的学术圈，他就不好多说什么。这回姚从吾老师推荐李敖到"文献会"，那可是个近现代史的领地，李敖正可以转向，吴相湘有他自己的盘算，非常乐于奔走。

吴相湘教授亲自到"文献会"找陶希圣，表达他们两位学术权威的意见。陶希圣看中李敖的才情，又有两位老师的面子，痛快地就答应了。当姚从吾和吴相湘写信把这件事告诉李敖时，字句间是很兴奋的。姚的信说："我希望你能静静地考虑考虑，集中全力干一下子；并借此研究民国史，以期有些具体的成就。同时对于英文也望继续努力，期能自由运用。如此一两年后，民国史有了底子，且可考取留学。"

吴相湘教授也写信给李敖，告知"文献会"的工作已安排，月薪一千元，特别交代

第八章
"文星"闪烁

李敖:"从此安心工作,切忌多言,得来亦不易也。"

两位老师高兴,以为李敖也会高兴。李敖似乎不领情,他面有难色地表示,陶希圣当过汉奸,又是国民党的红人,他不想跟陶希圣沾边。吴相湘教授说:"文献会"也不是陶希圣一个人的,你去帮着编民国初期史料,是以整理辛亥革命史为主,跟陶希圣的身份哪有什么相干!何况,国民党的史料不开放,你还能趁机看到一些史料,你还是去吧!老先生意犹未尽,还送了李敖八个字:"不入虎穴,焉得虎子。"

姚从吾老师还抬出了胡适。他说他和胡先生(胡适)谈过,他也是这个意见:不妨暂时去。一面是求个助教遭遇冷漠,一面是两位老师热忱相帮,加上李敖一时找不到更好的去处,他决定先到"文献会"谋个差事。尽管是违心的,但现实就是现实,多亏老师的热心,才使他不至于入不敷出,也不再为交房租而头痛了。

一九六一年十一月出版的《文星》杂志第四十九期,刊登了《老年人和棒子》。李敖随之奋笔直书,接连写出的文章锋芒毕露,在台湾文坛激起阵阵涟漪,搅动了台湾社会的各个层面。到一九六二年十二月,他在《文星》发表"李敖式"的文章十五篇,加上《传记文学》的一篇,已经有了相当的影响力。

李敖应《文星》杂志之约,写了一篇重头评论《播种者胡适》,他"写他、画他、捧他、捶他",说出"胡适在中国现代史上的真价值和真贡献"。对于国学大师胡适,有继承,有扬弃,青年李敖够胆大的。

对传主的评价,李敖另辟蹊径:"十多年来,我遍读有关胡适的一切著作,深觉不过是两类而已:一类是近于酷评的;一类是过度颂扬的。两类共有的毛病,是不能用严格的方法训练去接触史料、解释史料。于是旌旗开处、胡适一出场,喊打与叫好之声此起彼落,胡适一方面被骂得天诛地灭,一方面又被捧得缩地戳天。结果呢,双方的感情因素是满足了,可惜被搬弄的却不是真正的胡适之!"

一九六二年一月一日出版的《文星》总第五十一期,刊出《播种者胡适》。李敖以历史视角赞扬五四新文化运动,尤其是"胡适领导下的文学革命":"这个革命在建设方面的成绩,第一在救活了当时瘫痪的国语运动,因为没有文学的国语就不会有真正的国语;第二把历来不登大雅之堂的'俗文学'变成了正宗的'白话文学',正名为

'国语文学';第三产生了新的白话文学作品;第四介绍了欧美的新文学,给国语的欧化做了起点。"

李敖说:"胡适之是我们思想界的伟大领袖,他对我们国家现代化的贡献是石破天惊的、不可磨灭的。"李敖的肯定并不盲目,他说:"在上面一系列的肯定里,我必须抱歉我没有肯定胡适在学术上的地位。"

"以他唱重头戏的地位,四十年来,竟把文史风带到这种迂腐不堪的境地,脱不开乾嘉余孽的把戏,甩不开汉宋两学的对垒,竟还披着'科学方法'的虎皮,领着'长期发展科学委员会'的补助,这是多么不相称的事!"

这一年,李敖写出了另一篇评论《给谈中西文化的人看看病》,这篇轰动之作震撼文坛和校园,引发了台湾中西文化大论战。当李敖在文章中清算中国传统思想糟粕时,也不客气地批评了另一位国学大师钱穆。

早在一九五二年,李敖就读于台中一中时,有个同学叫徐武军,是哲学家徐复观的儿子,也喜欢读书,跟李敖挺要好。徐复观当时在台中立农学院当教授,钱穆应淡江英专(淡江大学前身)校长居浩然之邀,在惊声堂讲演,天花板突然塌落,砸伤了钱穆。徐复观把钱穆接到家里养伤,想靠国学大师争点学术地位。

徐复观家离李敖家很近,一天,徐武军说:"你李敖程度这么好,我带你去见一个特有名的人,你去不去?"李敖问是谁,武军说是钱穆,李敖高兴地跟他去了。他见到的钱穆,是个笑眯眯的小老头,身穿府绸短褂,满口无锡土音,像个私塾先生。李敖几乎不相信,他就是大名鼎鼎的钱穆。钱穆平易近人,跟这两个高二学生聊起来。

李敖请教治学方法,钱穆说:"并没有具体方法,只要多读书、多求解就行。书要看第一流的,一遍又一遍地读。与其十本书读一遍,不如一本书读十遍。不要怕读大部头的书,养成读大部头书的习惯,则普通书就不怕了。读书时要庄重,静心凝神,任何喧闹的场合都可读书,否则,走马看花,等于白读。选书最好选已经有两三百年以上历史的书,这种书经两三百年犹未被淘汰,必有价值。新书有否价值,犹待考验也。"

李敖带去他的《李敖札记》,钱穆接过去翻了翻,看到第一篇《梁任公上南皮张尚书书》,惊讶地问,梁启超这封信出处何在？李敖如实相告。他事后有两点感想:第

第八章
"文星"闪烁

一,钱穆虽是大学者,却不耻下问,真有"知之为知之,不知为不知"的风度,令人敬佩。第二,钱穆不知道这封信的出处,他的学问广度,令人怀疑。

钱穆对李敖连声夸奖,转过头对徐武军说:"你不如他。"临别,钱穆约李敖常去谈谈。李敖每天从徐家门前走过,但此后并没有去过。不久钱穆回到香港。次年四月,李敖写了一封信给钱穆,感谢钱老"给我以指导"。半个月后,李敖收到钱穆回信,对李敖的治学做了点拨。钱穆说他新写《论语新解》,在杂志刊载,以后邮寄给李敖。钱穆言而有信,果真按期寄来香港《人生》杂志,如此的因缘,李敖朝着"钱穆的徒弟"发展不是难事,但李敖走近了钱穆,却又没有了兴趣,直至跟钱穆分道扬镳。

李敖在与钱穆通信九年之后,公开了他对钱穆的不认同。他佩服钱穆在典籍发掘方面的朴学成就,但对他在朴学以外的扩张解释,他表示了疑问。不为尊者讳,李敖用自己的头脑思考,挑战权威,开启了充满荆棘的李敖为文之路。

一九六二年十二月,李敖写出《十三年与十三月》,对自己的努力做了一个小结:"一个小孩子,在十三年里慢慢长大,在十三个月里快速地投射他的力量,使文化界有一点小小的波澜……这是我二十七年来收割的一个'奇遇'。"

为什么说"十三年里慢慢长大"?十三年前,一九四九年,正是李敖随家人来到台湾的那一年。"十三年来,我从儿童变成少年,又从少年变成青年,困扰与苦难并没有使我忽视这十三年的众生相,也没有使我这低调的人生观高调一点点。我的消极是:自己不做乡愿,中国少一乡愿;我的'积极'是:打倒几个'伪君子',宣布几个'伪君子'是乡愿,如此而已。"

写过《独身者的独白》的李敖,在军营中想念的Rosa,只是他的单相思对象,终究跟他无缘。李敖痛定思痛,抱定"独身"的主旨,"不再做恋爱之想。可断此念,夫复何为哉"?谁想到李敖天生是个情种,断不了如火如荼的爱情故事,他没有刻意追求,却是又一个美丽女子来到他身边。那个名叫王尚勤的姑娘,在他最"潦倒"时与他相爱,这一段难忘的感情将在另一章里专门述说。

第九章　"小人物的傲骨"

　　李敖以台大历史研究所研究生的身份，进了文献会做雇员，首要因素是生计，可以贴补研究生公费的不足，"看看再说"。姚从吾作为李敖的老师，把文献会看得很重，要给李敖上"紧箍咒"，他当面告诫不算，还写信谆谆教导："兄应善用才智，志于大者远者，切勿沾染骂人恶习，尤忌常作辩难文章。像近日一二'野鸡学人'，下流乱骂，连村妇都不如，自当以为戒！"

　　老师的话出于真心，李敖是领情的。但姚从吾对文献会不知深浅，也对李敖的个性不甚了然。他以为给李敖找个地方解决饭碗问题，让李敖可以跟着他死心塌地做学问。他并不理解主持文献会的陶希圣。陶某久居官场，不是等闲之辈，他的眼力是厉害的，之所以接纳李敖，看中的不光是两位教授的面子，更看中李敖是有用之才。如果能把李敖身上的"刺"拔掉，修理一下，使李敖能为国民党所用，给"党国"增光添彩，那陶希圣对国民党的贡献就大了。

　　一九六二年十二月一日，李敖前往仁爱路二段9巷27号文献会办公楼，与陶希圣见面。那一天，李敖在《文星》第五十二期发表《给谈中西文化的人看看病》，文章里毫不客气地点了陶希圣的名。每一期《文星》就像投入湖水中的石块，激起阵阵涟漪，李敖的一系列文章影响甚大，陶希圣不会不知道。不知是有意还是无意，李敖和陶希圣寒暄了一通，谁也没有提到这篇文章。

　　陶希圣对李敖非常客气，他没有架子，一副长者的谦和模样。李敖清楚陶希圣的底细，他做过汪精卫的宣传部长，却能受到蒋介石的宽恕，继续当着国民党"中常委"的高官，在风云际会的官场上左右逢源，为人阴险，老谋深算。李敖对他保持着

第九章
"小人物的傲骨"

高度警觉,不愿受他的恩惠,不想欠他的情。

那时陶希圣搬了新居,把他的旧宅改做文献会员工宿舍,他指定留出他的卧室那一间给李敖住。一个新来的研究生,能得到"主任委员"的厚爱,在文献会里是绝无仅有的。但李敖婉言推辞了。陶希圣见李敖不去住,似乎不在意,他又交代秘书,在文献会楼上隔出三间房,让李敖住一间。李敖考虑,这间房与办公室连在一起,上班方便,省得来回奔波之劳,他便答应搬了进来。

这天上午,李敖把新店乡居的小屋转给他人,租车把他的书籍和杂物搬进文献会。李敖善于治家,整理东西有一套,他很快就把东西归位,房间收拾得井井有条。文献会主任委员陶希圣和副主任委员罗家伦特地上楼来看李敖,以示关怀。既然跨进了门槛,也就"顺便"参观一下李敖的卧室。

李敖一脸坦然,让他们随便看。罗家伦环顾四周,突然像被蝎子咬了一口,几乎大惊失色。墙上挂着 Play Boy(《花花公子》)杂志上的大幅裸体女人照片,也是李敖的得意之举。罗家伦进也不是,退也不是。跟在后面的陶希圣一见裸女,也不敢迈步,赶紧向后转,两个人一脸的尴尬。

李敖心里偷着乐,笑他们道貌岸然的狼狈样。李敖一脸坦然,没有什么可藏可掖的,他们反而不自在了。也许是找不到合适的话说吧,陶希圣哼了一声,罗家伦哈了一声,李敖看在眼里,他们真是"哼哈二将"呢。

李敖进入文献会,实际上是找了份闲差。说是帮忙找"开国文献",但不用撰写什么,这里人沾染着衙门作风,整天无所事事,学术单位并没有学术氛围。上班时间得过且过,有时还跟同事打打乒乓球。午餐和晚餐是最热闹的,七八个人围成一桌,边吃边开玩笑,难得这般轻松自在。

李敖看出来,陶希圣主持文献会,表面上是"当局"的决策,预算先编在"国史馆"后编入"教育部",实际上想招兵买马,建立"陶家班"。工作人员多是陶希圣的同乡、亲戚,湖北人的天下,李敖是惟一的研究生。

李敖不动声色,却把陶希圣的城府看透了。跟陶希圣打交道,特别是下级想办点事,不得不动点脑筋。夏天到了,办公室里闷热,文献会几个同事在议论说,想给陶希圣呈文买电扇。李敖在一边说："你们呈文买电扇，陶老板是不会同意的。"大伙一愣，问李敖有什么高招。李敖笑道："你们要高抬价码，呈文买冷气机才成。他舍不得买冷气机，觉得抱歉，就会给你们买电扇代替了。"李敖的"阴险"建议果然奏效，电风扇买来了。以其人之道，还治其人之身，是李敖"智胜"的秘诀。

李敖在文献会小露过锋芒，那是一次原始文件的考证。文献会以重金购得中国同盟会中部总会的一份原始文件，是当时总会成立时秘密会议的签名册，有宋教仁等人亲笔签名。文献会如获至宝，专门送给参加过早期革命的于右任题字。于右任翻开签名册，没有找到他的名字，非常不快，他说记得他是在场的，怎么没有他呢？送名册的人回来，找到李敖，让他来考证，到底是这个签名证错了，还是于右任记错了？

李敖就有这个本事，他从史料堆中找出几份旁证，分析推理的结论是，于右任确实是参加辛亥革命了，但那一次会议于右任确实没有参加。于右任是"党国元老"，又是硕果仅存的辛亥革命当事人，李敖可以让他无话可说吗？李敖说："可以。"他列出证据，一条、两条、三条，都是站得住脚的。

不知道文献会怎么向于右任回话的，只是听说于右任事后"为之不寐者数日"，没听说于右任再提出什么异议，李敖这个后生与于右任相隔半个世纪，居然能证实先辈的记忆错误，这已经够神奇的了。李敖说："我真抱歉，以我的学问，实在找不出他参加的历史，这种抱歉持续了几天，直到我被文献会扫地出门，我才停止了抱歉。"

四年后，李敖写出《纠正于右任幻想出来的一段革命》一文，把这段考证的公案如实公布于众。这算是李敖在文献会解决的一个历史"疑难杂症"，他完成得很出色，叫文献会的同事不得不叹服。

李敖既然在文献会上班，当面与陶希圣也就打哈哈，他记着老师的叮嘱。姚提醒李敖"若过于放肆，不但树敌太多，亦恐于工作有妨"。吴相湘则要李敖"切忌多言"。他们奉劝李敖，"往事已过，今后仍应潜心学问"，"从此安心工作"，期许李敖埋头做学问，不要乱写文章，"借此研究民国史，以期有些具体的成就"。

陶希圣常找李敖聊天，拉近彼此距离。李敖明白，与姚从吾对他的学术期待不

第九章
"小人物的傲骨"

同,陶希圣是不愿他终老于学问的,想方设法拉拢李敖,自然是不想让李敖在国民党之外游荡。聊天是一门学问。话题天南地北,貌似随意跳宕,实际话中有话。李敖明白得很,他总是装做没听懂,应付了事。绕来绕去,陶希圣的意图逐渐显露,想拉李敖加入国民党。李敖铁了心,坚决不入。当初在军队,李敖连上前线的威胁都不怕,到文献会谋生,更没有必要"为五斗米折腰",他这个糊涂装到底了。

如果说听了些老师的忠告,李敖与陶希圣表面上相安无事。然而,他并没有照老师所说,停下手中的笔。李敖的身子虽然进了文献会,但他的头脑仍一如既往地独立与活跃。"辩难文章"一篇篇在《文星》问世。《文星》第五十三期(1962年3月1日)发表《胡适先生走进了地狱》《为〈播种者胡适〉翻旧账》;第五十四期(4月1日)发表《我要继续给人看看病》;第六十期(10月1日)发表《胡秋原的真面目》《澄清对"人身攻击"的误解》等。李敖的文章在台湾社会不胫而走,争议与风波相伴相生,有人拍案叫好,有人痛骂不已。

在李敖笔端所批评的人物之中,最气恼的是"立法委员"胡秋原。李敖发表《胡秋原的真面目》,触及胡秋原早年的历史瓜葛。李敖本意并非在某个人,而是在"中西方文化论战"中证实自己的观点。但胡秋原怀疑李敖如此老辣,背后肯定有人指使,对李敖还之以人身攻击。李敖笑道,胡秋原有一种"幻想的被迫害症"。

十月四日的报纸登出消息,胡秋原控告李敖。这回老资格的胡秋原一口咬定初出茅庐的李敖有罪,咄咄逼人,似乎胜券在握。而李敖成竹在胸,也很沉得住气。陶希圣不守中立,转告李敖:一是他可以介绍律师。二是尽可放心打官司,文献会绝无问题。

世界上没有无缘无故的爱。陶希圣真够意思,他用意何在?这时,陶希圣认为时机到了,不再拐弯抹角,直截了当地对李敖说,还是加入国民党才好办事,入了党就变成了"自己人",那样他胡秋原是党员,你李敖也是党员,党员对党员,支持李敖名正言顺。如果警总方面想整你,他们也可以讲得上话。

以前陶希圣与李敖说话,李敖有时装着听不懂,有时答非所问。这次是陶希圣说得明白,李敖回绝得也明白。陶见李敖不领情,恼火透了,只是在表面上不好发作。他是个有身份的人,即使看清李敖与国民党势不两立,找李敖的茬儿也得有理有节。

一九六三年三月，李敖自动在台大研究所休了学，这本来与文献会没有瓜葛，陶希圣却找到了一个借口，可以给李敖出个难题了。在他五月三日去日本临行时，交了一封信给秘书转交李敖，说文献会以用研究生为宜，李敖不告诉他就休学，他决定给李敖"留职发薪"，请李敖暂时别来上班了。

文献会秘书高荫祖是"国民党中央委员会"第四组专员，他常和李敖聊天，曾用"中山奖学会"选送"出国"人员为理由，劝李敖入党，李敖装糊涂，没搭他的茬儿。这次，他转达陶希圣的意思，还是建议李敖加入国民党，说胡秋原反对你，并不是国民党反对你，国民党欢迎你合作。高荫祖的建议，仍被李敖拒绝。

至于"留职发薪"，即不干活而拿钱，陶希圣让高秘书转达的爱才之举，李敖一口谢绝，连"遣散费"李敖也不要。李敖说："我是干干脆脆的人，决心求去，不必在这里，彼此都惹得一身腥。"

五月十四日下午，李敖在文献会办理移交。他领了本月头三天的薪水，计台币一百二十元，其余的再不肯领。大家劝他别太认真，还说文献会"送钱"给离开的人，是有先例的，拿了就拿了，没有什么不好意思的。李敖还是不肯，他留了一封短信给陶希圣，附上三天薪水的收据。同事相送，有人请他留字，李敖提笔写下"此度见花枝，白头誓不归"两句，以作纪念。

秘书高荫祖对李敖说：我说不服你，但我会找吴相湘老师，请吴出面挽留你，照常拿薪水，等官司打过了，再来上班。当晚，吴相湘老师果然来找李敖，劝他接受"留职发薪"的安排。李敖多谢老师的好意，表明了不能接受的心迹。吴相湘老师见李敖如此年轻，却如此有骨气，感慨不已，不再强求。他告诉李敖，文献会秘书高荫祖编有《中华民国大事记》一书，颇有眼光，为人笃厚，是敬佩李敖的，高荫祖说过，李敖与众不同，文献会允许报销车马费，可是李敖在这期间没报过一次。

李敖离开文献会后，胡秋原在法庭提出申请，请传文献会执行秘书高荫祖作证，李敖在文献会盗窃"国家资料"打击胡秋原。李敖写了一封信致高荫祖，表明了把官司打到底的坚定立场。高荫祖奉陶希圣之命向李敖劝和过，李敖写这封信，就在于

第九章
"小人物的傲骨"

回答劝和者,唤醒高荫祖的良知,不要给李敖的对立面作伪证。

法院开庭时,高荫祖出庭了,证实"本会从未存储'国家机关'档卷,其所存报纸及杂志等项公开发行之印刷品,本会工作人员均可阅读使用。其会外人士对此项印刷资料洽请抄阅者,亦可抄阅。凡此皆不发生所谓窃取或盗用问题。"当时陶希圣还想拉李敖,高荫祖以文献会执行秘书的名义复法院的信,并非他矫命所为,而是陶希圣亲笔起草,叫他抄好发出的。高向法官出示了陶希圣亲笔原件。

高荫祖没作伪证,说明他敬佩李敖不是假话。李敖笑胡秋原疑神疑鬼,用不着盗窃"国家机关"档案文书,借用的资料是旧报纸,学术界的人都不难找到。胡秋原又以为李敖公布的"闽变"历史的照片,只有情治机关保存,其实那些照片是当年的公开新闻,登于中国和日本的旧杂志,博学而用心者都能查得到。

本来李敖在文献会的楼上可以照住,至少能够暂住一段,没有人会提出异议。但李敖去意已定,不想占文献会的便宜。五月十九日,李敖搬出文献会,搬到安东街231号三楼,和"文星"老板萧孟能分租公寓单元。他自嘲:"一年三个月零四天的混饭生涯,到此结束,可叹可笑。"

陶希圣从日本回来后,辞退李敖的难题已解决。他给李敖送了两件日本的小礼物,一条领带、一双袜子,并留了张名片,表示他对李敖的看重,他还送李敖一笔钱,似乎是"好聚好散",显然还有对于李敖的期待。李敖当然明白,只要他能照陶希圣的话做,文献会的位置还是好办的,就看他的"悟性"了。

李敖领悟的结果是早走早好。既然离开了,就要完全离开。他收下了领带、袜子,把陶希圣的钱退回去:不吃嗟来之食。

一天,余光中碰到李敖,对他说:"梁实秋先生听说你失了业,想替你找事。"原来,梁实秋对李敖也很赏识,听说李敖离开文献会,感到惋惜,他没跟李敖说,就写信给"中央研究院"院长王世杰和历史语言研究所所长李济,说李敖如此研究之才,任其流落,非常可惜,应该请李敖去他们那里就职。

梁实秋写了信,王世杰是买账的,他想先跟李敖面谈,并请姚从吾老师陪李敖一起去。李敖随姚从吾拜访了身居院长高位的王世杰。姚对王世杰恭谨地称"老师",

李敖按辈分就更低了。王世杰和李敖天南地北地聊了一阵,他知道前任院长胡适对李敖不错,谈起不少胡适的往事。最后,王世杰委婉地说:"现在李先生和胡秋原打官司,不知道可不可以等官司告一段落之后,再来'中央研究院'?"

李敖听了他的话,反唇相讥道:"胡秋原是'中央研究院'近代史研究所的通讯研究员,这官司还是他主动告我的,为什么他能从里面朝外面打官司,就不影响他的职务;而我从外面向里面打官司,就要对职务有影响呢?"

李敖心里很不痛快,他不想加以掩饰。王世杰听了,无言以答,脸拉长了,也是非常不高兴。大家无话可说,李敖和姚从吾告辞。李敖就是有小人物的傲骨,不会迎合大人物之尊,"我手写我口,决心做党外,到头来会混得没有职业,混得已到手的职业会失去,没到手的职业会泡汤。但是,这又算得了什么呢?"

李敖跟文献会脱离关系后,跟陶希圣的缘分并没有了断。

拉一个年轻人加入执政的国民党,可以享受种种好处,却被拒绝,陶希圣恼羞成怒,怀恨在心。一九六四年九月,当围绕《文星》的争论进入高潮的时候,陶希圣终于按捺不住,在《中央日报》发表短论,矛头直指李敖。他先写一篇《保全台大的名誉》,说台大固然有好学生,"但是不肖的学生亦间有之。如某杂志最近几个月,连续刊载某毕业生诬蔑台大的文章,叛师毁友,极尽其架空造谣刻薄恶毒之能事。台大在校师生以及海外师友看见此种文章,至少感觉其为母校之羞,无可容忍。"

陶希圣意犹未尽,接着又写了《谤书》:"市场上出现一部书,名为《胡适评传》。这本书只出了第一册。就这一册来说,表面上是赞扬胡适之,而实际上从胡适之的上代,到他的本人,处处都是轻薄、鄙笑、讽刺,使读者不忍卒读。这样一部书,若是如此一册一册出版,而无人提出异议,可以说是士林之耻。"

李敖看了,轻蔑地一笑。他对陶希圣以党国要人的身份,向一个年轻人开战,并不吃惊,李敖的不合作态度激怒陶希圣,是可以理解的。不过,李敖也有他的渠道,知道陶希圣突然攻击自己,选择时机还有个人隐情。李敖曾写文章批评过文学院院长沈刚伯,陶希圣的儿子陶晋生、媳妇鲍家麟想一同到台大教书,因此陶希圣对李敖发难,似乎是护着台大,也是对沈刚伯院长的表态。而陶希圣作出拥戴胡适的姿态,

第九章
"小人物的傲骨"

是炫耀北大师生的关系以抬高自己。不过,这一切逃不过李敖的眼睛。

李敖说:最好笑的是无耻的他居然还谈什么是"士林之耻",他真是太妙了!在陶希圣把李敖从文献会"扫地出门"二十五年后,一九八八年陶希圣去世,时年九十一岁。其子陶龙生在《中央日报》发表《陶希圣先生秘辛》,透露说:"他(指陶希圣)跟我说了许多话,要我记下来,将来在适当的时候再发表。我现在写出一二。"

"写出一二"的内容似乎是秘密:陶希圣到汪伪那里做汉奸,乃奉蒋介石之命,秘密派去卧底的。也就是说,他之所以当了丑恶的汉奸,暗中得到了钦命,因此别的汉奸不是坐牢就是逃亡,他却是一个例外,继续得蒋介石的信任和重用。

也许这些秘密对一般人是新鲜的,对李敖却并不新鲜。他当即撰文指出,陶希圣生前的这些推托之词,让儿子作为"秘辛"发表,根本是站不住脚的。他翻出了已经解密的历史密件,证实当年情形与陶希圣所说不相符合。

李敖举例多处:陶希圣出走香港后,曾于一九四〇年一月十五日密函胡适:"希(圣)今后决心不再混政治舞台,但求速死耳","此后希(圣)将去之海外,为人所忘以死矣"。愧悔之情不言而喻。李敖问:如果他是钦命汉奸,则必欣然回中央讨赏领奖矣,又何必"但求速死、去之海外"呢?李敖又拿陶希圣《八十自序》来看,陶希圣说他"脱离战地,背叛国家","希圣一心感激委员长不杀之恩";在"总统蒋公"诔词中又明说"不杀之恩,愧无以报"。李敖再问:惶恐之情何来?如果他是钦命汉奸,则必欣然因卧底功成而邀功矣,又何该杀之有哉?

李敖得出的结论是:政坛确实翻云覆雨,有的汉奸也真是受到蒋介石钦命的,但陶希圣不在此列。陶希圣老谋深算,以为事过境迁,往事烟云,可以临终授命,让儿子为他塑造清白,却栽在李敖手里,被无情地拆穿。

陶希圣小看了李敖,忘了李敖站在历史这一边。

第十章　一个永远的老师

李敖给胡适写的长信,仿佛一座桥,通向两代文化人的心灵。每当有客人来访,胡适觉得投缘,就会拿出李敖的信"奇文共赏"。博学的长者毫不掩饰对于后生的褒奖。他给人看得多了,居然引出不少与信有关的故事。

一九六一年十月二十八日,女作家华严和丈夫叶明勋到胡适家拜访。胡适兴致勃勃,谈兴甚浓,他拿出李敖的信给华严看。华严读到李敖所写的中学时代一段,目光停在严侨这个名字上。她告诉胡适,李敖听信别人的误传了,他所倾心的严侨老师并没有冤死狱中,他还活着,坐了五年的牢,出狱后就住在台北。

原来,以《智慧的灯》一书享誉台湾文坛的华严,正是严侨的胞妹。她的话,使胡适意外而又惊喜。华严夫妇告辞后,胡适写信给李敖,转告了这个消息。严侨是以"匪谍案"被捕,又从国民党牢狱中放出,自然是个敏感的事情。细心的胡适没有通过邮局付邮,而是把信当面交给姚从吾教授,再带给李敖,避开邮政检查,以免节外生枝,给李敖带来不便。胡适真是细心、老到、感人。

十一月一日,台北的阳光透亮,李敖心头阴霾也一扫而尽。他接到油墨喷香的《文星》杂志,上面刊出了他的第一篇杂文《老年人和棒子》。同时,他还接到胡适的来信,得知他时常思念的严侨老师没有死,激动之情难以言尽。

当天下午,李敖匆匆赶往新生北路的一条小巷,按照门牌号码找到了一幢老旧的平房。李敖敲了敲门,有人从里面出来。他看到了一个熟悉而又陌生的脸,严侨老师!

李敖!严侨眼睛一亮,大声地喊着他的名字,快步走上来,紧紧抱住李敖,泪水

第十章
一个永远的老师

打湿了学生的肩头。老师！李敖心目中的严侨不该是这么老的：那刻在脸上的皱纹，满头蓬乱的白发，还有口中喷出的酒气，显得颓废和潦倒。

这是严侨老师吗？当年的潇洒荡然无存，难道都留在火烧岛上了？李敖清楚地记得，严侨只有四十二岁，正值壮年。一别七年，恍若隔世。没有变的，只是老师炯炯的眼神，还有手中的酒瓶，其他的几乎都变了。火烧岛也就是绿岛，那是台湾关押犯人的地方，人们谈岛色变，何况严侨"失踪"在火烧岛，不难想见铁窗之下煎熬。严侨不愿意再说坐牢的日子，仿佛想把火烧岛从记忆中挖掉。严侨摇头又摇头，非常痛苦地说："不好受！不好受！你千万不能到那儿去！"

严侨与李敖相对，坐在破旧的藤椅上。李敖递上《文星》杂志，像恭敬地送上作业。严侨打开《文星》，一口气读完李敖的文章，核对了英文翻译的段落，夸奖李敖翻译得不错。像在学校时那样，李敖期待老师的评点。严侨合上杂志，面色严峻地说："我真的不要你这样写下去，真的。这样写下去，你早晚要去那个地方！"

纵观李敖的人生之路，尊之为师的长者很多，但是学识与人格上都能够称得上导师的，李敖把严侨排在首位。

李敖与严侨，相识在一九五一年。十六岁的李敖升入台中一中的高一，严侨正是这个班的数学老师。很快，他就使李敖大为倾倒。严侨"一望就有一股慑人的奇气，轩昂不凡"。他瘦高，清癯，头发浓密，目光明亮而有神，仿佛有着不可抗拒的穿透力。他能说流利的英语和日语，这两种外语在他如同中文一样熟练。他能教数学和生物两门课程，口述能力极佳。

多才多艺、生性洒脱的严侨，身体里流淌着不一般的血液。他的祖父就是大名鼎鼎的严复，那位把《天演论》翻译成中文、从而奠定了启蒙地位的中国近代思想家。严侨是严复第三个儿子严琥的公子，而且是严家的长孙。他呱呱落地时，曾给沉寂的严家带来了欢乐和期待，年近七旬的严复欣慰于严家后继有人，曾写信抒发喜得长孙的感慨："震旦方沉陆，何年得解悬？太平如有象，莫忘告重泉。"

三十岁出头的严侨不循旧制、敢求新潮，与其祖父一脉相承。严侨曾为学生作过一场精彩的讲演，题为《人的故事》。他在讲台上口若悬河，引经据典，竟然大谈

"演化论"，而不是令祖父严复成名的"天演论"。他批评说，他祖父所译的"天演"这个词的"天"字不妥当，应译作"演化"，众人听了耳目一新。

太有趣了。李敖见识了什么叫做洒脱，什么叫做气魄不凡。严侨连祖宗都敢怀疑，思绪不受约束，是台中的一奇，很对李敖的口味。严侨的上课方式，也是自己独创，堪称一绝。遇到枯燥而机械的题目，他就点名叫数学好的学生"站板"（站到黑板前）去做。他自己索性从台上走到台下，抱着胳膊坐在学生座位上，看学生怎么做。有一次为了证明他说得对，严侨孩子气地说："我若说错了，我就把我的名字倒写！"他打赌似的说着，随手抓起粉笔，把倒写的"严侨"两字写在黑板上，笔画之熟练，大显"镜子书法"绝技，全班同学为他欢呼鼓掌。

严侨与李敖的师生关系，不是冷漠而隔膜的，而是平等而热情的。他喜欢在课堂上聊天，还在批改作业时发议论。李敖在数学练习簿上做作业，引了一段名家之言："数学是人类智力的灵魂。它超越了空间与时间的领域，告诉我们宇宙是这样的悠远，光线曾经历百万年的行程，方才照射到大地上。"严侨批改作业，用红笔在"它超越了空间与时间"这句话下画了杠，批语道："我想它超越不了空时！"

严侨的家在育才街5号，位于台中一中校门的斜对面。那是一栋带小院的木屋，本来是一家格局，却分给两家人住，严侨住在后面。房子前半部分被隔开，后半部分显得狭窄拥挤，缺乏光线的投射。然而，在李敖感觉中，严侨家是温暖的，充满着智慧的光亮。在严侨堆满书籍的房间里，谈话通常是没有代沟的。严侨与李敖这对师生更像朋友，指点江山，纵观古今，不由得激情澎湃。而谈及台湾弹丸之地，却有些情绪黯淡。

一个月黑风急的晚上，李敖在台中医院陪着另一位老师黄钟，严侨正巧去探视。黄钟处于昏迷状态，整天用机器抽痰。李敖每天放了学都去照料他。

黄钟的父亲黄剑秋是李敖父亲李鼎彝的老友。李敖数学不好，李鼎彝特别请教数学的黄钟关照他。李敖不喜欢数学，数学老师黄钟对李敖倒是很喜欢。他在李敖的"数学练习簿"上批写："为人诚实可爱。"他给了李敖很多鼓励，尽管他没说过李敖的数学不错。李敖的数学在小学还挺好，等到进了中学就往后掉了，只是勉强及格。

李敖像许多恨数学的大人物（如丘吉尔，如萧伯纳）一样，对数学"怀恨在心"。

第十章
一个永远的老师

他的苦恼是,他跟数学没有交情,数学老师却同他有交情,使他很尴尬。

念高三的李敖自愿休学在家,打算以同等学力资格考大学。学校可以不去,黄钟仍不放过李敖,要李敖定时到他家去,为他一个人专门补课。他家住台中市永安街1巷5号,李敖每次上门补习,都心里发毛,视若畏途。但是,父亲发了话,又不能不去,内心矛盾,痛苦得很。这种补课的痛苦,终因黄钟的病倒戛然而止。

那时已是晚上,严侨要回家,约李敖同行。李敖告诉他,医生说黄老师恐怕已没希望了,严侨唏嘘不已。他们从台中医院出来,走在回家的路上,感慨人生短促,生命无常。夜色朦胧,路灯昏黄,交错的楼影似乎随时要坍塌,让人郁闷得透不过气来。

突然,严侨用手拉一拉李敖,使了个眼神,低声地说:"你不要回头看,我感觉好像有人在跟踪我,是蓝色的。"李敖很是吃惊。严侨说的蓝色,当然是指特务,谁都知道国民党特务源自于"蓝衣社","蓝色"是台湾约定俗成的特务别称。严侨不过是个中学教师,而且有祖父的背景,国民党特务为什么会跟踪他?李敖疑惑不解。

几天后,黄钟老师病逝了,严侨的情绪跌到了最低点。一个傍晚,他把李敖约到家里,仿佛要找一个可靠的倾诉对象。一杯又一杯的酒,鼓起了严侨的勇气,他告诉李敖一个秘密:他是"那边"来的。李敖的血液加快了流动,他万万想不到,严侨竟然跟共产党有关系,在台湾的人沾上"匪谍罪",是要关进大牢,甚至掉脑袋的。

李敖知道严侨为什么整天买醉了,他不愿意清醒地面对现实。他带着夫人偷渡到台湾,刚来就被军警部门注意了,严侨说,我不是来投奔你们,我有老母在台湾,我要来照顾她。特务机关一查,严侨真有老母亲在台,母子之情重如山,不得不相信他。结案得找个保人,妹夫叶明勋出面保了他,使他逃过一劫,但他从此受监视,不可能活动了,内心很苦闷。在台湾住了几年,苦闷愈加厚重,思想上矛盾冲突不断。他喝醉了酒,放下为师的尊严,竟在他视为小知己的李敖面前流下了眼泪。他说:"我不相信国民党会把中国救活,他们不论怎么改造,也是无可救药,他们的根儿烂了。"

严侨"酒后吐真言":"现在我们的名册里并没有你,可是我想带你回去,带你去共同参加那个新尝试的大运动,这个大运动是成功是失败不敢确定,但它至少牺牲了我们这一代而为了另外一个远景,至少比在死巷里打滚的国民党痛快得多了!"

严侨借酒浇愁,也诉说了内心的痛苦与迷茫。喝不起好酒,严侨买的都是最劣等的米酒。他喝酒的方式是粗犷的,没有情调,没有小菜,用牙齿把瓶盖一口咬下,就咕嘟咕嘟地大喝。有了李敖,严侨喝闷酒的机会少,他有了谈话的对象。微醉之时,往往是背诵和醉酒有关的诗词。李敖答应严侨,需要的话,就跟他走,梦想偷渡到大陆,会参加一个"重建中国"的大运动。他心里揣着这个师生之间的秘密。

一九五三年的一天,李敖在校园里没有看到严侨的身影。不久,学校就传开了,严侨被戴上手铐抓走了。别人也许惊诧不已,李敖却只是痛心疾首,并不感到特别的奇怪。他知道,严侨早已在"黑名单"上,担心已久的这一天终于来了。

三十三岁的严侨就此在师生们的视野中消失了。他带走了李敖刚燃起的理想之光。在严侨的身后,留下了年轻的严师母和不懂事的三个孩子,老大是女儿严方,才三岁,大儿子严正更小,小儿子严谅还在母亲怀里吃奶。

既然严侨犯的是匪谍罪,谁还敢靠近他的家?都怕落下"通共"的罪名。但李敖不怕,他还是像以前一样,到严侨家去探望。他当然知道,他这样做会有危险。他与严侨老师有情,就应该有义,敢于照顾这些孤儿寡母。别人不敢做的,他敢做。

严侨是家里的顶梁柱,严师母没工作,又拉扯着孩子,生活顿时陷于困境。十八岁的李敖还是个地道的穷学生,自己的钱都是问家里要的,他却在老师被抓的时候长大了,决心尽力帮帮师母和孩子,不能眼睁睁地看着严侨的家人生活无着。

没有别的经济来源,李敖省下早饭不吃,饿一顿存了些钱,送给严师母救急。他能带给严师母的,是一点钱,更是世间仅存的无价友谊。日子一天天熬着,严侨仍然音讯全无,打听也是白搭,关在军警总部的要犯,又跟"共匪"有牵连,此去凶多吉少。严师母在危难中只有李敖可以信任,也只有李敖可以商量。她含着泪告诉李敖,在台中她举目无亲,不能再待下去了,她打算收拾一些家当,带上三个小孩北上去投亲。

李敖也想不出更好的办法。严师母领着孩子走了,此后严家再没有了消息。李敖忙于大专联考,闲下来就会想起严侨一家,他痛苦着,再不能为严侨做什么事了。

第十章
一个永远的老师

有时读书晚了,随意地散步,李敖会不自觉走进严家旧宅。小院的一片浓荫,应该还记得李敖走过的身影。屋里死寂,大概已经忘却了一对师生的长谈。悲凉充满了他的心胸。

李敖考入台大之后,碰到了老同学胡家伦,他在台中一中与李敖同届,还帮李敖补过数学。胡家伦跟李敖说起台中一中的熟人,他问李敖还记得严侨老师吗?李敖说,当然记得了。胡家伦并不知道严侨与李敖的特殊感情,他告诉李敖,那个才华横溢的严侨老师已经故去了,大概在一九五六年吧。"他死了,死在火烧岛。"

李敖如雷轰顶。他知道,火烧岛是政治犯的囚禁之地。胡家伦的父亲胡传厚任职于国民党"中央通讯社",他的消息来源该是准确的吧。李敖感到一阵锥心刺痛,许久不能平息。他只能默默地难过,他不能对别人提起严侨,也无以对人诉说严侨。他以为今生今世,再也见不到严侨了,他把严侨看成永远的良师益友:"在我思想成长的过程中,严侨虽然对我已是'过去时',但他的伟大人格,他的音容笑貌,他的热情犀利,他的悲惨人生,却对我永远是'现在时',他是我人格上的导师。"

"严侨事件",是李敖生命里第一次受震撼的事件。从军之时,艰苦的磨难使他想到了严侨。重返台中,他和同学又走过校园,在日记里用Y代替严侨,记下了他的怀念:"我倚在荒郊的太阳底下,只听见稀疏的枪声与虫鸣,我不知道Y在哪里,他卧在哪里,无声的、腐烂的……想到这里,我有一种说不出的幽愤与沉重,我忍不住要深叹一口气,用一种有力的沉默来怀念这位伟大的、永远闪烁在我眼前的殉道者。"

严侨是李敖心目中殉道者的榜样。他后来在述说个人经历时总忘不了严侨,他说:"我庆幸在我一生中,能够亲炙到这么一位狂飙运动下的悲剧人物,使我在人格形成中,得以有那种大陆型的脉搏,那种左翼式的狂热,那种宗教性的情怀与牺牲。在这些方面,严侨都给了我活生生的身教,也许严侨本人并不那么丰富,那么全面,那么完整,但对'少年十五二十时'的李敖而言,无疑的都成为我的导师。"

与严侨的意外重逢,在李敖是兴奋的,但又是痛苦多于欢乐。

那天严侨借着酒劲,说了许多话,断断续续地连接起他的遭遇,似乎要把几年的话全部说完。严侨还记得他被捕时,很担心他最钟爱的学生李敖受牵连。特务抄了家,搜走了严侨的信件和文章,会不会有李敖写给严侨的信,他不知道。那封不满现实、言辞犀利的信,可能会害了李敖,而他出狱后不找李敖的原因,也是不想给李敖找麻烦。

当严侨看到李敖安然无恙,学业有成,自然是高兴的。他还看到李敖笔力强劲,义无反顾,不免有些忧心忡忡。严侨说出的担忧,恰恰是李敖不愿意从他那里听到的,这和严侨原先的为人准则大相径庭。李敖欣赏严侨的狂放,那狂放来自于曾经的自信。

严侨毕竟在狱中待了五年。跟严侨一样获罪的被捕者,大多家破人亡,妻离子散,有的没能恢复自由,有的永远长眠于地下。严侨说,大概是沾了"严复之孙"的光,才给他减轻罪名,只判了五年的刑期,判得比其他人轻。但是五年,足以改变一个人的命运。不堪回首的囚徒生活,磨去了严侨的棱角。他能告诫李敖的,只能是他的累累伤痕。

李敖找回了严侨这个老师,而严侨又有了李敖这个高足。师生之间的天平却是倾斜的。李敖不再是当年的李敖,严侨也不再是当年的严侨了。欣喜之后,李敖失望了。以为严侨"死了"的李敖,记住严侨,是记住"传奇人物"严侨。严侨活了,曾占据李敖记忆中的重要位置的严侨,似乎并没有回来。日益沉沦的严侨,最大的嗜好是酒。不问酒的好坏,以前他视酒如友,如今他视酒如命。

酒精麻醉着严侨的神经。严侨自暴自弃,不再关心李敖关心的话题,火花四溅的思想交流已不可能,仅存的是亲人般的怜惜和抚慰。牢狱之灾固然损害了他的身体,酒瘾和烟瘾,更使他难以自拔。他的酒喝得多,烟也抽得凶。身体每况愈下,家人一再劝阻,严侨嘴上答应戒了,背地里忍不住去买。剧烈的咳嗽,迫使他抽到半截就掐灭了火,他虽然对尼古丁有所警惕,却难以抵御它的诱惑。

李敖一直没打听到严侨家人的情况。原来严侨被捕后,严师母与孩子北上投母并不顺利。李敖曾跟严师母商量过,血缘关系和亲属关系的帮忙,也许会免遭国民党的妒忌。因为这种关系毕竟是血亲问题,不是政治问题。严师母是大家闺秀,亲戚不乏有钱人,李敖以为他们总会伸出援救之手,这也不是太难的问题,况且严师母也不是外人。

第十章
一个永远的老师

严侨却告诉李敖,严师母带着孩子到台北投亲,遭到了亲人冷遇,冷透了心。严侨没有音讯,严师母无可奈何,只得忍痛割爱,把大的男孩和女孩送进孤儿院,小的男孩托人寄养,自己去做保姆,"匪谍之妻"的罪名吓人,中国人不敢请她,她是给外国人做保姆的。一个知识女性,在社会底层苦苦挣扎。

李敖恍然大悟,严侨何以对他的亲戚不屑一顾。严侨妹妹华严写出第一部小说《智慧的灯》,在《大华晚报》连载,大为轰动。正式出版后,卖得很火,畅销台湾,胡适送给李敖一本,华严又送给李敖一本,李敖有礼貌地收下了。李敖问严侨看过没有,严侨轻蔑地说:"那是什么狗屁!"严侨的评价,与文学无关,实则心境的缘故。

第十一章 "碧潭山楼"之恋

在李敖的军中日记中,有个"梦中情人"的名字出现频率很高,她叫Rosa,是个恬静而现代的女子。李敖结识她,就在他大学毕业之前。Rosa是台大外文系的女生,谁不知道这个穿着长袍的怪人李敖,Rosa也不例外。他们在台大图书馆楼梯旁谈了一阵,李敖的幽默叫Rosa开怀大笑,李敖并不古板啊,真有趣。

李敖的好友开玩笑说,穿长袍带美女走过校园,是台大一景。李敖以此为荣。他约Rosa在咖啡馆会面,聊得很开心。在大学进入尾声时,"罗"离她而去,咪咪也恋情不在,Rosa是他的最后一个校园恋人。校园分手后,李敖写信给她,有感于"时光是一位和蔼的朋友,它会使你我变成老年",倾诉了他的依依之情。

军中休假时,李敖回台北看望老同学,曾去找过Rosa。她已在中山北路三段"中国生产力中心"做事,还是美貌依旧,笑语吟吟。李敖度过一年多的当兵日子,参观"军中乐园"只为了收集写作素材,保持着肉体的纯洁性,Rosa就是他的精神寄托,他在许多时候不经意地想到她,梦到她,把她当做"我的小女人"。

Rosa是李敖日记的女主角。给Rosa写信,李敖就像跟她当面说话,是一件非常快乐的事情。收到Rosa给他的信,李敖感受着女孩子带给他的快乐。Rosa喜欢李敖的文笔,她主编一本校友会的内部刊物,写信给李敖,请他写一篇散文寄去,定个题目叫《红玫瑰》。李敖把恋人的指令当做最大的褒扬,酝酿情绪,挥笔写就了"命题作文",Rosa略改几字,发表于《台大四十年外文系同学通讯》。

李敖在退伍后曾略作修改,把《红玫瑰》寄到台北《联合报》副刊发表。在文中李敖有一段倾诉,是他当时心境的流露:"梦幻毕竟是飞雾与轻烟,它把你从理想中带

第十一章
"碧潭山楼"之恋

出来,又把你向现实里推进去。现实展示给我的是:需求与获得是一种数学式的反比,我并未要求她给我很多,但是她却给我更少……"

李敖与Rosa之间的感情,似乎并不对等,当李敖回到台北和Rosa见面,他们客气地问了近况,全没有想象中的难舍难分。李敖这才意识到,他是单相思了,Rosa并没有像他一样投入爱情。窘困之余,李敖也释然,他在军营中,更多的是把Rosa理想化了,而Rosa在社会上,可以有她的选择的。

李敖搬进"四席小屋",给Rosa写了最后一封信。"别的女孩子我也不会再动脑筋,我久已生疏此事,也愿意继续生疏下去。你是我惟一眷恋的小女人,但是这种眷恋却是一条溪水,没有浪花,只有长远的怀念与余韵!"

在李敖搬出"四席小屋",把新店乡居的小窝起名"碧潭山楼"之后,对任何女孩子都保持距离,他依然过着清教徒一样的日子,偶尔会有朋友造访,多是他的同学好友,清一色男子,而王尚勤则是其中惟一的女性。

从李敖退役的时候起,他就走出一个封闭的环境,带着他的思考回归于社会。此后,李敖因为一篇篇在《文星》上发表的文章,一改默默无闻的状况,有人赞扬,有人咒骂,还有人把他告上法庭。文人不怕议论,怕的是没人理睬。正是来自八方的青睐和白眼,使得他大起大落,在台湾文坛上有了名气。Rosa的冷淡伤了李敖的心,他在新店之所以没当成"独身者",是王尚勤改变了他。

王尚勤的哥哥王尚义,是李敖的大学校友。王尚义在台大医学系,李敖在台大历史系,他们学的不是一个专业,却对文学有着共同的兴趣,在台大学生圈里都是知名人物。王尚义在中学就喜欢写作,成绩非常突出,可是父母不赞成他考文科,觉得还是当医生挣钱多,他只得违心报考了医科。被分数最高的台大医学系录取,是件值得家人骄傲的光荣,王尚义却不快乐,对解剖台和手术刀提不起兴趣。

在台北同安街46巷1号的王府,难得回家的王尚义曾把李敖等一帮文学同道请来,海阔天空,无所不谈。小妹妹王尚勤坐在一边,只有旁听的份儿,她似懂非懂,瞪着清纯的眼睛,对大哥哥们充满敬佩和崇拜,不知不觉地增长了不少见识。她考入台大农经系读书时,李敖正在军中当兵,她受哥哥的影响至深,也像王尚义那样,保持喜爱文学的天性，并知道李敖有着不凡的才气。

一九六二年二月二十四日，在"中央研究院"的班车上，李敖遇上了王尚勤，还是王尚勤先认出李敖，像对大哥哥那样亲切。李敖的容貌变化不大，王尚勤则是"女大十八变"，叫李敖几乎认不出来了。在他跟王尚义交往时，王尚勤是个不谙世事的小丫头，一晃几年，李敖看到了一个亭亭玉立的女大学生。李敖很惊奇。

王尚勤不简单，她一个女孩子而立志学农，觉得台湾的农业有必要改造，叫李敖更惊奇。王尚勤在大学念的是农业学科，却读了很多文学作品，连李敖写的《胡适文存》她也看过，能跟李敖谈一通读后心得，李敖真是没想到。

王尚勤听说李敖搬出台北闹市，到台北偏僻的新店"独居"，开玩笑说要去看看。李敖当即邀请她到"碧潭山楼"做客，她点头答应。李敖对这个邀请并不当真，在台北人印象里新店是个蛮远的地方。王尚勤是个有个性的人，答应的事非做到不可。她想看看李敖的"碧潭山楼"，说去就去，满足自己的好奇心。

一个周末的上午，王尚勤乘公车来到新店，寻找李敖的"碧潭山楼"。别看李敖起的名字像个别墅，也离碧波荡漾的新店溪不远，其实不过是个小镇上的老房子。王尚勤边走边打听，经过一条喧闹不已的街巷，再经过一个臭水满地的菜场，找到了李敖小屋的门前。只见门扉紧闭，门外挂的牌子上写着："也许在划船、在看电影或在吃饭，反正没离开新店。"

王尚勤读完牌子上的字，转过身，李敖笑嘻嘻地站在她对面。原来李敖在山边溜达，看到王尚勤下了公车，直往他的家来，他就赶紧跟了过来。她脸红了，羞涩地一笑。李敖怦然心动，她的羞涩显得特别地美丽。

李敖打开了小屋的门，请王尚勤进来。她很吃惊，"碧潭山楼"名字这么好听，空间却如此之狭窄，陈设如此之简单，除了一张桌子、一把椅子和一张床，最值钱的就是他的书了。桌上、床上和墙角，到处是书籍。

李敖的文章纵横千里，笑谈古今，总给王尚勤以回肠荡气之感。而李敖竟然就是蜗居于此，近乎与世隔绝，伏案疾书，叫王尚勤深感意外。她翻着书问："难道，你不寂寞吗？"李敖笑说："我的精神向来是独来独往的，早习惯了。再说，还有这么多的书，这么多的书里的人陪我呢。"他吟起他写的四言杂感："夜凉似水，几净灯明，小

第十一章
"碧潭山楼"之恋

室独处,抽烟品茗。一念不起,心定神凝,静中读书,悠然忘情。"

李敖陪王尚勤走出小屋,来到新店溪的岸边。阳光灿烂,微波荡漾。蓝天,白云,绿水,只有三两小舟划破湖面,只有鸟啼在相思林中响起。他们走上吊桥,扶着铁索远眺,尽情地享受山野之美。王尚勤由衷地赞叹:"这地方,简直是个世外桃源。"李敖得意地说:"你知道我为什么选择这个地方了吧!"

李敖的我行我素,不为世俗标准所累,让王尚勤很佩服。在随意的交谈之中,李敖的思想火花迸然四射,使过惯平静生活的王尚勤也激动起来。王尚勤看重李敖的,是李敖苦中有乐,拥有只问耕耘、不问收获的勤奋心态。他的文笔之美,是同龄人中不多见的。他的强悍之风,更是在同龄人身上很少见到的。

二十六岁的李敖,血气方刚,青春如火,像一阵清风包裹着王尚勤。她到新店溪散散心,来时只是单纯的好奇,临走时却有些恋恋不舍。回到校园,李敖的身影总在她脑海挥之不去。她找李敖的文章看,仿佛又听到了李敖语速甚快的侃侃而谈。又到周末,王尚勤再次登上火车,穿过台北闹市街道,去看望她思念的李敖。

其实王尚勤在遇到李敖之前,已经有一个姓赵的男友,也是大学同窗。"赵"的性格淳厚,善于忍耐,很得尚勤妈妈欢喜,在她看来,"赵"是个好人,可靠而稳妥,与尚勤最般配。尚勤不否认"赵"是好人,却激不起爱的火花。

她渐渐和"赵"疏远了,她妈妈觉得惋惜。王尚义劝过她,不要伤"赵"的心。因为"赵"对她好,而且感情是真挚的。他听了妹妹的感受,不再说什么了。毕竟在这个家里,他是最疼爱妹妹的,理解妹妹与"赵"不能相爱的原因。他在一篇《幻》的文章中说:"'赵'是妹妹的昔日情人,思想浅薄,感情死板,没有张狂,也没有梦魇,他爱妹妹,像作茧自缚那样,他的空气是爱,妹妹使他呼吸。"

"赵"对尚勤一往情深,假使尚勤离开他,他太伤心,"黑夜就要来了"。而尚勤却痛苦不堪,她曾对哥哥说,她见了"赵"就想哭,"赵"的爱把她压得透不过气来。虽是兄妹,尚勤的个性与尚义不同,她作出了选择。尚义说:"如果是我,我会在矛盾中折磨自己。妹妹比我勇敢,她自动离开了'赵'。"

尚义尽管同情"赵",对妹妹的离开并不责备。他不知道,爱神就在不经意之间,牵起了李敖与王尚勤的手。他们感情升温,在他们看来是很自然的事,不用遮遮盖盖,来找李敖的文星杂志社朋友知道了,王尚义也知道了。王尚义在台大医学系读了七年,当李敖离开校园,他与李敖的往来不像原先那样密切了。可他为妹妹担心,李敖是个出格的人物,不可能带给她平静稳定的生活。

王尚勤的父亲王光临在大陆也曾风光过,曾做过专员,官拜少将,到台湾脱离官场,当个小学的校长,仍然固守着传统的理念。王尚勤的母亲尚秀芳在那个小学教音乐,以丈夫与孩子为生命寄托,更是期望找个过日子的女婿。听说李敖不安分,她着急,怕王尚勤一时冲动,爱上一个不该爱的人。苦海无边,回头是岸,家里人劝王尚勤"悬崖勒马",向来顺从的王尚勤这回变得不听话了。

"我老实告诉你,"王尚义给妹妹当头泼了一盆冷水,"所有的快乐都是要付代价的,不要以为手头的东西不会失落,你追逐你永远得不到的;得到的却永远不曾使你满足,而最糟糕的是——你根本不知道你所要的是什么!"王尚勤执拗地说:"我不期盼永恒,我只要刹那,只要刹那的实在。"

王尚义与李敖好久不见,他专门登门看望李敖。显然好友相聚,不仅是为了叙旧。王尚义告诉李敖,王家人都觉得王尚勤与李敖是不合适的,特别是他母亲,不同意妹妹与李敖"拍拖"。李敖不曾想到,反对他爱上王尚勤的人,竟然会是王尚勤最信赖的哥哥,也是他多年好友。李敖答应跟王尚勤分手,心中无限感慨。

李敖知道,王尚勤是个孝顺的姑娘,如果硬让她违逆父母的意愿,会给她带来莫大的心理负担。既然爱她,只能选择退出。而他这半年来,本来是准备咀嚼孤独的,正是王尚勤给她的激励,使他在人生低潮中感到了温暖。

李敖约王尚勤作最后的话别。他的忍痛割爱,出于一种更深层的爱。他不愿意看到他所挚爱的人,夹在情人与家人之间备受煎熬。王尚勤以为,依李敖不服输的倔犟个性,肯定会坚决抗争的,没想到他张口就是"分手吧",而且劝说她理解家人的感情。他为她与她的家人想得这么多,她看到了李敖内心深处的善良天性。

"不,我的事,我做主。"王尚勤用美丽的眼睛望着李敖,缓缓地说。她的声音不大,李敖听来却如雷贯耳。他发现,他还不了解王尚勤,她的性格有柔顺的一面,也有坚忍的一面,她认准的事她就要做到底。李敖的善解人意,加深了她对李敖的了

第十一章
"碧潭山楼"之恋

解,也加大了她对这段情感的肯定度。王家人无奈地承认失败,围绕王尚勤与李敖的这场风波,不但没有断绝他们的关系,反而促使他们走得更近了。

这年初夏,李敖打算报考台大研究所的研究生,而王尚勤则面临着毕业后的去向选择。李敖与王尚勤正在热恋之中,一日不见如隔三秋。毕业盛会,李敖送给她一支金笔,他当然盼望王尚勤留在台北,陪伴他在文字领域打拼。

王尚勤是个独立意识很强的女子,其实这也是李敖欣赏的地方。她等到的毕业分配通知单,是到花莲的农业职业中学当教师。与台北相比,花莲是偏远的,条件也差许多。李敖劝她别走这么远,还是留在台北,如果农经专业的职位不好找,改行算了,到报馆或者杂志社都可以,以她的文字功底当个编辑不成问题。

王家到台湾后,家境并不宽裕,父母原来劝王尚勤考师范,收费少,出路也不错。王尚勤无奈地考上了师范,王尚义到父母跟前帮妹妹说话,坚持她应该读高中,读大学,出国,成名。父母终于同意了。后来她报考台大农经专业,王尚义劝她,选个适合女孩子的专业吧。她认准了,就考这个女孩子少的专业。

眼看四年台大的本科读完了,王尚勤不愿前功尽弃,既然选择了农经,就该正儿八经地干点事,也不枉寒窗苦读的心血。李敖担心花莲是个风口。"台风对它最感兴趣,都是从那里登陆的。"王尚勤调皮地一笑:"我不怕。"

李敖送王尚勤到桃园机场,那架到花莲去的小飞机载着他心爱的人走了,带走了他的思念。回到宿舍,他看书看不进,做什么事都分神,还是提笔写信吧,让她刚到新地方,很快就能收到一封火热滚烫的情书。

这是痛苦而甜蜜的日子。以身相许后的分离,给李敖和王尚勤增添了从未有过的离愁别绪。两地书在花莲与台北间不停地飞来飞去,穿梭似的编织着情网。王尚勤把花莲生活的点点滴滴,都如实地写成文字,寄给李敖。李敖的信自然也是文采飞扬、幽默有趣,是王尚勤最大的安慰,每一封信都要读上好多遍。

李敖与王尚勤最甜蜜的时候,称呼也是甜蜜的。李敖叫她贝贝,或写成G,王尚勤称李敖宝宝。李敖的信写得多,称呼也变得多:亲爱的不听话的贝贝、不写信来的贝贝、亲爱的花莲之花、亲爱的花莲G老师、亲爱的太太、李太太、太座、太美丽太可爱的小东西、亲爱的安东街女主人等等。他的落款也是随心所欲,亲昵有加。

王尚勤家人对他的态度，李敖并不在意，可王尚勤在意，李敖只得退了一步，听从王尚勤的嘱咐，做了一件与他性格不符的事：拎着礼品叩响王家的门。他态度谦和，彬彬有礼，王家人接待得很冷淡。回来后，他马上给王尚勤写信，急切地想知道，她的父母亲对他有什么样的印象。会不会就此"高抬贵手"。

　　几天后，花莲来信，王尚勤传达了父母的看法，他们仍然不赞成女儿跟一个会惹事的人相好，认为女儿应该选择一个比李敖更强的人。李敖回信道："看了你的信和你妈妈的伟大观点，我叹了一口长长的气，什么时候我才能碰上一个不骂我的女朋友的妈妈呢？我想来想去，想不出原因，大概是伯母两字叫得少了吧？"

　　在花莲的王尚勤，先在农业职业学校校部教书，后来又到乡下的分校讲课。直到十二月，王尚勤才请了八天假，回到了台北。李敖发现王尚勤的眉宇间锁着淡淡的愁云，全然不像她走之前的踌躇满志、意气飞扬，似乎那一团火的憧憬，在短短的数月间耗得所剩无几。她是有抱负的人，不甘心只是照搬照抄别人的现成理论，觉得自己还有能力去做台湾农业状况的学术研究，可是她感到，现实中并没有她的舞台。

　　王尚勤在困惑与迷茫中挣扎。李敖还是劝她，放弃花莲的教职，回到台北来，实在不行就另谋一份职业，这样她不必来回奔波，而李敖也能与王尚勤时常见面了。王尚勤终于松了口，答应考虑考虑。可她抱定了一个念头，即使在理想与现实之间选择妥协，也不能让四年的农经本科白读了。至于李敖帮着她求职，做一个文字编辑，这样的好意她并不接受。说到底，离开花莲，也不愿放弃专业，这是她真正痛苦的缘由。

第十二章 讨回一点公道

严侨走出牢狱,外面的世界像一个更大的牢狱。他有能力有才华,丢了教师的职位,没有一个学校或单位敢聘用他。经济不能自立,几乎把他压垮。

李敖不是空洞地安慰严侨,而是尽己所能,实实在在地帮他渡过难关。严侨的日语出色,李敖就给他设计了一个翻译方案,列出日本文化界名人的佳作,请严侨逐步翻译,交给《文星》等杂志刊用。一来发挥严侨所长,以免他无所事事。二来可以拿到可观的稿酬,足以补贴家庭生计的急需。

严侨开始是很用心的,他翻译了日本著名作家井上靖的小说《伊那的白梅》,化名"颜果",发表于《文星》,反响不错。接着,严侨又翻译了佐腾弘夫的《神和人的座谈会》等几篇文稿,文笔也还优美。随后,严侨精力不济,每况愈下,杂志社着急,翻译文稿迟迟交不出来了。李敖亲自担保,"文星"像对待名家那样,已经给严侨预付了稿酬,翻译文完不成,杂志社也不能再透支了。

一九六二年十月一日,情绪低落的严侨写了一封信给李敖,依然是秀丽的字迹,流露着疲惫和颓废:"敖:债,债,债!每日过日都成问题了。介绍要学日语文的人给我教。天天为着找'吃饭的钱'忙而愁。青黄不接,把我整坏了。职业一时找不到,做小贩的本钱都没有。翻译东西不是单行本,稿费不够。"文星"的钱也拿过头了。钱是非常难的,拖车都要有本钱。'三际未必真','实际和幻象之间很难找出界线'。我该是无所求,可是还缺些什么似的。酒的兴趣好像失去了。是好是坏很难断定。人家说好就算好吧!人无端地生,无端地活,无端地死——生死之间无端地做一些事(相关关系的遭遇)。空时(space-time)都是变数。对了,我忘了,我们是不能脱离所在的坐标系。所讲的话也能算是话。你好么？不可让自己紧张，尤其是下意识地。"

严侨与李敖重逢后，只写过这封惟一的信。顾不得师道尊严，他向学生诉苦，可见他无法突破的困境。薄薄的信纸，在李敖手里很沉。严侨似在泥潭中越陷越深，他放任自己，旁边的人却无能为力。

李敖抽出时间，去看望严侨，送了些钱给他。可是严侨的精神状态，是李敖扭转不了的。严侨看透了人生，说道理根本不管用，在下坡路上拉也拉不回来。就好像人体的造血功能坏了，光靠输血解决不了根本问题。

严侨的酗酒，已经使他无法集中精力，他一点点丧失了斗志，也丧失了才华，甚至连正常的思维判断都出现障碍。一次大醉如同一场大病。

严侨喝得烂醉如泥，不省人事，还是李敖帮着把他送进医院。李敖手中保存的一张治疗单：时间一九六二年七月十五日，地点荣星医院治疗病房。注射费二百七十元，药费三十五元，入院费一百二十元，共计四百二十五元，打八折三百四十元。

花钱买醉，再花钱看病，如此开支反反复复。严侨的家人痛苦，李敖更痛苦。长此以往，不仅李敖拿不出这么多的钱，而且严侨势必彻底毁掉。

李敖终于意识到，他不能再迁就严侨，再这样放任严侨的沉沦了。一个真正的学生和一个真正的老师，应该坦诚相见，哪怕是逆耳忠言。

这天，严侨又住进了医院。李敖去病房探望，特意请来严侨的妹妹华严。当着华严的面，李敖对严侨严肃地说："老师，我要仗着你我多年的师生之情，逼你做一次选择了：这次出院后，除非你决心戒酒，我不会再来看你了。"

靠在床板上的严侨面色苍白，瞪着失神的眼睛。李敖狠狠心，一字一句地说："老师，如果你觉得这几口黄汤比你学生对你的期许还重要，你就喝下去；否则的话，你就该振作起来，不要使我失望，不要辜负你的生命与才华。你这样做，是帮助你的敌人打倒你自己，我再也看不下去了。"

李敖请华严作证人。他说得到，就能做得到。他请华严通知他，严侨出院以后是不是肯戒酒。李敖这样"摊牌"，本意是给严侨施加压力，逼严侨戒酒。严侨出院

第十二章
讨回一点公道

后,李敖与华严联系,知道严侨还是戒不了。于是,李敖真的不去严侨家了。

内心里,李敖是牵挂老师的。他不愿意看着严侨毁了自己,因为严侨曾是他的青春偶像,是他的人生楷模。他多么希望有一天,严侨能彻底告别酒杯,重振雄风,恢复那个自信、热情、开朗、博学而潇洒的智者形象。

时隔多年,李敖等来的不是严侨的重生,而是他的人生终点:一九七四年七月三十一日,严侨因心肺衰竭逝世,时年五十五岁。

此时的李敖,已经名满台湾,他锋芒四射,文笔辛辣,关在国民党的牢狱中,仍是斗志不减。他只能遥望南天,怀念老师的音容笑貌。严侨坐过的牢,学生李敖继续在坐,他告诫自己,坐完了牢,不能像严侨那样倒下,要永远站立着。

严侨年轻时的那股锐气,延续在李敖的血脉之中。李敖出狱后,感觉到时间的宝贵,一般的应酬全部推开,埋头于他的写作。但是他仍专程到严侨家探望,向严师母表达他的哀思。

从严师母和严侨子女严方、严正那里,李敖得知,严侨死前的六年,是遁入空门、皈依宗教的六年,他绝口不谈人间事,仿佛已经超脱了。佛法无边,回头是岸,严侨的肉体尚在时,灵魂就像已经上岸,不与俗人论长短了。

他的师父是谁呢?是一位姓屈的老师,叫屈映光。李敖听了,禁不住摇头,苦笑中含有深意。严师母觉得蹊跷,问李敖笑什么。李敖说,你们不知道屈映光是谁,我可知道他是谁。屈映光是民国初年的大军阀,是放下屠刀的大军阀啊!

严侨的家人顿时一惊。不曾想到严侨信服的人,有这样的过去。屈映光垂老学佛,跻身有道之士之列,通体裹着神秘的色彩。严侨屡经磨难,万念俱灰,对佛教产生兴趣,也对屈映光顶礼膜拜,甘做他的弟子。屈映光眼睛不好使,严侨体谅他年事高了,写的粗笔字有斗大,倾诉对于佛理的认识。

踏进严侨住过的房间,李敖看到满屋子的佛像和法器,这些都是严侨的遗物。严侨皈依的是密宗,整天沉迷其中,不能自拔。他以自己的最后才华,留下了一份份走火入魔的上书函,字迹秀丽,力透纸背。

李敖读了,并没有更佩服严侨,而是为他的沉迷深感遗憾。

严侨生前曾说,他"不断寻觅二十余载",最后找到真谛,在苦海中得以解脱。李敖说,其实严侨错了,他其实没有真解脱,因为他"寻觅二十余载",取代自己的,只不过是更旧的玄学而已。"恰像那外国许多远离共产党信仰的理想主义者,他们最后皈依的不是独立自主,而是圣母与上帝。——他们永远不是自己的主宰,风霜与苦难打倒了他们,他们不能不抱佛脚!"

　　可惜严侨走了,否则李敖会跟他辩论,谁对就服谁。李敖踏着沉重的脚步,走到严侨的遗像前。他在严侨遥望前方的眼神中,捕捉不到生命的激情,反而流露着雾一般的迷茫。李敖心底里,永远珍藏着真正的严侨,那个严侨就像一堆坚韧的干柴。而今,生命所有的辉煌都在早期燃尽了,包括照亮过少年李敖的那种光芒。晚期严侨沉湎于酒精的岁月,只剩了一个空壳,呼吸尚存,魂魄已去,李敖无力唤回。

　　可敬的严侨。可怜的严侨。他在人生暮年看透人生,到佛门寻找寄托,竟是与真谛擦肩而过。他经历艰辛,万念俱灰,只想做一个佛教徒,却当了邪教的俘虏!当然,严侨不以为他走错了路,相反地,他认为他在孤单里冥思苦想,甩掉了尘世的一切,成功地摸索到了彼岸,而且可以上岸了。

　　旁观者清,李敖感到世俗的力量太可怕了。严侨听不进人家的劝告。受人摆布还懵然无知,与他早年的信仰已经格格不入。

　　严侨的一生,是一个中国知识分子的一生,也是一代人在政治旋涡中不能自拔的悲剧。他的理想与残酷现实顽强搏斗,始终未能一展抱负,留下太多的遗憾。"严侨饱经忧患,晚年油尽灯枯,看破红尘,以至神明灰灭,守邪教以终老。在国共斗争中,一位这样的不世之才,就这样地被牺牲了!"

　　李敖说,严氏一门家谱完整,代代相传,是中国现代史上最好的家传资料。第一代严复,身逢帝制不绝,志在引进新潮,赍志以殁了;第二代严琥(严侨父亲),身逢新旧交替,志在富国强兵,家破人亡了;第三代严侨,身逢国共斗争,志在建国大业,自己报废了;第四代严正,身逢国民党在台湾通吃,志在经济挂帅,埋头做白领阶级了。严氏家传的横剖,岂不正是中国现代史的缩影?

　　严侨的身影,镌刻在李敖的脑海中。李敖用他的笔,记下了栩栩如生的严侨,记

第十二章
讨回一点公道

下了严侨一家人的不幸遭遇，也记下了他与严侨的师生交往。然而，李敖与严侨的缘分，并没有因严侨生命的结束而结束。

严侨有两个亲妹妹，大妹严倬云嫁给了台湾名流辜振甫，小妹严停云（就是女作家华严）嫁给叶明勋，叶是个国民党里的老报人，曾出任《中华日报》和《自立晚报》社长。并先后应聘任"行政院"设计委员、台湾省政府顾问、台湾省新闻记者公会理事长等职，在严侨刚到台湾时，曾出面保过严侨。李敖没想到，几年后他跟严侨的大妹婿辜振甫打过一次交道，以李敖式的正义，讨回了一点公道。

辜振甫成立"中国合成橡胶公司"之初，送给萧同兹股票二十五万元。萧同兹过世，其子萧孟能继承，眼看这批股票五年没涨，又转卖给李敖，李敖成为这家公司的股东。一九七六年六月，李敖在"仁爱庄"坐牢，从报纸上得知"中国信托投资公司"的信用卡发行，存满五万元即可，不必其他手续。李敖想到很快就要出狱，有了信用卡会方便许多，就汇去五万元，依法成为该公司的股东。

李敖身兼两家公司的股东，资金虽小，权力犹在。他审视"中国合成橡胶公司"股票，发现"中国合成橡胶股份有限公司股东名册"中"信托投资公司"所占股数，竟超出总股数百分之五十四，违反"财政部"不准超过百分之四十的规定，因为"'信托公司'利用信托资金购买其他公司大部分股权，并从事经营，无异并吞其他企业"，是典型的违法操作，伤害了股民的利益。

一九七九年三月二十六日，李敖以股东身份，发函给"中国合成橡胶公司"。四月三日，该公司股东会议召开，他派弟弟李放与会。参加股东常务会议，三天后，李敖根据李放的叙述，把开会的重点整理成文，致信"中国合成橡胶公司"："开会以前，一年之中，公司对股东没有寄出任何一篇有助了解的资料，礼貌上本已欠缺。开会时又只安排一个半小时，实在太目中无人。"

对"李股东"的信函，"总算象征性地讨论了一下"。"公司负责人并没针对本人的信切实答复，只是挑着答"，李敖大为不满。"中国信托"入股大吃小，辜振甫表示，是"中国信托公司"的问题，经"财政部"特准。李放请求出示特准文件，辜振甫先是同意，当卷宗拿到辜振甫面前的时候，有人对辜振甫耳语几句，辜振甫又拒绝出示。辜保证公司一赚钱，"中国信托"就撤出。

"负责人都有承认能力不够以致造成经营不当的表示,但给人印象是甲朝乙身上推,乙朝甲身上推,然后甲乙又一齐朝外面人头上推,再小心翼翼地朝辜振甫先生脚下推。辜振甫先生也承认能力不够,自认外行,但他也未尝不推——推给他同父异母的弟弟、已离开本公司的辜伟甫先生。他说一九七七年前都是辜伟甫先生实际主持的,他本人一九七七年三月十五日才开始管事。他当选董事长,人正在外国。"

"辜振甫先生在表示惭愧以后,宣布他不要干董事长了,他私人名下和台湾信托他代表名下的表决权,他也全部放弃。他的勇于负责的态度,很令人佩服。但是这一形式上光明磊落的表示,立刻引起了他左右支持者和劝进者的顿失所依之感,纷纷大叫这怎么可以!这样不行!都连任!一切都维持原状!……于是叫嚣鼓掌,没经过任何合法表决程序,就说一切都通过了。"

李敖如实列出这些事实,是有的放矢的。六天后,"李股东"写了封长信给"中国信托投资公司",在分析事实后,严肃地指出:"贵公司负责人所为,已在"刑法"第十五章伪造文书罪至第三十一章侵占罪至第三十二章诈欺背信罪之间。贵公司衮衮诸公,无一非此岛上'有头有脸'之财阀阶级,今竟利令智昏如此,通谋由辜振甫先生一马当先,以特权总归户姿态,上通当道,下凌百姓,目无有条之法,手握非分之财。如此横行,本人绝不干休。先致此信,请答复、谢罪并赔偿。如不获合理解决,本人将续循舆论与法律途径处理,特此正告。"

"中国合成橡胶公司"和"中国信托投资公司"的董事长,都是辜振甫。一个是董事长,一个是小股东,似乎根本不沾边。然而,家大业大的辜振甫固然有许多社会头衔,他还有个身份是严侨的妹婿。在严侨落难之际,不是每个亲人都能伸出援助之手的,李敖对于人性的弱点看得很清楚。是不赞成严侨的理念?是怕因"匪谍"而倒霉?还是埋头经商,不愿意沾政治的边?谁也说不清。

李敖与严侨的师生情谊,胜过严侨跟他的台北亲戚,他能感受到严侨当时的失望和伤痛,他要发出自己的"最后通牒",碰一碰别人不敢碰的人,让老师看学生的"拳法"。这是严密逻辑与深入思考之后,漂亮的一击。

李敖是个文化人,长于舞文弄墨,他当股东并非是做做样子,对公司方面公布的

第十二章
讨回一点公道

信息,无论是书面报告,还是口头通报,他都了如指掌,并记录在案,作为评估公司业绩的依据。股东不分大小,权利一律平等。"李股东"指出:"中国信托投资公司"在"中国合成橡胶公司"中所占比例,造成李敖参股的两个公司之间"以大吃小"、"左手吃右手"。奇怪的现象带来了复杂严重的冲突。

一个只有五万资金的小股东,董事长可以不理睬,不过,辜振甫看到李敖的两封来信,发现形势不妙,一纸重千钧,不理睬不行了。李敖有理有据,且有打官司的声名和实力,这个小股东不好惹,说不定惹出大祸。

想来想去,董事长坐不住了。他是个有钱的人,也是个要面子的人,被台湾最有名的文化人点中了"穴位",前景自然不妙。跟律师一谈,证实了他的预感,不能当李敖的对立面。事不宜迟,董事长决定向"李股东"求和。

小姨子华严是作家,与李敖相识,还是请她出面吧。华严抱了好几本她新出的书,到李敖家来造访。多年不见,李敖也很客气。其实他对华严的印象不错,挺欣赏她,在"文星"时代曾在一起吃饭,李敖以"师姑"称呼华严。辜振甫找对了人,也只有华严说话,李敖听得进。

严侨是他们共同的话题。说起严侨的文采飞扬,说起严侨的沉冤狱中,说起严侨的晚年颓废,做学生的李敖与做妹妹的华严都不胜惋惜,十分伤感。然后言归正传,话题转到了李敖所持的公司股票上来。

华严说:"辜先生自感对李先生很抱歉,我姐姐辜太太本来也想一起来拜访李先生,我说我跟李敖最熟,还是我自己来好了。这次纠纷,的确公司方面不对,现在愿意以一倍的价钱,由我出面,买回股票,我是你'师姑',请给我面子。"

李敖仍然带着笑,语气却不客气:"我老师被捕的时候,严师母带了三个小孩到台北投靠亲戚,可是到处吃闭门羹,谁给了她面子?其中辜振甫最可恶,我今天要跟他算二三十年的旧账,绝不轻饶他。"

华严知道李敖的个性,自然不能说什么,只是一个劲地"和稀泥"。显然她有备而来,已经得到辜振甫给她的权限。华严的面子,在李敖这里是管用的,但对大老板没这么便宜。李敖同意与辜振甫讲和,是同意讲和的条件,即以八倍的价钱,购回股票,作为"答复、谢罪并赔偿",李敖可以放他一马。

后来华严再来李敖家,按照她与李敖的约定,完成了退股手续。得到李敖的许诺,辜振甫也不敢怠慢,赶快了断。

十一月十九日,李敖请来了严师母。他们已经十多年不见了,李敖与严师母叙叙旧,说了许多安慰的话。他当面送了五万元即期支票给严师母,她推辞说,孩子大了,她的生活无忧,不能拿你的钱。

李敖告诉严师母:"这个钱你可以拿,这就是三十年前对你闭门不见的那人的钱,今天我总算给你出了这口恶气。"

严师母哭了,这是无法用语言述说的泪水。她终于收下了钱。李敖欣慰地看到,严师母收下的不仅是这点钱,也收下了温情与旧情,收下了人间绝无仅有的李敖式的正义。以前李敖是个穷学生,想帮严侨的家人却是心有余而力不足,在多年以后,他以他的才能与胆识,终于可以为严侨的家人做点事了。

严师母望着不再年少的李敖,仿佛从李敖的神情中看到了严侨年轻时的身影,她为严侨有这样的学生而深感欣慰。严师母回去之后,亲手做了西点,请李敖到家里品尝,表达她对这个仗义学生的感激。

辜振甫不得不出的二百万台币,是李敖争来的,他拿得安生,受之无愧。李敖送了二十分之一给严师母,再送了二十分之一给了他弟弟李放,他用剩余的钱买下了东丰街的一家小店面,随着台北房地产大涨,他的这个不起眼的房产增值了一倍。他的卖文生涯也日见红火,从此他经济上立于不败之地。

不管怎么说,辜振甫收购的一批股票钱,是李敖经济翻身的重要基石。这笔钱在辜振甫是九牛一毛,在李敖却是天文数字,来得正是时候。阴错阳差的"致富",却与严侨与严侨的亲人有所牵连,仿佛在冥冥中真有命运之神的青睐。严侨如在九泉之下有知,知道学生能替他出了气,也会感叹造化弄人吧。

与严侨相识五十年后,也是严侨去世十一年之时,一九八五年四月十七日,李敖写下《我最难忘的一位老师》,以激扬的文字纪念他的严侨老师。

当时台湾民众赴大陆故土返乡探亲还没有开放,大陆还是隔海的禁地,李敖就深情地说:"既伤逝者,行自念也。严老师英灵不泯,必将在太平有象之日,魂归故国,以为重泉之告。上一代的爱国者永生,他们虽为消灭反动政权而牺牲了自己,但是,震旦不再沉陆,中国毕竟站起来了。"

李敖感念的严侨,是年轻的、血性的、站立的。"最后,虽然导师自己倒下去了,但他的学生还在前进——他的学生没有倒!"

第十三章　纸上的浪漫

王尚勤在花莲的日子,是她与李敖的爱情最浓烈的时候,也是他们之间情书最多的时候。花莲不像台北那样,近得天天见面。也不像出国那样,远得无法见面。在花莲和台北之间,有足够的空间让情人传递情书,有不长的时间让情人重新团聚。分分合合,最能点燃渴望之火,是情书写作不尽的源头。

李敖出版社推出的《李敖情书集》一书,收入《给G的九十四封信》,收信人就是王尚勤,最密集那阵子,几乎一天一封,成为他们之间感情的纽带。比如一九六三年一月十一日的一封,在王尚勤返台北前,李敖已经等不及了:

亲爱的娃娃新娘:

　　你说你后天(星期日)可以回来,宝宝知道后高兴得不得了——好像七天没拉屎突然大通特通一样。宝宝已经等得坐立不安,就好像你在花莲也坐立不安一样,并且比你更厉害,因为宝宝爱贝贝的程度远超过贝贝爱宝宝……

　　感谢老修女,居然把贼窝开放,让贝贝早点回来,贝贝,无论如何困难,至迟也要在星期天(十二号)下午回来!无论如何不能再拖,该先把飞机票买好。宝宝从这封信后再不往鬼花莲写信,再写贝贝一定收不到,宝宝这辈子再也不往鬼花莲写信,宝宝气死了花莲。

　　你在花莲收拾行李,宝宝在台北收拾房间,把房间收拾得"春色无边"、"春意撩人"、"满室生春",恭候大美人大驾光临!

第十三章
纸上的浪漫

快告诉确定的飞机时间！不然宝宝要大打电报,打得贝贝、老修女、小修女们心惊肉跳！

一九六三年春节过后,李敖和王尚勤的两地相思之苦终于结束。王尚勤返回台北度完春节的例行公假,再没有回花莲去,那边的教职真的辞掉了。她作出这样的决定,更主要是为了她的大哥王尚义。本来王尚义身体不适住院,以为就是发烧感冒之类的小毛病,没想到被查出不治之症,并且到了晚期。

这消息,对于王尚勤来说,实在是太残酷了。王尚义违背个人意愿,上了令父母光彩的医学院,他还是时常熬夜,写他喜爱的文章,徜徉在哲学与文学的天地里。这样一个生龙活虎、前途无量的哥哥,平时绝少生病,生了病竟然如此之重,叫家人怎么能够接受呢。她在李敖面前痛哭失声,到了医院门口,擦掉眼角的泪痕,装出一副笑脸走到王尚义的床前。她安慰哥哥,一切都会好起来。

李敖用他惯有的幽默与调侃,化解王尚义的紧张情绪。其实,家人和朋友瞒着王尚义,一提他的病就把话题岔开,而他是聪明人,又是学医的,他的肝区疼痛和复杂的体检程序,让他隐约猜出了几分,意识到了问题的严重性,只是他不敢或者说不愿真正地证实他的猜测。瞒着的人与被瞒着的人,彼此的痛苦是心照不宣的。

在照料王尚义的日子里,王尚勤和弟弟昼夜在病床前陪伴,她以女性的细腻很快就承担起护士职能。李敖也时常抽空到医院陪伴,有时天色晚了,他让王尚勤回去休息,他接着守夜,尽心尽责,像守护着亲人那样,一直守到天亮。

那时的李敖,与王尚义已是貌合神离,在人生观念上难以合拍了。李敖没有告诉王尚勤,在王尚义得病前,他的花费超过他的收入,已经入不敷出。他来找李敖帮忙,李敖答应了,借了一些钱给他,再由李敖经手,向"文星"老板萧孟能借款两千元,这些还顶不了他的账。他要卖一部分书信给李敖,李敖也同意了。他又托李敖找"文星"书局,替他印作品集《狂流》,人家没看上。

毕竟王尚义是王尚勤的亲哥哥,妹妹的崇拜不曾减弱,手足情深,永不改变。李敖懂得尊重王尚勤的情感,没有把自己的看法告诉她。直到王尚义病倒,王尚勤把李敖与她的哥哥又拉近了。面对着仅比自己大几岁,仍然年轻的王尚义,而且因为王尚勤而变成亲人的王尚义,李敖看到了生命的匆忙和短暂,这是熟读历史的他从未有过的沧桑感。王尚义在病床躺下了,可能永远起不来,现实就这么严酷。李敖知道,任何语言的劝告都是多余的,太理性的人无法用理性来宽慰。

李敖回到小屋,坐在书桌前,他的思绪跳荡出很远。只有埋头投入写作,他才能忘却身边的一切,尤其是医院给他带来的窒息和无奈。在死神周围徘徊的王尚义,让李敖更觉得生命的宝贵。想做的事赶紧去做,不要留下太多的遗憾。

半年的生死搏斗,并没有挽回王尚义的生命。一九六三年八月,王尚义病逝。王尚勤泪如泉涌,在医院哭昏了过去。李敖闻讯赶到医院,王尚义的遗体已经送进了太平间。怎么样的呼唤,也不能让王尚义睁开眼睛。李敖想起了已经淡忘的许多细节,真希望王尚义能再坐起身,跟他指手画脚地争辩一番,哪怕骂一顿也好。

王尚勤在筹办丧事的时候,对李敖提出,能不能把她哥哥生前写的文章收集整理,出一本书,告慰哥哥在天之灵。王尚义喜欢文学,也喜欢写作,但发表得很少,文字水准也参差不齐,李敖明知这是个棘手的难题,还是毫不犹豫地答应了。他也希望,亲手做点事,减轻失去朋友的伤痛,为王尚义,也为王尚勤。

李敖找文星出版社的老板萧孟能帮忙。王尚义曾给《文星》杂志写过稿,其中的一篇《从异乡人到失落的一代》反响颇大,后来虽少有佳作,王尚义还是通过李敖,在"文星"预支过稿酬,萧老板颇有微词。碍于李敖的面子,萧老板同意出书,但要李敖负责润色。很自然的,李敖充当了王尚义文集的责任编辑。

够朋友,讲义气,是李敖做人的准绳。他与王尚义虽以朋友相待,但早已失去了单纯透明的校园友情,他们写作风格也是南辕北辙。王尚义的文字显得纤细,缺乏李敖所期待的锋芒。李敖整理王尚义的文稿,逐句逐段地校正,把个人喜好撂在一边,他不把这件事当做文学来做,而是看成听亡友倾诉衷肠的最后机会。王尚义当然不会想到,他曾经坚决反对妹妹与李敖往来,而当面批评他、不给他留面子的李敖,却是最为真诚的朋友。在他故去后,是李敖完成了他和他家人的夙愿。

年底的一天,李敖拿着印好的样书,走进了王家。王尚勤接过散发着油墨清香的《王尚义文存》,激动得不知说什么好。她忙把书拿给父母和弟弟看,王家人都对

第十三章

纸上的浪漫

李敖表示谢意,在王尚义去世后,他们的脸上第一次有了笑容。

一九六四年开始的时候,王尚勤恢复了原有的理智,她把哥哥去世的哀痛深埋在心底,开始考虑下一步的职业选择,这时,她与李敖之间曾经有过但搁置了一段时间的去向之争,又浮现在他们的生活中。

他们谁也说服不了谁,争得太累了,王尚勤说:"那我们结婚吧!"她似乎在用这个最后的理由来说服自己:放弃事业,留在台北,留在李敖身边。

王尚勤与李敖,已经是同居的情侣,他们所没有的,只是一张签字盖章的结婚证书。李敖并不在意外在的形式,他觉得,内容比形式更重要。何况,李敖因《文星》而走红之后,《纽约时报》评说李敖是一个放火者和煽动者。李敖比谁都清楚,公众关注中存在着危险。他告诉王尚勤,他在台湾凶多吉少,甚至可能有牢狱之灾,他不能让婚姻这种形式牵连王尚勤,让他所爱的人担惊受怕。

李敖说:"小妹,你知道我对婚姻的看法。这种形式上的东西,早该打倒,因为它本身就是一种虚伪!"王尚勤说:"可是我们生活在虚伪的世界上呀!"李敖说:"你还不够坚强,还需要为你的信仰坚持下去。你还脱不了俗套,这一点使我相当失望。"王尚勤说:"我当然不会勉强你。但我要提醒你一点,你还需要成长,在成长的过程中,你会体验我的话,那时也许我们早已分手了。"

王尚勤和李敖都相信,他们的爱情不需要婚姻来证明。终于,王尚勤打定了一个主意。她对李敖说,她想到美国继续进修农经专业,而且希望李敖同行。她的出国设想由来已久,这次不是来征求他的意见,而是来说出她的决定的。

在此之前,李敖早就意识到,王尚勤的选择,已经不是在花莲或台北之间,她的志向是台湾岛内装不下的。王尚勤要到远隔重洋的美国去,李敖并不意外,他告诉她,他是用中文写作的,不会离开台湾,他到美国能做什么呢?而他们谈论要不要出国,其实就是要不要分手,只不过李敖比王尚勤更理智。

一九六四年九月二十二日,李敖把王尚勤送到了桃园国际机场。这次航班的目的地不在岛内,而是飞向大洋彼岸。李敖的脸上仍挂着笑容,嘴上笑话不断,心头却在涌出阵阵酸楚。等那个金属大鸟带走了他的爱,他的眼泪止不住地流淌下来。他给王尚勤写信道:"你飞机起飞的时候,我哭到晚上,老A目击了我这一套并不新鲜的发泄方式。从那天以后,我的眼泪已经流光,我又回归到漫无心思,于今为烈!"

李敖对王尚勤是真诚的,这真诚使他能够理解王尚勤。他在信中说:"你是对的。你知道如何去争取青春与享受人生,当然你有时也会失败,甚至有受委屈或受欺骗的感受,但你该知道这是人生中许多不可避免的过程和不快意之一,就如同亲人会死,留学考试会不中一样。可是对我来说,几乎全是这些,我表面上好像一拳把老妖怪们打倒,其实真正倒下的,可能是双方,我的成功就是我的失败。"

王尚勤到了美国西雅图,在美国西北部的大城市读一所小规模的教会大学。她仍然与李敖时常通信。虽然还是相互关心,没有说出分手的话,但李敖明白,王尚勤一出国,就不会再回台湾,因为她所学的专业在那边有用武之地。

虽然不像在台北,可以天天见面,感情似乎在变化之中,但他们没有埋怨,没有伤害。狂热的爱成为了过去,他们把过去珍藏在心底。

王尚勤到美国不是向往现代生活,而是扎扎实实学点东西,成就个人的事业。上课时常常会遇到不懂的英文字,回家就查字典,直到弄明白为止。老师用英语讲课,她记不全,借来同学的笔记,抄到半夜。她和许多来自台湾的留学生一样,在上课之余也去找活儿干,挣点生活费。她在一家餐馆打工,那天端着盘子,突然呕吐起来,浑身发软,几乎瘫倒在地。她以为生了什么大病,赶紧到医院做了体检,不料竟然是怀孕了!

当晚,王尚勤打长途电话到台北,告诉了李敖。李敖听了,也很意外。当初王尚勤与李敖同居之时,他们相约,暂时不要孩子,因为有孩子,就要对孩子负责,他们自己还未能在社会上立足,而王尚勤的出国梦是早就有了的,经不起生儿育女的拖累,没想到"一不小心",王尚勤怀上了他们的孩子,而且还带到了美国。她一个人在美国举目无亲,又要上学,又要打工,如何带孩子?

王尚勤在电话里的语气急迫,有些慌乱。李敖忙劝她别着急,总有办法的。他劝她,还是想办法堕胎吧!王尚勤流着泪说,美国跟中国不一样,在美国堕胎犯法,做人工流产是很难的。

在王尚勤的急切表达里,李敖感到她已经做了生孩子的打算。他设身处地为王

第十三章
纸上的浪漫

尚勤着想,没有婚姻的名分,她会承受双重压力的。长途电话里说不清楚,王尚勤随后又来了信:"因为这个孩子是你我爱情的结晶,我就该保护她,就像保护自己的生命一般,我怎么可以谋杀这样一个生命呢?那样做不等于谋杀我自己的生命吗?"

王尚勤肚里的胚胎,是他们非婚的孩子,但李敖从她的信中,感到了一种母性的执著。他敢做敢当,毫不推诿,很快转变了自己的态度,给王尚勤写信时,对她表示理解,实际上是愿意共同承担孩子出生的抚养责任。

李敖向来不怕事,麻烦当头,方显他的男子汉气质。对王尚勤生孩子,他的不同意是真心的,转而同意也是真心的。他为人坦荡,是王尚勤最看重的性格特征,正像李敖朋友开玩笑所说:"李敖表面上男盗女娼,一肚子仁义道德。"

李敖的回信,引经据典,对"私生子"做了一番考证:"世界上最伟大的人物多是私生子。从耶稣、达·芬奇、伊拉斯莫斯、小仲马、林肯、威廉大帝,一直到索菲亚·罗兰,都是私生子的世界。且据T.赫胥黎的说法,很多私生子又比婚生子聪明。按诸前例,吾人焉能不信?"李敖进而发挥道,"不但是私生子,即使是'野合'出来的人都是硬是要得。孔夫子不就是'野合'的产品吗?"

半年后,王尚勤离开西雅图,来到了纽约,在这里她有不少朋友。美国是基督教社会,对于女人堕胎很计较,但对非婚生的孩子很宽容。

在纽约的一个夏日傍晚,王尚勤在一家医院生下一个七磅多重的女婴。孩子的出生证上,父亲姓名那一栏里填的是李敖。李敖听说自己有了个女儿,给王尚勤寄去一张漂亮的贺卡。他还给女儿起了个名字:"我李敖是个写文章的,就叫她李文吧!"

李敖做了父亲,他要做一个负责的父亲。王尚勤母女俩需要的生活费用,李敖总是及时寄去,他让王尚勤保重身体,把女儿哺育好。

小丫头生在美国,理所当然自动成为美国公民,可她是李敖的亲骨肉,有一天会喊他爸爸。他调侃说:"我成了美国人的爸爸啦!"

当王尚勤淡出李敖生活的时候,在李敖的感情世界留出了一片空白。他只是无奈,人各有志,不能强求。感情的空白,远不是书本与写作能填满的,况且李敖不再是那个"四席小屋"的大学生,而是曾与女人爱得死去活来的男人。

填补李敖感情空白的,是一个李敖称之以"H"的漂亮女子,真名叫吴海蒂。她像一颗彗星划过,照亮了李敖留不住王尚勤的灰暗心境,李敖说:"人或以为胡茵梦是李敖的女人中最漂亮的,非也,'H'才是最漂亮的。"

李敖初次见到海蒂(即"H"),是在台大校园,那是个晴朗的日子,李敖夹着书,在林荫道上走,就看到一辆三轮车在大道上驶来,又驶去。她优雅地坐在车上,跟她的男友一起,她的轮廓是这么美,眼睛顾盼生辉。李敖看到她,马上闪过一个念头:怎么会有这样漂亮的女人!与她相爱的男人真有福气!

当李敖改租水源路19号之八"水源大楼"三楼后,时常到楼下的"君子行"商店购物。这天,他在商店里与一个熟人碰面了,那是北洋军阀唐天喜之女唐静琴。寒暄几句,唐静琴向李敖介绍她的干女儿,旁边陪同她来的海蒂,一个美丽的小姐。他觉得似曾相识,突然想起,不就是三轮车上的美人吗?

似乎冥冥之中有一种相知的缘分。海蒂对路边走过的台大学生,当然不会有印象,但她知道李敖的文才,也读过李敖的文章,与李敖相识,令她非常意外,也非常高兴。海蒂毕业于香港英文书院,在美国海军情报中心当秘书,她的未婚夫去美国留学,她本来也要随行的,因为她的工作性质敏感,暂时被限制"出国"。她在等待的日子里挺无聊,李敖的风趣、幽默和博学,叫她一见倾心。

顺理成章,李敖与海蒂成了朋友,不久成了恋人。不需要承诺,也不需要迁就,他们爱得如火如荼。虽然有"肌肤之亲",不乏销魂的幸福时刻,但两人之间更多的是情感的交流,彼此倾吐衷肠。李敖的英文程度很不错,跟海蒂用英语交谈不成问题,写信夹杂的英语词汇一点就通,棋逢对手,各露锋芒。

海蒂美貌出众,曾在一部言情电影中担任女主角,李敖笑她是"台湾名媛",其实确实如此,走到哪里都会有人认出她,让她挺得意。有一次,李敖与海蒂在中央酒店吃饭,邻桌的来客中有涂咪咪,她是"中国小姐"候选人,也是"台湾名媛"。涂咪咪看到海蒂,特地请她同桌的人过来,对海蒂说:"涂咪咪问你好。"海蒂却不给面子,抬起眼皮回问一句:"谁是涂咪咪?"弄得人家好尴尬。

李敖觉得海蒂的恶作剧未免过分:明明知道涂咪咪是谁,却佯作不知以折辱之,

女儿李文以父亲为自豪

李敖用"H"取名的吴海蒂

第十三章
纸上的浪漫

真所谓名媛功夫也！然而，海蒂对所谓的名人不客气，也常跟李敖要点小脾气，其实她心地善良，在家里是个孝顺女儿。她父亲是三十年代有名的运动员，她母亲则是嗜酒如命，糊涂不清，以为李敖是"香港仔"，还是"阿飞"呢。

海蒂的出国签证批准了，她还是去美国。到了美国，发现她的未婚夫说假话，偷偷跟另一个女人结婚了。海蒂也不是受气包，她不靠眼泪，而是靠她的能力，赢回了未婚夫，在美国结了婚，后来又离婚，再嫁给了一位教授。

海蒂与李敖的分手，很温馨，也很理智。李敖当时写给海蒂的情书，有厚厚的一摞。其中文采飞扬，想象奇特，跳动着生命的活力，读来令人忍俊不禁，多少年后仍鲜活如新。他把其中最精彩的，收入他的书里，作为他的那一段情感之路的见证。如其中的一封信，写的是恋爱中的痛苦，那是一种甜蜜的痛苦。

亲爱的"H"：

等你的电话，好像是一个漂流荒岛上的水手，在等救生船。——那样的殷切，又那样的渺茫。

但是等到了又如何？那可能是一条"贼船"，而你是"女海盗"。

我要被折磨，被罚在船上做苦工。

我会嘴里喊着"亲爱的H"，而心里骂着"该死的海盗"。

有时候我真的不明白，不明白女人为什么要折磨男人？

生命是这么短，短得整天寻欢作乐都来不及，秉烛夜游都不够用，为什么还浪费生命来勾心斗角？……

窗外刮着台风，我好寂寞。

还有一封信写于十九天之后。

亲爱的"H"：

昨天晚上送你回来，吃了两粒Doriden，勉强睡了四个钟头。今早四点钟就醒，一直工作，现在快十点了。

今天早上下雨,天气阴沉得好凄凉。我好想你,好寂寞。

你的病好了吗,我真担心。你应该听我的话,若还不舒服,赶快去看医生。为了怕你碰到"风流医生",我特地拼命忙了一阵,剪了一堆"女医生"的广告给你,希望你去送钞票。她们该把你的红皮夹里付出来的十分之一给我做commission。

《战争与和平》的作者托尔斯泰,在他另一部名著《安娜·卡列尼娜》里,有一段描写男医生给女病人看病的文字。

那女孩子被看过病以后,还要哭一场!真是wonderful!

但是反过来说,男病人给女医生来看病也很麻烦。无怪乎1813年俄国的县医会议上,竟有会员提议请女医生走路了。

我现在"傻"想:我真不该学文史,我该学工医。那样的话,在你健康的时候,我是工程师,在你生病的时候,我是医生,趁机"风流"一下,该多好!

开放了你的信箱,却关上了你的心。O!"H",你是一个该比我多下一层地狱的女人。

情书是在纸上的浪漫留痕。纸外的浪漫,也许在岁月流逝中会消散。纸上的浪漫,却是凝固的诗意不会变质。李敖对情书非常珍惜,像任何自己的作品那样重视,这也有别于别的作家,哪怕女主角早已离他而去,或者早已是他人之妇。

他说他的情书,"写时情感集中,思绪澎湃。但往往时过境迁以后,自己重读起来,未免'大惊失"色"'(此"色"字该一语双关:一为脸色,一为女色)。至于当事人以外的第三者,读别人情书,因为缺乏置身其中的情感和背景,所以常常在嗜读以后,拉下脸孔,大骂'肉麻'!"

情书的"肉麻"在李敖看来,是最真实的情感"照片",洋溢着人性之美,没有什么见不得人的。如果有人像道学家那样指责李敖,李敖就回敬道:"殊不知他们自己写的情书——如果会写的话——更是肉中有肉、麻中有麻。所以,为公道计,聪明人绝不骂别人情书肉麻,尤其不可以骂李敖情书肉麻,因为李敖情书又有肉又有麻,如果肉麻,也是务实的肉麻,反正不一样就是了。"

第十三章
纸上的浪漫

恋爱中的李敖,就像换了个人似的。熟悉李敖的读者,也许会对李敖的情书感到陌生。李敖说自己是"最了解女人的男人",他对女人极为尊重,与她们真心相爱,本性率真。对李敖来说,爱情永远是最美好的,即使分手,留下的也应该是欢乐,而不是痛苦。

若干年后,著作等身的李敖不怕闲言碎语,出了一套"三情之书",分别是《李敖的情诗》《李敖的情书》《李敖的情话》。"这诗、书、话三本书,大多都是我没发表过的有关爱情的文字。一般人都以为李敖是一个喜欢仗义执言的'侠骨'型人物,却很少清楚李敖还是一个喜欢花言巧语的'柔情'型人物。这三本书收集的,就是李敖'柔情'一面的文字,愿天下有情人,都人手三册。"

李敖给这套书作序,嬉笑中不失真诚:"三册书中贯串的主题是:我们要有现代化的爱情。我相信男女之间的一切关系,都是唯美的关系,恋爱应该如此,结婚应该如此,离婚更应该如此,男女之间除了美以外,没有别的,也不该有别的。"

第十四章 "文星"的时代

李敖声名鹊起，国民党高层人士也对他产生了兴趣。相隔短短的四个月，就有两个身居高位的"党国"要员约请李敖见面。他们对李敖在党外心有不甘，但也知道拉不动李敖，就以联络感情入手，来争取李敖。也许他们以为，不能使李敖成为同路人，至少也不能让他成为对立面。

一九六四年五月十四日，李敖友人居浩然写来一信："至友吴锡泽君仰慕大名，亟愿识荆，不知能否赐彼电话二三一六三约时一晤……"李敖知道吴锡泽，他曾任台湾省"新闻处"处长，既然受友人之托，李敖就跟他约见了。一谈之后，李敖才知道，不是吴锡泽想见李敖，而是"副总统"陈诚想见李敖。

五月二十二日，陈诚在官邸大客厅里接待了李敖，谈了两个小时零二十分钟。他说，读了李敖的《胡适评传》，非常佩服。接着谈起胡适，他是民国二十四年（1935）在北平一次宴席上认识胡适的。胡适曾向他询问江西如何"剿匪"，从此成为朋友。他说他很佩服胡适，胡适每次见他都劝他写回忆录。他又谈到他的发迹。他还说，他去过李敖的家乡黑龙江。他问李敖的出生年份，李敖说，我就是你同胡适吃饭那年生的。他算来李敖只有二十八岁，哈哈大笑："那时你还没生呢！"

陈诚问李敖结婚没有，李敖说没有，他点点头说："'三十而立'才好。"又说，"今天台湾三十岁以下的男士，只有你李先生和蒋孝文是名人。"

李敖说："我在部队里看到老兵的一段自我描写：'我们像什么？我们像玻璃窗户上的苍蝇——前途光明，可是没有出路。'我的前途，我看也是如此。"

李敖告辞时，陈诚一再说，谈的事太小了，耽误了李先生写文章的时间。他劝李

第十四章
"文星"的时代

敖多做研究,说李先生前途远大。他送李敖出门,等车开动了,他还站在门前招手。

陈诚为什么找李敖聊天?陈诚没有说,李敖也没有问。只是感觉陈诚面目清癯而友善,似乎已经不久于人世。人之将死,其言也善,仿佛要对一个有才华的年轻人说些心里话,而李敖虽有才华,却是不与国民党为盟的年轻人。谈话九个月过去,陈诚病逝。三十多年以后,陈诚之子陈履安到李敖家看望李敖,他们做了朋友。

就在陈诚约李敖聊天四个多月之后,一九六四年十月三日下午,在台北新台北饭店。当时蒋经国麾下炙手可热的大员李焕请李敖赴宴。

开车来接李敖的,是"调查局"的官员杨雪峰,此后杨雪峰也在场作陪。李敖从侧面了解到,李焕请李敖吃饭的起因是安排蒋经国接见。李焕是在朝的高官,李敖是在野的名流,蒋经国延揽人才也是有眼光的。不过,李敖言谈中的知识分子傲骨,他的不合作主义,使李焕领悟在心,他没有再安排蒋经国的接见。

在这顿饭的十三天前,正好发生彭明敏案。台湾当局怀疑"台独"宣言有文采,可能是李敖代笔的,李敖因此成了特务机构的怀疑对象。李焕旁敲侧击地问:"听说这份宣言文章写得极好,是经过你李先生指点或润饰过的?"

李敖笑着说:"若是我写的或经我润饰过的,一定更好!"李焕听了,也笑起来,不再多问。

那次饭局,请客者与赴宴者心知肚明,大家东拉西扯,谈了两个多小时,话题与政治无关。李敖临走时,李焕送他出门,紧握着他的手说:"我会到府上去拜访你。"李敖笑笑,他不相信李焕的话当真,后来果不其然。此后,李敖还碰到过不少官员,也是紧紧握手,语气诚恳,说要到你家来拜访,李敖就会想起李焕的神情,止不住发笑。对于政客,李敖没有太多的期望,也就没有太多的失望。

以李敖的民间身份,被国民党高官约请,可见当时台湾上层对李敖的重视,李敖只要表个态,不难有荣华富贵的"前程"。但李敖的人生取向,不是一两个当权者能够改变的。李敖用他的胆识,创造了他的"文星"时代。

一九六五年四月二十五日,李敖三十岁生日。在《文星》发行人萧孟能家的客厅,萧孟能和太太朱婉坚举办了一个"祝寿会",大摆家宴为李敖"祝寿"。做老板的如此看重李敖，可见李敖在《文星》举足轻重的地位。与会的多为台北各界名流，高朋满座，谈笑风生。李敖而立之年，当了个年轻的"寿星"，风光了一回。

早在一九五二年，萧孟能、朱婉坚夫妇就在台北开了一家书店，起名"文星"，时隔五年，他们又创办了一本杂志，也叫《文星》。正在台大历史系就读的李敖注意到了这本杂志。他给朋友写信道，有志者"真不妨做'文化商人'"，以利"思想的传布"。他列举"台北文星书店的主持人"为例，以为他们就是"文化商人"。

不过，开书店办杂志都得有资本，李敖自嘲，他所向往的"文化商人"，穷大学生是没能力做的，"因为我们都没有有钱的老子可以资助。"他向朋友描绘的构想是扬己之长，立足于社会。他觉得知识分子不必清高，而应该入世："最后我们所能做的，是提升别的'文化商人'，使他们少一点商业，多一点文化。"

李敖的构想，在他进入《文星》之后，泛泛议论逐步成为具体实践。《文星》是李敖才华的第一个舞台，颇有些"借鸡生蛋"的味道。

一九六一年初冬，李敖写出辛辣之作《老年人和棒子》，投给了《文星》。当时的主编陈立峰也是杂志发起人之一，看了李敖的文章喜出望外。他约李敖面谈，大为叹服，又引荐萧孟能与李敖相识。李敖年纪虽轻，却是无书不读，他的真知灼见叫萧孟能有相见恨晚之感。他以敏锐的眼光，发现李敖是个非同小可的富矿。

李敖是经常逛书店的人，他对萧太太朱婉坚并不陌生。他到文星书店买书，总会遇到她。在李敖的印象中，朱婉坚是个很能干也很能吃苦的大姐。她亲自照看店铺，接待顾客，有时李敖晚间上街转到书店，还能看到朱婉坚的身影。

李敖觉得，尽管书店开了十年，杂志办了五年，其宗旨是"生活的、文学的、艺术的"，也倡导创新意识，提出"不按牌理出牌"，可是内容"很像美国新闻处办《今日世界》，以报道新知或谁跳多高跑多快为主"，循规蹈矩，正派普通，"成绩却很平平"，参与早期创办的几位作家相继退出。李敖给它诊断的病因很简单："文化商人"受格局所限，因而他们虽"万事俱备"，总是无法突破水准。

他开出的振兴《文星》的"药方"是：真正的突破，有赖于"东风"型的人物才能达成。无疑的，"东风"型的人物没有比我李敖更合适的。他的自信，他的大气，他已经变成铅字的文章，都叫人刮目相看，不敢小视。

第十四章
"文星"的时代

李敖的肺腑之言,在萧老板听来是逆耳忠言。他这个"文化商人"跟人家比,实在没有什么特别的优势,可他有眼光,请来李敖,也就请来了《文星》翻身的机遇。每期的李敖重头文章,"鼓动风潮","造成时势","挑起中西方论战","使老顽固血压高"。他抨击传统文化的弊端,鞭辟入里,毫不客气,"只要是不能持之有故,言之成理,而又使我们心服有理由和证据来支持的传统,一律可以不尊重。"

自从李敖在"文献会"辞职后,他从《文星》的投稿者,应邀成为这本杂志的主笔。《文星》隆重推出李敖,李敖也提升了《文星》,原来默默无闻的小刊物,李敖的加盟一改《文星》的边缘地位。

《文星》的年轻层的读者群不断扩大,发行量随之不断飙升,由一本惨淡经营的文化类月刊,跃入了台湾畅销杂志的行列。李敖在若干年后,仍十分得意地说:"《文星》为中国思想趋向求答案,在挖根上苦心焦思,在寻根上慎终追远,在归根上四海一家,定向方面的成绩,至今空前绝后,没有任何杂志和书店超过它。"

李敖卖文为生,得到了丰厚的回报。他不再是个穷学生,也跟狭窄的小屋"拜拜"了。他从写作的那一天起,就渴望能有一个大书房,可以放一个大书桌,可以藏很多的书。在"寸土寸金"的台北,买房几乎是个遥不可及的奢望。然而李敖的这支笔,促成"文星"改变的同时,也改变了他自己的"经济结构"。

李敖的文章在《文星》杂志上打响,又在文星书店出了书,很快占据台湾畅销书榜首,销路超过了"文星"老板萧孟能的预期。萧孟能把第一笔书稿酬金一万元交到李敖的手上,李敖的感觉是前所未有的:"我真是开了洋荤。我有生以来,从来手中没有握过这么大的数目,当然我看过万万块钱是什么模样,但那是在银行,钱是别人的,这回可是自己的,感觉完全不同。"

这年的六月十八日,李敖搬进信义路国泰信义公寓四楼,这套房子价值十二万。还在几年前,退役回台北的李敖租一间小屋,二百二十元的房租付不起,还要向朋友借钱,真是"一钱难倒英雄汉"。到了三十岁,李敖没有任何单位,也没有任何公职,却能买了房,实现了坐拥大书房的梦想,还买了一辆二手汽车。

李敖之所以看中"国泰信义公寓"的那套房子,是因为它是四楼公寓的顶屋,当时楼盘周围没有更高的房子,落地大窗,光线充足。李敖购房时,开发商开出的总价十二万,六万元首付,余下六万元分期付款。房子在建造过程中,李敖多了个心眼,不听销售先生"舌底生花",跑到施工现场考察。别看李敖是个文化人,他对木工工程甚有研究,有了钱他做了点房地产生意,房子怎么做蒙外行人可以,蒙不住李敖。别看外观没有什么,李敖到刚落成的毛坯房转了转,就发现开发商偷工减料不说,面积也不足。

李敖知道,销售的人只管销售,理论半天也不会有结果。他不跟那些卖房的人啰嗦,独自来到国泰建设公司大楼,直接找老总理论。他胸有成竹,带去的惟有他的木工知识。门卫通报进去,"国泰"老板倒是痛快,亲自出面接待。不难看出,他根本没把一个文化人放在眼里,"秀才遇到兵,有理说不清"。

"国泰"老板似乎早有准备,看来他对买房者的气愤习以为常了。他态度傲慢,不慌不忙地说:"李先生,你知道我们蔡家兄弟是什么出身的?"

李敖当然听出,那语气间,分明掺杂着不动声色的威胁。他盯着老板的眼睛,哈哈一笑,回敬道:"你们是流氓出身的。"老板听了李敖的话,不禁一愣,脸色顿时不自然起来。他打发过好几位不满的购房者,这李某何方来路,竟然这样无所畏惧。

李敖猜准了对方的心理,看一看老板旁边的保镖,接着"轰炸"下去:"蔡先生,你知道我李某人是什么出身的? 告诉你,我也是流氓出身的。不过我会写字,你不会。要不要打官司、上报纸,你看着办吧!"

李敖说罢,扬长而去。李敖的"单刀赴会",叫"国泰"老板不得不佩服。他找律师一问,才知道李敖可不是个好惹的。难怪李某人的口气这么大,原来他什么人物都敢碰,那一支笔好生了得,不论是公开报导还是见诸法庭,李敖独来独往,可开发商受不了,肯定会恶名在外,对生意大大不利。"国泰"老板当然聪明,识时务者为俊杰,他决定放弃强硬姿态,向李敖赔钱谢罪。这个回合,李敖取得了全胜。

李敖不是个小富即安的人,有了房子,他的写作条件大为改善。有了车,他外出免于挤公车之累。这些富起来的标志,丝毫没有销蚀李敖的斗志。他仍然秉笔直书,不改写作的初衷。他的文章以无畏的坦诚、独特的视角、批判性的洞察,直指台

第十四章
"文星"的时代

湾的社会现实,表达了一个年轻知识分子对于中国文化的深层思索。

舒适与安逸之间,在李敖这里并不是画等号的。"很多人不了解,老是说,你李敖有洋房有汽车有美女,还闹什么？这真是太小看我了,有些人是可以被收买的,但是有信仰的人是不会被收买的。我在台湾是'金不换',如果有一天我们要印'中华国宝',我应该是特辑中的第一辑。"

《文星》拥有众多的读者,李敖也因此结识了不少经历特殊的人物。其中有一位请吃饭的老者,是李敖台大同学王裕珩的父亲王崇五。在国共之间,王崇五都担任过重要角色。他早年投身共产党,曾在俄国留学,后来落入国民党手中,被判处死刑。他舅舅丁鼎丞是国民党大员,拉他跟国民党合作,死刑免了,还做到国民政府的济南市市长。到台湾以后,他担任"国际关系中心"副主任,直到退休。

王崇五见多识广,很少佩服别人,却是非常佩服李敖。他与李敖在饭桌畅叙,还把李敖请到家里,品尝他夫人做的山东菜。李敖尊称他"老伯",他却称"李敖兄",完全没有长辈的架子。王崇五语气恳切地说,他给共产党办过《红旗》杂志,知道什么是好文章,并且知道怎么样办宣传。"我这辈子所看过的文章里,能有鲁迅的讽刺、胡适的清晰、陈独秀的冲力,惟独李敖一人耳！"

替《文星》稳住水平,李敖尽力为之。老板萧孟能对他的信任,他是感念的,但也有摆脱不了的烦恼。"萧孟能的长处是能欣赏人才,麻烦是他的人事关系太好,因人情而来的稿件太多,所以清除起来,颇费口舌。萧孟能很容易被我说服,但是要一一说服,并把他的人事关系一一破坏,也太累太没必要,我常常提醒我自己:《文星》只要稳住水平就好了,那是萧孟能的杂志,可怜可怜他吧！"

李敖不愿意伤害他与老板的关系,也不愿意降低杂志的水准,只得互相迁就。他欣慰而又遗憾地说:"'文星'一期期杂志办了出来,一本本书印了出来,严格地说,它不是李敖水平的产物,只是就原有水平经李敖提升的产物而已。"

《文星》属于非官方的私人刊物,它的风光招来了台湾当局文宣部门的嫉恨。在香港一年一度的书展上,台湾参展期刊共两万七千册,"文星"出的书籍和杂志竟占了两万四千五百册,占台湾期刊类总数的百分之九十。当局资助的"党刊"购买者寥寥无几,与"文星"柜台前人头攒动的景象反差强烈。

既然被视为眼中钉，就难逃被"修理"的厄运。这年八月三十一日，国民党当局下达查禁《文星》第九十期的通知，这一期的一篇文稿，摘录《中华苏维埃共和国婚姻条例》的原文，"替共匪宣传"的罪名成立。借题发挥，来者不善。李敖当然明白，当局点名的那篇文章并不是李敖写的，但用意非常清楚，是警告负责主编《文星》的李敖。

就李敖而言，他与国民党没有渊源，而且是不怕得罪人的。但《文星》这块牌子也有些来头。老板与国民党的渊源来自于血缘，他父亲是"党国"大员萧同兹。萧同兹自一九三二至一九五〇年，当了十八年的国民党"中央社"社长，后改任"中央社"管理委员会主任委员。一九六四年离职，受聘"总统府国策顾问"及国民党"中央评议委员"。他把"文星"看做儿子萧孟能的一个实业，并不多问，还请李敖吃饭。他在台湾上层德高望重，人缘很好，这也是"文星"没被彻底查封的原因。

被"修理"的厄运，是当局的一个警告。《文星》杂志看来难保了，李敖要用最后的机会作一番抗争。他以自己的名义，写出了《我们对"国法党限"的严正表示》一文，于十二月一日在《文星》第九十八期发表，对国民党当局的查禁令提出质疑。

宁为玉碎，不为瓦全。李敖并不抱幻想，他说出了他想说的话。十二月二十六日下午，李敖在家里忙着下一期《文星》的稿子，萧孟能走进来说："别忙了，休息休息吧，命令下来了，我们杂志被罚停刊了。"

放在面上的，是"查禁《文星》杂志一年"的行政命令，但是快到一年时，文星书店股份有限公司董事长萧同兹收到国民党宣传部门的函件，明告"兹据有关方面会商结果，认为在目前情况下《文星》杂志不宜复刊"。

《文星》杂志被正式查封，并且不能再复生，实际上被判处了死刑。李敖主导四年的《文星》风云终于落幕。李敖早就预感，查封了就难以出头，他在最后关头的据理力争之举，为《文星》画上了一个悲壮的句号。

第十五章 "没有青春只有斗"

一九六六年,李敖是在被"封杀"中度过的。三十一岁的他笔耕不辍,写作心态似乎没有受到任何影响。压力越大,灵感越多。因李敖而走红的《文星》杂志停了,主编当不成了,他就写书,一本接一本地出版,一本接一本地好卖。

李敖竟然"不思悔改"地继续大写,这对于下发《文星》禁令的人当然是个刺激。李敖写的畅销书,像《孙逸仙与中国的医学》《传统下的独白》《历史与人像》《为中国思想趋向求答案》《教育与脸谱》《上下古今谈》《文化论战丹火录》《闽变研究与文星讼案》等等,都被官方查禁。

李敖的书被查封,李敖也就成了个"禁书作家",这反而给李敖免费打了广告,地摊上李敖作品"洛阳纸贵",台湾校园里找李敖的书来看,成了年轻学子的时髦。大学生喜欢李敖,他与"老派文人"的模棱两可不同,虽然也是学历史出身,却能走出书斋,深入浅出,他的鲜明个性和锋利语言,洋溢着青春朝气。

二月二十一日,台湾《征信新闻报》(后改为《中国时报》)刊出长文,指名道姓向李敖发难。作者是有着国民党"文胆"之称的"文化人"徐复观,李敖与徐复观的儿子徐武军是台中一中的同学,他曾跟着徐武军,到徐复观家去见了钱穆。只记得他家客厅的藏书甚多,墙上贴有毛笔写的字幅:"架上书籍,概不外借"。好玩的是,李敖去徐复观家多次,包括见钱穆的那一次,从来没有见过徐复观。

徐复观对李敖的得意之作广泛阅读,可以说有深透了解。他其中列举长长一串的李敖"诽谤行为",就是"有根有据"的:"计算其对个人指点之诽谤,自孔子以至胡适、钱穆,凡五十七人。其对团体之诽谤,自台湾大学文学院、中央研究院、孙子学会、立法院、内政部、各大学中文系，全国研究中国文化者，全体较李敖年长之学人，全政府官吏、全国民党员，以至于整个中华民族。"

李敖对此非但没有恐慌，反而在写文章"回敬"徐复观时，认为台湾当权者的"主流文人"花工夫研究他，更说明他的价值："看了徐复观陈列我的'罪状'，我真该'感谢'他，感谢他真是我的知己。我这些短于自知的大成绩，竟这样简单扼要地肯定于亲爱的徐之口，足证明我这短短四年的努力，是石破天惊的了！"他因"罪行"之多深表荣幸："因为我这四年中间，做到了否定我的人十四年也消灭不了的大成绩。"

李敖曾在台大法律系读过，他虽然退学转而考历史系，法学方面的知识却了然于心，法律程序也非常熟悉，不亚于法律专家。在美国的王尚勤来信问他的近况，他回信告诉说，虽说自己知道官司黑暗，还是沉着应战，机智反击。"我现在的官司情形是：一、台北高等法院——胡秋原告我，我反诉。二、台北地方法院——我重新告胡秋原，让他也尝尝被告的滋味（另外雷啸岑先生、萧孟能太太也分别把胡秋原告进去）。三、台中高等法院——我告徐复观。四、台中地方法院——我告中央书局（为了他们印发徐复观骂我的话）。四个官司集于一身，这真是官司缠身了！……"

别的文化人怕打官司，李敖根本不怕。法律文书的撰写是他的强项，以后他帮人家打官司，光明正大地挣了些钱。法庭是他展示口才的又一个地方，他或者收放自如、侃侃而谈，或者一问一答，绝不多言，其老到的程度叫法官暗暗吃惊。

李敖有他自己的处世哲学，他发誓不原谅他的对手。只要法庭发传票，李敖有请必到，他神态自若，气宇轩昂，仿佛是应邀出席一个公众集会。

文化名人李敖打官司，是台湾各家媒体争相报道的消息，有国民党背景的报纸不便登，其他的报纸不放过这样的"热点"。每逢开庭，旁听席上座无虚席。李敖自己的注意力放在官司上，时不时还走个神，注意到旁听的人群中，以学生模样的年轻人为多，"尤其是指指点点的女学生"，显示了其率真性情。

与台湾"文化老人"胡秋原当面对阵的那场官司，是个真正的"马拉松"式的官司。当李敖走进法庭，站到"被告"的桌前，他就听到身后人群中议论不断。其中有一个人在问：哪个是李敖？旁边的声音说：就是那个小孩子！大概后一个人会指给

第十五章
"没有青春只有斗"

前一个人看,李敖觉得有趣,同一法庭,被告的黑发与原告的白发形成的对比,实在太鲜明了吧。他向"原告"席上的胡秋原一笑,做了个鬼脸。

这一笑,叫胡秋原气恼不已。开始辩论,胡的律师当即向法官提出:"李敖诽谤别人如儿戏,他现在在庄严的法庭上,居然还一直在笑。"

笑有错,难道哭才对?李敖眯着眼,笑微微的。当法庭辩论结束,旁听席上的年轻人围住李敖,跟他们崇拜的偶像握手,大家说,我们支持你。李敖表面上"心如止水",太多的伤害留下的是警觉,也不容易被温情打动,然而年轻人的热情单纯和直截,还是让李敖很受鼓舞。

李敖跟徐复观打官司,叫法官"大跌眼镜"。一个原告,一个被告,他们在法庭上"针尖对麦芒",各执一词,互不相让。出庭后,徐复观请李敖喝咖啡,他们坐在一起,有说有笑。法官气坏了,不知道他们搞什么鬼。旁边李敖的老同学陆啸钊也笑个不停。李敖心里很清楚,徐复观八面玲珑,两面做人,他一边跟你打官司,一边跟你拉近乎,做人做到家了。

在咖啡桌上,徐复观说:"你李先生真是怪人,念古书,念得比我们还多、还好,如果你来宣传中国文化,你宣传的成绩,一定比我们都好!"

做李敖的敌人,也不得不佩服李敖。

跟李敖打官司的人,大都是名流,而且辈分比李敖高,李敖为什么不退让?李敖写信给友人说:"我们应该提倡'理来情无存'的态度。"他对理与情的关系作了说明,也对李敖式的"情理观"作了诠释:"在'理来'的时候,一切辈分、情谊、面子等等,我都尽量不考虑,我是一个肯抓破脸皮的人,我不太怕得罪人。重要的是,在这种'无忌'的心情下,我究竟能够在环境允许的极限下做多少?在'剃刀边缘'做多少?"

《文星》杂志被查封了,文星书店怎么办?文星老板萧孟能与李敖产生了分歧。其实也不难理解,毕竟"文化商人",与真正的文化人不是一回事。萧孟能做的是"文化"生意,其本质还是"商人",他不可能像李敖那样彻底地无所顾忌。

局势越发复杂了。"文星"能够拖而不死,与萧孟能的父亲萧同兹有关系。萧同兹也为儿子走了上层路线,试图保存这个书店。但对"文星"的具体事,他是不管的。他曾在李敖面前说过："儿大爷难做。"意思是他管不了萧孟能，萧孟能赞同李敖办《文星》的独立方针，其实还是出于商业考虑，与萧同兹无关。

当围剿"文星"的风声渐起，有人把萧同兹扯进来，要他对"文星"负责，李敖却不想拿这个招牌挡驾，他站出来说："这是绝对与萧同兹的立身行事不符的，也与事实不符的。事实上，萧同兹跟'文星'的关系，一如萧孟能同国民党的关系，不是政治的，是血缘的，他是"文星"老板萧孟能的老子，如此而已。"

但嫉恨"文星"的人不这样想。在国民党"中常会"上，文宣部门的人向蒋介石报告说，"文星"闹事应该严办。蒋介石说："把萧孟能、李敖先给党纪处分。"他们忙说："但萧孟能、李敖不是党员哪。"蒋介石说："萧孟能的父亲萧同兹是啊！要萧同兹负责！"文宣部门的人赶紧点头，不敢再说什么了。

对"青天白日"的奥妙，李敖看在眼中。《文星》既然是萧同兹之子办的，萧同兹的老面子，当然使"文星"的查禁作业有所顾忌。萧孟能有父亲作靠山，在这场风波中不至于被推入敌人之列，而没靠山的李敖就命运不佳，离敌人很近了。最后"文星"获罪，李敖被打入牢中，萧孟能却没事，这是原因所在。

好汉做事好汉当，是李敖的性格。他看不惯国民党的许多做法，却不丢求实的本色："怪'文星'怪到萧同兹头上，是对这位老先生不公平的。至于说因为他成为靠山而使'文星'得以不那么容易被消灭，则是实情。"

萧同兹多方周旋，以为"停刊一年"总有个期限，到时间就可能解禁。不料，仍然没有挽回"文星"的命运。原来在一年处分的背后，有蒋介石亲自下的手令："该书店应即迅速设法予以封闭"，这无疑判了"文星"的死刑。

蒋介石的亲笔手令，转到"总统府"秘书长张群手中，他是萧同兹的老友，先压住不发，立刻通知了萧。他们商量后，将张群的签呈和萧同兹的报告，送到蒋介石面前，并说明，黄少谷、黄杰拜访张群，表示萧同兹愿出面整理"文星"，盼能转陈"总统"。蒋介石碍于张群、萧同兹、黄少谷、黄杰四位大员的老面子，批示"可如拟试办"。这五字"御批"下达，"文星"似乎可以由萧同兹来改组，继续生存。

二月十六日，李敖跟萧孟能长谈八小时，萧孟能乐观，李敖却是悲观的。他谢绝萧的挽留，决意离开"文星"，他不能再干下去了。他预言"文星"改组不会成功，纵使

第十五章
"没有青春只有斗"

蒋介石一时放过"文星",蒋经国也不会放过。他的判断后来证明是准确的。

一九六六年三月国民党召开"三中全会",胡秋原出于对"文星"的嫉恨,上书"全会"指责萧同兹"背党卖国","萧同兹父子书店近四年来之活动,乃与'匪帮'盲进运动相呼应","与共党近数年之全面盲进相呼应、相配合",来势汹汹。

有国民党情治背景的文化人侯立朝,迅速写了《文化界中一枝毒草》《〈文星〉与李敖》等书,配合对"文星"的批判。多年后,侯立朝承认他曾是"蒋经国的打手","当年亲奉蒋经国之命,对'文星'集团开火"。李敖由此获得蒋经国亲自指挥消灭"文星"的人证,但事情的真相,远不是那么简单!

四月一日,李敖写信给萧孟能,正式宣告离开"文星",退还文星书店每月给他的五千元月薪,也就是"看稿费",表示从此不再过问文星书店的编务活动。他似乎已经预感到,《文星》杂志的查封被香港和海外的媒体多次报导,对于"文星"这块有了知名度的出版品牌,当局不会轻易放弃,即使收编"文星",也收编不了李敖。

果然,四月二十七日,"中央社"发消息称:"文星书店为谋求扩大业务及完成现代企业化组织,已决定改组为文星书店股份有限公司",一批老资格的国民党高官组成董事会,并设置编辑委员会,"负责厘定该公司出版之基本方针"。

李敖笑"文星"已经面目全非,"老年人接了青年人的棒子"。道不同,不相谋,他自请"失业",是有先见之明的。

次日深夜,李敖在照常写作与阅读之后,又给香港出版界一位关心他的友人写了封信,谈到文星"改组"的前因后果,以及自己退出的心态:"我个人方面,无所谓失不失业,盖我有生以来,还没有找到过任何一个正式的职业。我的大学毕业文凭,直到今天,还长捐箱底,一直没有派到用场。这次本人'逆'流勇退,乃痛感于'内忧外患',不得不尔,故连一最不正式的起码资生之'伪'职,亦终于放弃。今后之路,亦极茫茫,台湾似乎已无敢用我的公私机构,我打算完全靠写书过活……"

八月一日,李敖完成在"文星"的交接手续,此前原《文星》杂志主编陆啸钊已离去。他搬出与编辑部"合二为一"的住宅,在门上贴了告示:"李宅已全部迁到左边白门二十五号之三,有事请直洽,别再敲二十三号之三的门。"

查禁《文星》杂志的国民党文宣部门,对李敖已经出版的书查禁了一批,又对李敖正在出版的书查禁。从台湾各大书店的书架上撤下的李敖著作，马上送进造纸厂化浆，似乎生怕白纸黑字跑掉。情治人员在全副武装的军警护卫下，冲进印刷厂，收缴那些正在开印和装订的《李敖告别文坛十书》。李敖写的《乌鸦又叫了》《两性问题及其他》《李敖写的信》《也有情书》《孙悟空和我》《不要叫罢》等书，也没有逃过查禁的厄运。李敖写得多，当局禁得也多，查禁的清单越来越长。

也就在李敖被"封杀"的时候，又有人在旁边落井下石了。轰动一时的"李敖给胡适长信被公布"事件，几乎要把李敖往死路上推。

当年胡适在李敖手头拮据时，给李敖送来一千元钱，感念胡适雪中送炭的宽厚长者之风，李敖给胡适写了一封五千字的长信。那是一封记述"忘年交"情谊的书信，李敖如实讲述了个人的身世和经历，尤其是影响他的一些人与事，其中就有他与中学教师严侨的关系，甚至写到他曾同意和严侨偷渡回大陆，以及严侨被捕、死于狱中（后来李敖才知是误传）。李敖只是说明他的思想轨迹，他是如何一步一步走到现在的。

胡适是个感情非常丰富的人，他自己受了感动，也把这份感动传给来看望他的人。家里来了客，交谈得投机，胡适就拿出李敖的信，让大家"奇文共欣赏"。多年在美国游学的胡适心胸开阔，待人诚恳，对他人也没有什么戒备。

与胡适保持良好关系的人中间，就有个非常自谦的徐高阮，他是"中央研究院"历史研究所的副研究员，平时表现得挺清高，时常往胡适家跑，取得了胡适的信任。在胡适家看到李敖的信，徐高阮向胡适求借，回家好好看看，不日即还。好说话的胡适，素来待人热情，性格也很爽朗，没往别的地方想，还真的同意了。

徐高阮拿走李敖的信，竟然拖着不还，也许是胡适太忙，没顾得上问他，不久胡适突然病故，这封信就落在了徐高阮的手里。

胡适不在了，徐高阮不用再装了。十一月七日，徐高阮在台北"妇女之家"主持大会，"邀约了国青民三党人士和若干文化界的朋友三十人"，会议的议题只有一个，那就是声讨李敖。徐高阮在激动地罗列了李敖的"罪状"后，还公布了李敖的"罪证"，李敖给胡适的长信，这是他们会前就油印好了的。

李敖注意到，胡秋原主持的《中华》杂志报导这次声讨大会，对徐高阮与这封信

笑对厄运的李敖

1963年写《独白下的传统》的李敖

第十五章
"没有青春只有斗"

的关系有着离奇的解释:"这一封信是一九六一年一月间胡先生交给他(即徐高阮)的。当胡先生交给他的时候,态度虽不严肃,也不轻松。约四五日后胡先生即入医院,再出院不久就逝世了。他现在对社会公开这一封信,负一切的责任。"

徐高阮的结论是,李敖属于"对敌人投降的叛逆分子"。胡秋原的《读后感》更邪门,直接点破李敖是"匪谍",有向胡适施用"统战"之嫌。他们不敢骂胡适,以胡适之友自居,李敖就撰文质问:"我奇怪他们为什么不鞭胡适的尸,说胡适也是'匪谍'?因为胡适也涉嫌'知匪不报'啊!"

口诛笔伐不解恨,徐高阮还以李敖是"叛逆分子"为由,向警察总署递交了诉状。舆论的升温,给当局动用警力给李敖施压制造了借口。警总保安处负责李敖的审查,多次"约谈"李敖,当日请去,当日放回。"约谈"重点,是调查李敖十八岁时想和老师严侨偷渡回大陆的前后经过,也就是李敖给胡适信里写到的事情。李敖记得,警总派出的负责人是魏以之组长。

李敖到台湾那年,只有十四岁,给他戴上"匪谍"帽子,显然是莫名其妙的。李敖在海内外都有名气,是个文化名人,海外媒体非常关注,正如李敖所分析的,当局还是有所顾虑,只怕得不偿失,也就搁到了一边。

这件事牵连到严侨,曾被捕坐牢而放出来的严侨,再次被捕,调查的是与李敖同一个问题,即他同李敖当年的关系。关押了三十天,才把他放回来。查来查去,没有查出什么"叛逆"的由头,最后只得把他放回家了。

若干年后,在胡适遗物中,发现了一封未写完的信,是他临去世前写给李敖的,也许有什么打扰,胡适没有写完,没想到他在开会时突然去世,他更不会想到李敖给他的私人信函,竟然扣在一个以友人相称的第三者手上,以至于成为一个公开的"罪证",给李敖和他的老师都带来了不必要的麻烦。

遇到类似李敖的处境,谁都会觉得糟糕透顶,李敖却觉得好笑,他之所以招人嫉恨,"朝野双方,共同追杀",是他主编《文星》成为名人的一个佐证。李敖战斗不减,志气高扬,像抖落灰尘那样,抖落所有的烦恼,照常过他的日子。

性格即命运,李敖不后悔,"没有青春只有斗"。

第十六章　从爱情到友情

在李敖被台湾当局封杀的时候,他最愉快的事,就是去看女儿小文,这是命运投向李敖心灵深处的一道灿烂阳光。

王尚勤发现自己怀孕后曾急于征求李敖的意见,其实她已打定主意,不管遇到多大的麻烦,不管她与李敖各奔前程的事实,她都要把孩子生下来。

李敖的开明令她感到安慰,她欣慰自己没有看错李敖,他是个绝不逃脱的男子汉。她也很喜欢李敖给孩子起的名字。

王尚勤是个要强的女子,李敖答应给她生活费,她也不愿意在美国做"全职母亲",还是把小文交到一个美国老太太家"全托",自己经过应试,找到了一份工作。这样,她白天做事,晚上到夜校选修课程,周末去看女儿。

她在美国继续留学生的生活。公司、教室、图书馆和宿舍,是她每天奔波的几个点。她在家是独女,上有哥哥下有弟弟,父母亲呵护有加,聪明而任性的她,不曾吃过什么苦。然而,当她孕育了小文,成为单身母亲之后,她却以柔弱的肩膀,应付着做学生与当母亲的双重压力,脸上挂着自信的微笑。

她与李敖更多的是理智的交流。她失去了在台北时的悠闲自在,失去了与恋人卿卿我我的甜蜜,在紧张的节奏中忙碌着。她是一个重事业又有独立性的女子,认为有得就有失,在美国完成学业是她坚定的目标。

李敖与王尚勤的通信仍然频繁,他倾诉着台湾的近况,坦言受到别有用心的人的"夹击",不能够过一种稳定平常的生活。他也告诉她,别为他担心,李敖倒不了,他有他的一支笔,使他在台湾的经济状况大有好转,不是王尚勤走时看到的寒酸相

第十六章
从爱情到友情

了,他的奋斗,足以支持她和女儿在美国的生活开支。

李敖的来信,让王尚勤感到台北并不遥远。如他在一九六六年四月八日夜三时五十分,给王尚勤写完了一封信:"与文星 bye-bye 事,无法在信中详说。当然最主要的原因是'外压力',我曾开玩笑说这是'内忧外患',所以不得不拆伙。我已正式写信给孟能,决定四月一号起不再拿他们的'看稿费'(即是书店方面每月付给我的全部费用),我决定从四月一号起,完全靠独自的力量生活。"

他对尚勤仍然"知无不言":"我的计划是付利息借钱,印自己的一些'不惹麻烦'或'少惹麻烦'的书,靠我销路不错的著作,维持生计,开展生路。我这种做法,短时期内尚不能'脱债而出',可是日子久了,书出多了,每月每册书的零星入账,也就颇可集腋成裘——这是我的如意算盘,尚不知'可行度'有多少。"

他当然并不天真:"如果当权者硬是不让我活——不让我在外面活,那我只好进去活,我目前除了自己出书的一途外,已没有第二条'维持人格的活路'可走——我无可选择!……信手写来,越扯越远了。这封信,尤其是后半部,可叫做'李敖的牢狱观'。'司法行政部'应该把它复印十万份,分送给每一名'禁子牢头'看,每一名'典狱长'每一名'狱卒'看。他们看了,一定会说:'李敖王八蛋!'"

应该说,李敖与王尚勤曾经是一对相爱的情侣,他们曾经认为,没有什么能把他们的缘分割裂开来。然而,王尚勤在大洋彼岸的纽约,空间的距离夹在他们中间,爱情正在转化为友情。

王尚勤在信中读出了一丝无奈。他们的理想堤坝虽然坚实,但是能经得起太平洋的浪涛日日夜夜的拍打吗?他们何去何从呢?

小文两岁了,王尚勤准备转学,她带着小文返台探亲,打算把女儿放在台湾,托母亲照看,自己再赴美完成学业。当然,也能让李敖见见女儿。此时的李敖劝王尚勤暂时别回台湾,但她思乡心切,仍登上了越洋的航班。

奶声奶气的小文蹒跚学步,黑亮的眸子水晶般地清澈,一声"爸爸"甜到了李敖的心底。当父亲对李敖来说,虽然始料未及,却也是万分欣喜。也许是血缘关系吧,小文见到李敖不认生,抱在怀里她就搂着他的脖子,胖胖的小手抚摸他的脸,仿佛抚摸他那坚硬的心。女儿的童稚与童趣,是上苍送给他的最好礼物。

李敖对女儿的挚爱,给王尚勤莫大的安慰。

她亲眼看到,李敖确实今非昔比了。他的经济有了改观,超出了她原先的想象。李敖是个文人,又不是个书斋的文人,他在"封杀"前出的几本书十分畅销,给他带来不菲的版税。有了版税他不是"纯消费"或"纯积攒",而是以钱生钱,用现代的理财观念,投资了几桩房地产生意,居然赚了可观的收入。

李敖虽然时常惹上官司,但名气反而更响,生活已经是名人状态。王尚勤陪着他,参加了一个又一个宴请。王尚勤在美国留学,是紧张忙碌的,也是单调枯燥的,李敖之所以乐于前往应酬,也是为了让王尚勤散散心。

王尚勤没想到的是,写作不辍的李敖,以前是独来独往,如今与台北各界名流都有密切往来,人们以结交李敖为荣。而李敖博学风趣,口无遮拦,他走到哪里,把笑声带到哪里,如众星捧月,每次他都是友人聚会的中心。

王尚勤知道,她与李敖的感觉已不同于从前了,但他们有个可爱的女儿小文,这又是他们相聚的理由。当她带着小文回到台湾之初,李敖把她们接到自己的新家居住。就像一个家庭那样,王尚勤的日子过得轻松而愉快。女儿是父母的心头肉,李敖对女儿的疼爱,让王尚勤感到挺高兴。过了一段时间,王尚勤以女人的直觉,了解到李敖有了亲密女友,她随即与女儿搬回了娘家,与父母同住。

第二天一大早,王尚勤家的门铃响了。母亲走进屋,告诉王尚勤李敖在门外,要跟她说话。她知道李敖要跟她解释些什么,他是会跟她友好分手的。可是事已如此,他们都是聪明人,也是有理智的人,还有必要解释吗?

王尚勤要她妈妈出去跟李敖说,她不在。

她流着泪,把她与李敖相恋的经过想了一遍。其实,从她决定去美国的那一刻起,她与李敖共筑的爱情之堤就摇摇欲坠了。她还记得她到美国后收到李敖第一封信,结尾是一句伤心的话:"总之,由你决定一切,我毕竟是又无能又懒又感情麻木的一个家伙。"

王尚勤并不怨恨李敖,一个优秀的男子离开他为之倾心的伴侣,心灵上的痛苦是难以承受的。她把毕生珍视的学业,放在爱情之上,因而失去了那一段爱情。但

第十六章

从爱情到友情

是她不后悔,她毕竟在追求着她视为第二生命的东西,那就是学业。

李敖不愿意伤害王尚勤,但在两人感情浓烈的时候,他都留不住王尚勤,也就已经承认了更为强大的现实,分手是迫不得已。王尚勤的专业方向,决定了她选择美国。而李敖的为文生涯,离不开中国的土地。李敖明白地告诉她:"到美国端盘子、洗碗,我是不会去的。"远隔重洋的无奈,是他们谁也无法克服的障碍。

此时,海蒂已经取代了王尚勤,填补了李敖的情感空白。李敖是在与王尚勤结束恋人关系之后,才与其他女人来往的,他没有脚踩两只船。也许,如果没有小文,他们各自的人生轨迹,再也不会像今天这样重合了。

在小文三岁的生日宴会上,李敖又来了,这次没有被拒之门外,王尚勤不想让小文的生日缺少父亲。李敖给小文带了个大蛋糕和水果,还有一个日本洋娃娃。在不懂事的孩子面前,他们像什么事也没发生过,给小文以完整的父母之爱。

小文生日过后的第二个礼拜,王尚勤打算动身回美国。临行前,她给李敖挂了个电话,告诉他:"孩子由我母亲看顾,我要回美国去重新开始生活。"

从来滔滔不绝的李敖,在电话的那一头沉默了许久。最后他说:"为了避免大家难过,我决定不到飞机场送你了。"

在整理行李的时候,王尚勤带走了她留在家里的杂物。这一走,不知什么时候再回台湾了。她把李敖写给她的信包起来,放在行李箱的最底层。"我用力地将它压在下面,就像用力地想把这段爱情忘掉一般。"

王尚勤独自一人走了,到美国继续当她的留学生。她终于明白,李敖看得很准,即使没有小文,以她的专业,她也不可能回台湾的,她跟母亲说好了,一年后就来接女儿。

小文在国外,亲人只有妈妈,到了台湾,她有了外祖父、外祖母的呵护,任她调皮与嬉戏。小文也得到了爸爸的宠爱。李敖不时携礼物来探望。毕竟李敖是小文的父亲,王尚勤的家人对他是挺客气的。

女儿的天真活泼,带给李敖难以用语言形容的快乐。

在随后的一年里,转入密西西比大学攻读电脑博士学位的王尚勤,个人生活发生了变化。她在刻苦攻读的日子里,终于调整心态,完全接受了与李敖分手的现实,也接受了一个青年学者的苦苦追求,他也是台湾来的中国留学生,和王尚勤同样喜欢中国古典诗词。再次点燃的爱火,暂时缓解了王尚勤失恋的痛楚。

而在台北,李敖眼看着小文一天天长大。她汲取了父母的优点,长得眉清目秀,举手投足聪明伶俐,是家里的宝贝疙瘩,也是人见人爱的小丫头。

母女之间的牵挂,当然不是太平洋可以割断的。在美国的王尚勤写过一篇《迟来的幸福》,她对女儿喃喃自语:"终于在去年夏末,我把你送到了另外一个可以给你更多温暖和爱护的家……而我——一个该受谴责的人却像逃兵似的再离开你和年迈的双亲,离开你更使我惆怅和空虚,无数个黄昏和黑夜,我数着天空稀疏的星,计算着你离开我的日子,你的笑容你的小脸像梦幻似的在我脑中旋转。"

李敖知道王尚勤有约在先,会来接女儿去美国,这一接去,何时返台就难说了,原先李敖对此并无异议,而在听说王尚勤有了男友,可能在美国结婚的消息之后,李敖不能不为自己的爱女多加考虑了。其实,这其中也有为王尚勤考虑的成分,毕竟她是与另一个男人结婚,带去一个孩子,会有什么样的结果,不能不想在前面啊。

他希望女儿留在台湾,留在他的视野之内。

一九六八年五月,李敖约弟弟李放商量。他与小文父女情深,小文早已接受了他这个爸爸,他不想让小文这么小就到美国,尤其是在她不懂事的时候,就叫一个陌生的男人"爸爸",那会给她幼小的心灵带来自卑感的。

当务之急,是把小文从王尚勤父母身边接过来,断了王尚勤接女儿的念头,也给她再婚消除安置婚外孩子的难题。可是,小文在外公外婆家待了一年,朝夕相处已经难舍难分,老人家不管那么多,他们非常喜欢外孙女,倾注了全身心的关注,根本不容别人染指。王尚勤从美国来接小文,他们虽然舍不得,毕竟无话可说,那是尚勤,他们的女儿,小文的亲生母亲,至于李敖上门接人,肯定会吃"闭门羹"。

李敖与李放商量的结果是,只能"智取"。

这天,李敖打电话给王尚勤的母亲尚秀芳,说是买了一场最新上市的电影的电影票,请她带着小文看一部美国的情节片。李敖经常带着礼物来到王家,除了送给女儿的,总忘不了给老人家也带一份,李敖不是女婿,但是小文的父亲,尚秀芳对李

李敖与女儿李文

李文硕士毕业照

第十六章
从爱情到友情

敖没有戒备之心,况且她是个影迷,凡有新电影放映她都不肯错过,李敖投其所好,老人家自然很高兴,表示了谢意,带着小文跟李敖他们欣然前往。

电影散场了,尚秀芳抹着眼泪,还没有从情节的感染中缓过来。李放搀着她挤在人群中,和她谈着影片中的剧情,慢慢地走着。李敖抱起小文,快步走在前面。等尚秀芳走出电影院,只看到李敖抱着小文,登上了一辆出租车。

尚秀芳满脸惊愕,看着那辆出租车带着小文急驶而去,一会儿就消失在车流中了。她着急地站立街头,不知怎么才好。李放在旁边好言相劝:"小文已被接回她爸爸那里了。"他把尚秀芳扶上自己的小车,照料她安全返回了家。

小文弄丢了,尚秀芳伤心落泪,老伴王光临大怒,他以小文外公的名义打电话报警,请警方帮他找回小外孙女。警方不敢怠慢,当即派人前来调查。小孩子是被李敖"拐走"的,案情十分清楚。

李敖见警察如临大敌,心里暗暗发笑。他承认小孩子在他家,不过不是"拐走",而是"接回"。他说,你们知道我是孩子的什么人吗?拿着枪的警察一愣。他拿出了小文的出生证复印件和自己的身份证,让警察看看,出生证上的父亲与他是同一个人。警察这才明白,小孩子没有到别人家,是到了她爸爸的家。

小文在旁边开心地玩着玩具,似乎这一切与她并没有什么关系。原来报案的和"作案"的,都是小孩子的亲属。相比起来,爸爸跟女儿的血亲,自然比外公外婆要近得多,妈妈不在台湾,爸爸有监护权,警察也管不了。

警方的无奈,叫王尚勤父亲王光临更有气了,他亲自打电话给李敖,大骂道:"你是共产党!共产党!共产党!"李敖让他出出气,并不反驳。王光临平时气不顺,在大陆的堂堂专员,到台湾当个小学校长,大为不快,他还有当年的专员遗风,把"共产党"的帽子扣在李敖头上,在他来说这是最大的罪名了。

李敖后来说,要是王光临老先生还像在大陆那样有职有权,杀个人很容易,非把他当共产党枪毙了不可。

王光临在电话中大骂李敖,什么难听的话都说了,李敖并不动气。他知道外公外婆舍不得小文,事出有因。小文刚到台湾,不会讲话也不会大小便,是王尚勤母亲精心照看,给她以外祖母兼母亲的双份慈爱。当小文长成活泼可爱的小女孩,每当王光临疲惫地下班回到家,甜甜的一声"公公",就会让他满腹的牢骚烟消云散。晚饭后的夕阳里,挽着小文的手散步,也叫王光临脸上的皱纹舒展开来。

不过,李敖这样做不是冲动之举,他要给女儿更多的父爱,是为了小文的成长,为了她的将来,甚至是为了远在美国的尚勤。

王尚勤得知李敖抢走了小文,一开始挺恼火,李敖也太过分了吧。等她冷静下来,理智战胜了感情。毕竟李敖是小文的亲生父亲,而她的父母虽然很宝贝小文,但年高体弱,长期照顾确也力不从心,再想一想,她自己面临着结婚的考虑,小文如何安排确实让她为难,李敖解释的理由不能说没有道理。

小文的突然离去,让王尚勤的母亲尚秀芳难以接受,每天流泪不止。她在小文走后的第五天,写下了一篇文章《我与小文》,记述了她带小文的那些往事。王尚勤一直珍藏着这篇母亲的作品,把它收入了后来她的文集中,并在《后记》中注明:"小文在美国出生,出生后第三年,我把她带回台湾给我父母看顾。后来因为我要结婚,而接小文的事又一拖再拖,小文的父亲很不高兴,把小文接到他那里去。"

她跟李敖分手了,但对李敖这个人的认识并没有改变。李敖愿意抚养女儿,是他责任心的表现。以她对李敖的了解,放在李敖身边的小文,会得到最好的管教的。她决定顺从李敖的意愿,不到台湾接女儿了。

虽然李敖把小文从王尚勤父母那边"抢来"了,但他没有精力照顾小文,还是把小文交给了他母亲,不过他看女儿更方便了,和女儿贴得更近了。虽然管小文的老人,由外婆换成了奶奶,小文仍享受着全家人的疼爱。李敖的母亲张桂贞,是念过师范学校的旧知识分子,当身边的孩子都长大了,又来了天真乖巧的小文,张桂贞乐坏了,一点不让孙女受委屈,走到哪里带到哪里,把孙女当成了心肝宝贝。

后来,李敖被软禁,继而入狱,六年多的漫长岁月,靠着张桂贞在家里撑着。小文只知道妈妈在美国,身边还有爸爸。后来爸爸也不见了,不来看她了,她时常哭着要爸爸。张桂贞心里酸酸的,脸上总是笑着,给小孙女说笑话,领着小孙女上街玩,想着办法驱散罩在幼小心灵上的那一片片阴云。

她抚养着李敖的独生女小文,含辛茹苦,从没有说过一句抱怨的话,还曾带着小孙女到美国去看望过她妈妈王尚勤。

第十六章
从爱情到友情

一九八二年十一月三十日,王尚勤在出国十八年之后,写了一篇自传体小说《星星·太阳·我》。又过了十五年,她把这篇小说交给《联合文学》杂志,在台湾发表。她给编辑写信说:"里面的志昂就是李敖,写我整个与李敖从相识、出国、生女、结婚、离婚前的心路历程,这篇文章曾经登在纽约的《华侨日报》上。"

王尚勤坦陈她跟李敖的关系:"当年与李敖相恋,因为年轻,激情多于温情",而"小文出生带来的种种困扰,我与李敖之间,怨情多于爱情"。

小说写到她出国的前前后后,笔调是真实而坦诚的。"志昂也回了信,说我离开的那天,他哭了一晚。又说他一连好几个晚上都梦见我。我多么希望他还在信中写着:'我们既然如此两地相思,你就干脆回来吧!'他当然没有那么写。我早已在安排着自己的道路,回不回去在我,为什么一定要等志昂说出这句话?"

既是第一人称的自传体小说,无疑其中的心态属于王尚勤自己:"如果志昂(李敖)的爱情像晚上的星星,维仁(王尚勤的丈夫)的爱情就是白天的太阳。志昂细致、柔和的爱情,让人迷惑,让人捉摸不定。在那时的心情下,我需要一种稳定的、朴实的爱情,维仁正是这样的,正是我要找寻的避风港。"

王尚勤的丈夫文乃建是建筑师,"当他骄傲地拿着他完成的工程蓝图给我看时,我不会欣赏,甚至也说不出称赞的话。"他们共同生活十八年,一九八四年分手,两人有两个英俊高大的儿子,都在美国念完了大学。而在一九八二年王尚勤写的《星星·太阳·我》里,已经预示了他们必将离散的前景。

一九九七年十月,台湾《联合文学》发表了王长安的文章《李敖与王尚勤的感情世界》,王长安是王尚勤的弟弟。王尚勤父母已过世,王长安是"李敖、王尚勤交往中惟一的见证者"。他说:"在台湾历史巨大转折中,李敖与王尚勤从相遇、相知、相恋到生女、各自成家立业,两人相处的岁月不只是一对儿女私情的点滴情事,而是在时代的巨变中两位喜好文学的知识分子,如何在面对传统价值、道德规范、新旧思想的冲击下,坚毅而执着地以相互的感情作支柱,度过了最珍贵的青春岁月。"

王长安也见证了王尚勤在美国的婚姻生活。当时他在美国留学,每年的暑假,都会从中西部坐长途巴士到纽约,暂住王尚勤家,以方便打工。他发现姐姐和姐夫之间时常会有摩擦。留学生家庭固然会有生活的压力、异乡的郁闷，但最伤感情的，还是李敖，他似乎是两人争吵的焦点。吵嘴时，文先生说出气话："你心中只有李敖一个人！"他看到妻子对在美国读书的小文无限关心，两人的隔阂就愈来愈大，终于，王尚勤所期待的美满婚姻又面临了破裂的命运。

她当然忘不了李敖，她与李敖缘分已尽，友情长存。在李敖的日记中，记载着他与王尚勤的联系，时常提到"尚勤来电"。一九八五年三月十六日，李敖记着："尚勤寄来美国《台湾与世界》发表李敖《岛内焚书》广告，零售每本美金六元。"

王尚勤以亲身感受写出《海外的中国人》一书，于一九八五年四月在北京出版，她寄了给李敖看，李敖回信说："书中有几篇，写得尤其好、动人。其中一个原因是，许多感受是你在人生的道路上计程而来的，这种作品就变得真实、有特色，不无病呻吟。而无病呻吟，却是海内外中国作家们的大病，令人非常讨厌。"

这封信落款是一九八六年九月二十八日。李敖对王尚勤是理解的："从你的书里，看到你人生的道路真是'一段漫长、漫长的道路'，走了二十多年，其实没有终点。没有终点，不一定就是不成功。人生每一段路仿佛都有终点，但在终点尽处，却是另一条路的起点。陆游诗中'山重水复疑无路'，可说是路上的人的一种普遍心境，但随着'柳暗花明又一村'，却又带给人绝处逢生的乐观。一村又一村走完，除非继续走下去，成功之感，会非常短暂，并且成功之感，往往只是庆幸自己终于走完了一段错路而已——这就是人生，永远走不完的路，而终点就是起点。"

一九九五年三月，王尚勤在美国纽约的寓所整理她的文稿，打算汇集成书。明媚的阳光透过落地窗，洒满她的房间，她的心变得平和而安宁。也许，在出国留学生中，像她这样在联合国总部拥有职位，该是个成功者了。她又是令人羡慕的母亲，三个孩子都已经大学毕业，而她的感情，依然有着属于自己的缺憾。

出国的梦已圆，爱情的梦却碎了。王尚勤把李敖给他的信，与母亲的信放在一起，收入她文集的"附录"之中，起名"给尚勤的情书"。岁月已逝，青春如梦。她写了一首诗《曾经》："曾经有过梦／曾经有过情／梦中有情／情中有梦／剪不断、理还乱／／曾经发过誓／曾经许过愿／愿梦已醒／愿情已断／愿大海的水／再也不起浪……"

一九九七年三月，李敖在六十二岁之时，完成了《李敖回忆录》一书。他如实地

第十六章
从爱情到友情

写到他与王尚勤的恋情,并没有用化名,而是用了她的真名。同年十月,王尚勤把自传体小说《星星·太阳·我》寄到台湾发表,她说:"但我很感谢我弟弟王长安愿意出来写,尤其是在李敖当前是台湾'媒体宠儿'时,写那篇文章似乎有点'不识时务'。但李敖是学历史的人,那篇文章应该是历史的见证。"

王尚勤与李敖有一点是相通的,就是做人很真,她以"初恋的男人"来形容李敖,从不否认。"在离开台湾三十三年后的今天,我重读《李敖回忆录》重读《李敖与王尚勤的感情世界》,就好像在读历史,没有太多感觉——也许时间会让人麻木,也许时间能让人原谅。对我来说:我希望时间永不再倒流。"

第十七章 "求人不如求己"

李敖给胡适的私人信件,被一个年长李敖三十二岁的"胡适友人"作为"罪证"抛出,在台湾文化圈引起强烈震荡。如此"卖友求荣",真正的文化人是不齿的:"难道胡适把这信给你看,是叫你告密的?"有人以其人之道还治其人之身,揶揄告密者,"信在你手中一年后,你才告密,证明你就是'叛逆分子'!"

然而,痛恨李敖的徐高阮拿到这封信如获至宝,仿佛抓到了整治李敖的把柄。在警总"约谈"之后,明明查不到什么疑点,当局仍然在一九六七年初开始了行动。台湾"司法行政部"部长亲自下令,由"高等法院"首席检察官发交侦办李敖。四月八日,以"妨害公务"的罪名,李敖被提起公诉。李敖清楚,李敖是否有罪并不重要,重要的是当局找到了"秋后算账"的借口,欲将李敖置于死地而后快。

李敖这封信被公开批判后,有政治背景的《中华》杂志全文刊登,被港台的许多报刊纷纷转载。李敖暗自发笑:"当然是《中华》杂志创办以来,最好销、最好看的一篇文章。"李敖写这封信直书胸臆,要是他自己发表,肯定会被当局封杀。不料却由他的对手替他广为散发,从岛内传到了岛外。"我真的很感谢这些要把我送到警备总部的'文化人',因为只有他们这样为我捧场,这封信才得以公之于世,不被查禁。"

李敖的信害得老师严侨又被"警总"请去,足足关了三十天。这当然是李敖没想到,也不愿意看到的。既然发生了,李敖又发现了"不幸之中的幸事",那就是平时烟瘾很大的严侨,以前很多人劝戒,他都不理睬。被关进牢里没烟抽,他居然戒了三十天的烟。李敖笑道:"可见烟是可以戒的,谁说坐牢没有好处?"

李敖驾驶着他的小汽车,陪同一位美国朋友外出,在街上跟一辆出租车撞了,原

第十七章
"求人不如求己"

因是他在开快车,人家也开快车。车撞坏了,李敖的左胳膊和头部受了轻伤,美国朋友梅心怡的膝部擦破了皮。大难不死,李敖镇定自若,谈笑风生,吓坏了的梅心怡忙端起照相机,咔嚓咔嚓拍了几张照片,他说拍的是"劫后余生"的李敖,可以让人家看看"文化太保"处变不惊,脸上流血还在笑。

这时,一个警官跑过来处理事故,他要过双方的身份证,看到上面写着李敖的名字,就大叫道:"嚄,你就是李敖!我们有拘票,正要抓你,快跟我来!"李敖不慌不忙地说:"跟你去可以,不过你们要抓我,却等到我撞车时候才找到我,未免太迟了吧?"

那个警察把李敖等人带到警局,叫他们坐在外面等候,自己进去向长官邀功了,不料马屁拍到了马腿上,招来了一顿骂。他慌忙从里屋跑出来,向李敖道歉:"对不起,弄错了,弄错了。"弄得李敖不知道怎么回事。

过后李敖才弄清楚,原来李敖被提起公诉时,检察官把传票发到文星书店去,李敖已经辞职了,他们传李敖传不到,以为李敖故意抗传,警方通知见人就拘。这个想邀功的警官只知其一,不知其二,那份通知已是老黄历了。李敖人没跑,家没搬,检察官早就找到了他,他也不怕上法庭,官司都打了好几个回合了。李敖心中有数,不多解释,开心地看着警察"表功"碰了壁。

此时的李敖,经济状态急转直下。先是国民党当局动用军警,查封李敖的书,断了他拿版税的路,他当然不肯认输,想方设法继续印刷。当局用了最损的一着,不光是在书店查封他的书,而且跑到印刷厂封他开印的书。李敖的书还是半成品,就被抢走了,可是印刷费和纸张费还得照付,自然就大亏了。

李敖以一己之力,对付当权者,国民党文宣部门知道,跟李敖来文的不行,只能来武的,他们想出了到装订厂抢书的主意。李敖说:"这个断子孙的坏主意,就是用来对付我的。所以现在我知道要用半条死猪喂他们,而不是跟他们用力抢。"他比喻,印书者与抢书者之间,场面无异于"人狼大战"。李敖称他们是"职业抢书家",称自己是"职业被抢家",对付这群"狼"不能硬拼,只能智取。

李敖委托弟弟李放在印刷厂"全权负责",他叮嘱李放很多次,跟抢书的军警斗智,得动脑筋,印出来的书不要全部在装订厂集中,这样,他们到现场抢书,顶多只能抢到一千本,分散在其他地方的书稿,还可以继续装订。

查扣最惨的一次,是《千秋评论》第二十七期,李放没听哥哥的话,结果惹了祸。那天正好是周六下午,天气很好,李放眼看第一批书已经安全"出笼",没有被抢,警惕性放松了。他就跟工人说,下午赶快一起装订,完了大家好出去玩。于是,李放做主,运进了一万本书稿,以为可以像前面那样装订安然无恙。

李敖说,"该死的李放出完了馊主意,竟然还跑回去大便,结果当天下午一万本书被抢得干干净净。我当然大发脾气。我骂李放,强盗抢你东西,至少你要跟他打个照面吧!强盗要见你,得从万华跑到大安区你家厕所来才成,这叫什么话!哪里不能大便?还非得跑回来大便?人家肥水不落外人田,你却水肥不落外人田!"

李敖的书被抢,连他写的《告别文坛十书》,也被命令撕去当局不满的几页。他在房地产上挣的钱,贴进去不少。他还要赡养母亲,抚育女儿,手头很紧张了。他如果"识相",说些违心的话,日子会很好过,还有人把津贴送上门,但他有他的原则,人格绝不出卖,宁可就此搁笔,也不当"御用文人"。

李敖是压不垮的,虽然前途艰辛,但他没有怨天尤人。不让卖文为生,他想到了卖牛肉面。他给余光中的信中写道:"'下海'卖牛肉面,对'思想高阶层'诸公而言,或是骇俗之举,但对我这种纵观古今兴亡者而言,简直普通又普通。自古以来,不为丑恶现状所容的文化人知识人,抱关、击柝、贩牛、屠狗、卖浆、引车,乃至磨镜片、摆书摊者,多如杨贵妃的体毛。今日李敖亦入杨贵妃裤中,岂足怪哉,岂足怪哉!"

李敖还说:"我在旧书摊上买到一本宣纸的小折页册,正好可做签名之用。我盼你能在这本小册的前面,写它一两页,题目无非'知识人赞助李敖卖牛肉面启'之类,然后由我找一些为数不多我佩服的或至少不算讨厌的人士纷纷签它一名,最后挂于牛肉面锅之上,聊示'招徕'。"

余光中真的写来了赞助函:"近日读报,知道李敖先生有意告别文坛,改行卖牛肉面。果然如此,倒不失为文坛佳话。今之司马相如,不去唐人街洗盘子,却愿留在台湾摆牛肉摊,逆流而泳,分外可喜。惟李敖先生为了卖牛肉面而告别文坛,仍是一件憾事。李先生才气横溢,笔锋常带情感而咄咄逼人,竟而才未尽而笔欲停。我们赞助他卖牛肉面,但同时又不赞助他卖牛肉面。赞助,是因为他收笔市隐之后,潜心

第十七章
"求人不如求己"

思索,来日解牛之刀,更合桑林之舞;不赞助是因为我们相信以他之才,即使操用牛刀,效司马与文君之当垆,也恐怕该是一时的现象。是为赞助。"

那段时间,李敖与熟人通信,离不开的主题,就是探讨暂别文坛,如何去卖牛肉面。在给一位朋友的信中,李敖说:"你要我打消卖面念头,'继续煮字下去',你可知道当今之世,'字'岂易'煮'哉?煮好了面,别人不吃,老夫自己吃,吃它个浑身牛皮味;可是煮好了字,能够达到'画饼充饥'的奇效吗?你只知道我五年来写文章,'让大家解解闷';你可知道我五年来没有一个正式职业,而最后负债满身吗?"

给另一位朋友写信,困顿中的李敖述说了他的"牛肉面大计",仍不忘轻松地调侃:"你提议搭股卖牛肉面,欢迎欢迎。不久我一定把认股书送上。(每股拾元,你认多少股?)可是你信末又祝(咒?)我'牛肉面摊未开张即垮台',为了你要我'千万不要改行',可见你多爱我!你宁愿你的股票倒掉,也不愿我'告别文坛',我真应该狠一下心,跑到衙门,检举你'教唆罪'!"

李敖卖面的动议,终究只是理论研究,没有亲自实践,而是交给朋友去尝试了。李敖找到了另一种活法。他和其他人合作,化名"OK李",在英文报纸上登广告,收购旧电器,主要来源是那些调动的美国顾问团成员,还有些外国友人,他们在台湾住了几年,临走时要处理家用电器,就会找李敖。

当时台湾不能制造家用电器,这些外国人留下的二手货成色不错,使用时间也不长,很受台北人的欢迎。李敖整天倒卖旧电器,靠的是头脑和体力,他不觉得有什么掉价,忙得一股子劲。在他的观念中,要想保持着作家的独立性,就得有经济实力,自立于社会,不靠出卖人格来挣钱。

有一次,电影导演李翰祥向李敖订购了一台半新的冷气冰箱。李翰祥是李敖常来常往的朋友,他也给李敖这个老板挣钱的机会。

在往李翰祥家搬运这台冷气冰箱时,李敖像平时发货那样,亲自前往李家门前督战,有时还帮一把,以免磕磕碰碰。李太太看到李敖在忙碌,大惊失色,她好奇地问:"怎么大作家做起苦力来了?"李敖微微一笑说:"大作家被下放了,正在劳动改造啊!"

李敖与李翰祥相识之时,李翰祥执导的电影《梁山伯与祝英台》正在台湾走红,几乎无人不识梁山伯。李敖对于粉饰太平的作品向来反感,当着李翰祥的面,别人都说好听的话,只有李敖如实道:我从没看过这种"国片"。居然有人承认他没看过风靡全岛的《梁祝》,李翰祥很是意外。

等李翰祥与李敖彼此非常熟悉了,他才开玩笑地说:"李敖你这种朋友怎么能交!你不看朋友拍的电影!"李敖反唇相讥:"现在你知道如何维持友谊了吧,最好你也别看我的书!"

后来,李翰祥请李敖给明星班讲课,并请他吃饭。当李翰祥筹备拍摄唐伯虎的电影时,听说古代有一出戏本叫《唐伯虎千金花舫缘》,就是找不到这个剧本。打电话给李敖,问李敖知不知道哪本书里收有这个剧本。李敖马上回答说,知道啊,这剧本收在董康辑的《盛明杂剧》里。

真是个难不倒的李敖。李翰祥对李敖的学问渊博大为叹服。他问李敖,哪里有《盛明杂剧》这本书呢？李敖说:"《盛明杂剧》是武进董氏诵芬室刊本,台湾很难找,我试试看吧。"

李敖打了个埋伏,他知道这部古书在某一个研究所的资料室就有,特意"按下不表"。次日,着急的李翰祥又来问,李敖就告诉他,《唐伯虎千金花舫缘》能找到,影印本要一百美金。

李翰祥说,不就只有几页纸吗,太贵了吧？李敖振振有词:"翰祥啊,知识很值钱啊！你拿这知识,可以编剧本卖大钱;别人提供知识,怎可以卖小钱啊？"

一番话,说得李翰祥直点头,就痛快地付了一百美金。

李敖说,这也叫"靠学问谋生"。

由笔底生风的大作家,到贩卖电器的小老板,兼卖些古典书籍,李敖的脸上成天挂着笑,没有落魄文人的愁容。遇上需要施以援手的事情,李敖仍然侠肝义胆,毫不犹豫地尽己所能。

台湾大学历史教授殷海光,是李敖所敬重的一位老师。前面说过,李敖在台大时,就把胡适与殷海光相提并论,称之为真正的蛟龙似的人物。分别多年,读过《老年人和棒子》的殷海光,在台大文学院碰到了李敖,叫住他说:"你在《老年人和棒子》

第十七章
"求人不如求己"

里,提到的江亢虎是谁啊?"李敖告诉了他。姚从吾教授走过,殷海光指着李敖说:"此一代奇才也!"姚从吾笑答:"你们两个都是奇才!"

小聊一番,难以尽兴,殷海光约李敖到他家去谈,李敖随手把他给胡适信的副本,也给了殷海光。次日李敖如约来到殷家。殷海光说,你给胡适的信感动了我,你信中提到的严侨,是中国伟大知识分子的代表,中国有千千万万的严侨,在政治旋涡中牺牲了……说着,他激动起来,突然痛哭失声。李敖非常感动。都说殷海光脾气怪异,李敖与他谈话却很是投机,他还要到李敖住处造访。

殷海光与李敖成了忘年之交。他来看李敖,教李敖煮咖啡。李敖没钱,买不起咖啡壶,只能提供烧开水的铝壶,他抱怨说,这样的壶有油脂,煮咖啡不好喝。李敖惊讶他喝咖啡的讲究,也许这是教授的嗜好吧。

殷海光碰到李敖,是怪人碰上了怪人。他跟一个人接触之初,态度不友善,也不爱讲话,等到"磨合"顺了,他才会高谈阔论不止,这时看他谈笑风生,与别人没有什么不同。但是下次再见面,他居然又是老脾气,死样怪气,重新开始,不了解他的人很容易就会被他气走。可是殷海光跟李敖,倒是"毛病从简",李敖之怪跟老师比不逊色:"大概他怕我以其人之术,还治其人之身。"

在《自由中国》上发表文章,殷海光得罪了官方,被剥夺了讲学和演讲的自由。他最困难的时候,是李敖帮他一把。从一九六四年到一九六六年间,文星书店出了殷海光的四本书:《思想与方法》《到奴役之路》《海耶克和他的思想》和《中国文化的展望》——别家书店不敢请的作者,别家书店不敢出的丛书。这都是李敖运筹的。

李敖看中殷海光的思想锋芒,这是出书的理由,也是出书的难处。李敖已经是个当局注目的人物,再把殷海光拉进来,"文星"老板萧孟能的犹豫是可以想象的。赚不到什么钱,还可能惹麻烦,李敖从中斡旋,说动了萧孟能。老板要考虑成本核算,稿酬不肯出高,李敖认为眼下出书要紧,劝殷海光把书放在第一位,其他都可以让步,不能因小失大。

殷海光收入有限,殷太太在家帮人做裁缝,他定的价格,钱多的人高些,钱少的人低些,李敖笑他不通人情世故,书生气太重。他要给殷海光面子,又不能逼萧孟能,只得另想办法。在出版《中国文化的展望》一书时,李敖在萧孟能肯出的稿费数目之上,暗中贴上自己的钱,凑成了较高标准的稿费。他做这样的事,没有告诉殷海光和萧孟能。

一九六七年四月的一天,李敖碰到了殷海光,简单交谈了几句,李敖就发觉殷海光的脸色灰暗,失去了往日的光泽。分手后,李敖不放心,去找殷海光身边的学生问,才知道殷海光有胃病。李敖问医生是怎么诊断的,人家说没找医生。李敖奇怪,有病怎么不找医生。原来殷海光认为没病,不肯上医院,周围的人都很无奈:"除非,你敖哥逼他。"

四月十四日深夜,李敖写了一封信"逼"殷海光:"没想到你竟对你的身体这样不科学!"李敖告诉他,已经替他联系了一家贵族医院,为他做门诊检查,他务必得去。怕殷海光有顾虑,特地说:"你治胃病的一切费用,由我承担。我最近为香港一家出版社帮忙,有一笔小收入,所以我愿意'请客',以我们的关系和你对我的了解,你自然不可推辞。"

四月二十日,李敖陪殷海光来到医院,找台湾有名的胃科大夫李承泌就诊。李大夫说:"我佩服殷先生,也佩服你李先生,李先生郑重托我,我自然尽力。"李大夫为殷海光检查时有说有笑,缓解了诊疗室的气氛。他和李敖先后借故走开,在室外的走廊上,李大夫沉重地说:"百分之百的胃癌!百分之百的胃癌!怎么拖到现在才来看医生?"

李大夫告诉李敖:"这次殷先生不来看病的话,再过几个月就没救了。"李敖问他现在怎么办,李大夫说赶快住院开刀。李敖到住院处办理住院手续,院方规定要交三千元保证金。李敖拿不出来,跟会计小姐商量了好一会儿,小姐才答应破例,让李敖先开一张空白支票抵押,再去取现金换回。

李敖替殷海光办妥住院手续,把殷海光送进了病房。当他去看望殷海光时,殷海光已有预感,他说自己死了以后火葬,骨灰撒进太平洋,在花莲附近朝东方的海岸立一块小碑,上书:"自由思想家殷海光之墓"。

然而,这只是殷海光的猜想,并没有得到证实。李敖宽慰他,要他配合医生,仍然没有把真正的结果告诉殷海光和他太太,他的苦恼只能写信给友人:"殷先生在目前处境下,治病也好,送死也罢,我是最后的人。"

第十七章
"求人不如求己"

这天,李敖让同来的文友在外面等候,他跟殷海光单独交谈。他不再隐瞒,以轻松的口吻说出了实情:"斯人也,不可有斯疾也!你这位忧郁哲学家啊!竟得了胃癌。罗素要听说你得了这种不哲学的病,他会笑死了。现在决定开刀抢救,你应该准备在开刀以后,好好把你要说的话,都说出来,我相信那是一部有价值的书。"

李敖的情绪感染着殷海光,他的脸上是平静的。李敖实言相告:"你有生命危险,来日无多,我本来不该告诉你,但我一想,你看了这么多书,若连生死都看不破,那书也白看了。所以我决定告诉你,使你有所准备,免得做错了安排,浪费了时间。"

殷海光感谢李敖所做的一切,这是一种强者对强者的对话,他能挺得住。李敖离开病房,叫外面的友人进去陪他。那位友人见到病榻上的殷海光,却不再是坚强的学问家,而是一个泪流满面的老者。殷海光不愿在李敖面前软弱,李敖一走,死亡之神就在他身边徘徊,他感到了人生短暂的痛楚。

李敖给殷海光写信说,他有"一笔小收入",足以帮助老师,其实这是李敖的"善良骗局"。他在经济困窘的情况下"装阔",是出于对殷海光肝胆相照的一片赤诚。当时比他有钱的"殷门弟子"颇多,有的还受过殷海光的恩惠,在殷海光最需要关爱的时候,其他人都不吭声,只有李敖慷慨解囊。

在医院安顿了殷海光,李敖找到一家出版社的朋友,这家出版社创业初求李敖帮助,李敖曾帮他们编过畅销书,还同意编者挂了别人的名字,以免找麻烦,让出版社发了财。没想到那位朋友一口回绝,李敖气愤地说:"我不愿跟你们计较,可是这一次,为了老殷,我不会原谅你们了!"

李敖找其他人借钱,又碰了壁,最后是一个友人帮他解了围。李敖感叹世道炎凉:"为了对殷海光热情,我自己遭遇了多少人间冷暖;为了救殷海光性命,我看了多少伪君子和伪殷门弟子的丑恶面相。"

李敖对得起殷海光,无愧于学生的称号。是他把殷海光送入医院,使其生命得以延长两年之久。殷海光去世后,殷太太给别人写信说:"李敖救了殷老师一命。"医院的费用是李敖付的,有人说:"因为当时殷先生的学生中只有李敖有钱,"李敖听了这话,不知是从何谈起——李敖当时正是举步维艰,"殷门弟子"都比李敖有钱,他们没有"慷慨解囊",缺的是李敖这样的真诚。

李敖在救人时需要钱而没有钱,可见"求人不如求己"。他后来理财有方,生财有道,以至于被人说成"贪财"。

但李敖有他的原则:"有人认为我现在贪财,这大概是受了大众传播媒体有意丑化我的影响。问题是什么叫贪财,贪财的定义由谁来定?如果我贪财的话,请问为什么只要我挂个名,'国立政治大学'要送我副教授的待遇,我拒绝了?为什么朋友危难时,我会毫不犹疑地解囊相助?"

不过,李敖挣的都是干净钱:"我曾经很坦白地表示过我重视金钱的力量,因为金钱可以保护我的自由,可以使我有抗衡的力量,可以使我能不为五斗米而折腰。当我在文坛上被封杀时,我还是想法子、干苦力来谋生,我并没有偷鸡摸狗。如果说我贪财,那么请证明我金钱的来源有问题!"

第十八章　软禁时，情人相伴

　　就在李敖"倒霉"的时候，一个长得很像王尚勤的清纯姑娘小蕾，从高雄考入台北的一所商校，与李敖不期而遇。

　　李敖在王尚勤离去后，与一位H小姐（海蒂）有过短期交往。那是个美丽而多情的女子，寂寞使他们走到了一起，他们知道也不准备"天长地久"，这段恋情很快就结束了。H小姐的男友在美国留学，她结婚赴美作了"陪读夫人"。李敖对于爱情已经不抱什么希望，独自品尝人生的苦酒，大概是他的宿命吧。

　　一九六七年九月二十六日，一个神奇的日子。蒙蒙细雨刚停，李敖开着他的车外出，路上碰到小蕾和几个同伴在等车，她们拎着行李，不知所措地前后张望。其中长发飘逸、身着白色裙服的，就是小蕾。李敖看到她，就觉得似曾相识，于是他停车摇下车窗，问她们到哪里，要不要送一送。原来她们是考到台北来的学生，下了长途车还不知道怎么走呢，有人愿意送她们，自然求之不得。

　　仿佛是天意，李敖的经过不早不晚。如果早了，小蕾她们还没有到这个路口；如果晚了，小蕾她们可能会换个路口等。而且幸亏小蕾她们初到台北，很乐意地挤上了李敖的车，被李敖送往学校。李敖的"凯莉"牌小车是二手货，档次跟出租车差不多，只有她们不嫌弃，坐得挺开心。

　　李敖就这样认识了小蕾。

　　小蕾是李敖的忠实读者，也是个崇拜者。早在高中期间，她就喜欢找李敖的文章来读，对李敖的所有作品都耳熟能详，这在同龄女孩中是少有的，叫李敖感动不已。她的天真无邪，她的善解人意，让李敖萌生了好感。

小蕾的出现,使李敖的感情世界柳暗花明。和小蕾交往,李敖是放松的,不用遮遮盖盖,也不用防备什么。小蕾透过"偶像"的外表,看到了李敖真实的一面,原来李敖不光可敬,而且可亲,是个令人非常愉快的人。小蕾爱上了李敖,用她的温情支撑起一把伞,为李敖安放疲惫的灵魂。

小蕾的家不在台北,李敖心甘情愿当她的"车夫",接送她上下课是常事。他们有了空,或者走山道、逛海滨,或者看电影、打保龄球,玩得很开心。李敖和小蕾在一起,就会忘却尘世间的一切,重新回到了年轻岁月。他知道,这是爱情的魅力。有了爱,暗淡的生活就有了光明。

正在香港和台湾走红的导演李翰祥,跟李敖一样老家在东北,且都在北平生活多年,两人意气相投,很谈得来。他听说,李敖新交的女朋友是个漂亮姑娘,就对李敖说,能不能让我见一见?

李敖开玩笑说,怎么,大导演对别人的小情人也好奇吗?

李翰祥说,你误会了,说不定你的小蕾可以当电影明星呢。

李翰祥在台湾注册了"国联"影业公司,他执导的古装新片《缇萦》开拍在即,女主角的人选还没有敲定,他看了许多想争这个角色的姑娘,都不满意,他心目中的缇萦应该是个清纯的少女。

又快到小蕾下课的时间了,李敖开车到学校门口去接小蕾。李翰祥坐在李敖的车上,跟李敖说好,把车停在校门口对面街上,等下课的学生走出来,不要告诉他哪个是小蕾,让他自己在人群中找出来。他相信,李敖能够看中的女子,肯定有她独特的地方。

下课铃响之后,衣着鲜亮的女学生三三两两走出校门,她们说说笑笑,青春活力扑面而来。李敖遵从约定,没有任何提示,但李翰祥眼睛一亮,在一群女孩子中,他看到了一个与众不同的白裙少女,她的容貌和身材都带着一种神韵,有着言语无法表达的清新之美。他看准的这个人,正是小蕾。选演员,他是很自信的,小蕾的天生丽质,最接近他苦苦寻找的主角形象。

李敖把李翰祥介绍给小蕾,小蕾很有礼貌地向李翰祥点点头,她当然知道,李翰

第十八章
软禁时，情人相伴

祥可是大名鼎鼎的导演。可是这时，她只是把他看成李敖的朋友，并没有表现出格外的兴奋。

兴奋的是李翰祥。他问小蕾："你愿意拍电影吗？我的下一部电影是一部古装戏，我可以让你来演女主角！"

一部电影就可能彻底改变一个人的命运，这是一个一般人求之不得的机遇。在"选角"的路上，李翰祥被追着捧着，许多女孩子找门路、托关系，就想要这个机遇。他以为，小蕾也会欣喜若狂的。

"多谢了！"小蕾说，"做演员当然好，可是对于我，并不适合啊！"

李翰祥以为她是怕古装戏，就说："如果你不愿意拍古装戏，我下一次拍琼瑶的爱情戏，可以让你来演。"

小蕾抿嘴一笑，白皙的脸上浮起羞赧的红云："对不起，我没有做演员的兴趣。"

李翰祥怀疑自己耳朵听错了。他走南闯北，佳片迭出，见识过太多渴望上银幕的女孩子，托关系、找门路，都想抢这个女主角。他还真没碰到过像小蕾这样不为所动的。

李敖生怕小蕾意气用事，回绝得太轻率，便把李翰祥的分量如实强调了一下。李敖告诉她，能被这个导演选中，不亚于中了头彩，李翰祥拍电影有一套，电影红了，演员跟着走红，说不定你就是未来的大明星呢！

从感情上说，李敖舍不得小蕾离开自己，踏上银屏之路意味着什么，李敖比小蕾更清楚，但李敖是个堂堂男儿，他得为小蕾的前程着想。他当然知道，他既无权势，也没有金钱，甚至连发表文章的自由也被剥夺了，恐怕很难给小蕾更多的扶助。他希望小蕾过得更好，假如她真有演员潜质，埋没了岂不可惜？

小蕾摇摇头："我想做一个普通的人，不想当明星。真的。"

李敖心头一热。小蕾在巨大的诱惑面前，竟然如此心静如水。她的纯真之美，比李敖所能体会到的，还要深得多。

李敖被感动了。小蕾自有她的人生标准，别人觉得能够带来好运的，如可以当明星的机遇，她不屑一顾。而别人认为不走运的，如李敖这个人，她当做无价之宝，紧紧握着李敖的手，她就心里踏实，粗茶淡饭也香甜无比。

李敖的处境在一九六八年更为恶化了。

二月二十九日,是小蕾的二十岁生日。李敖与小蕾吃过晚宴,点燃并吹灭了蛋糕上的二十支蜡烛,营造出一个温馨的"两人世界"。这时,李敖突然接到柏杨打来的电话,语气神秘而急迫,无论如何请李敖去他家一趟。柏杨原名郭衣洞,台湾作家,李敖与他相识于一九六五年,叫他柏老,偶有来往,并无深交。

十点多钟,李敖赶到了柏杨家。柏杨请李敖到书房坐下,太太不在,他神色紧张不安,反复地问李敖,被治安部门"约谈"会是什么样子。李敖对"约谈"毫不陌生,可以从容对答,只是觉得柏杨问得奇怪。

柏杨没透露其他,他们谈到十二点,李敖起身告辞,忽然听到楼外有汽车声,接着门开了,进来的是柏杨太太倪明华,她脚步踉跄,大哭大叫:"他们审我一连十五个小时啊!他们连我上厕所都要跟着看啊……"

原来柏杨遇上了麻烦。一九六七年五月,他的太太倪明华应《中华日报》之聘,主编《中华日报》家庭版。其中刊有《大力水手》(Popeye)卡通画。倪明华事情太多,忙不过来,就叫柏杨代她处理些编务。在一九六七年十月六日到十三日刊出的卡通中,柏杨选登的译文,被调查局认定有"侮辱元首"之嫌。于是,这天倪明华被"约谈",去了一连十多个小时,还没一点消息,柏杨着急了,想到李敖也被"约谈"过,电话请他来家,打听些"约谈"的内情。

李敖这才知道实情。柏杨安慰了半天,倪明华情绪稍显平静。柏杨说完"大力水手"事件的经过,问李敖有什么看法。李敖说,看来国民党来意不善,你要有心理准备,柏杨点点头。李敖回到家,已经过了夜里两点。不出李敖所料,次日柏杨也被请去"约谈",时间长达二十七个小时。

三月二日中午,柏杨被放出,下午就找李敖商议。李敖日记上载:"早为柏老办事(向调查局抗议等),午始放出。下午见一面。"见面时,柏杨问李敖怎么办,李敖说:"他们这次放你,只是观察你被放后一时反应或跟什么人联络,我看事情还没过去,你要交代的,就先妥为交代吧!"柏杨觉得有理,决定采纳。

四日,柏杨被正式逮捕。他留给倪明华的长信,逐条交代了"身后事",倪明华拿

第十八章

软禁时,情人相伴

来找李敖咨询,李敖给了些建议。柏杨信中说,"外务找祖光、李敖",售出版社"请左焕文、李敖介绍","书则赠李敖","但盼告寒爵、申虹、紫忱、李敖,俟有机会,为文"。前两点的杂务,李敖托友人屠申虹料理了。柏杨藏书,李敖没有要,他对倪明华说:"这些藏书是柏老的心血,请给他完整保存,等他回来享用。我是不敢收的。"至于柏杨提出的最后一点,李敖最关心,想办法帮他。

但是,李敖当时也被封锁了,在岛内发表文章不行,他尽量把有关案情的文件传到海外去,尤其是柏杨的答辩书。李敖告诉过柏杨,一旦入狱,传出手写的文字是难上加难的,但是若以答辩状等法律文书出现,因为要给律师参,也为诉讼所必需,可能会放行。柏杨入了狱,李敖请倪明华再把这个暗示传给柏杨,果然柏杨在牢中无事,就奋笔为文,把他的冤情写成答辩书,陆续传出来了。

尽管李敖明白他自己就是军警的眼中钉,仍然不顾个人安危,和朋友商议如何营救柏杨。李敖通过美国朋友,把柏杨被捕的消息,连同柏杨写的答辩书,悄悄传到了海外。《纽约时报》登出了文章《国民党逮捕作家柏杨的真相》,众多报刊转载,一时间,台湾"柏杨冤案"成为海外媒体的热点。

柏杨的事没能封锁在岛内,让当局十分恼火,为柏杨抱打不平的李敖再次列入便衣警察盯梢的目标。只要李敖的车一开出,就有其他车紧紧跟着。小蕾没见过这样的阵势,在倒车镜里看到不明身份的车,你走它走,你停它停,不免有些惊慌。李敖沉着地开着车,笑嘻嘻地说:我李敖外出也有保镖了,我的待遇不低啊。

李敖的"福祸观",就是绝对看得开。"当祸本身一至的时候,凡夫俗子本身就配上另一至,另一至就是苦恼自己。"李敖不慌不忙,或者开快车,在高速公路上疾驶,或者跑长途,一气跑出几百里,跟便衣警察"捉迷藏"。

待柏杨案审结,当局给柏杨判了十二年徒刑。警方对李敖的盯梢没有任何收获,似乎给李敖罗织罪名得不偿失,于是"草草收兵"。

柏杨落难,平时的熟人躲之不及。他的太太倪明华还是在校的大学生,在中国广播公司任职。柏杨被捕后的次日,还没被起诉,她的上司,这位平时自称柏杨四十年老友的人,就变了脸,强迫她辞职。走出单位,她很快发现这样的老友不是一个,而是许多个。跟柏杨有交情的几十年老友,都一个个躲之不及。

像李敖这样的"柏杨新友",不仅不躲,还肯伸出援手,实在太少了。柏杨出狱后,托友人传话给李敖,希望把李敖藏书中的柏杨著作借给他,可是李敖的藏书,在李敖自己坐牢时,经治安机关的洗劫,包括柏杨作品在内的书都散失不全了。李敖据实转告,表示歉意。后来李敖结婚,胡茵梦提议请柏杨吃饭,李敖同意了。不料她的电话打过去,柏杨却说,他的饭局很多,这顿饭也就没请成。

李敖对柏杨的义助,在台湾有目共睹,在柏杨出狱后,他们竟形同陌路。后来李敖从友人高信疆那里得知,柏杨"不分青红皂白",竟怀疑李敖与柏杨太太倪明华有染,把李敖气得够呛:"柏杨也许可以怀疑我李敖的道德标准,但不可以怀疑我李敖的审美标准。柏杨前妻很多人觉得很漂亮,但根本不是我喜欢的那一型。"

李敖又愤愤地说:"美女是最后知道自己老去的人;明星是最后知道自己过气的人;王八是最后知道自己老婆偷汉的人……"

高信疆劝慰半天,李敖余怒难息,写了《丑陋的中国人研究》一书"修理"柏杨,说他"忘恩负义":"我生平义助朋友也不在少,但义助下场如此含冤莫白、如此倒胃透顶的,倒是第一遭,每一想起,就会痛恨'柏小人'也。"

一九七〇年一月,一件与李敖并无瓜葛的"政治事件",却让他再次受到了日夜有人监视的"待遇"。原来,早已列上黑名单的"危险人物"彭明敏,在"全天候"的软禁之下,竟然神秘地"出境"、"偷渡"到了瑞典,申请了政治避难。

台湾当局怕李敖步其后尘,当即派专人专车,白天晚上盯着李敖。其实李敖跟彭明敏确有交情,这点将在另一章中说到。李敖同情彭明敏不假,只是同情彭明敏遭受的迫害,并不赞成他的"台独"理念。李敖是听友人说了,才知道有人跑掉了,人家问李敖会不会跑,李敖说:"第一,我要跑,前几年就跑了。第二,我要跑,也不会跑在他的后面。"

不管怎么说,李敖被软禁了十四个月之久。

在李敖家住的公寓楼对面,有一排平房,警察在那里租了两间房"办公",一辆待发的车就停在门口,和李敖的小车遥遥相对。连小蕾出门买个吃食,也有人跟着,气得小蕾也不买了,掉头就走。李敖不生气,他让小蕾在家待着,自己下楼,到饮食店

第十八章

软禁时，情人相伴

把早点买来。吃过早餐，李敖开车送小蕾到学校，他的车上了街，盯他的车跟在后头，李敖就说：好威风啊，你一个人上学，两辆车送！

李敖的车在前面，"专车"紧跟不舍，是李敖出行的"排场"。它们前后换了三次，每次的车号，都被李敖"记录在案"：开始叫"华宾"字号，后改"兴业"字号，后来印着"永炯"字号。李敖考证，之所以字号"永炯"，源于当时保安处处长吴彰炯少将，意思是"永远的吴彰炯"，彰显着迷信色彩。这些"专车"外观看就是一般出租车，其实都是警总保安处的工作车改头换面的。

如果李敖步行外出，或者回到家里，就有专门的警察监视。他们每天三组，每组八小时，就在楼下对面相望，负责对李敖二十四小时的看守。小蕾为李敖担心，李敖却认为：人生不如意事，常十之八九，不必多虑。

"低手对不如意的事，是唉声叹气；高手对不如意的事，却能化成对自己有利。人要修炼到这一段数，才算炉火纯青。"李敖说，他对付跟踪他的警察的方法"比较阴险"，他的原则是与跟踪者笑脸相迎，不表示出愤怒，摆出一副毫不计较的样子，似乎很能体谅对方难处。而李敖就在这笑嘻嘻中寻找反击的可能。

李敖以前出门就少，喜欢在家里写作、读书，有人跟踪，他出门更少，在家的时间更多了。他在家写得累了，就站在自家的百叶窗前，从四楼举起望远镜，偷看楼下跟踪者的神态和举动，当做一种有趣的休息。

李敖发现，跟踪的警察待在街对面，没有地方可去，或者不敢去，百无聊赖。他们无事找事，抱着胳膊聊天，逗逗玩耍的小孩，看看过路的行人，时不时地抬头望望李敖住的四楼。李敖常给他们起外号，以示区别。有一对跟踪李敖的警察，是台北市警察局大安分局派出的，一个胖些，一个瘦些，李敖给他们起的外号叫"胖子"与"小子"。他们最捺不住性子，在那里东张西望，坐立不安。

这天晚上，楼下传来一声撞击声，过了一会儿，有人来敲李敖的门。李敖打开门，原来是"胖子"：怎么，有事吗？他也很意外。警方派人盯他这么久，还没有打过交道，显然他们有规定，监视人与被监视人得保持距离。

但是"胖子"破了例，一见李敖便双手抱拳，不停地作揖："李先生，真抱歉！真抱

歉！真抱歉！来打扰您！"

李敖莫名其妙，就听"胖子"说："您知道我是干什么的。我们在下面，刚才一个去大便，一个去小便，正好没人在，小店的小孩子顽皮，趁机跑到我们汽车里，发动马达学车，一下子就冲到您停在下边的车后面，撞坏了您的车。请把车钥匙给我们，我们保证为您修好，保证修好，务必请李先生原谅！"

哦，原来是把李敖的车撞坏了。

李敖笑着说："没关系，没关系，等我下去看看。"

李敖下楼看到他的车，车尾部的侧面被撞伤，油漆掉了一大块。李敖对"胖子"说："没关系，没关系，明天再说吧，明天你请管区警察来同我谈就是了。"

在旁边的小蕾也奇怪，怎么李敖变得这么好说话了？李敖回到楼上，才道出了他高兴的原因，这回他的旧车被撞了，绝不会饶过他们。

第二天，管区警察来找李敖，这是个李敖熟悉的警官。他说，"胖子"拜托他向李先生道歉，"胖子"想把李敖车开走，修好了再还回来。李敖问他，车到底是怎么撞坏的？以李敖的聪明，他听出昨晚"胖子"的话有诈。

管区警察见瞒不过去，只好如实告诉李敖，不是什么小孩子玩车，而是"小子"闲着没事，叫"胖子"教他学车，谁知"小子"一挂挡就猛踩油门，起步的速度没法控制，车子往前冲，跟李敖的车屁股"接了吻"。

李敖弄清事故的真相，说了自己的意见："这个车，我要自己修，我才不要他们去修呢，他们修，还不是找到附近老百姓的修车厂，吃老百姓，修了也不会好好给钱，这怎么行！我要自己修。修多少钱，由他们照实赔我。"

李敖虽面带微笑，但态度坚决，管区警察只好"顺水推舟"，请李敖开个估价单给他。管区警察告辞了，李敖止不住偷着乐："'胖子'闯了祸，竟还想瞒天过海，太可恶了，看我怎么收拾收拾他们！"

李敖一个电话打到"国产汽车股份有限公司"，由他们代开了车子大修的估价单，钣金五千五百元；喷漆一千五百元；前保险杠一支九百元；方向角灯一个八十元；车身镀条一组七百元，共计八千六百元。这在当年可不是个小数字，管区警员看到这张估价单，眼睛都发直了，说这么多钱不得了，不是"胖子"和"小子"能出得起的，

第十八章

软禁时，情人相伴

得报告大安分局，看上头有什么办法能解决。

两天后，管区警察再来李敖家。他拿着估价单，说他们研究过了，李先生的车只不过屁股侧面碰坏了一点，怎么李先生要大修？居然连车前面的保险杠也要换，车身的油漆改喷一新，李先生是在"吃豆腐"吧？

李敖说，我李先生没"吃豆腐"，是"吃刺猬"。你们当警察的，整天吃老百姓，现在不过被老百姓吃回来而已。你回去告诉你们局长，叫他识相点，乖乖把钱送来，不然我会写信给他的上司："你们派人来跟踪我，我没办法，要你们撤回，是强你们所难。但是你们派来跟我的人，屎尿太多了一点，一个去大便，一个去小便，我的车，就被撞了。我现在求你们撤回跟踪我的人，固属奢求，但求你们精挑细选一下，派些屎尿少一点的干员来，你们应给予方便，如此则感谢无量矣！"

李敖的雄辩，叫管区警员哭笑不得。

半个多月后，管区警察又来找李敖，说大安分局局长没辙，只好同意李敖的条件，亲自命令警察凑钱，凑足李敖开的价码。他说："现在钱带来了，可是局长说，有一个条件，必须请李先生帮忙，就是我们绝不承认警察撞了你李先生的车，我们抓到个计程车司机，他愿意承认车是他撞的，我们警察只是调解，由这司机赔你李先生钱，并且和解书日期要倒填二十三天，倒填在撞车那天当时，不知李先生能不能网开一面，这样和解？"

管区警察说着，把写好的"和解书"和现金八千六百元放在桌上。李敖大度地说，这事容易，就大家做假好了！

于是，李敖在对方已签字的"和解书"上，也签了字。他看到，跟他和解的对方叫"张颂德"，他至今不知道跟他和解的出租车司机张颂德是谁。在签字以后，李敖在他手头的那份"和解书"上自批如下："此书三联，罗警员留我一份，另由我签名收据一纸。警察破财而欲串假戏免祸，用心亦苦矣。"

李敖拿到钱，交给小蕾买衣服。他开心地说，警察的钱到了我的手上，真是"闭门家中坐，财从地上来"。

倒霉的"胖子"，终于给调走了。不多时，"警总"派人接替警察，接手了跟踪的职责，但李敖戏弄警察的招数也传了下来。

"警总"跟踪李敖的"老郑",没事也跟李敖拉拉呱,套套近乎。有一天,他透露说:"'胖子'临移交时候说:可要当心那李某人,那家伙阴险无比。撞车那天,他下楼,笑嘻嘻的,满口说没关系没关系,可是没了半天关系,却把我们警察咬住不放,直到赔了他大把银子才松口。你们别以为李某人吃了我们警察,把钱拿去修车了,其实我们查出他的车保的是全险,保险公司不敢追查谁撞了他的车,只好认赔了事,所以修车全部是保险公司孝敬的,李某人拿了我们的钱,全部给他小女朋友去买花衣服了。李某人是全世界最厉害的家伙,你们可要小心才好!"

李敖听了,好不快活。他笑着说:"这就叫'警民一家'啊!"

第十九章　训练男子汉的地方

一九七一年三月十九日晚,信义路上的商店都已关门打烊,行人稀少,经过的车辆也寥寥无几。国泰大厦的楼下,监视李敖的人突然多起来,还不时有黑色轿车驶来驶去。李敖从楼上窗口看到了这一切,他似乎预感到了什么,以他对台湾时政的了解,可能有人要对他下手了。

李敖转身回到卧室,取出一沓现金和一包照片,交给小蕾。小蕾接过照片,让李敖把钱收起来。李敖还是坚持给她,告诉她,他们的感情不是用钱可以衡量的,近年积攒的十万台币,是给她备用的;至于这些照片,给她留个纪念,不要给别人看,免得有麻烦。

小蕾点点头。她和李敖外出游玩,曾经拍了不少有趣的照片。李敖风度翩翩,小蕾娇美动人,都在胶片上定格。虽然没有结婚,他们已经到照相馆拍了一张两人的合影照,小蕾仍然穿着白衣裙,坐在圆凳上含蓄地微笑。李敖一身西装,扶着小蕾的肩头,也带着恬静的笑容,仿佛是一对无忧无虑的情侣。

李敖与小蕾的合影,是他们心心相印的明证。和天下的母亲一样,李敖老母亲也催儿子结婚,有个稳定的家庭,李敖和小蕾的相识,使他在没有成家的时候,品尝到了家庭的甜蜜。而一再被诬陷、时常被跟踪、随时可能进出警备司令部,他不愿意把情人变成"囚徒之妻"。

还在六天前,三月十三日,李敖就在日记里写下了"孤寂"的感悟。他如同一个先知,随时准备着独自上路。也许,与小蕾在一起的幸福,以后也会可望而不可即了:"孤寂是要自己决定自己排遣,自己应付难题,自己面对斧钺,孤寂是没有人可以商量,没有人可以倾心。"

他心头发痛,却格外清醒:"孤寂是自处于荒原,孤寂是独行坟场,孤寂是在什么声音都没有的时候看月亮。"

门敲响了。跟踪李敖多日的便衣走进屋,很客气地请李敖到保安处"走一趟"。门外楼道上,还站着几个膀大腰圆的壮汉。"好吧。"李敖冷静地答应着,脸上没有丝毫惊吓的神情。

李敖早就预感的厄运降临了,他与小蕾相拥而别,伸手擦去小蕾眼角的泪水:"你自己当心!"小蕾望着李敖,似乎要把他的样子再记得清楚些。她轻声而坚决地说:"我等你!"

台北市博爱路警备总部保安处戒备森严,手无寸铁的李敖作为要犯,关进了一排讯问室的最里头的一间。

李敖不知道白天还是黑夜,只是知道陌生的面孔,隔四个小时就换一次。审讯人员如临大敌,一天三班倒,对他一个人逼供。李敖一眼看穿,他们并不需要事实,而是需要论证他们的臆想,便不失诙谐地说:"我看别这么麻烦了好不好?你们拿空白的笔录纸来,我在最后先盖下指模奉赠,然后你们回办公室,随便你们怎么填写我的罪状就是了,你们填我是'匪谍'、是'台独'、是长白山上的'老狐狸',悉随尊便,都行!"

李敖被抓时,电视连续剧《长白山上》在电视台热播,"老狐狸"是个台湾妇孺皆知的魔怪,李敖的自嘲中含着讥讽:硬说他是"匪谍"是"台独分子",跟说他是"老狐狸"一样,都是虚构。

审讯人员恼羞成怒:"他妈的你李敖是什么意思?你这样看不起我们!你以为我们破不了案,你想把秘密带到棺材里去?不行!你死进了棺材,我们也要把你棺材盖撬开,要你吐出秘密,再去死。真的假不了,假的真不了,你在我们眼中,是玻璃缸里的金鱼,我们把你看得一清二楚!你不说不行!"

李敖笑道:"你们要我说,总得透露一点蛛丝马迹,让我来编。"

他们绝不通融:"我们不提示!"

李敖与情人小蕾

出狱政治犯李敖

第十九章
训练男子汉的地方

兜了数天的圈子,实在没有收获,审讯人员才跟李敖透露说,他的罪名仍跟那个逃到外国的"危险人物"有关。根据"警总"得到的情报,"台湾独立联盟"台湾本部有五个委员,李敖是其中之一。

李敖莫名其妙,他也是头一次听说。审讯人员又透露,他们看到宣扬"台独"理念的《台湾自救运动宣言》,觉得这篇宣言是一般人写不出来的,推理了半天,肯定出自李敖的文笔,李敖凭空多了一条罪状。

李敖真是又好气又好笑。连那个"危险人物"自己也承认,李敖与《台湾自救运动宣言》无关:"我知道他不赞同'台湾独立',也不支持'台人自决'。他所以反对国民党,不是出于狭隘的政治利益,而是发自历史和文化的深厚哲学,也是基于对民主自由的信念和人权人道的大精神。他的思索是广泛、深刻、清晰、严密而良知的。"

李敖蒙在鼓里,他是被一个朋友出卖了。那人被捕后,被逼编造"台独"联盟"台湾本部"的组织,明令要把李敖编进去,他问:"李敖是大陆人,怎么会参加'台湾本部'?"特务说:"海外的'台独'联盟主张容纳大陆人,李敖担任台湾本部委员,那是理所当然。"原来特务已经决定抓李敖,他们对那人用刑,给李敖套上"官衔",列入"台湾本部"的名单。

这是一桩自相矛盾的案子:审讯人员要抓"台独"分子,逼着李敖招认参与"台独"的活动,可是谁都知道李敖与"台独"理念格格不入,"自古大才难为用",搞"台独"的人不敢拉李敖,李敖也不会参加的。

审讯人员逼供的方式挺毒。他们拿出三支圆珠笔,夹在李敖的左手四根手指中间,又抓起他的右手,紧紧压住左手,再用他们的手捏住李敖的右手。十指连心,一阵剧痛袭来。放开李敖的手,审讯人员跟李敖开玩笑说:"李先生,这不是我们折磨你,是你自己的右手在使你的左手痛苦,所以不能恨我们。"

李敖忍着痛,也笑笑说:"我不恨你们,也不恨我的右手,我只恨圆珠笔。"

李敖考证,审讯人员对他的刑求项目,叫"拶指",是古代就有的一种酷刑。精通历史的李敖,经受了史书上才有的磨难,使他对于人性有了更深的体验。

"警总"审讯人员逼迫李敖,非把他打入"台独"组织的五委员之列不可,李敖的真话不被采纳,似乎只有审讯人员的假话才是过关的准绳。李敖抱着"随他去"的态度,以坚决不出卖别人作底线,对于自己的罪名不作争辩。反倒是审讯人员发现,李敖这个"台独大员"居然不会说台湾话,连台湾话也"听莫"(听不懂),未免不合逻辑。

李敖看他们遇上了难题,跟他们开玩笑说:"没关系、没关系,英国国王乔治一世根本不会说英文呢,他是从欧洲大陆过去的,不会英文都能做英国皇帝,我李敖不会说台湾话却做上'台独大员',又算什么啊!"

李敖以为,这个案子的荒唐之处,在于特务机关"替'台独'联盟网罗大陆人"。李敖在问自己,这是为什么?皮肉之苦没有让他停止思考。透过片断的连接分析,他终于大彻大悟。诬陷他是"台独大员",不是一厢情愿,而是特务和"台独"分子的双重利益所在!

审讯人员又来逼李敖,李敖单刀直入,挑开了问题的核心所在:"我的整个感想是'台独'分子希望把这案子做大,咬住李敖,硬替他们捧场,对外宣传说,大家快看,'台独'运动不但有外省人参加,并且有顶呱呱的外省人李敖加入我们的行列!"

至于情治机构的介入,也没逃过李敖的眼睛:"另一方面,你们国民党情治人员也希望把这案子做大,案子有李敖参加,自然就顿时变成大案,扣住李敖,硬替你们捧场,可以对上面报告破了巨案,可以多领奖金。这样双方你推我拉,我还有话可说?"

李敖后来知道,他被关押的这间小屋,按讯问室的排行顺序,叫做"第五房"。这里没有窗户,只有一扇关起来很响的门。门上留了一个镶嵌着玻璃的方孔,门外的警卫随时伸过脑袋,可以监视室内的一切。警卫一班接一班,不曾有过中断。

在李敖的头顶,悬挂着五盏六十瓦的灯泡,一天开到晚,从来不熄灭,让他感觉不到日出和日落的变化,也让他的举动逃不过警卫的视线。似乎"警总"还不放心,屋顶的天花板也是特制的,看上去是一块块普通的甘蔗板,白色的板面上散布着密集小孔,其实里面安装了录音线路。墙角架有闭路监视镜头,收录屋子的全部空间。

与李敖相伴的,除了洗脸池与马桶,就只有一张单人床、一只小圆桌、一条小茶几、四把藤椅,再没有其他物件。他见不到一张熟悉的面孔,能见到的都是他不想见的人,那些凶恶的审讯人员。关在这里,像在玻璃缸里的金鱼,几乎一举一动都在人

第十九章
训练男子汉的地方

家的眼中。他被反复地审讯时,分不清早晨和夜晚,他从一日三餐的变化中寻找提示,当早餐送来了,他就猜测,苦难的一天又周而复始了。

"第五房"的待遇是特别的,你进来了,就得慢慢地煎熬,像被文火烧烤,叫你难受得说不出来。因为墙壁和地面没有裸露,而是隔着一层深褐色的塑胶布,布的里面包了海绵,用手摸,用脚踩,软如无骨。李敖睡的床也被塑胶布包住,床的一侧靠墙固定,床下是实心的,想挪动一下也不可能。

是怕犯人寻短见吗?李敖不会。他抱着头,对着天花板看,对着监视镜头看,思绪在他脑子里飞翔,他在梳理着:"监狱可以说是人间最苦的地方,在这种'苦其心志'状态下,你会觉得人生需要面临很多的独立作战。在孤独无助的状况下,大多数人都会产生自怜的情结,但是我就没有产生这种情结……"

"训练一个男子汉有两个最好的地方,一个是军队(战场上),另一个就是监狱。如果在这两个地方你能够应付得好的话,你会更坚强,更壮大……"李敖在"第五房"住了近一年,才被迁到另一个地方,因为他被正式判刑了。他说:"'第五房'近一年,是我一生中最阴暗的日子。"

警备总部给李敖罗列了一大堆罪名,是给他坐牢并判刑的依据。李敖跟"警总"人员周旋的过程中,逐步摸清了他们的底数,原来那些罪状是事先预定的,只不过逼着李敖承认,显得他们"破案有功"罢了。

第一类是"与彭来往带信罪"——说李敖明知彭明敏特赦出狱后"叛国"之念未泯,仍秘密与之交往,并且介绍了某外籍人士为彭明敏带出一封信到海外,未加检举。

第二类是"家藏文件入伙罪"——说他接受谢聪敏交阅的叛乱宣言及月刊多件。并同意加入以彭明敏为首的叛乱活动,做了"台湾本部"的委员。

第三类是"监狱名单外泄罪"——说他把泰源监狱叛乱犯名单交某外籍人士带赴外国,作攻击"政府"之用。

李敖已经想好了,绝不哀求减刑,他铭记美国民间领袖尤金·戴布兹一九一八年在法庭上讲的三段话:"只要有下层阶级,我就同流;只要有犯罪成分,我就同俦;只要狱底有游魂,我就不自由。"尤金·戴布兹坐在牢里,还有百万人投票选他做总统。

李敖把他的话当做自己的话，写进书面意见之中。

　　熟悉法律程序的李敖，在他应有的权利中，选择使用的是"缄默权"，这是他能表达愤怒情感的最佳方式，也可能是惟一的方式。"只要我在这岛上，不论我在牢里也好，在牢外也罢；不论我是'名不副实'的'大作家'也好，或是'名实相符'的'大坐牢家'也罢，我都不会有自由的感觉。"

　　把李敖逼成"台独大员"的同时，还把他跟两桩爆炸案连上了。李敖收到军法处提起公诉的法律文书，才知道被告竟有八个人。除了李敖的老同学谢聪敏（彰化人）、魏廷朝（桃园人）之外，还有李政一（台南人）、刘辰旦（台南人）、吴忠信（台南人）、郭荣文（台南人）、詹重雄（台北市人），这五个人李敖不认识，他们被"确认"为所谓爆炸案的凶手，是李敖的同案犯。

　　台南美国新闻处的爆炸案，发生在李敖被捕前五个月。台北美国商业银行的爆炸案，发生在他被捕前一个月。当时李敖在报上看到这两则消息，做梦也没想到，他天天坐在家里写作，这种事情也会扯到他的头上。

　　一九七一年三月李敖被捕后，追查他的"台独"罪证的同时，保安处处长吴彰炯少将叫副处长张耀华上校向李敖说："李先生，请告诉我们，谁是搞爆炸案的凶手，蒋副院长交代下来，说只要李敖说出是谁，就立刻释放李敖。蒋副院长人格保证。"

　　李敖说："你们办案这样办，太离谱了吧？连这种案都怀疑到我头上，你们对我太缺乏判断力了吧？"张耀华上校听了，没说什么。

　　李敖的辩解，也许并没有起作用，但以此为证，体现了他的良知，在最困难的时刻，他想到的不是明哲保身，而是坚守他的做人原则。

　　李敖搬进了几个人合住的押房里。不准出屋，牢门不常开，一日三餐和日用品，都通过房门旁边的方洞传递，这是他平时跟外界联系的惟一通道。有时候，做外役的犯人瞅个空儿，会跟牢里的人说几句话。他记得一张年轻而饱满的脸，一对聪明的眼睛和一张有棱角的嘴，挤在他的洞口，低声地说："李先生，我是你的读者，我佩服你，有什么事，凡是我能做的，就叫我做。我叫俞中兴，是杀人犯……班长来了，再见！"

第十九章
训练男子汉的地方

其他的人,李敖记不清他们的长相了。房外的走廊地势稍低些,他们同李敖说话,得蹲下身子,把头横过来看。房里的地面略高,李敖得趴在地上,下巴贴着地,才能看到他们。他们看到的眼睛,是与地面平行的;李敖看到的眼睛,是与地面垂直的。光线幽暗,双方的脸再经过方洞的边框剪裁,加上紧张表情的扭曲,的确已不成人形。他只能听清楚对方的声音,看不清对方的长相。

能做外役的,说明没有政治顾虑,而且案子不大,可以放出押房,替别的囚犯服务,送饭、送水、扫地、送物,还替"牢头"班长倒茶水、洗衣服。外役的举动,有班长在背后监视,偶尔班长偷懒或者上厕所,外役就能蹲在小洞外面,同屋内囚犯聊几句,透点"马路新闻"。外役刑期不长,流动性较大,新面孔不断。李敖"洞见"多少外役,记不清了,只有一个名叫黄中国的"匪谍"忘不了。

那天,李敖隔壁关着的一个大学生闹绝食,他听到走廊上一个山东口音骂:"年纪轻轻的,就找死啊!就要饿死自己啊!你笨蛋!"一听就知道,这是新上任的外役黄中国。他挨个押房送饭送水,送水的塑料桶每房一个,他在饭后把水桶穿在粗麻绳上,一个个穿起来带走。穿水桶的动静很大,空桶碰撞,訇然回响,大家就知道是他来了。走廊里安静,把坐牢的人的听觉练得很敏锐,无论哪个牢门一开,是第几号房或大概第几号房,他都能判断出来,这是坐牢者的生存本领。

一九七二年七月十四日,天气闷热。李敖隐约听到有人连哭带喊,渐渐过来,夹着脚镣拖地之声。到了李敖住的押房门口,忽然房门大开,推进一个大汉,竟是黄中国!他流着泪,满面是汗,赤裸着上身,只穿条裤衩,脚腕挂着镣铐,旁边是监狱官员。黄中国大喊:"李先生啊!什么案子嘛!他们判我死刑啊!"

嘶哑的山东男低音充满绝望。马士官长对李敖说:"李先生,我们老乡情绪不稳定,我们不得不偏劳你照顾他,代他写个状子。"又对黄中国说:"你别担心啦!有李先生照顾你,给你写状子,包你无罪回家。戴几天脚镣,不算什么。"

黄中国眼睛一亮,忙双膝跪倒,扑通扑通向他磕头:"李先生救命!李先生救命!"李敖赶紧弯下腰,将他扶起来,大汉的苦涩泪水叫他心悸。李敖安慰他说:"不要担心,有李先生在,一切都没问题。"

黄中国当过外役,不是个轻罪犯吗?李敖跟黄中国一接触,才知道他淳朴忠厚,是山东莱阳的农民,粗识文字。他外出谋生,只身跑到青岛当了海军,哪知那是"伪海军"(指汪伪政府的海军),抗战胜利,他就成了"汉奸"。李敖笑他:"要做汉奸早做啊!为什么日本人要完蛋了才去做汉奸呢?"他苦笑说:"谁晓得呀!我们是乡下种田的,只晓得去青岛入海军,谁晓得是谁的海军呀!"

黄中国做了海军,上了"贼船",一九四九年不准退役,跟着国民党海军到了台湾。后来他退役,成了家,开了一家小米店辛苦度日,因为赌博纠纷,他的莱阳同乡想敲他点钱。黄中国不肯破财消灾,就被他们诬告,说他在一九四五年农历七月间,在共产党占领下的莱阳绕岭区,干过共产党的指导员;后来派到辇至头村地方,干过共产党的小学教员。就这么个罪名,黄中国入了狱,以为坐几天牢就会被释放,没料到警备总部军法处初审判决其"处死刑,褫夺公权终身"!

李敖拿到黄中国的初审判决文件,仔细研究了一番之后,于一九七二年八月十二日,写了"军法声请复判理由书状",共分十四点为黄中国鸣冤叫屈。黄中国感激涕零,抱有很大希望,一再问李敖,复判判决什么时候能下来,李敖说大概就在这几天吧。他对国民党的习性有研究,预感黄中国是凶多吉少,状子写得再好也没有用。他知道军法处枪毙人的习惯,如是复判死刑,施刑前一两小时才通知。李敖不愿意告诉黄中国,死刑判决不变的话,执行时间不可能事先得知的。

一九七二年十一月一日清晨,天还没有亮。十一房的门突然打开,七八个狱警冲进来抓住黄中国,用布条缠住他的嘴巴,把他架出房门。黄中国的声音在布条缠嘴时,一声声哀嚎转变成另一种嘶叫,李敖从来没听到过人能够发出那种凄惨之声。李敖坐在床铺上,披上小棉袄,目击了全部的过程。

黄中国拉到刑场去了,同房间的囚犯吓得半死,只有李敖神态自若,人家都奇怪,李敖说,"死者已矣,救活的更重要,并且,在观察人间万象的时候,你必须冷静,有一天,我会为黄中国做更多的事。"

李敖不露声色,内心却充满着悲愤与同情。黄中国是个怪名字,他戏称China Huang,跟黄中国开玩笑说:"'黄'字在中文里动词用法是把事情给弄砸了,你这黄中国,是把中国给弄砸了,凭你这名字,你就该坐牢!"

但黄中国弄不砸中国,他是普通的中国农民,在乱世里,莫名其妙地卷入政治旋

第十九章
训练男子汉的地方

涡,阴错阳差地客死异乡刑场。他无识无知,其遇也哀,一如鲁迅笔下的阿Q。黄中国纯属小人物,"人微望轻",以致被当成了"匪谍"。

他死后,同室的李国龙问李敖:"难道军法官不知道黄中国根本不是'匪谍'?"李敖说:"怎么不知道!当然知道。只是国民党要表现捉拿'匪谍'的成绩,不枪毙一些人,就会被上面打官腔。在这种邀功缴卷的要求下,每年就只好弄出些假匪谍来充数。上面要'缴匪谍',谁管那么多!"看来,黄中国只有死路一条了。

十二年后,一九八三年六月九日,李敖花了十个小时,写了一篇《我最难忘的一个"匪谍"》,细述他的难友黄中国,把一个中国农民的悲剧,作为国民党统治下千万血泪史中的一页,长久地保存在人间。

第二十章　在狱中品尝孤独

牢门关了又开,开了又关,李敖却不能离开牢房。

坐牢是一天天数着过,他顽强地与时间抗衡。他清楚记得坐牢的时间,以及先后迁移的每一个地点:一九七一年三月十九日至一九七二年二月二十八日,关押于台北市博爱路警备总部保安处;一九七二年二月二十八日至一九七五年十二月二十二日,关押于景美秀朗桥下军法看守所;一九七五年十二月二十二日至一九七六年十一月十九日,关押于土城"仁爱教育实验所",即所谓"仁爱庄"。

记忆是一根刺,扎在他的心头。

李敖当然记得坐牢之初,有特务的凌辱折磨,有好友的落井下石,还有失去自由的痛苦。他咬紧牙关激励自己,千万别趴下。他信奉强者的哲学,绝不让自己打倒自己:"敌人有两个,一个是敌人,一个是因敌人而困扰你自己的你自己。高人绝对不让自己帮敌人困扰自己,敌人一个就够了。"

小蕾昔日的温馨,是李敖苦涩中残存的甜蜜。

待在狭窄的牢房里,他对小蕾的思念与日俱增。《文星》被封杀之后,他被列入特务的黑名单,小蕾理解他,宽慰他,陪他去看电影、打保龄球、游日月潭,置特务的盯梢于不顾。她从来不跟他吵架,遇事顺着他,总是温柔如清风。他如果选择成家,拥有大学文化而又善解人意的小蕾,该是最佳人选了。

李敖并不惧怕牢狱,他牵挂的是跟他恋爱三年零七个月的她。一个弱女子无辜地卷入政治的旋涡,李敖觉得对不起她。

第二十章

在狱中品尝孤独

他不难想象,他的入狱给小蕾带来怎样的强大压力。有李敖在,她就有了主心骨,李敖倔犟的个性在支撑着他,也支撑着她。他走了,坍塌了她的一方天空。他在恍惚间时常能看到,她在泥泞的路上踽踽独行,满脸是泪……

她的信简短,但深情。他知道,信是经过检查的,不能随便说什么,只要有她亲笔写的几个字,他就感到莫大慰藉了。

过了十个月,小蕾给李敖又来了信。她请他原谅,不再等他了。久经情场的李敖,与女友分分合合太多,惟有小蕾,是他最舍不得的恋人,不得不分手的痛苦也最深。他不怪她,她还得在牢门之外生活,他觉得没有任何理由让她一起受罪。他的心碎了,从来铁石心肠的男儿,捧着信潸然泪下。

出狱后李敖回忆往事,对小蕾的赞美最多。许多年后,即使谈到小蕾的离去,李敖也没有一句怪罪她的话:"小蕾是最善良的少女,她从没跟我发生过争吵。她永远依偎在我身边,任我提议做我想做的任何事,她是我有生以来最怀念的女人。我一生与女人的离合,都是情随情迁,但与小蕾的分手,却是情随事迁,是我政治性入狱导致的生分、导致的生死离别。所留下的只有怀念与美感,无复其他。"

一九七二年三月十八日,警备总部军法审判,李敖以"颠覆罪"被判处有期徒刑十年。听了军法官的宣判,他只说了一句话:"耶稣受刑时,他也没说话。"也许军法官没明白他的意思,问他还有什么话说,需不需要上诉,他摇摇头,既不为自己申辩,也不请律师辩护,同时放弃了上诉。

李敖用轻蔑的神态告诉法庭,他愿意坐牢,其他不必废话。他连大呼冤枉都没有,实出乎军法官的意料。他之所以坦然接受判决的现实,因为他看透了当局不整治他不会罢休,跟制造冤案的人喊冤,肯定是白费力气。

送到李敖面前的判决书,罗列了一通李敖的罪状,最后写道:"犯罪事证已甚明确,虽被告于本庭缄默,依'刑事诉讼法'第205条之规定,得不待其陈述,径行判决。"把李敖在法庭上的态度也如实记载。

李敖懒得说话,在他所留的书面意见中却写得明白:"我现在声明,我自被捕后,因被刑求而来的一切我写和我签字的东西,全部无效。也许我信心不够,无法抵抗现代科学方法的刑求,但我知道五百四十四年以前,最有信心的圣女贞德在被捕以后,也犯过跟我同样的无可奈何的错误。"

尽管如此,"过去我不上诉,以后也不上诉"。李敖只为"同案犯"喊冤。所谓爆炸案,跟他的"台独案"一样,是"警总"主持下的一场冤狱。李敖的书面意见不为自己辩解,却在"第四点"为他的同案被告辩护:

"关于所谓爆炸案部分——虽然跟我无关,但我愿为李政一、刘辰旦、吴忠信、郭荣文、詹重雄五个小朋友做他们'人品的证人',这就是说,我相信他们不是做这种事的人,他们的诬服,是被刑求的结果。我请求审判长先生给他们做无罪的判决(附带声明一声:在进这军法处大门以前,我跟他们并不认识,所以我的请求,可以说是客观的,值得审判长先生参考的)。"

当李敖的案子定了性,他继续他的牢狱生涯了,有一个参与审讯的科长来跟李敖聊天。李敖的口吻仍不失幽默:"如今案子已定,说什么都太迟了,只希望你们下次抓人时,务必先抓我,因为先被抓的可以占便宜,别人必须配合他的口供,他却可以撒豆成兵。所以,千万别优待我,千万请先抓我!"

那位科长瞠目结舌,这算是什么逻辑?

李敖分析给他听:"我实在不是什么五委员之一,可是先抓进来的人口供先入为主,我后来居下,就会吃亏。俗话说'贼咬一口烂三分',因为办案人员照例从'贼'的逻辑,认为做贼的,不咬别人却单单咬你,可见你一定有问题,你一定也不是好东西,纵查无实据,然事出有因,你也要一并移送。"

他的逻辑,是从他的冤案那里来的。"正因为有此天经地义,所以一个人,一旦被贼所咬,便没那么容易脱身,被咬之处,用具体写法,便有三分之烂了。纵使有朝一日冤情得雪,但是创伤难愈,往往是一辈子的事。"

李敖这番出人意料的调侃,其实的确是实话实说。

此时的李敖,离开保安处第五房,关进了景美军法看守所。他的囚室是第二房,马桶和水槽占了四分之三,他在屋里"散步",走几步就得回头。不久他又转到第十一房,面积比原先大了一倍,然而关的囚犯也多了,最多达到六个人。陆陆续续,同

第二十章

在狱中品尝孤独

室的人有的出狱了,有的移监了,还有的枪毙了,只剩李敖是"常客"。

在年复一年的坐牢期间,看不到报纸,几乎与世隔绝,所得到的零星消息,大多是才关进牢房的传出来的。李敖最不喜欢流行歌曲,可是关在牢里太无聊,唱歌娱乐自己的人不在少数。有一次,他听到有人在大唱一首《往事只能回味》:"时光一逝永不回,往事只能回味,忆童年时竹马青梅,两小无猜,日夜相随……"

李敖没见过歌词,传到耳边的内容似懂非懂,他出狱后,偶然机会看到歌词,哑然失笑。歌词的后半段是:"春风又吹红了花蕊,你也已经添了新岁,你就要变心,像时光难倒回,我只有在梦里相依偎。"最后一句,他听成"我只好另外找一位"。可是话说回来,他误听后的新词,不比刘家昌的原词还高明吗?李敖说:"情人走了,你另外找一位,岂不比梦里留恋更积极吗?"

隔一段时间,不知看守所出于什么考虑,把李敖调到第八房,又是跟第二房一样狭小的单间,可能是隔绝他吧。算来,李敖在这里关了四年零八个月,其中在第八房住了两年半,"享受"单间的"待遇"。

在第八房,李敖争取来两项"特权":一只热水瓶和一张"书桌"。前者是别的犯人留给他的,后者是截开的破门板支架起来的。李敖的名气和他不上诉的举动,让看守所"另眼相看",觉得让他读点书会更"安分"。"书桌"架起来,李敖可以放些经过审查的书籍了。也就在那时,李敖不光天天读《中央日报》,还借来了《蒋总统集》,从头读到尾,成为台湾极少数读完这套书的人。

加进"书桌",剩下的只有一半空间,可见第八房之局促。李敖就在二分之一的"活动空间",吃喝拉撒睡,加上"散步"。说到室内的住户,李敖并不是惟一的,他有许多同伴,都没有逃过他的眼睛:白蚁、蟑螂、壁虎、蜘蛛、蜈蚣……他会看着它们穿梭往来,不受约束。显然,主人远不如"生物"自由,李敖与外界的接触,仅靠墙角接地的一个长方形洞孔,他量过,约 30×15 公分。房间的门外有警卫,难得一开,小洞是多功能的通道。送进来一日三餐,送进来装在五公升塑胶桶里的饮用水,连购买日用品、寄信件、倒垃圾……无一例外是"洞进洞出"。当李敖的友人给他寄来棉被时,看守所检查核准,也把它卷成长条,从洞里慢慢地塞过。

每天吃罢午饭,有两个多小时特别安静,因为大家都在午睡,比深夜还安静,隔壁的囚犯做梦会喊叫,这时反而不吭声。李敖觉得午睡是浪费时间,他从来不睡午觉。清醒地独占这两个多小时的宁静,看书或者写作的效率都极高。"本来每天二十四小时都属于我,但这两小时好像更属于我。"

冬日中午,是李敖的开心时刻。他赶赴一个"约会":"约会的对象不是人,也不是人活在上面的地球,而是比地球大一百万倍的太阳。"

在牢房墙壁的高处,有一扇透气窗。透过铁栏杆,窗外堵着一片灰墙,即便晴朗的天气,似乎也脱不了阴沉之感。冬季太阳的角度,在午间呈直射状,于是阳光被高窗切成方块,悄然漏进了霉乎乎的小屋。方块阳光在移动,先照到水泥台,再照到地面,再上了墙,直上到胸前那么高,就消失了。

稍纵即逝的阳光,在李敖是无价之宝,此前的一年多,他在没有窗的牢房待着,几乎没有晒到过太阳。他看准了阳光移动的位置,把塑料碗、塑料筷、塑料杯等什物,分别放在不同的地方,等着阳光的照射。他自己也抓紧晒太阳。高窗切出的阳光只有几块,想把全身都照到不可能,他像照X光一样,一部分一部分地照,照了这只胳膊,再照那只胳膊,名为"利益均沾"。太阳那么美好,高窗却像是个小气鬼,只准它们照进一点点,而且这么短暂,而他已经觉得够奢侈的了。

李敖怀着感恩的情怀,在他的"狱中日记"中赞颂太阳:"阳光在冬天虽然热力有限,但至少看起来也暖和——几块暖和。这种光与热,都是在人群中、在地球上得不到的东西,它们从天而降,从九千多万英里的地方直达而来,没有停留、没有转运,前后只不过八分钟,光热从太阳身上已到你身上。这种宇宙的神秘,我不知道有多少人能同时感受到,有了这种感受,你仿佛觉得,虽然阳光普照,可是却于你独亲,世态炎凉,太阳反倒是朋友了。"

李敖在坐牢中是孤独的。

他享受孤独,思考孤独。

一九七五年四月二十五日,李敖四十岁生日。他收到的一份生日礼物,是小蕾请她父母送来的《生活杂志》。小蕾离他而去,已经两年多了,他找不到半点埋怨她的理由。她没有到监狱来看他,他知道,她不再属于他了。

第二十章
在狱中品尝孤独

捧着这本杂志,李敖仿佛看到了小蕾美丽而忧郁的眼睛。她是聪明的,政论杂志狱方是要没收的,而李敖最想要的,正是可以阅读的东西。她选择了新出版的生活类杂志。李敖慢慢地翻看着,杂志里表现的生活,与李敖现在的处境是隔膜的。他又想到了与小蕾相处的时光,失去了才备感可贵。

李敖分明感觉到,小蕾仍然在关心他,默默地为他祝福。他鼓励自己,不要乱了阵脚,像挨了重拳的拳击手,还要挣扎着站起来,什么也不能压倒他。他把孤独咬碎,吞下肚,化成营养,化成勇气。

他在牢房里独自看书,从白天到傍晚,与自己对话。思绪由外向内,转到了他的眼前:"孤独有很明显的两类:在光明里,并不完全是你自己,至少有一个陪你的,就是你的影。它沉默地模仿你的一举一动,像是一只黑猩猩,一只被压路机压扁了的黑猩猩,在你的前后左右。

"在小房里,你背着光走,走到第三步,黑猩猩就蹿上了墙,走到第四步,它已挤在你和墙中间。它既代表你,也代表墙,你不能再挤,挤它就是挤你自己,就是挤墙。墙比黑猩猩高,铁栏杆又比墙高,你会想起动物园那头黑猩猩,但没有人陪它;现在眼前这头有人陪,而陪的不是别人,就是你,不单是你,是你自己,你自己和黑猩猩,黑猩猩和你自己。虽然是形单影只,却亲密得形影相随。

"当黑暗来的时候,孤独明显地转入另一类。黑暗来时,你的影都离开你了。你本身就是一个影。影喜欢黑暗,黑暗就是它的家。一回到黑暗它就变成了主人。因为它本身就是黑暗,跟黑暗同一颜色。你以为你是形,其实你错了,至少在黑暗笼罩你的时候,你错了。你不是纯粹的形,你的形中有影,光明把影从形中推出,但影紧追不舍,直到光明疲倦的时候。在黑暗里,你会慢慢感觉:影进入了形、重合了形,使形融化——不是影没有了,而是形没有了。

"影之于形犹梦之于眠、犹刃之于刀。影并没在黑暗里消失,只是染了更深的颜色,影不徙。这时候,灵魂好像无所依附了。你从不知道灵魂是什么,现在更什么都不是。如果有这东西,也是个在黑暗中最先背弃人的,灵魂只是影的影。鬼呢?孤独久了的人是不怕鬼的。有鬼倒也不错,可使生活少一点单调。但是,没有鬼。鬼是很古典的,现代人很少见到它。鬼是胆小的、迷信的、自由的。它不会到使它忌讳害怕的地方。凡是有七分像它的,它都敬而远之。并且,最重要的是,它进不来。鬼是没有影子的。"

寒冷不可阻挡地袭来。李敖穿着单薄的衣衫,在地上不停地走动着,以活动筋骨换取暖意。夜幕降临了,昏黄的灯光亮了,他仍然走动着,不时做些舒展动作,嘴里喃喃自语,可谓取暖和背书两不误。接连两三个小时的来回"散步",通体发热,血脉畅通,锻炼的是身体,也是记忆和思绪。

在四十岁生日那天,李敖把小蕾请她父母送来的《生活杂志》,不知翻了多少遍。突然,牢门开了,值星的班长送进一个生日蛋糕,原来是"同案犯"刘辰旦请他姐姐特意替李敖买了送来的,刘辰旦对朋友体贴入微,叫李敖心头发热。他的姐姐在弟弟受难期间,把原来打算买间小房子的退休金,都拿出来花在救弟弟上面了,房子也没有买成,其中有着感人的手足之情。

刘辰旦与李敖是"同案犯",却是阴差阳错,根本不搭界。他们犯的所谓爆炸案,"警总"人员曾逼着李敖指认,李敖连他们是谁都不知道,在军法处的公诉书上,李敖才看到刘辰旦等人的名字。第一次秘密审判开庭,李敖第一次见到刘辰旦等"同案犯"。那天李敖坐在法庭的最左面,坐下来以后,发现同排最右面有一位戴黑边眼镜的壮汉,一直侧过身来看他,对他微笑示意,他就是刘辰旦。

按军法处看守所的规矩,凡是同案犯人,必须隔离监禁。李敖同案八个人,分别关进楼上楼下的大房、小房和小黑房中。巧得很,李敖跟刘辰旦始终分享楼下一房到十四房的同一走道,李敖先住二房,后转十一房,再转六房;刘先住十三房,后转十二房,再转六房。总是在同一走道,虽然是隔离的,也会偶尔见到面,属于"同案",自然就熟起来了。有时李敖到医务室拿点药,碰到刘辰旦,发现他长得虎背熊腰,结实无比,笑他有这样好的身体来坐牢,真是本钱。

当李敖的押房与刘辰旦的押房门对门时,可以在高窗上面对面打招呼。迁到六房,李敖有块放书的破门板,上面用书物垫起,爬上去,头就可以伸到高窗上;刘辰旦那边,他身怀绝技,从门框上垫脚,纵身一跳,马上攀住高窗。只要向下俯视,走道上没有狱警,就用暗号联络对方,上高窗对话。

第二十章
在狱中品尝孤独

刘辰旦呼叫李敖的暗号是吹口哨,出自电影《坦克大决战》。李敖呼叫他的暗号是唱英文歌一句:"Sister! Sister! Do you hear me?"这是李敖被捕前与小蕾看的最后一场电影《火雷破山海》的插曲。说话容易泄密,他们发明了"大字报",把白纸裁成长条,写上醒目的毛笔字,横书一段文字。呼叫对方之后,站在高窗前,一张张缓缓地拉动,把想告诉对方的消息传过去,如同看幻灯片,又像霓虹灯广告。李敖他们为此发明十分得意,传后把纸撕碎,扔进马桶冲走。

后来李敖迁到八号房,刘辰旦迁到六号房,两间押房并排,"大字报"传不成了,多靠呼叫。刘辰旦有时得到外面消息,用小纸条偷封在方便面袋里,请熟悉的外役转给李敖。李敖那时很谨慎,不回传字条,他怕被查出来,影响他的读书方便。他当时独居一室,虽然不准看报,但可以看书,牢房里的书本管制很严,对李敖算是网开一面。坐大牢不能没书看,李敖不愿因小失大。

其他押房中有的犯人,李敖有戒心,不愿与他们深交,刘辰旦的字条有时用菜盆传给七房,再由七房的人经外窗细缝间传给李敖。纸条有去无回,刘辰旦并不怪李敖,对他一如既往。李敖冬天畏寒,他请他姐姐买药送来,又传字条,告之御寒良方,教他学日本学生,以干毛巾浑身干擦生热。李敖饱受交友之累,没弄清底细前是警惕的,而刘辰旦胸怀坦荡,日久见人心,李敖发觉他很够朋友。

李敖出狱二十年后,还由刘辰旦陪着,一起去拜访他姐姐,向她表达敬意,李敖忘不了他四十岁生日收到的珍贵蛋糕。

第二十一章 "坐牢家爸爸"

在李敖坐牢的时候,还有一个人是他十分牵挂的,这就是女儿小文,永远连着他血脉的亲生骨肉。女儿明亮的黑眼睛、清脆的嗓音和她温热的小手,会在不经意之间钻进他的记忆,让他坚硬如铁的心柔软起来。

李敖出狱后,他出版了一本特别的书,题为《坐牢家爸爸给女儿的八十封信》。这本书一反李敖尖刻嘲讽的格调,充满着绵绵不尽的父爱,先是畅销于台湾,再是畅销于大陆。一般人不会这样写,也不会这样出,只有李敖这样的人物,才会有胆量发表它们——这等于是把自己对私生女儿的挚爱公布于众。

在李敖与王尚勤的恋情结束之时,他们好聚好散,仍然保持着朋友的情谊。他赞赏一位英国诗人的话:"既然没有办法,让我们接吻来分离!"当王尚勤领着小文回到台湾,李敖喜欢自己做父亲的感觉,在王尚勤回美国之后,他到王家看女儿更多了,他要尽自己所能养育女儿,给女儿一个幸福而快乐的童年。

后来李敖被国民党官方软禁,成为警备司令部挂上号的人物,他不能让小文同住,只能送到母亲那里,请老人家帮忙。小文先住在自己外婆家,成为大家的"掌上明珠"。后来李敖把她接到三姐家,又转到大妹家,再送回到外婆家。

在小文幼小的心灵里,曾经留下一段父亲失踪的噩梦,还有母亲在异国他乡无法会面的痛苦回忆。李敖一九七一年坐牢后,李敖母亲带着小文去美国上学,住在李敖四妹家,这样离她的母亲王尚勤更近些。

王尚勤那时已结婚成家,有了自己的孩子,她能理解李敖的苦心,也尽力照顾她与李敖的爱情结晶。李敖体谅王尚勤已为人妇的处境,主动负担了小文的学费,他

第二十一章
"坐牢家爸爸"

自己尚有些积蓄,还有房租收入,每月供给小文。

在李敖坐牢的日子里,以往的情人都离他而去,他越来越多地想念远隔重洋的女儿小文。他心里有些愧疚,算算和小文相处的时间,实在太短了。不能和小文见面,纵使他学富五车,才高八斗,也无法传授给女儿点点滴滴啊。

算来,小文已到了上学的年龄,她背着书包蹦蹦跳跳的身影,时时会闯入李敖的脑海。他想为女儿做些什么。动笔写文章吧,看守所辅导官会没收的,写了也是白写。写信倒还可以,只是要经得起审查。

当时看守所辅导官为了"囚情稳定",给李敖这个"特级囚犯"以优待:不允许他做杂役走出牢门,但允许他订阅些合乎官方口径的"党国"书刊,寄出的信件内容不得涉及政治,只要符合他们的要求,字数可适当放宽些。

李敖决定写信,把他的父爱寄到美国。

写什么呢?父亲与女儿隔着太平洋,一个在黑暗的监牢,一个在明媚的校园。李敖不愿意把痛苦转嫁给别人,尤其是幼小稚气的女儿。他也不愿意做一个唠叨的父亲,天天说些大家都说的大道理,女儿会看他的说教吗?

他想想也好笑,小文呱呱落地,就是美国公民。"李文出生在美国,我阴错阳差地变成了美国人的爸爸。"

给美国女儿写信,李敖头脑里的英文拥挤着,迫不及待地跳出来。他的第一封信是一九七三年一月二十四日写的,出书时起了个标题《猫狗谚》。他以猫和狗作为描述对象,从它们的动物特性,延伸到它们在英语里的写法:"猫很灵巧,很多困难都可以闪过,所以有句话说'一只猫有九条命'(A cat has nine lives.),其实猫只能活十四年,最高活到三十年(狗只活十二三年)。猫虽有九条命,但操心也会操死,何况人只有一条命,英文有一句 Care killed the cat. 就是'忧能伤身'的意思。还有一句 Curiosity killed a cat.(好奇会要了猫的命),是劝人不要太好打听。"

李敖读过许多英文参考书,他不是照本宣科,而是融会贯通,重新组合。他的强项是中英文俱佳,凭着渊博的知识和扎实的资料,一封接一封地写,仿佛给女儿开一门函授课,讲英语和汉语的比较,讲英语的基本知识,讲西方文学中的典故。

李敖的信趣味横生，英文与中文互为补充，相得益彰。考虑到小学生的接受能力，他还做到图文并茂，信纸上贴着一张张彩色插图。牢中找不到剪刀或刀片，他悄悄把皮鞋垫底的钢片抽出，在水泥地上磨砺，像刀片那样在书上切割。

辅导官审查时很奇怪，犯人是不准收藏刀具的，李敖一个犯人，有什么本事，何以能把图片划得那么整齐？李敖笑答："我神通广大。"

辅导官看看信，内容跟政治无关，没再追问。

李文上学后，曾给李敖寄来了一封信，告诉爸爸她当了班主席。李敖在回信中赞扬说："你到美国上学才一个多月，就干上了'班主席'，你搞政治，可真有一手！"接着，他就政治人物议论开去："美国第三十一届总统胡佛（他的太太会说中国话，他没当总统前，在中国做工程师）预言女人当美国总统的成绩会比男人好，你就好好干吧！"他的信里，列出了许多著名人物的名字和英文写法。

随后，李敖收到了小文寄自美国的礼物。其中一张卡片上写着："I DON'T WORRY ABOUT COMPETITION AROUND HERE——NOBODY WOULD WANT MY JOB!"（我并不为这里的竞争感到担心——谁也不会干我做的工作！）

李敖高兴地在日记里评点："此真我的处境也！"

也许李敖当初并没有想到汇集成书，只是不停地写着。他告诉读者："在那次坐牢的五年八个月中，我看书极多，写作极少，比较用心写的一点东西，主要还是这些有趣的信件。把它们集合成书，倒也不无纪念的意义。"

李敖给女儿写的信妙不可言，枯燥的知识在他笔下变得鲜活了。比如有篇《谁先完蛋》，说的是英文用法，却是旁征博引，深入浅出。"去年十一月四日爸爸信上跟你提过的'蛋头'(egghead)你还记得吗？蛋头就是——书呆子(bookworm)，这种人把伊丽莎白·泰勒叫做李察·波顿夫人(one who calls Elizabeth Taylor Mrs. Richard Burton)，是非常'迂'的，迂就是unrealistic。"

李敖对中英文中的"蛋"做了一番比较："蛋在中国文言里叫卵，鸡蛋就叫鸡卵，鸭蛋就叫鸭卵，但王八蛋并不叫王八卵，可以叫王八羔子，相当于英文的S.O.B。混蛋也不能叫混卵，但可以叫混账，相当于英文中的nuts。二次大战时美国将军Mc

第二十一章
"坐牢家爸爸"

Auliffe被围,德国指挥官要他投降,他的回信非常简单:To the German Commander(德国指挥官)Nuts!(混蛋！去你妈的蛋！)"

在信末附言中,李敖又补充了一句:"美国俗话中,跟女朋友约会,但却希望女朋友自己掏腰包,这种男人就叫egg。"

这封信的最后,李敖"自问自答",给小文讲了人体知识,把一个一般父母亲难以启齿的话题表述得健康而有趣:"问:婆婆急着抱孙子,可是儿媳连生女孩,这位婆婆该责怪她的媳妇还是儿子？答:子女中,若由父方得到Y染色体,便为男孩；若由父方得到X染色体,便为女孩,亦即子女的性别,是由父方所得的染色体X或Y来决定,故若儿媳连生女孩,婆婆应责怪她的儿子,不应该责怪儿媳。"

小文觉得,爸爸的来信很好看,让她喜欢,尤其是在她念英文的时候,给她太多的启发。她只知道台湾老家有她的爸爸,爸爸的信是源源不断的,就像爸爸的爱不会枯竭一样。她年纪太小,家里人一直把李敖坐牢的事瞒着她,怕她幼小的心灵受伤害。

直到一九七四年十月,大人才如实告诉了小文。李敖便又给女儿写了封信,在出书时题为《坐牢的名人》,中心议题是说,坐过牢的人并不都是坏人,好人也可能坐牢,他举出了许多著名的例子,如印度的尼赫鲁、甘地,意大利的马可·波罗,英国的笛福、罗素,法国的伏尔泰,苏联的索尔仁尼琴等等。

在李敖的心中,女儿小文长大了,能够作出独立判断了。李敖把他这个"作家爸爸",改称"坐牢家爸爸",他如释重负,不用再瞒她了。

李敖在牢里给小文写信,成了他必做的日常功课。收集入书的是其中主要部分。这八十封信,从一九七三年一月二十四日写到一九七五年十一月一日,前后共两年时间,平均一个星期左右就有一封信发出,内容涉及古今中外、天文地理、人之常情。李敖清楚地记得:这两年间他独居"景美军法处看守所第八房"。

《坐牢家爸爸给女儿的八十封信》出版后,李敖写了一段新书推介语:"敌人要李敖坐穿牢底,李敖却牢底开花,写下他言近旨远的著作。李敖用写给女儿几十封信的方式,上天下地,无所不谈。表面上是家书,骨子里却是思想越狱。以入神坐化之人,写出神入化之书,其能放之四海而皆准,还用说吗？"

这本书是一个父亲给女儿的永远的礼物。

李敖出狱后,他把女儿从美国接回来,和他同住了一段时间。老同学许以祺到金兰大厦看望他,见他瘦了,仍然童心未泯,笑话不断,骨子里深沉了许多。他好像很怕冷,衣服穿得比别人多,他的胃也不好,还有关节炎。问他牢里过得怎么样?他不愿意诉苦,却指着客厅的钢琴说:"这是我在牢里赚的钱,为我女儿买的!"

"在牢里能赚钱?"老同学诧异地问。

李敖说:"我为其他的牢犯写状子。"

"能赚这么多?"

"其实赚的不止此数,其他的都分给难友了!"

在李敖日记里,记下了与小文共同生活的点点滴滴。"小文被罚禁看电视一个月,今天届满,她的小朋友来,大看特看一下午一晚上。"(1978年10月4日)"傍晚小刘为我理发,小文也动梳助理,乱来一气,被劝退。"(10月15日)"小文气色差,她说睡眠不足,乃解必须六点起之禁,准七点起。她趁机讨价,以七点半起成交。"(10月21日)"小文打赌说是生小猫四只,打二百元。细看果然四只,原来今天又生一只。生育竟可追加如此。"(10月28日)

当年李敖被软禁时,在美国的王尚勤曾和友人联络,想给李敖解围,可是未能奏效。她在美国的报刊看到有关李敖的消息,都会剪下来,寄给李敖。

此时的王尚勤在美国南部密西西比大学读完电脑专业,她以为,重建一个家庭,可以告别她与李敖的那段感情。她与也是留学生的文先生结了婚,从密西西比搬至纽约附近康狄涅格州,并在纽约联合国总部找到了翻译的职位。

小文是王尚勤与李敖的女儿,他们仍然时常保持着联络。王尚勤婚后生了两个孩子,但是美国的婚姻虽然有个美好的开始,后来仍出现了不太愉快的裂痕。两人争吵,李敖是一个躲不开的焦点,她丈夫看到妻子对于在美读书的小文非常关爱,两人的隔阂就愈来愈大,这个曾经美满的婚姻面临解体的危险。

小文再度赴美时,王尚勤在美国结束婚姻,恢复了单身生活,她有更多的心思放

第二十一章
"坐牢家爸爸"

在小文身上,与女儿接触更多,了解更深切了。

李敖很开心:小文小时候被她外婆溺爱,加上在美国学校衣食无忧,处在奢华的环境之中,令人颇有"世纪末少年"的担忧,但在李敖的强劲"攻势"下,小文终于学业有成。她念的是哥伦比亚大学,号称贵族学校,学杂费与生活费由李敖全力支援。

李敖的台大老同学陈又亮在美国当教授,他知道李敖要求女儿的,只是学到东西,不是挣钱糊口。他对小文说:"你的成绩单就是饭票。"

毕业那年,李敖送小文一辆保时捷红色跑车。小文确实给父亲争气,在哥伦比亚大学本科毕业,拿到学士学位后,还念完了哥大的教育学硕士学位。如今小文已人到中年,在美国结婚成家。她喜欢开豪华汽车,住高级住宅,这两项大开支由李敖负责。知道内情的人不止一次地问他:为什么?难道是你有内疚吗?

李敖说:"因为该给她教育时,我在坐牢;也因为她是我的私生女儿。"他还说:"像我这样心狠手辣的人,对女儿是下不了手的,有什么办法呢?"

李敖说得无奈,其实他心甘情愿。没有谁能强迫李敖做他不愿意做的事。他的眼里流露出深情,因为他是父亲。

第二十二章 "自动申请斗室独居"

既然被判刑十年,李敖准备坐十年大牢,偏偏检察官说判得太轻,提请复审,他提出的声请书说,李敖"犯罪情节并无轻微,亦无可悯恕之处,又无法定减轻之原因,乃竟分别酌减或处以最低度之刑,量刑似嫌过宽,依'军事审判法'第187条第1项声请复判"。那意思,是要再给李敖增加坐牢的刑期。

人算不如天算,李敖案拖至三年后再开庭,正赶上蒋介石丧事大减刑,李敖一案重改刑期。正文是:"李敖预备以非法之方法颠覆政府,处有期徒刑八年六月,褫夺公权六年,减处有期徒刑五年八月,褫夺公权四年。"

李敖在坐牢时期,闭门谢客是有名的。一到探视时间,别的囚犯高兴得像过节,李敖却是"稳坐钓鱼台",除了个别的"漂亮的小女生"之外,来看他的人一概不见,宁可让来者扫兴而归,他的老同学也吃过"闭门羹"。

眼看刑期将满,按看守所的规定,释放者必须有人担保。李敖熟悉的人躲之不及,哪敢给他担保?

李敖的幽默细胞又跑出来了。他说:我的朋友全跑了,只剩下一个"朋友",就是"仁爱教育实验所"的教导长汪梦湘上校,让他保吧。汪梦湘曾以"东方望"做笔名,给《文星》写过稿,李敖开玩笑说他是朋友。下面的人告诉汪梦湘,他吓坏了,跑来见李敖,解释说,他有职务在身,不便保。李敖说,你老婆没有职务啊,就由你老婆保吧。他一脸苦笑,当然是不敢做李敖的保人。

所部人员偷偷同李敖母亲联系,提议李敖母亲保儿子出狱。李敖得知此事,怒不可遏。他痛斥道:保人是什么?是每周一次向警察告密被保人一周行踪的人!如

第二十二章
"自动申请斗室独居"

我母亲保我,母亲就有每周做线民一次之嫌,这成什么世界!

看守所无可奈何,这是上头的旨意,他们不敢违背,暗示李敖,没有保人就有被继续"感化"的可能,也就是说,将会继续坐牢。李敖说,没保人而继续坐牢的人,我知道不少,可我就是没保,你们不放我也可以,随便吧。

李敖居然愿意继续坐牢,看守所只能向上报告。

一九七六年十一月十九日,李敖破例"无保释放"。例行公事,他们交给李敖一张证明书。李敖看了,又好气又好笑。上面写着"国防部绿岛感训监狱开释证明书",印好的"行状及悛悔情形"专栏之中,已经写上"思想已改正"的文字。李敖没有去过绿岛,也没有"悛悔",真有点张冠李戴的意思。出狱后,李敖凭着这张证明书,领到了身份证,回归于台湾社会,重新开始他的文字生涯。

李敖坐牢的最后一年,是在台北县土城乡仁爱路23号的"仁爱庄"度过的,这个全名为"仁爱教育实验所"的看守所,以"感训"为主旨,试图给"政治犯"洗脑。在"感训"的岁月里,李敖不言不语,顽强地抵抗着官方意识的冲击。

有趣的是,看守所让李敖住进花园洋房,请来学者名流讲课,给李敖和另三个"同案犯"上"专班",旁边有少将副主任、上校教导长作陪。讲课者中就有李敖在台大的同学,他们坐在台上刚开口,抬眼看到台下坐着李敖,顿时面红耳赤,大有"班门弄斧"之感。照过一次面后,下次再也不敢来了。

李敖出狱五年后,在台中一中的校友会上,久别多年的同窗相聚了。李敖碰到老同学林钟雄,他也到"仁爱庄"讲过课。李敖笑骂他,你好胆大,居然敢来替国民党向老大哥"洗脑"!林钟雄忙打躬作揖,连说得罪得罪。他说他被请去,以为是给普通政治犯上课,只是想赚点外快。上课时才知赫然坐在对面的,竟是李敖老大哥!原定上四小时的课,后两小时他再也不敢来了。他说他见了李敖,实在惭愧。

"仁爱"而能"实验",对李敖毫无作用。"洗脑是完全失败的,谁都没有改变。如果有所改变,那是变得更顽强。出狱以后,我在台湾依然故我,只是多写了一百多本书掉头给官方洗脑,以为回敬。告诉他们:你们关错了人,我不是'台独'分子,你们却把我当成'台独'分子来关。好吧,就让你们付点代价吧!"

对李敖严刑逼供的几个特务,都是台湾"警总"保安处的。组长李彬如上校,黑矮,凶狠,脸上带着杀气,上海口音,制造冤案的恶名在外,后来生脊椎病而死。主要的帮凶陈敬忠参谋,个高、粗壮,讲得一口流利的普通话,却是台湾人,下落不明……

李敖分析这些人办案,心理状态极有问题。"李敖是'台独'大员也好,不是也罢,都无碍于军法大审下的大狱伺候,反正要你坐牢。"

一九九三年,李敖遇见了吴彰炯。吴是负责李敖一案的特务头子,曾经显赫一时的"警总"保安处处长。

官拜少将的吴彰炯已经退役,在仁爱路远东百货公司五楼的富贵楼担任总经理。而李敖名扬台湾,吴彰炯自然知道,他约李敖到办公室小坐。

仇人相见,并不眼红。李敖问他:"你现在还相信我是'台独'分子吗?"

吴彰炯笑着说:"你是啊,当时我们的情报你是'台湾本部'五委员之一啊,你不但是'台独'分子,并且是大官哩!"

李敖说:"我最后的判决书上,已经完全没有了'台湾本部'这一事实了,'五委员'之说,复判时根本被推翻了,我有幸做了这么大的官,也给暗中解职了。你知道吗?"

吴彰炯一脸惊讶:"这怎么可能?我们当年是根据你是'台独'大员才抓你的啊!"

李敖笑着说:"怎么办?你赶快给我补开证明吧,现在'台独'走红了,我可以凭你的证明去做大官呢!"

原来李敖参与所谓"台湾本部",都是"警备"虚构出来的。李敖在他的文章中,指名道姓地痛骂大特务和小特务,给他们的人生定性是:"又混又坏又可恶。"

对于这次牢狱之灾,李敖的心得是那些关押他的人想象不到的:"我之能背书,能走路,拜坐牢之赐,坐牢对强者说来,真不是坏事。"

李敖出狱后第十一天,十二月一日,他有了生平第一个正式职业,在政大"国际关系研究中心"做副研究员。这是李敖在台大的老师吴俊才亲自推荐的。

第二十二章
"自动申请斗室独居"

二十年前,当李敖还是台大历史系学生时,吴俊才在台大文学院历史系讲授印度史,他曾留学印度新德里大学、英国伦敦政经学院,是台湾首屈一指的印度史专家。在课堂上,吴俊才让学生交出笔记。从来不做笔记的李敖,只交了一堆读书卡片。李敖在其中一张卡片上写道:"累牍连篇千册一律之笔记实非必要。大学生之治学方法贵乎参考众书独立治学,不当株守笔记以应考试及先生之审阅也!"

吴俊才作为青年学者,也很喜欢标新立异。他没有师道尊严的观念,看到李敖与自己相左的意见,不但没有生气,反而大加赞扬。

李敖坐牢的后期,监狱方面允许他看书,只要是不涉及台湾政治的。他读过的书中,有吴俊才写的《甘地与现代印度》。甘地那种百折不挠的经历,给他以精神力量。判刑那天,李敖写了份书面意见说:"虽然我是无辜的,虽然我没有罪,我仍愿引用印度独立的伟大领袖甘地在法庭上的两句话:'我不愿浪费法庭的时间,我承认有罪'。"

在李敖出狱之前,他给吴俊才老师写了封信,吴时任国民党"文工会"主任:"俊才老师:以十八年师生之谊,请老师先听我一句——'李敖实非"台独"分子'!……"李敖述说了自己被"台独"分子诬攀的经过,因为调查局的刘科长都对他说:"好消息告诉你,查清楚了,我们知道冤枉你了。"后来开庭,"台独"分子当场承认对李敖的诬攀,"被迫咬李敖"。其实这时,"台独"分子的宣传目的已达到。

"我自动申请斗室独居,终年做宗教式的闭关隐遁。细读老师的新作《甘地与现代印度》。在灵修方面,得益尤多。日远的哲人星期一静默,我已多年每天都是星期一。静默使我独与天地精神往来,上达广漠之野,无何有之乡。初判十年,我不上诉,我认为,我该在'伤心之地'坐牢,我愿用长年坐牢,偿付我做的和我没做的。我认为一切都已太迟。这次更审,在法庭上我一片缄默!我只向法官引了一句老师书中的话——'我不愿浪费法庭时间,我承认有罪。'"

当李敖写这封信时,所剩下的刑期已经不足一年。他对身居官位的老师,表达了今后宁可被"放逐"的意向,建议当局让他"出国",与其看他不顺眼,不如"欢送"他离开。"我在这岛上对台湾是多余,对我是浪费……"

吴俊才接到李敖的信,专程来看望李敖。那时李敖在"仁爱庄"坐牢,保安处突然派车接李敖去台北，前往基隆路警备总部招待所客厅。随后，吴俊才老师来了，他说收到信很感动，他愿意帮李敖的忙，问他有什么困难。

李敖说，他水晶大厦的房子在弟弟名下（李敖不把财产放在自己名下，是怕被"政府"没收），他入狱后，弟弟把房子押给华侨银行，又不缴利息，以致房子落在银行之手，不折算钱，希望老师能代为解决。

过了一段时间，吴俊才又来看望李敖。李敖水晶大厦的房子之事，他已经帮忙解决。至于"出国"，等他出狱后再说。吴俊才以老师的身份，也对学生提出要求，请李敖出任政治大学"国际关系研究中心"副研究员，表示彼此不再敌对，并且解决李敖的生计问题，李敖因"叛乱案"而褫夺公权六年一事也可就此不了了之。李敖同意了。

李敖到政大"国际关系研究中心"那天，主任蔡维屏跟他见面，告诉他，按副研究员标准，应该有研究室，目前研究大楼的房间没有空的，把他安排到总务大楼，用总务主任办公厅对面房间做研究室，李敖明白，此乃"隔离"措施，笑着点头。

"国关中心"图书馆"敌情资料"很多，李敖也想去看看，谁知他一到，安全室的江主任就跟到，悄悄向女职员询问李敖借的什么书。李敖心知肚明，一本书也不借。

四十一岁的李敖并不以所谓的正式职业为荣，他再也不到"国关中心"去了。不过碍于吴俊才的面子，还是拖着挂个名。到了第二年，吴俊才调去萨尔瓦多做"大使"了，李敖趁机提出辞去"国关中心"职务。主任蔡维屏不肯放人，说是做不了主。

李敖与这样的研究中心格格不入。"那次短暂的副研究员，就好像一个人上街买菜，突然被抓去当兵，他一有机会，必然要开小差，还回去买菜一样。"

"在中心我待了十三个月，但是全部上班的时间，不到十三个小时。不但拒绝研究，也拒绝听演讲会、拒绝请领书报，最后拒绝领薪。"

一九七八年八月十五日，吴俊才亲自到李敖家，当面挽留李敖，如果一定要离开，聘请他到《中央日报》做主笔。李敖没同意。吴俊才退了一步，说你至少答应做特约编审，可以给你相当于社长的待遇，最高的薪水。李敖还是摇头。

第二十二章
"自动申请斗室独居"

吴俊才说：你先做一年嘛，情况好了，再转更好的，准备接任总主笔。李敖说：我消极得很，并没前途可以追求。还是让我自生自灭吧。

吴俊才说：希望你李敖用真名为《中央日报》写文章。李敖说：如果你们能开放专栏、不改文章、允许公开批评国民党，我就写。

吴俊才说：你就任主笔后，可以获得安全保障，治安人员再也不会骚扰，也可以免掉以后许多的麻烦。李敖说：我很不祥，一定会连累老师，还是让我自生自灭吧。我不会给国民党做打手的，谢谢老师啦！

见李敖态度坚决，吴俊才同意转告中心给他开"离职证明"。他还是说，有没有其他合适的地方，他可以代为想想办法。

李敖开玩笑说：我准备去开"野鸡车"了。

吴俊才看了他整理的有关印度的资料，笑着说："你去做甘地吧！"

临别时，吴俊才对李敖这个他所器重的学生说，"中央"（指国民党上层）都说你有才干，但是没法处理，也没人敢出面处理，大家都说太可惜了。

李敖去"国关中心"，还了老师的情。李敖离开"国关中心"，证实他视他的自由比金钱更宝贵，他任职的薪水是副教授待遇，只领干薪，每年可进项不少，如果挂职到退休，能领二十多年，数目实在可观。"我要离开'国关中心'，基本上是一心想过我狱中那种平静与苍茫的生活，息交绝游，谢绝人事。"

随后，李敖潜心做学问，"大隐于市"，并且兼做土木承包工程，成了个"包工头"，过了两年半隐居生活。

此时辅佐李敖的，是娇小可爱的女子刘会云，她原来是萧孟能女婿的秘书。刘会云毕业于台大外文系，她与李敖度过了一段同居的日子。

李敖说，会云是我一生中最得力的无怨无悔的女朋友。刘会云后来赴美国后，他曾写信给她，倾诉自己的心境："二十日机场见你含泪而去，在归途上，我想的却是《北非谍影》。《北非谍影》毕竟是电影，所以最后出现了奇迹。至于台北，是一个没有奇迹的地方……这几天他们整天庆祝建党九十年，报纸、电视上一片马屁，我真觉得我是这一片马屁中惟一一个真人……我在这里，也准备凶多吉少，死在这里。宋朝梅尧臣写《东溪》诗,说:'情虽不厌住不得,薄暮归来车马疲'。我在这里,却'情虽已厌住下去,薄暮下笔不知疲'。"

李敖表现了苦难中的清醒:"我在这里,至少表示了三点意义:第一,我树了一个大丈夫、男子汉的伟大榜样;第二,我拆穿了国民党,并使国民党在言论上对我全无还手之力;第三,我为人类与台湾前途,提供睿智的导向。我完全不知道我能这样做多少、做多久,但我随时准备被暗杀、被下狱,丝毫不以为意……"

李敖把一生中最能表白心迹与处境的信,写给了刘会云。刘会云跟李敖一起,度过了他一生中最长的隐居时期,对李敖呵护有加。有一段时间,李敖一连五个半月不下楼,都是会云照顾他,否则李敖真要饿死了。

"我的小天地我常常叫它是我的'豪华监狱'。真的,它真是我的'豪华监狱'。它有一切监狱所没有的实际设备,但置身其中,我却觉得我是一名'囚犯'。在台湾,似乎没有人在一天二十四小时内,比我更能独处。没有人像我这样每天看到人或动物的时间只不过四五个小时,其他的时间完全'顾影自雄'或'自己跟自己说话'。我常常说我是一个'眼看黑暗到来,又目送黑暗归去'的人,这意思就是说,我常常一个人,从黑夜直到天明。有时候我开玩笑:'没有李敖这种忍耐寂寞本领的人,休想批评李敖!'"

出狱的李敖逐步在调整心态,他能感觉到台北的变化,物是人非,几多浮沉。有一天,到了下午五点多,有一种惯性推动着他,他走出家门,又来到了铭传商专的门口,站在街对面那棵老樟树底下,那是入狱前他经常站的位置。

密密匝匝的树冠依然浓绿,车来车往的街道依然喧闹,他听到下课铃响了,看到校门打开了,背着或抱着书包的学生们鱼贯而出,其中的女孩子穿着鲜亮,像一只只快乐的彩蝶。那不是一身白裙的小蕾吗?她眉目含情,笑容清纯,似乎与他目光相接。但他定了定神,看清走过来而又走过去的女孩,不是他的小蕾,那个跟他心心相印、形影相随、仿佛永远不能分开的小蕾,已经永远地在他视野里消失了。

他是在寻找小蕾,还是在寻找自己?尽管李敖知道,小蕾就在同一个城市,他甚至还知道,她成家后住在哪里、在哪里就职。他没有去敲她的门,也没有到她的单位找过她。他不愿意去扰乱属于她的生活,他宁可把过去的牵挂深深埋葬,在她的眼

第二十二章
"自动申请斗室独居"

前消失掉。

他失去了往昔的情人,其实也失去了往昔的自我。他的心底激荡着往日的感情,凝结成一首首爱的诗篇。与其他的失恋者不同,他的诗不是悲哀的,更不是幽怨的,诗名像他的情感那般透明,譬如《爱是纯快乐》。"爱不是痛苦,爱是纯快乐。不论它来、去、有、无,都是甜蜜,没有苦涩。"他把一个清纯无比的小蕾藏在记忆深处,默默地为他曾爱过的人祝福:"只有恋得短暂,才能爱得永恒。"

第二十三章 明星加明星的婚姻

李敖"真人不露相",仿佛已经在外界消失许久了,远景出版社发行人沈登恩在李敖的"消失"中看到了巨大的潜能,他原在文星书店做过事,早就对李敖非常敬佩。沈登恩一次又一次登门,想出李敖的书。

沈登恩敏锐地认定,李敖经过"告别文坛"、坐牢、隐居等大事,像是发酵已久的美酒,一旦开坛肯定芳香无比。"远景"要有远见,在那一天到来之时拥有李敖。他找李敖谈出版,李敖开始不见他,直到他"三顾茅庐",才决定见他。

沈登恩上中学时,曾给李敖写过仰慕的信,李敖拿给他看,他大为震撼:"李先生的记忆与细密竟如此惊人!"

李敖同意出书,但不同意"炒冷饭"。沈登恩的意思是,重印李敖的《胡适评传》和《胡适研究》这两部没被禁过的专著,不会惹麻烦,也可以借李敖的名气再炒作一番。而李敖说:"李敖十四年被封锁,如今重返江湖,只出版两本出过的书,未免太寒酸了,总该出一本台湾没发表过的。我在受难期间,在香港出版过一本《借古不讽今》,如加以增补,改名出版也不错。"

沈登恩被李敖的"卖点"打动了,与李敖敲定了出版新书的意向。香港结集的书名《借古不讽今》,里面的文章都是李敖在坐牢期间写出来,偷偷带到香港发表的,肯定会在台湾有读者。由远景出版社重新包装,得用个新的书名,叫什么好呢?李敖想到了他的第一部书《传统下的独白》,那是一部给他带来巨大声誉的文集,他留下关键的词,然后推陈出新,取名《独白下的传统》。

李敖应约写了漂亮的简介:"李敖自写《传统下的独白》闯祸起,被追诉多年,一

第二十三章
明星加明星的婚姻

直翻不了身,这本《独白下的传统》,是书名翻身,不是他。李敖大隐于市,常常几个月不下楼,神龙首尾皆不见。这本重新执笔的新书,聊可如见其人,并为仇者所痛,亲者所快。'远景'过去没有李敖,李敖过去没有'远景',现在,都有了。"

一九七九年六月六日,李敖的新书《独白下的传统》在台北首发。人们翻开扉页,看到李敖的导语:"五十年来和五百年内,中国人写白话文的前三名是李敖、李敖、李敖,嘴巴上骂我吹牛的人,心里都给我提供了牌位。"

除了李敖,谁敢这样写?你还想不想活了?正如李敖的自荐表白的那样,"重返江湖"的文字还是那么精彩。闯祸了,坐牢了,李敖丝毫不变。

沈登恩是个懂得造势的出版家,他找到《中国时报》副刊版主编高信疆,透露第二天李敖的新书上市。高信疆的大哥是李敖的老友,他也是李敖的崇拜者,感到这条"独家新闻"得抓住,他请沈登恩把发书日子延后一天,赶紧游说《中国时报》董事长余纪忠。"余老板"点了头,《中国时报》在出书之日,派出两个记者专访李敖,还辟出醒目版面,刊登李敖大幅照片,发表了社论《李敖变了吗?看他怎么说!》。

高信疆主编的《中国时报》副刊版,大幅刊出李敖的《快看〈独白下的传统〉》,李敖说:"写这本书的目的,是帮助中国人了解中国,帮助非中国人——洋鬼子、东洋鬼子、假洋鬼子——别再误解中国。"李敖提出的两个"帮助",闻所未闻,点出这本书的精华所在。

被禁十四年的李敖给出版家带来好运。《独白下的传统》高居畅销书榜首。几万册新书都卖完了,出版社忙着追加印数,各报刊好评如潮,其中《特立独行的李敖》一文,作者竟是著名影星胡茵梦。有熟人把登此文章的《工商时报》拿给李敖看,李敖不知胡茵梦为何人,他有八年没看电影了。

读着这篇文章,李敖觉得这个女人见地不凡,当李敖的新书走红之际,胡茵梦不是人云亦云:"在一阵'寻根'、'自我肯定'、'老王卖瓜'、'乡土、乡土'这虽正确却不甚精彩的开倒车潮流中,卷来了'李敖逆流',使得爱困的读者们再度被惊醒,在拍案叫绝声中又年轻了十岁。人性中最具破坏性也最具建设性的宝贵特质——不满现状,因为这阵再起的逆流而得到共鸣与抒发。"

她说:"我终于购得了再版的《独白》,看完全书,封底最后一行写着:'过去"远景"没有李敖,李敖过去没有"远景",现在,都有了。'这一行字看得人百感交集,有伤感,有希望,也有怀疑。伤感作者的过去,希望是看到作者的未来,怀疑却是怕被出版社和自称'最高明的宣传家'所愚弄。"

胡茵梦作出的判断是属于自己的:"看完书,放心地松了一口气,李敖仍旧是李敖,虽然笔调和缓了一些,文字仍然犀利、仍然大快人心、仍然顽童性格,最重要的,这位步入中年的顽童还保有一颗赤子之心……"

胡茵梦在台湾可谓家喻户晓,她二十岁那年主演《云深不知处》一举成名,此后演出的多部台湾电影都很卖座,曾担任台湾电影最高奖"金马奖"颁奖晚会的主持人,有"台湾第一美女"之称,是许多人的"梦中情人"。

喜欢看外国电影的李敖,专门看了台湾电影《中国怪谈》之《神驹》,胡茵梦扮演的那个带有古典美的女神,容貌艳丽,举止优雅,使人感受到她与众不同的艺术气质。这样的美人演不完的戏,出不完的名,居然能有空看李敖的书,写李敖的评论文章,而且文采飞扬,不是个花瓶似的明星可以比拟的。

胡茵梦当时供职于官方党营机构"中央电影公司",因撰文赞扬"异己分子"李敖,受到国民党文工会的"警告"。正在走红的胡茵梦并不买账。她早在念辅仁大学德文系时,就对李敖倾慕已久,只是无缘见面。

当年,李敖出版了《传统下的独白》,在大学校园不胫而走,大学一年级的胡茵梦买了一本,一读就成了个忠实的"李敖迷",她把书揣在牛仔裤的后兜里,每天在校园里走过,有时间就拿出来翻几页,很多篇文章都读了好几遍。接触这本书以前,喜欢文学的胡茵梦,对政论文集从没这样热心过。

"老子就这样写了、这样骂了,又怎样?"李敖的无所畏惧,叫胡茵梦想来发笑,这才像个真正的男子汉!《传统下的独白》畅销了四年,后被台湾查禁,禁后盗版层出不穷,屡禁不止,这是台湾当局想不到的。

李敖以《独白下的传统》复出,不鸣则已,一鸣惊人,他文思泉涌,埋头于继续写作,并不知道有一双美丽的眼睛在注视着他。那天傍晚,李敖应邀去新城公寓出版

第二十三章
明星加明星的婚姻

商萧孟能家做客,与胡茵梦母女"偶然相遇"。原来,胡茵梦有意结识李敖,与萧孟能商量好,也做了萧家宴会的宾客。

这次相遇,李敖和胡茵梦彼此的印象不错。有的作家文笔虽好,却是不擅言辞,而李敖风度翩翩,说话也有趣极了,超出了胡茵梦的想象。至于胡茵梦,李敖觉得她比电影里的模样更加光采照人,言谈举止间透着书卷气,这也是李敖欣赏的一种女人。他们仿佛相识已久,没有任何的陌生与隔膜。

世界虽大,天下太小。胡茵梦的祖籍也在东北,她的父亲胡赓年,曾在吉林女子师范学校当老师,李敖的父亲李鼎彝也曾在这个学校任教,说起来,他们的父辈在东北就是同事,到台湾后也都在台中住过。

胡茵梦一九五三年生于台中,那时李敖正在台中读书。李敖家在台中一中的宿舍里,离胡茵梦家住的存信巷很近,她小时候就常听表哥和母亲谈论李敖的奇闻轶事,譬如他不肯在父亲丧礼中落泪,不依规矩行礼,甚至还传说他从台北扛了一张床回家送给他母亲。当时她想,这怪人到底是什么模样呢?

胡茵梦后来回忆说:"他看到我们母女,很规矩地鞠了个九十度的大躬,后来母亲告诉我,他那个躬鞠得怪吓人的,这个年代已经没人行这么大的礼了。"

此后,李敖与胡茵梦热恋的花边新闻在台湾和香港报端频频曝光,李敖由"社会版"人物转为"影剧版"主角。

胡茵梦是"大众情人",许多观众都对她倾注了爱慕之心。有一个高中的老师写信给李敖说,他在班上说起李敖和胡茵梦谈恋爱的消息,全班学生都不禁"怒吼"起来,抗议李敖"抢走了我们的爱人"。

李敖的一个读者写信给李敖说,他和他周围的人很喜欢读李敖的文章,佩服他的才气;他们也欣赏胡茵梦,喜欢她演的电影。可是他们不喜欢李敖与胡茵梦在一起,使他们有某种失落感和挫折感。

对于媒体的热炒,李敖觉得十分有趣。是朋友的记者和作家来采访或照相,他相当配合。作家林清玄的专访写道:"终于见到李敖和胡茵梦了,到底是恋爱中的男人和女人,一个是蛾眉淡扫,一个是书生本色,各自显得神采奕奕。胡美人一如在银幕上的形象,妖柔无限,依偎在李大少爷的怀中。"

有人问：胡茵梦的追求者甚多，不乏有钱有势者，她何以被你李敖倾倒？李敖用北京土话作答："帽子歪着戴，老婆讨得快。"他开玩笑说自己是"坏蛋"，但坏得出色。"胡茵梦已经够美了，她不像一般的女人要去美容，她要用文化美容，而李敖是文化最好的代表，胡茵梦便只好爱李敖了。"

李敖对于他与女明星谈恋爱，还有他的文化人之解："李敖和胡茵梦谈恋爱为写文章的人争一口气，以前，明星们都和老板、小开们谈恋爱，李敖至少证明了写文章的也可以和女明星谈恋爱。"

记者采访李敖好一会儿，胡茵梦做头发才回来。李敖借口去打电话，溜走了，到门口时回头说："我刚刚说了你不少坏话，换你说了。"

胡茵梦笑得很开心，她说朋友的看法特别简单："他们并不觉得意外，一致认为我们两人是绝配，早就应该在一起了。"她还说，她和李敖都是生命的赌徒，敢于赌。李敖是她手中的一张王牌，她拿来赌一辈子的幸福，"这是我拿过最好的一张牌，非赌不可……"

李敖自命不凡的个性改不了，胡茵梦并不介意："我和李敖相处久了，知道他有很多面，一般人看到的是顽童的李敖、坏蛋的李敖，而没有看到李敖深沉的一面、体贴的一面。"对于与李敖的爱情，胡茵梦表现得相当自信，她说："第一，我不认为爱情是无条件的，它绝对有条件。其次，爱情也不是不须努力的，要将两个不同个性、不同背景、不同思想的人合在一起，是十分困难的事。尤其是我和他，这样主观与个性都很强的人，尤其困难。所以爱情是需要营造的。"

李敖曾对婚姻作过抨击，似乎坚决不走入这个城堡。"譬如说，你不能再东奔西跑了，你要适时在家里陪太太；你不能一掷千金了，你要不例外地像任何已婚的男人一样在婚后变得小气起来了；你不能随心所欲为所欲为了，也许你为了糊口与家计做你并不愿做的某些没有意义的事；你同时要大有顾忌地选择你走的路了，你不能再冒险，你要为家中每一位'亲爱的'而低首下心地做'顺民'！太太喜欢丈夫出人头地，可是不喜欢自己的丈夫竟是一个'千夫所指'的异端。"

但是，李敖与胡茵梦的相爱，改变了他对婚姻的态度。

第二十三章
明星加明星的婚姻

一九八〇年五月六日,在敦化路金兰大厦李敖的家里,李敖迎娶了胡茵梦。与当时台北的风气相比,他们的结婚仪式是简单的。李敖把他的家粉刷一新,墙上挂了李敖与胡茵梦的合影照片,他们只邀请了几个朋友参加仪式。

那时李敖四十五岁,胡茵梦二十七岁。

证婚人是《中国时报》的编辑高信疆与孟绝子。来的朋友深知李敖为人,也不讲究排场,有一位送了一套《史记》,有一位送了一幅画,还有一位送了一篓玫瑰花。婚礼过后,李敖和胡茵梦请朋友们到附近的酒店吃了顿便饭。李敖之所以不愿意把婚事办得隆重,有他的考虑。除了他向来不注重形式,还觉得他的低调可以减少些影响,以免当局不舒服,找胡茵梦的麻烦。

李敖与胡茵梦的婚事公布于众,顿时在台湾引发了轰动效应。胡茵梦的影迷大感意外,有的甚至写信给李敖,说李敖抢走了他们心中的爱人。李敖哈哈一笑:"他们没想到,两个名人的结合也是一种必然,他们不了解名人也需要有他们的自由生活,名人也有七情六欲。名人之间更需要了解,这种了解当然包括结婚和恋爱。我不喜欢板着脸孔生活,这太没有意思了。"

结婚第三天深夜,床头柜上电话铃突然响起。李敖在睡梦中惊醒,拿起电话听筒,有个男子自称林导播,语调蛮横地找胡茵梦。

李敖不快道:"现在是夜里三点啊!"

那个男子说:"没错,我知道是夜里三点,你叫不叫胡茵梦来听?她不来听,明天我就公布胡茵梦跟我的床上照片。"

李敖一听火了:"林导播,胡茵梦在跟我结婚前,就开过一张名单给我,名单里面没有你,可见你是冒充的,如果你有照片,那你公布好了!"对方顿时哑口无言,灰溜溜地挂了电话,再不敢来骚扰了。

胡茵梦结识李敖,母亲是乐意的,但她嫁给李敖,母亲又是反对的。这位人称"胡星妈"的老人家,名叫璩诗方,她原先也有丈夫,后在上海友人家中与胡赓年一见钟情,紧追不舍,双方脱离各自家庭,到台湾来,四十四岁时生下胡茵梦。关于此段姻缘,胡茵梦后来在回忆录中这样写道:"父母亲各自脱离了原本的婚姻伴侣开始生活在一起,他们既没有和原配离婚,彼此也没有正式结婚,但日子久了熟稔的朋友便自然称呼他们胡先生、胡太太。在那个年代,他们的作风算是大胆率性了。"

璩诗方曾就读于天津女子师范学院中文系,有文化也有脾气,十分厉害,胡茵梦从小就不敢违抗她的旨意。璩诗方天天沉醉在麻将桌前,与胡赓年口角日增,胡赓年渐渐与之貌合神离,直至离家出走,与另一个虽贫穷但贤淑的女人(胡茵梦称为"华阿姨")同居。失去丈夫的璩诗方,把胡茵梦这个独生女看得紧紧的,俨然保护神。

开始对胡茵梦与李敖的来往,璩诗方"举双手双脚赞成",她觉得台湾惟一配得上胡茵梦的男人,只有李敖。后来,她的态度又发生了一百八十度的根本变化,对胡茵梦说:"李敖已经摆明了要骗我们的钱,你可是千万不能和他结婚啊。"

受璩诗方摆布惯了的胡茵梦,这一次并没有听从。

婚礼刚过不久,胡茵梦与李敖就产生了小小的磨擦。胡茵梦希望女婿与岳母建立良好关系,她说,她不可能有了丈夫,从此就不与母亲往来,那样她就成了夹心饼,两面不是人了。意见不统一,胡茵梦收拾东西,就回娘家去了。

隔了几天,李敖打电话给胡茵梦,提出谈判的条件。他知道不过璩诗方这一关是不行的,就说:"如果我愿意站在你家门口挨胡老太的骂,骂足一个小时,你愿不愿意和我回来?"胡茵梦说:"好吧,我答应你这个条件。"

李敖言而有信,果然登门造访,手上还带了一盒礼物。璩诗方把门一开,一看是李敖,二话不说,张口就骂:"你这个没人性的东西,还好意思上门来?你不是崇拜共产党吗?你这种人就该让共产党好好整治一下……"

璩诗方骂足了一个小时,李敖动也不动地站着,时间到了,他看了一下表,示意胡茵梦与他回去。胡茵梦履行承诺,拎着箱子和他走了。

十多年后,胡茵梦对于这段姻缘也有反思。

那晚胡茵梦穿了一件淡柠檬绿的棉质长袍,光着一双大脚,连拖鞋也没穿。她记得,在萧家见到李敖的第一眼,心里颇感意外。大学时读他的文章,主观的想象中,他应该是个桀骜不驯的自由派,没料到本人的气质,完全是个"基本教义派"的保守模样:白净的皮肤,中等的身材,眼镜底下的眼神显得有些老实。

第二十三章
明星加明星的婚姻

她说,过了没多久,有一天李敖约她出来喝咖啡,他们谈到她在《工商日报》的专栏里为他写的那篇《特立独行的李敖》,她发现他们之间真正能产生交集的话题并不多。当李敖带她到家里,看书房和摆设时,"我发现他是一个想怎么样就怎么样的人,别人发展出来的美学和设计理念与他无干,他关着门自有方圆。"

与李敖相恋的细节,她的印象极深,细到了接吻的方式。"我们后来坐在沙发上聊天,聊着聊着他突如其来地吻了我。我记得他吻我的方式,是我这一生从未经验过的——他接吻的时候头摆的角度是笔直的,不知道是不是太紧张,他竟然忘了接吻头得歪一点才行,否则鼻子怎么处置?我发现他连做这件事的章法都和一般人不同。只见他笔直地冲着我的鼻子压了下来,猛力地吸我的上唇(因为找不到下唇),我被压得差一点窒息,心想此人也太'土'了一点吧。"

毕竟他们是相互吸引的,个性的反差更有碰撞的欲望,何况她也是好强的人:"李敖的'土'令我觉得十分新鲜,他人格中的冲突更是令我好奇。我一向有'搜奇'的倾向,愈是矛盾、复杂,愈是像谜团一般的人,我的兴趣愈大。当然猫通常是被好奇心害死的,但'不二论'也是这么被发现的。"

热恋之火足以把理智点燃,已经成名的李敖与胡茵梦也不例外:"十月中旬我和宝哥(葛小宝)到印尼登台,母亲陪我同行,前后总共二十一天的时间。我心里百般不愿和李敖分开那么久,但当时的酬劳很高,我和宝哥各唱几首歌,主持人访问几句,说些笑话,轻轻松松一天可以赚进台币十万元。于是我们一站又一站地马不停蹄,每到一站我都和李敖通长途电话。二十一天下来,我花了十万台币电话费,李敖也打了台币八万元。宝哥每天都问我:'你的敖怎么样啊?'"

胡茵梦回到台北,就与李敖同居了。"当李敖觉得一切都在掌握中,情势很安全的时候,他真的是这个世界上最宠女人的男人之一。每天早上我一睁开眼睛,床头一定齐整地摆着一份报纸、一杯热茶和一杯热牛奶。那时他早已起床(他的生理闹钟每天都按时把自己唤醒),一个人在书房里集中精神征集资料、做剪贴,开始一天的写作活动。"

可惜,他们最甜蜜的时候太短暂了。

第二十四章 "因不了解而分手"

结婚不久,胡茵梦与李敖感情由浓而淡。原因是多方面的,其中有一项来自各自的信仰。璩诗方对新婚的女儿说,你可以不听妈咪的话,不可以不听神灵的话,我劝你跟李敖去抽个签,看看你们的缘分怎么样。

只有抽了签,才能白头到老。胡茵梦信了。她回到家,把母亲的话转告李敖。李敖不以为然地说:"茵子,你怎么可以不相信我的承诺,而要去相信迷信呢?"

李敖不信,胡茵梦信,她还是去寺院烧香求菩萨保佑了,她就自己的婚姻能否长久,询问著名法师林云。林云沉吟道:"你们的婚姻可维持五年。五年后你老了,而李敖一向喜欢年轻女人,那时候你们的婚姻就出问题了。"胡茵梦大惊失色,忙请教化解之法。林云说:"你们要在卧床四角各放铜钱一枚,如此婚姻方能长久。"

胡茵梦回家后转述给李敖听,要他照着林云法师的嘱咐做。李敖很反感地说:"我是信科学的人,一概不信怪力乱神,你怎么可以这样无知?迷信这种妖僧的话!"胡茵梦一脸失望地说:"我看你根本不爱我!"

李敖告诉她,这个胖胖的林云,别看有了法师的称号,有了众多的痴迷者,其实是李敖在台中一中读书时,比他高几年级的同学,没他自己说的那么玄乎。扮神弄鬼的事,他李敖是不信的,更不会照着做的。

她没有再坚持放铜钱,心里老大不痛快,夫妇间又留下了矛盾的种子。

李敖私下告诉朋友高信疆,他跟胡茵梦的这场婚姻,很可能不会超过一年。高信疆也是李敖与胡茵梦的证婚人之一,曾为他们的结合真诚地祝福,他听了李敖的话百思不解,好生奇怪。结婚乃人之终身大事,非同儿戏,既然李敖知道婚姻如此不

第二十四章
"因不了解而分手"

牢靠,何必多此一举,非得结婚呢?李敖说了一句让友人更难懂的话:"大概我和她都好胜,总要把没做完的事做完吧!"

当初李敖复出时,胡茵梦撰文赞赏他"特立独行",她也以此自勉。然而"特立独行"的代价却是她缺乏准备的。胡茵梦与李敖结婚,一个当红明星居然跟一个坐过牢的释放犯走到一起,国民党官方认为她"丧失立场",开始是头面人物一再警告,她没当回事,以为结婚毕竟是她的私事,爱一个人就可以义无反顾。

然而,在现实的天平上,爱情的砝码比想象的要轻得多。"中影"筹备多日的一部新片,原本为胡茵梦度身定做,她也做了必要的准备,开机前却临时另选了女主角。总经理告诉胡茵梦,他当然想让胡茵梦主演,以胡茵梦的明星招牌,无疑是票房的保证。可是上头专门有交代,"中影"不敢犯上,实在无能为力。

胡茵梦的片约,不明不白地没了。一年一度的台湾"金马奖"颁奖晚会,以往的主持人非胡茵梦莫属,当局借口胡茵梦的英语不好,也把她换掉了,可是她过去的英语是受到广泛赞许的。她只能坐在台下,看着人家在台上风光,那些微笑甚至讨好的脸变得冷漠而陌生。曾经如日中天的胡茵梦被晾在旁边,确实太难过了。

李敖的生活很有条理,他从住校、当兵到坐牢,养成了独立的一套习惯。而胡茵梦没有离开过母亲的照顾,她是个非常随意的人,不会做家务事,也不拘小节。迥然不同的个性,压缩在一个空间里,难免磕磕碰碰。每当闹得不愉快,胡茵梦就冲进卧室收拾衣物,然后拎起她的皮箱,抹着眼泪跑出门,打的回到娘家去。

胡茵梦向母亲诉苦,母亲不会说李敖的好话,更加增添了她的委屈情绪。等到李敖开车上门来接,胡茵梦才会破涕为笑,跟着丈夫回家。

平时的琐事,李敖和胡茵梦即使闹翻了,阴云密布,电闪雷鸣,用不了多久又会雨过天晴。可是当局不让胡茵梦上片子,也不让她当主持人,这是李敖无法帮助她的。女人的青春短暂,女明星的艺术生命也是有限的,李敖可以跟官方"不合作",胡茵梦却无法割舍与电影的联系,就此告别她喜爱的银幕生涯。

李敖的复出,是当局不愿意看到的。因为李敖的名气,情治机构不便公开阻拦,而是暗中监视。李敖应《中国时报》之约,推出"李敖特写"专栏,增大了报纸的发行量。情治方面当即向《中国时报》老板余纪忠表达了"愤怒"。

余纪忠不愿意放弃李敖，以便保持《中国时报》的销量，但也不敢得罪当局，他摆了宴席，请来李敖和国民党"文工会"主任楚崧秋相聚，希望能化解矛盾。李敖看得明白，照他的风格写下去，当局是不会允许的，他不愿意给友人找麻烦，便主动给编辑高信疆写信，提出结束在《中国时报》的专栏。

封杀的阴影，仍在盯着李敖。李敖看得很淡，胡茵梦却无法承受。

李敖说："日久生愁，隐成了我们分手的伏机。西方有句谚语：我们因不了解而结婚，因了解而分开。我同胡茵梦的结婚正好相反：'我们因了解而结婚，倒因不了解而分开。'"

胡茵梦后来在自传中这样写到这中间的纠葛：那一年，"本来已经远赴南美智利的萧孟能先生突然在二月多回到了台湾。他人在国外时，李敖、我和李放曾经到他花园新城的家搬了许多古董和家具回金兰。我当时问李敖为什么把东西都搬空了，他说为的是替萧先生处理财物。萧先生在天母有幢房子取名静庐，李敖说为了便于处理，必须把这幢房子暂时过户在我名下，我没有多心，不久他就办了过户手续。这期间李敖时常和李放通电话，李敖讲电话的态度非常神秘，声音低得连我这么好的听力都听不见他的谈话内容。我好奇地问他到底在搞些什么名堂，他说他在处理萧先生水晶大厦的买卖事宜。萧先生回台湾后第一件事就是找李敖，李敖避不见面，但我并不知情。他找不到李敖，只好把我母亲请了出去，向老母告知他花园新城的房子已经被退租，古董和家具全都被搬空了，天母静庐也换到了胡茵子的名下，委托李敖处理的水晶大厦更是被法院拍卖了。一向对李敖'言听计从''没有任何怨言'（李敖自己在回忆录中的用语）的正人君子萧孟能，是《文星》杂志和文星书店的创办人，也是李敖多年共患难的战友，他和我一样是个不折不扣的生活白痴，我们都因为懒于处理人生繁琐的事务而成为不怕麻烦之人的掌控对象。"

胡茵梦的母亲听完了这些事的始末，立刻打电话到金兰找胡茵梦，约她回世界大厦和萧孟能先生及他的女友王剑芬见面。六月十日那天，萧先生坐在世界大厦家中的客厅里当面告诉胡茵梦说，他因为和李敖多年共患难，可以说是完全信任彼此

第二十四章
"因不了解而分手"

的交情。李敖在处理财务方面比他高明太多,所以他大小金钱之事全部交由李敖总管,李敖要他签什么,他就签什么,连问都不问一声的。萧孟能的女友剑芬在一旁说萧先生的行为简直跟大白痴差不多,还好她当时提醒萧先生把李敖亲手写的一张长达十八英尺的财务清单拷贝了一份,如果他们要告李敖侵占,那是惟一的一份法律凭据。

不久李敖又和四海唱片发生了纠纷。关于此事,胡茵梦在书中这样写道:"民歌手兼唱片制作人邱晨在媒体上看到李敖所写的《忘了我是谁》,很想把它谱成曲,于是偕同'四海'的廖董夫妇约我和李敖在财神酒店谈出版这首歌的事宜。邱晨问李敖对歌词的酬劳有什么要求,李敖说没问题,比照一般作者的酬金就行了。后来邱晨录完了音,唱片上市的第二天正准备把酬金给送李敖,李敖却开始避不见面。不久廖先生从国外回来,亲自带着礼物来见李敖,李敖说付款的时间迟了两天没照规矩来,所以要诉诸法律,不过可以私下和解,于是索价二百万元(看来他很迷信这个数字,大概是曾经比照此法成功地取得辜振甫的二百万台币吧)。廖先生要李敖给他一星期的时间做考虑,李敖答应了。廖先生趁这一个星期把所有发出去的唱片全部回收,并登报声明,经销商如果继续出售那张唱片,必须自己负法律责任。后来'四海'把那首歌的歌词改成了'钱、钱、钱'。"

八月二十六日萧孟能先生召开记者会,接着,四海唱片公司和胡茵梦又联合起来招待记者,公布了真相。

一九八〇年八月二十八日,是李敖与胡茵梦结婚三个月又二十二天。他翻看当天报纸,一则消息登在醒目的位置:《台司法界昨举行李敖讼案论证会 萧孟能及胡茵梦等各界名流慷慨陈词》,鉴于当时政治气候,确实掺杂了其他因素,与李敖斗气而搬回娘家住的胡茵梦也参加了,还在会上发言批评李敖。

李敖觉得:他与胡茵梦虽然分居了,但既然未曾办理离婚手续,在法律上胡茵梦仍是李敖之妻,天下绝没有这样做人或做人太太的离谱行为。他好笑的是,台湾当局口口声声"复兴中华文化",难道一个妻子"大义灭夫"的行为不是"违背善良风俗"吗?不是与"违反公秩良序"的目标绝不相容吗?

"打倒李敖统一战线"如何邪门,李敖都无所谓,但胡茵梦的参与,让他寒心。以胡茵梦的美貌与名气,她曾表示,害怕李敖不放过她。她实在还是不了解李敖,在李敖身上有才气,也有志气。他放下报纸,马上打电话通知报馆,宣布他要和胡茵梦离婚,约定在忠孝东路大陆餐厅召开记者会。

接着,李敖请来当初的证婚人孟绝子和高信疆,在他们惊愕的目光中,他说:"我今天下午就离婚,解铃还须系铃人,麻烦你们两位在离婚证书上签个字吧。"

李敖挥笔写下离婚证书。他不喜欢一般的套语,只写上"协议离婚"四个字,就算正文,下面预备给旁证人和当事人签字。李敖把离婚的这张纸放到孟绝子和高信疆的面前,孟绝子签上了名字,可是高信疆一再推托,不愿意落笔。当李敖得知,真正原因是高信疆太传统,愿意当结婚证人,不愿做离婚证人。李敖不好勉强,随友人的便了。

李敖与胡茵梦的离婚证书一式两份,当事人李敖签字,见证人孟绝子签名。李敖请人给胡茵梦送到家里去,他不想和她再见面了。然后,李敖和两个朋友一道,匆匆赶赴忠孝东路大陆餐厅,主持宣布离婚的记者会。

李敖向记者散发书面声明共五条:一、罗马恺撒大帝在被朋友和敌人行刺的时候,他武功过人,拔剑抵抗。但他发现在攻击他的人群里,有他心爱的布鲁塔斯的时候,他对布鲁塔斯说:"怎么还有你,布鲁塔斯?"于是他宁愿被杀,不再抵抗。二、胡茵梦是我心爱的人,对她,我不抵抗。三、我现在宣布我同胡茵梦离婚。对这一婚姻的失败,错全在我,胡茵梦没错。四、我现在签好离婚文件,请原来的证婚人孟绝子先生送请胡茵梦签字。五、由于我的离去,我祝福胡茵梦永远美丽,不再哀愁。

没有一句指责的话,这就是李敖的为人。胡茵梦在娘家接到李敖通知离婚的消息,感到非常意外,她以为这是应该由她提出的。她手拿李敖签好的离婚证书,赶忙约律师来研究。律师说,最好请李敖过来,当面商谈一下。于是,胡茵梦打电话到大陆餐厅找到李敖,对他说,她很难过,不过既然离婚,她也接受。手续上有需面谈之处,请他务必亲自去一趟。李敖没有二话,当即一口答应。

李敖与友人坐车前往,记者蜂拥跟去抢新闻。李敖在路上特别绕到花店,停车买了九朵红玫瑰,再上车去胡家。敲开门,他把花送给含泪相迎的胡茵梦。胡茵梦

第二十四章
"因不了解而分手"

已经换上一套黑色裙服,俏丽而哀怨,显得楚楚动人。

李敖拥住胡茵梦,笑道:"茵茵啊,你说你将是'唐宝云第二',因为丈夫不同意离婚。今天我保证你不是'唐宝云第二'——你是'胡茵梦第一'!"

这时,胡茵梦家的客厅已经挤满记者。胡茵梦提出重写离婚文件。"律师说你写的离婚证书,文字太简略了,最好能照一般写,写上些男婚女嫁各不相干等话。"李敖觉得俗气,但他不再坚持,就随胡茵梦的意思,说可以重写。

胡茵梦在桌上展纸,挥笔写下"离婚协议书",下面是常用的套话。李敖看第一张用的是"中华民国"年号,便笑说:"我是不奉中华民国正朔的,这张你留着,另写一张公元的给我吧。"挤满客厅的记者一片笑声。

胡茵梦和李敖都签了字,然后是请证人签字。胡茵梦说,律师认为一个证人不够,孟绝子以外,希望再找一位签字,李敖说,高信疆不便签字,另找一个证人吧。胡茵梦当场向记者们说,有谁愿意见证一下。众人面面相觑,离婚的不吉利难倒了诸位。忽然,有人站出来说,我愿意。原来是个小报记者,胡茵梦请他过来签了字。

李敖得意地说:"大概我的离婚离得太干脆、太漂亮了,当天晚上就上了电视新闻,香港的电视公司也派人访问我,极一时之盛。"

这次李敖的离婚,与他的结婚一样,让人们感到意外。更叫李敖意外的是,胡茵梦事后公开称赞他的书面声明"文笔优美雄浑"。

"她大概没发现我的整个过程都是'大男人主义'气魄。正因为是'大男人主义',所以出口、下笔、送花、签字,都豁然大度,包容'大女人主义'的'新女性'的离谱行为。后来人多赞美说,李敖真会离婚,可谓'人民的眼睛是雪亮的'。"

李敖与胡茵梦离婚的当晚,他应邀赴友人宴席,在座几位美女笑他是"离婚大王"。可不,李敖的离婚干脆利索,有情有义,还上了电视新闻,香港电视公司也派人专访,够热闹的了。李敖笑着回敬道:"其实我岂止大王,早就是专家呢!我的大学毕业论文题目就是《夫妻同体主义下的宋代婚姻的无效撤销解消及其效力与手续》,写的就是古代的离婚,曾被同学戏呼为'离婚专家'呢!"

李敖与胡茵梦从结婚到离婚,前后不足三个月,而胡茵梦所崇拜的林云法师曾预测他们的婚姻是五年。李敖说:"我的预测比'星相学家'林云更准确。"

李敖不否认胡茵梦是个大美人,只是他们合不来。他觉得即使离婚也应该友好:"我相信男女之间的一切关系,都是唯美的关系。恋爱应该如此,结婚应该如此,离婚更应该如此。男女之间除了美以外,没有别的,也不该有别的。"

离婚后,胡茵梦更名为"胡因梦",逐渐转向"身、心、灵"的探索,完全淡出了影坛。

李敖与胡茵梦的婚变,是媒体不放过的热点。有人好奇地问李敖:你还会喜欢女明星吗?李敖说,不敢领教了。人家追问:为什么?李敖说,她们与常人不同,为别人而活,太重视公众的看法。人家说,你不也是文化明星啊?李敖说,她们缺乏自省的能力。

多年后,胡茵梦写了她与李敖相处的感受。那些"两人世界"的朝朝暮暮,恍如昨日。"与李敖同居,除了深刻地感受到他的自囚、封闭和不敢亲密之外,还有他的洁癖、苛求、神经过敏以及这些心态底端的恐惧与二元对立。譬如我在屋子里一向不穿拖鞋,喜欢自在地光着脚丫到处走,因此脚底经常是灰黑的,李敖对这件事的反应非常强烈。'灰黑的脚底'对他来说简直就是一项不道德的罪名,连离婚后都时常向人提起,当做打击我的话题。"

回想当初,短暂的蜜月过后,胡茵梦与李敖回归自我,再也找不到恋爱时心有灵犀的相通感觉了。"我不动声色地把自己的私章、户口名簿、书和衣物,一点一点地搬回家,等到搬得差不多了,我就不再回金兰。这时我开始提出离婚的要求,但李敖不肯,他说他要拖我一辈子,我心想他是很可能这么做的。"

当李敖主动提出离婚,出乎胡茵梦的意料:"当他和我握手的那一刻,我突然很清楚地感受到,我们之间虽然历经一场无可言喻的荒谬剧,但手心还是有感情,于是紧绷的斗志,一瞬间完全瓦解。我的心一柔软,眼泪便止不住地泉涌,我为人性感到万分无奈。没有一个人不想爱与被爱,即使坚硬如李敖者,也是一样,然而我们求爱的方式竟然如此地扭曲而荒唐,爱之中竟然掺杂了这么多的恐惧与自保。"

坐牢出狱,官司结束,李敖对于胡茵梦并不宽恕。对此,台湾记者提问说:你是

胡茵梦

影星胡茵梦

第二十四章
"因不了解而分手"

个有恩必报、有仇也必报的人,因此你对胡茵梦的"大义灭亲",似乎至今恨意仍未全消,一有机会就要讽刺她一下。但你又说过,同女人不必言真,光谈美和情好了,你为什么不可以发挥骑士精神,放她一马?

李敖答道:胡茵梦是"新女性"的典型,虚伪而美丽。我是个情理分得很清楚的人,我跟胡茵梦开过玩笑,说我和她的关系是:"此情不渝,据理力争,依法解决",情理法兼备。在这方面,我的做法与西方人一样。

一九九九年,胡茵梦的回忆录《死亡与童女之舞》出版,李敖主持的《笑傲江湖》谈话节目已进入尾声,他集中"火力",对胡茵梦和她的文字回忆展开了批判。李敖说,他自己对胡茵梦的最大情义,就是"你做错了,我纠正你"。

李敖对前妻所作所为的再次抨击,使李敖与胡茵梦的名字再次有了联系。胡茵梦倒是有另一种解释,似乎这是他们之间藕断丝连的标志:"李敖在他的电视节目和著作中开始不断地对我进行攻讦,令我不禁产生一份心理上的洞见——仇恨的背后永远有相反的情绪,好像他还是难以忘怀或仍然在恐怖着什么。"

胡茵梦在观众眼中是神秘的。

李敖在读者眼中也是神秘的。

胡茵梦说:"多年来李敖以他的文笔、才华、博学和发展到某种程度但离究竟还远的观察力以及强势的推销,成功地在自己的身上铸造了一个神、一个时代的叛逆英雄、一个五百年来的白话文豪和弱势百姓的救世基督。于是我等意志薄弱、叛逆、自认为独特又心怀救赎之梦的读者,便如他所愿地把他当偶像一般开始崇拜。"

"然而偶像是只适合远观的,一旦生活在同一个屋檐下,所有琐碎的真相都会曝光,因此在同居者的眼中没有伟人,也没有美人。"

由偶像崇拜开始,到偶像破碎结束。在与李敖结为夫妻时,胡茵梦曾痴迷于一个法师的说教,也似乎是一个预兆。跟李敖分手后,她的演艺生涯在继续,并遍访台湾寺庙,"每一位法师我都皈依",她还结识了两位从国外到台湾"弘法"的"密宗导师"。到三十五岁,不再演戏,全身心投入"心灵探索"的翻译与写作,踏上神秘的"寻道之旅"。

这也是李敖不断批评前妻的缘由所在。一九九〇年十二月二十六日,李敖接受

《今夜星光》节目专访,坦承自己"喜爱百分之百的美女,但此人难觅,除非保持距离"。当时,胡茵梦信佛而"闭关"是一条新闻,李敖觉得,台湾学佛的人士太注重形式了。他笑着说:"胡茵梦限于知识层面,才会去'闭关'。"

李敖不信鬼神,对装神弄鬼者不加宽容。胡茵梦相信"通灵",虔诚发自内心。她后来听从法师的劝告,把"茵"上的草字头去掉,改为"胡因梦"。他们的人生理念是背道而驰的,以他们的顽强个性,谁都不服输,都非常执著。由此看来,选择怎样的信仰固然各有自由,然而夫妇间的人生立足点不同,彼此难以沟通,爱情终于变色,不能不是促使他们婚姻之舟沉没的潜在礁石。

第二十五章 "黑牢不白坐"

李敖的第一次婚姻已画上句号,他的官司却还没有完。

李敖被诉侵占背信的案子,应该是个民事纠纷,由于李敖的特殊身份,加入了许多政治成分。萧孟能利用这一点,胡茵梦害怕这一点,李敖则不把这一点放在眼里。其实,胡茵梦是有预感的,她估计到当局不会放过李敖。

在一审中,台北地方法院宣判李敖无罪。此时,李敖向"新闻局"申请出版《千秋评论》杂志,每月一期,他要开辟一个出版阵地。按正常的申请程序,李敖交足费用,取得了《千秋评论》杂志的执照,可以投入创刊号的编辑了。

李敖想办杂志,惊动了台湾官方的高层。"国民党中央"有个"王复国小组",主持人是军方"总政战主任"王升,示意"高等法院"改判李敖有罪。案情明摆着对李敖有利,法官却推翻一审判决,李敖由无罪变有罪,刑期六个月。事后,连萧孟能的律师都承认,要不是上头"介入",在法律层面上,他们打不赢这场官司。

按台湾"出版法"规定,发行人一旦判刑,就要变更发行人,并重新登记。李敖"合法"地坐了牢,《千秋评论》杂志也就"合法"地流产了。

这件胡茵梦作证的案子,越判越复杂,最后给李敖带来了不幸,大概出乎胡茵梦的预料。李敖不原谅胡茵梦,但从社会环境着眼,对她仍有客观中肯的剖析:"她出身在一个不幸的家庭,又因她的美,被社会惯坏。她的反叛性,没有深厚的知识作基础。可怜的胡茵梦,她牺牲了丈夫,也牺牲了婚姻。"

一九八一年八月十日,四十六岁的李敖再度入狱。

在"二进宫"之前，李敖刚拿到《千秋评论》执照一个多月。他知道他败诉的政治背景，跟这个执照的作废有关，他不甘心被打倒在地，把台湾"出版法"仔细研究了一通，发现了一个可以利用的漏洞。"出版法"里面有一条，任何作者可以自行出书，不需经过书店的登记。李敖决定，每月出一辑丛书。

真是李敖式的思维方式：杂志不让出，可以出丛书，这样做并不违法。制定"出版法"的人，没有想到李敖这样的作者，可以定期地每月出版一本书，不就等于有了《千秋评论》杂志被封杀后的起死回生之术吗？

李敖把他出版的书，起名《李敖千秋评论丛书》，等于是变相的《千秋评论》杂志。李敖是个海内外叫响的名人，除非台湾重修"出版法"，注明不许作者每月出一本书，否则当局对李敖没什么办法，最多只能出一期查禁一期。

正规出击不行，就化装游击。李敖说："说穿了，我只是文化界里一个摊贩而已，可是流动性强，国民党难以取缔的。"坐牢前，李敖依照六个月的刑期，先编好了六本《李敖千秋评论丛书》，交给了同事林秉钦，转给四季出版公司。"这种做法，活像诸葛亮'预伏锦囊计'似的，只要林秉钦每月'拆开锦囊视之'，即可付印成书。"

有编好的六册书垫底，李敖做好了狱中新作无法传出来的准备。高墙与铁窗，可以锁住李敖的身体，但他的文字还在社会上流传。

谁知李敖入狱两个月后，就找到了"秘密管道"，托人把他撰写的新稿子悄悄地送出。因此，从第四期起，读者在《李敖千秋评论丛书》之中，每一期都能看到李敖的最新文章，仿佛李敖有神功，可以在牢里牢外自由出入似的。

李敖的牢中之作，是传奇与趣味的结合。像第四期的《题泰国漫画》《中国式好人》《我最难忘的一个流氓》《党外是谁喊出来的？》《给党外人士上一课》《文化美容、财政美容、司法美容》《只许我中央，不许你中央》；第五期的《梦做骆马的自由》《李诗四首》《论襫夺狂——兼论政治犯是终身职》《我和殷海光》；第六期的《"显性伪君子"和"隐性伪君子"》《"三毛式伪善"和"金庸式伪善"》《从大轨迹评论人》《这样的法官配做院长吗？》《方神父的惊人秘密》《喜欢的与该做的》。仅《李敖千秋评论丛书》所刊发，就有十七篇之多。

这些经"秘密管道"流出来的文章，使《千秋评论丛书》前六期的后三期大为增

第二十五章
"黑牢不白坐"

色。李敖用他的笔,不可阻挡地表达了他的声音。

这一次入狱,李敖押在台北县土城乡立德路2号的台北看守所,这是台湾规模最大的看守所。当时桃园龟山的台北监狱爆满,台湾"法务部"在台北看守所成立台北监狱分监,收容刑期一年以下服刑者五百人,看守所"代执行"。

至于李敖,虽然刑期只有六个月,"法务部"另眼相看,把他放在台北看守所,表面是一种"优待",其实还是想单独关他。台北监狱太拥挤,没有独居的条件,当局认为李敖不能跟别人住,那样他会知道得太多,于是就留在看守所了。

看守所号子的名称,冠以"忠孝仁爱信义"等字样,简称忠几舍或孝几舍。其中,忠一舍、孝一舍是重刑犯房,孝一舍更特别,名为保护舍,关押者身份较为特殊,像外国人、重要公务员、警务人员等,都在此"保护",以免生出意外。

李敖一个人关在第三十二号囚房。李敖报到的那天,看守所为他清洁了房间,抹掉"前任室友"乱画的字迹,把铁床的螺丝拧紧。这是看守所有史以来没有过的事,可见李敖的"待遇"非同小可。副所长专门查看,他对孝一舍主管严格规定:安全第一,安全包括不使李敖搞鬼,也不许别人搞李敖的鬼。

李敖名气太大,副所长不得不叮嘱部下,绝对不能允许流氓对李敖动拳头,闹出事来大家都完蛋。孝一舍主管除了自己拍胸脯保证,又叫平时惹是生非的犯人拍胸脯,那些膀大腰圆的流氓说他们佩服李敖,绝不会出事。

李敖入狱的当晚,就有人偷偷给他送烟,其实李敖早已戒烟了,这种讨好叫李敖感动。第二天第三天,虽然隔壁的犯人都被告知,不准跟新来的李敖多讲话,可还是不断有人偷着找李敖交谈,有警官在就闲聊,没警官在就说真话,李敖足不出屋,也逐渐揭开了看守所的肮脏秘密和众多冤情的一角冰山。

孝一舍主管原先有些担心,可看到李敖在狱中如此自在,其他犯人见到他尊称大师,实在出乎意料,不禁惊叹道:"你这样吃得开,这样拉风,我真没想到。美丽岛那批人住在这里的时候,可没你吃得开,你真有一套!"

李敖看起来是刑事犯,实际还是个政治犯。

在狱中的李敖,受到严密的监视。他跟外面来往的所有信件,都要经过孝一舍主管以至安全部门的检查、登记、抄录或影印。有一次,所方疏忽,遗漏了李敖收到的一封来信,没来得及影印,他们赶紧补救,趁李敖到篮球场上放风,故意延长放风时间,以便派人潜入李敖的房里,找出信件影印后又放回原处。

李敖住的囚房太小了,一盏二十瓦的日光灯下,摆着一张铁床、一个马桶、一个水桶、一座洗脸台、一张小桌子,跟别的囚房一样,但经他精心布置,就显得不一样了。土灰色的四面墙壁,都贴了白纸,就连铁床下的空当,也用白纸隔开,看不见床肚里的零乱,房间十分洁净。他在洗脸台上搭了个架子,摆着几卷卫生纸和一些杂物,有限空间得以充分利用。他的大部头历史典籍,摆在靠窗的那一面,仿佛是多层的小书橱。他的大棉被占铁床的三分之一,用纸箱、棋盘做的桌子及两个放剪报资料的纸箱,又占铁床的三分之一,室内显得格外地拥挤而狭窄。

乍一进李敖囚室,似乎有无地容身之感,不过物品虽多,却井井有条,他像收拾自己的家那样,把一个小囚房变成一个典雅的小天地。他的囚房书香充盈,散发着一股不可侵犯的正气,任何人来参观,都会肃然起敬。每次抄房(检查房间),戴着大檐帽子的狱警都不敢弄乱他的房间。李敖坐拥书城,不失大家的风格和气派。

牢房有许多规矩,不准这,不准那,可是李敖却有他的办法。不准有的镜子、刀片、剪刀、钉书机,他都有。看守所买不到的糨糊、塑胶带、白纸、长尺等等,他能买到。可是也怪了,李敖就在铁窗里面,平常绝不会客,何以弄来这么多"家当"?原来他有"秘密管道",物品由它自由出入,躲过看守所层层检查。

刑期短的囚徒,虽关在监狱,却能在白天做工,是规矩,也是犯人自己乐意做的事,毕竟可以接触到人,比枯坐牢中好得多。李敖被判半年,属于轻刑犯,却整天被关独居房,不准他外出,其实是另一种虐待,很多人精神由此而崩溃。李敖与以往任何人不同,不让"下工厂"或"做杂役",拉倒吧,他根本不抱怨。他埋头读书,把别的一切看成浪费。在"监狱中的监狱",他默默记住了狱底游魂痛苦的呼声。

李敖的作息时间,无异于"苦行僧"。他的精力过人,睡眠极少,每天睡上五至六

第二十五章
"黑牢不白坐"

个小时足矣,而且从来不午睡。大约在清早三点前,四周一片寂静,李敖就起床了。六点五十分,广播喇叭准时传来起床号,李敖已经工作了三四个小时。起床号响后,看守所人声鼎沸,噪音起伏。关押的人犯如此密集,坐牢的心情如此苦闷,自然会有宣泄的理由。邻居们的这种噪音,直到午饭以后,才能稍好,因为那时午睡了。等午睡过后,周而复始的噪音又响起,直到晚间九点入睡号响起。

李敖的生活方式,跟其他犯人不同。人家在睡觉或休息,李敖却在工作,他的许多狱中之作,就是在这段时间完成的。

书本的收获和现实的反思,使李敖变得强大起来。他把他的狱中生活当成了修炼的一环:"我的实验室在土城看守所。"

李敖虽然身在囚房,人格并不受囚禁。当时"法务部"次长施启扬来看守所视察,他与李敖同为台大校友,提出想见见李敖。犯人们正在操场上"放风",看守匆忙跑到李敖跟前,气喘吁吁地说:"施次长在办公厅等你,想见你,请李先生去一趟。"

以为李敖会高兴,谁知李敖说:"可是李先生不想见他啊。"

看守愣在那里,不知怎么向上头回复。李敖补了一句:"告诉他,想见李先生吗?李先生说请你到押房去见他!"

官至"法务部"次长的老同学,和其他大员一样不敢来押房(即囚房),所谓考察狱政,不过是走马看花罢了。李敖的拒见,弄得"牢心大快",大家私下争传:李某人真是架子大,大官来看他,甩都不甩呢。

李敖的"秘密管道",还是他自己在适当的时候,尤其他确定不会给充当"秘密管道"的人带来麻烦,才如实地披露真相的。

他最感谢的两位难友,首先是于长江。他曾在台中一中就读,算是李敖的学弟,他的罪轻,被派到伙房做饭。他是李敖的崇拜者,经常烧个菜,老远地从伙房端来,让李敖"吃小灶"解解馋。然后就是石柏苍,他原是台北地方法院的书记官,因一桩冤案牵连入了狱,住的押房在李敖的隔壁。

也许是石柏苍熟悉法律文书之故,看守所人手不足,差遣他到办公室做"外役"。白天他帮助所里处理公文,像个正式职员,晚上回到押房,还当他的囚犯。李敖刚入狱,他瞅个空儿,在窗口自我介绍,说他是李敖的忠实读者,对李敖佩服得五体投地,问李敖有什么事要帮忙,不用客气,他会倾力相助的。

李敖人生地不熟,自然抱有怀疑态度,生怕掉进看守所的陷阱。石柏苍真是李敖读者吗?李敖问他,你怎么来证明呢?石柏苍说,好证明啊,我可以背一首你的诗啊。李敖说,你背背看。石柏苍就像小学生一样哇哇背起来,真的背了一首诗,李敖"验明正身无误",直觉告诉他,石柏苍是个值得信任的人。

李敖是个作家,坐在牢中与世隔绝,最需要的自然是外界的信息。他笑说,"自从认识了石柏苍,就无异认识了一个'贼'。"石柏苍每天多了一份地下工作,趁他在办公室之便"偷"来报刊,下班后悄悄给李敖"支援物资",并且通风报信,像"老鼠搬家"似的今天一点,明天一点,打开了李敖的视野。

看守所盯着坐牢的李敖,奇怪的是,半年过去了,他们只见寄给李敖的来信,不见李敖的回信。惟一的例外是,一位空中小姐想来看望李敖,李敖回了封信,寥寥数语,尽是幽默。除此之外,负责拆信的看守一无所获。

李敖当然知道,通过检查的信件是危险的,可能被罗织出思想问题或其他任何问题。他的信件都从"秘密管道"走,"邮差"石柏苍既负责又保险,连他的一篇篇稿件都夹在信件中,带出了高墙。他的神通广大,超出李敖的想象。李敖根据自己的观察,以及石柏苍提供的资料,秘密写成"坐牢笔记",交给石柏苍夹在家信里,冒险地分批寄出,交给石太太保管,以待"重见天日"。

李敖坐牢期间,正是台湾的选举之年,牢里关进了一个因选举而获罪的人,名叫刘峰松。那是李敖刚进看守所的次日早上,犯人们"放风",一位囚犯叫住李敖,自我介绍他是刘峰松,然后开玩笑说:"运气真好,真想不到在这里见到你。李先生,你也到'动物园'来了!"李敖也笑嘻嘻地说:"你的运气是见到我没有买门票,'动物园'里动物看动物,不必买门票。"

刘峰松是一九八〇年"增额中央民意代表选举彰化县国代候选人",他被控竞选言论涉及"煽惑他人犯内乱罪"违反"选罢法",判刑三年半,在移送台北监狱前,他在看守所候审期间,和李敖同住孝一舍,刘在第四十六房,李在第三十二房,属于相隔

永不言败的李敖

李敖对古董有研究

不远的近邻,同样的政治原因,都"享受"独自的单间。

因为刘峰松比李敖早进看守所几个月,李敖一去,他就有一种与生俱来的亲切感,给他不少提示。但是不久,刘峰松发现李敖很有感召力,他的人格魅力受到犯人们的普遍尊敬,在牢里比他的关系都多。他玩笑说:"国民党把李敖放在牢里,就像把一只大绿头苍蝇放在粪坑里,很快就繁殖开来。"

李敖比刘峰松进牢晚,却比刘有办法,因为"秘密渠道",李敖有了别人没有的东西,刘峰松也沾了光。他从李敖那里,借到了刀片,看到了《联合报》,分到了"禁书",后来他太太翁金珠参加竞选省议员,他也听到了外面的消息。这样说来,崇拜李敖的他本想帮李敖,反而受到了李敖的关照。

那一年,翁金珠落选了。刘峰松夫妇俩参加竞选,一个坐牢,一个败北,代价可真付得不小,他们不灰心,还是继续奋战。出狱后,李敖难忘一同坐牢的情分,与刘峰松仍是好朋友。一九八五年,翁金珠终于当选了"国大代表"。在选举之时,李敖应刘峰松之请,写了一篇文章《选翁金珠的道德意义》。

李敖说:"刘峰松是好人,他绝不沉默。五年前他参加竞选,国民党抓走了他,判他三年六个月。在坐牢期间,他的太太——又一个好人——翁金珠'代夫出征',又竞选。现在刘峰松出狱了,国民党依非法的法律,剥夺他登记参选的自由,翁金珠再一次走上前台——这对可爱可敬的小夫妻,他们绝不灰心,他们又来了!他们又来了!但他们是多么不同:别人虚伪,他们真实;别人奸诈,他们诚恳;别人是政客,他们不是;别人骗选民,他们不骗;别人一人两副面孔,他们两人只有一张。在肮脏的政治中,他们坚持理想主义,出淤泥而不染,他们的道德是最高的。"

一九八二年二月十日,李敖出狱的当天下午,就召开记者会,公布了他写的坐牢手记:《监狱学土城?——第二次政治犯坐牢记:〈天下没有白坐的黑牢〉》,以长达四万四千多字的篇幅,披露了台湾监狱的黑暗、许多不为外人所知的肮脏秘密以及狱中的沉重冤情,在社会上掀起了轩然大波。

台湾"法务部"大怒,看守所长朱光军狼狈不堪,他们对李敖是不敢得罪的,分手时还笑嘻嘻的,怎么一转脸,就扔出个重磅炸弹?

崇拜"李敖大师"的刘峰松,也写了篇回忆文章《李敖在狱中》,如实记下狱方给李敖的特别优待:"照情理说,李敖坐牢期间,上至'法务部'次长,下至朱光军,都待李敖不薄,给他新被单,给他新毡子,给他保温杯,给他热水澡,给他炖排骨,大小牢头又常去拜码头,去嘘寒问暖,去效犬马之劳,大家都是恭恭敬敬、客客气气。可是李敖一出狱就翻脸不认人,抖出黑狱内幕,造成天翻地覆的大震撼。也许世人要骂李敖:'这样的家伙、这样的家伙……'"

"然而我们知道:李敖争的是社会公义,是是非,他不是一个容易被小人包围、被小人灌迷汤、被小人收买的人;像这样一个不惜冲破人情藩篱、提倡社会公义的人,当今台湾有几个?能不敬为'国士',为他鼓掌欢呼吗?"

李敖说:"刘峰松的描写很有趣,最简单的结论是:为了正义,李敖是软硬都不吃的。难怪朱光军做梦也搞不清怎么会碰到这种囚犯!"

李敖不是为自己,他要为天下受冤者申诉。

这六个月的牢不是白坐的,李敖看了"一卡车"的书,写了三十万言的文章,出了六本书,完成了长篇小说《北京法源寺》的构思。

出狱半个月后,李敖在家中接受了记者的采访。

李敖说:"三十三年来,我是台湾惟一可以很狂放地表达自己的人,很多人不敢做,很多人做不到,当然,很多人不屑做。但是我敢,我是一个顽强的战士,我要在与官方不合作的大前提下,突破封锁的重围表达自己。"

台湾在变,李敖的处境也在变。"跟以前比起来,我现在的反击能力强了很多。他们第一次可以对我秘密审判、封锁舆论,现在情况变了,他们封锁得了吗?我觉得我比以前更进一步了,出来后几个小时我就给他们反击。"

李敖的性格会变吗?李敖似乎不打算变,尽管他吃了不少苦头:"任性是我的特色。我们中国历来喜欢叫人温柔敦厚,所以乡愿特别多,狂狷之士太少,我是台湾的一个狂狷,但我付的代价很大,你看,我现在声名狼藉。"

李敖的为人处世,与常人的理念不相符合,他有他不妥协的理由:"群众是像小孩子一样,他们是不可知的。他们会崇拜你、打击你、嫉妒你。你凯旋的时候,他们向你欢呼;你上断头台的时候,他们也都会去看热闹。"

第二十五章
"黑牢不白坐"

李敖宁可做孤家寡人,也不随大流。"面对群众,我李敖绝对坚持真理,对是非绝对是不让步的。"李敖以他的才华和名望,完全可以过得舒适,可他一次又一次地坐牢,李敖的名字与受难者挂上了钩。

当记者问李敖,回顾以往的经历是不是后悔:"如果你还可以再活一次,你希望做什么样的人?"李敖痛快地笑答:"李敖第二!"

第二十六章 "战斗性隐居"

一九八二年八月,李敖总结出狱后的半年生活,对于今后的人生道路怎么走,作出了自己的理智选择:"战斗性的隐居"。

早在狱中,他曾给友人写信,说到他在牢中,有成把的时间钻学问,是"以牢为家";而他回到家中,也得坐在桌前,"以家为牢"。时光易逝,他要排除干扰,写出"世界性、永恒性"的作品。

李敖所写的文章《出师表感》,透出了他内心的另一种领悟。人们熟知诸葛亮的名篇《出师表》,只懂得他的明谏之切,却没看到他的隐痛之深。李敖认为,诸葛亮的隐痛,在于他所苦苦支撑的,竟是扶不起的刘阿斗。诸葛亮是智者,明知不能为而为,鞠躬尽瘁,死而后已,当然是比愚忠者更为痛苦。

李敖知道,他的孤立并不为许多人理解,他也不指望理解能给他力量。"我在性格上喜欢孤独。我年纪愈大,对俗务与俗情,愈来愈感到烦人。更严重的是,我来日无多,一心想把自己的生命支付在最该我做的事情上。俗务与俗情使我的心烦以外,且有得不偿失之感,因此我决定除非书面交往,别的都息交绝游了。"

李敖在一封信中大倒苦水:"前天自上午十一点起,到晚上十一点,友人前后十四位见面,使我不能写作,虽然交换意见等并非无益,但比起最该我做的事情来,自属得不偿失。梁启超每天写八九百字,胡适每天写四五百字,以他们的大才,每天的成绩竟这样少,原因无他,俗务与俗情不能毅然摆脱之故也。"

李敖终于与"人情"决裂:"我坚信只有这样'不近人情',我才能好好把握住余生,做对自己最能尽其才、对世人最有益的事。"

第二十六章
"战斗性隐居"

他的"不近人情",包含着对国民性的思考:"尤其我们中国人,大多没学会尊重别人的privacy,也没学会如何爱惜别人的和自己的时间,整天要花太多太多的时间去做公共关系、去交际、去应酬、去做没有效率的谈话,所以若从交游里有所得,所付的代价,就要更多,不然就得罪了人。这是很无聊的、很浪费的。"

李敖对他人不迁就,把人生的剩余时间抓紧,他要按他的方式活着:"我可以说我高兴说的,不看任何人的脸色;我可以吃自己的饭,不为五斗米折腰;我可以完全掌握自己的时间,做最有益世道人心的用途。我目前勉强可以做到这些,可是,我已经饱受忧患,我已经付出了太多的代价——我已经开始老了。"

老友林永丰与李敖感情甚笃,以往有请必到,当他再次接到赴宴邀请,"想了一下,决定还是谢绝了"。他写信抱歉:"也许你会觉得我太矫情了一点、太狂狷了一点,但是想想看,矫情与狂狷不也正是我的性格吗?你记得戴高乐吗?他住在巴黎最边上的一幢房子里,讨厌所有第四共和国的法国政客,他看不起他们,甚至连谈都不要谈。同这些人,谈个什么呢?这些人的言行,你既然已经早有了正确的判定,谈来谈去,岂不都是废话吗?"

李敖"隐而不退",跟所有的朋友"不见面",最多通通信。"当然路上、饭店里碰到的情形发生,也不会不理朋友,也会嘻嘻哈哈。惟一的例外,是负责每月《李敖千秋评论丛书》印务的'出版生意上的朋友',但也四十多天不见他了。我试验以遥控方式解决印务上的困难,试行了四十多天,成绩尚好。"

他写信对朋友荣文说:"珍惜余生,求诸自己,做千秋大业,才是来日无多的智者该做的事。因此我才决定:成品是检验真理的惟一标准。共同创造成品,才是朋友的最大意义。其他一切,在此时此地,实在没有什么意义了。"

李敖的"战斗性的隐居"大见成效。一九八五年,台湾远流出版公司隆重推出《李敖全集》二十四册,收录了他多达千万字的作品。

从一九八二年到一九九二年,李敖四十六岁到五十六岁,这整整十年间,他展开了声讨蒋介石父子的"笔伐"大业,做得"前无古人,后无来者"。李敖戏称,他这个敌人是国民党"制造"出来的。

他在一次采访中说:"我的激进与年龄无关,与坐牢有关。就是说,我遭受的压力越大,我就越激进。偏偏又碰到国民党最喜欢不断给人制造压力,这是他们的特色——交朋友很失败,造敌人很成功。而且还专门制造他们打不倒的、特大号的敌人。"

前后十年之久,他用"李敖的方法"复仇。台湾没有第二个人像李敖,被国民党打压,坐牢,绝不屈服。他用一流的历史学家的眼光,博览群书,比对史料,以得出真相。从蒋介石、蒋经国乃至李登辉,一个个国民党的掌权人物,都逃不过李敖细腻而准确的"解剖刀"。

"打遍天下无敌手,人见人怕鬼见愁"。李敖软硬不吃,坚定不移,把台湾最有权势的人当做对手,拼出了文名,也拼出了悍名。

李敖记得蒋介石出丧之日,台湾有些人夹跪道旁,以示哀伤,李敖痛斥这种羞辱的场面:"更无一个是男儿","纵古代帝王驾崩,人民被侮辱,也不逾是!这成什么世界!在道德上,人民又是何等下贱失格!下贱失格却不以为辱,这正是典型的麻木不仁,这又是何等可悲!如何破除这种麻木不仁,只好先从拆穿蒋介石着手。"

蒋介石被李敖列为研究的重点。李敖写了《蒋介石研究》《蒋介石研究续集》《蒋介石研究三集》《蒋介石研究四集》《蒋介石研究五集》《蒋介石研究六集》六本专题研究的书,编了《拆穿蒋介石》《清算蒋介石》《蒋介石张学良秘闻》《侍卫官谈蒋介石》四本专题研究的书,策划出版了几十种批蒋的书,又跟他的好友,弗吉尼亚州立大学资深教授汪荣祖合写《蒋介石评传》。他得意地说:"历来研究蒋介石的人和中外学者,在这一专题上的成绩,自然无出李敖之右者。"

"在蒋介石生前,在他淫威所及之处,没有人敢拆穿他,没有人能拆穿他;在蒋介石死后,在他的余威犹在之处,也没有人敢拆穿他,也没有人能拆穿他。中国人中,真正敢也真正能拆穿他的,是从李敖开始。"

一九八六年十月,当李敖推出《蒋介石研究》的考证文集时,正是台湾当局紧锣密鼓,在岛内筹备大庆蒋介石"百年冥诞"。在这本书的自序中,李敖指出他寻求的道德意义之所在:"当年蔡松坡起义,反对袁世凯,最大理由是'为国民争人格',如今我在蒋介石阴魂不散的岛上,敢于在他头上动土,也是'为国民争人格'。"

第二十六章
"战斗性隐居"

老蒋去了,小蒋还在,李敖什么都不怕:"我敢在刀光剑影和黑狱憧憧的压力下研究蒋介石,这种文格,是何等勇气!我敢在资料封锁和众口一声的困难下研究蒋介石,这种文格,是何等突破!古人说,文格渐卑庸福近。我生平志不在庸福,所以总是变得'文格渐尊奇祸近',而我文如其人,文格都这样高了,人格更不在话下。"

蒋介石批透了,接下去轮到他的儿子蒋经国,李敖锁定了蒋家王朝。还在蒋经国生前,李敖以"李敖式的正义",照批不误。当蒋经国逝世一周年之际,李敖编著《论定蒋经国》一书问世。"一来打倒国民党的马屁书刊,令其虚生;二来证实民进党的没有志气,令其愧死;三来向全世界显示,在生死线外,中国毕竟有强项不屈之人,在台湾岛上,不畏蒋家王朝,而以个人力量,挺身为人间存正义而留信史。"

一声枪响,作家江南倒在血泊之中。

江南原名刘宜良,是李敖多年的好友,离开台湾日久,已取得美国"绿卡"。他曾是"国防部"政治部干训班学员,班主任就是蒋经国。毕业后分到空军当政工官,后又进干训班,不服从分配而被开除,改行做新闻记者,一九六七年赴美读书,拿到硕士学位后,以多年心血写成《蒋经国传》,先连载于香港《南北极》月刊,一九八三年正式成书。

江南在海外发表《蒋经国传》,触怒了台湾最高层。蒋经国蒋孝武父子授意,派人到美国找江南谈判,打算出二十五万元买断著作权,江南没答应。于是,"上头"请"竹联帮"帮忙,在江南住地谋杀了江南。虽然此案消息在台湾被封锁,但美国警方破案,揭开了蒋家与江南案的关联,蒋经国不得不将蒋孝勇外放岛外,离开台湾政坛。

《蒋经国传》在台湾是禁书,李敖得到江南夫人崔蓉芝的授权本,亲自写了长篇序言,冒着风险在台湾开印,既是继承江南的遗志,又是向蒋家投去的一支标枪。"人间快意恩仇之事,做得再也没有比我李敖更痛快、更没完没了的了。"

李敖要印《蒋经国传》,失去丈夫的崔蓉芝欣慰而担忧。她写信给李敖提醒说:"阁下笔触锋利,横扫千军,情义兼顾,举世闻名。江南在世之日,时时为阁下之胆魄钦佩不已。然而虎穴之中,蛇鼠潜伏,万望切实戒备,用慰亲友。"

崔蓉芝经历了丈夫倒在血泊中的遭遇,每个字都发自肺腑。江南死了,死在异国他乡,也许出乎所有人的意料,因为在朋友眼中,江南是"对国民党了解最透彻的"。江南曾对别人说,他乘飞机离开台湾时,就下定决心不再回台湾了。当有人提醒他,写蒋经国和国民党的事要小心,他自信地回答:李敖在台湾批评国民党都不怕,他还怕什么。何况他又是美国籍,相信美国政府会保护他的安全的。

李敖感谢崔蓉芝的好意,却对江南之死有不同看法。李敖说:"依我看来,江南对国民党的了解,实在不够'最透彻',江南的错误是他不了解国民党的暗杀习惯。国民党暗杀人,为了卸责,常常在本土以外优为之。国民党暗杀汪精卫等人,地点都在本土以外。国民党在本土内暗杀,至少要负治安不良与破案困难的责任,但在本土以外干上一票,就可不负这种责任。所以有时候,国民党宁愿杀杀杀,杀到外国去。李敖在台湾至现在发稿之日犹能免于被暗杀,重要原因之一是国民党投鼠忌器。"

"李敖能够'苟存性命于乱世',也正因为早已'闻达于诸侯'的缘故。这一知名度,对我的安全,的确帮助不少。江南被暗杀,真凶曝光,更加重了这一安全。所以,从某些角度看,江南的伏尸,无异方便了我们的挺身。"

李敖对江南是怀念的,他觉得江南表达着独立思考的良知:"事实上,他无异因我而死、先我而死、代我而死,追念这位在海外的老友,我真有不少隐痛。江南说他搭机离开台湾时就下定决心不再回台湾,古人发愿于先,有道是'此度见花枝,白头誓不归',可惜江南最后所见,不是'花枝'而是'枪支'。虽然不归之言,一语成谶,但是讨厌国民党、'不再回台湾'一点,却也有志已酬。"

在《蒋经国传》的序言中,李敖说:"蒋家王朝打天下、守天下、失天下的,都是蒋介石。他的太子蒋经国只是一名配角和唱压轴戏的,按比例说来,本不太值得一写。且由于此人一生藏在阴影里,事事机密,要写也极不容易。但是江南还是写了,而且写得很传神,这是很不简单的成绩。如今《蒋经国传》新版付印前夜,我特就江南其人其书,有以肯定,江南其人,是以血的代价,成其书的。此真'字字看来都是血'矣!"

第二十六章
"战斗性隐居"

从蒋介石、蒋经国到孙子辈的蒋孝武,李敖的笔都如同外科手术刀,准确地找到"病灶",与蒋氏三代不共戴天。一九九一年七月一日,继蒋孝文病故之后,蒋孝武也病故了。李敖提笔写下《欣闻蒋孝武暴毙》的顺口溜六首,嬉笑怒骂,感慨不已。其中有四句道:"蒋家三代接班亡,电视播出喜欲狂。独留李敖见美女,他们都去见无常。"

李敖的文章有一个绝活,谁也比不过他的,就是他的大量证据与丰富资料。比如他的矛头指向蒋介石,竟然博闻强记,精通蒋介石的所有文字,这一点就让许多人不得不佩服,连蒋介石手下的人也觉得不可思议。

李敖成为"蒋介石专家",是在监牢中被逼出来的。他刚关进牢房,所有的书籍都被没收了。看守说,你李敖太坏了,什么书都不准你看。李敖可以一日无肉,不可以一日无书,至于什么书,顾不得那么多了。他知道别的书不让看,就向他们提出:"《三民主义》可不可以看呀?"看守一想,《三民主义》是国民党的经典,当然可以给他看。他有了《三民主义》,又对他们说:《蒋总统集》可不可以看呀?看守点点头,好吧,《蒋总统集》当然更可以给他看了。

因此,李敖有了一大堆"党国"出的书。他坐着看,躺着看,看得还真入神,上厕所的时间也不浪费,看得起劲。所有的工夫都不会白费,李敖后来说:"我想全世界的人谁都没全部看过《蒋总统集》,包括'蒋总统'自己,因为其中许多文字是别人替他捉刀的。可是我李敖却全部看过,这下子可不得了,我成了国民党总裁著作专家了。"

最妙的是,李敖在《蒋总统集》的浩荡文字里发现不少玄妙之语,他把它们一一公之于世。比如"中华民国亡国论""反攻无望论"等,李敖指出,它们都曾出自蒋介石的机密谈话,这些内容当然不对外的,可是后来要编《蒋总统集》,蒋的"文学侍从之臣"惟命是从,认为领袖一言九鼎,哪会有什么问题,因此全文照录,编印推出,没想到被李敖看到了,作为史料引用,弄得国民党大为狼狈。

蒋介石至死身为"中华民国"总统,怎么会有"中华民国亡国论"?李敖举例:在一九五〇年三月十三日,蒋介石在"阳明山庄"所做《复职的使命与目的》的报告,就有这样一段话："我自去年一月下野以后,到年底止,为时不满一年,大陆各省已经全部沦陷。今天我们实已到了亡国的境地了!但是今天到台湾来的人,无论文武干部,好像并无亡国之痛的感觉,无论心理上和态度上还是和过去在大陆一样,大多数人还是只知个人的权力,不顾党国的前途。如果长此下去,连这最后的基地——台湾,亦都不能确保了!所以我今天特别提醒大家,我们的中华民国到去年年终就随大陆沦陷而已经灭亡了!我们今天都已成了亡国之民……"

李敖以此推理道:"看到了吧!照蒋介石的说法,'中华民国'早在'去年'即一九四九年就'灭亡'了,这不是'亡国'又是什么?可见说'中华民国'未亡者,自不符合'中华民国总统'的'总裁言论'也!"

蒋介石志在"反攻大陆",这是人所共知的政治抱负。李敖偏偏告诉大家,蒋介石是"反攻无望论"的始作俑者。他举例说明:"一九五九年五月十五日,蒋介石在《掌握中兴复国的机运》的讲话中,就郑重其事地说:'如果再过十年,超过了"十年生聚,十年教训"的期限,还不能反攻复国的话,那就任何希望都要破灭了。'"

李敖算了算,一九五九年之后十年,是一九六九年,按蒋介石的金口玉言,如果一九六九年前打不回大陆,以后永远别想回去了。

"假若如此,我们在一九六九年以后是否也应查禁《蒋总统集》,以阻止'反攻无望论'的流传?换言之,假使不查禁《蒋总统集》,我们就应为《自由中国》平反,昭雪雷震。因为雷震当初就是以'反攻无望论'入罪坐牢的。"

李敖自诩为"蒋介石专家"的恶作剧,叫国民党高层不得不装聋作哑,最为尴尬的是,编辑《蒋总统集》的"党国"宣传大员。

有一次,李敖碰到国民党"文工会"负责人,那个专门负责宣传导向的头面人物也跟李敖拉近乎,告诉他:"你李先生提出蒋总统'中华民国亡国论'以后,我们中央党部文工会急了,赶忙去查,看你是不是造谣,结果在总裁一九五○年三月十三日的秘密谈话中,果然找到了那段话,我们又气你又佩服你!"

李敖听了,哈哈大笑。此蒋介石关李敖之功也!结果关出个蒋介石专家来,把他搅得七荤八素,真是活该啊!看你还敢关老子!

李敖的"隐居",不是出世,而是入世,在台湾引发一连串回响。"有史以来,从来没有一个人,连续十年之久,做这样博学而艰苦的斗争。我为人辩冤白谤,从英雄张学良到名将孙立人、从死囚张国杰到老兵李师科……乃至奇冤异惨的种种大小案件、翻案史实,我都介入其中,奋笔为文,大量出书,不遗余力。"

李敖保持着人格的独立性:"我在北京念小学时就对国民党厌恶,这一厌恶使我一直坚持不做它的党员,虽然这一坚持,带给我几十年的不方便、'不识时务',但我不但不后悔,反引为自豪:余致力不屑与国民党同流合污,凡四十年。四十年间,且由厌恶国民党,演变为痛恨国民党。不但痛恨,且能在有生之年、在国民党的地盘上,把这种痛恨,发之为文、印之成书、公之于世,李敖的伟大,于此可见。"

乌鸦在中国的运气,远不如喜鹊。喜鹊的唧唧喳喳,虽然细碎,似乎与吉祥挂着钩。而乌鸦的哇哇叫声,总有些刺耳,让人想起沉重的事情。报喜不报忧,乌鸦难出头。

一九八八年十月一日,李敖出版社创办了一本新书刊,就叫《乌鸦评论》,它把中国人不看好的乌鸦,请到了自己油墨飘香的封面上。

以乌鸦自居的李敖,写出了《〈乌鸦评论〉发刊词》,题目为《乌鸦的心愿》:《乌鸦评论》将"在众口一声的时代里,呱呱大叫一番";有不良之风的地方,就会有乌鸦的叫声,无论是"政局的黑暗、政党的腐败",还是"群众的无知、群体的愚昧、思想的迷糊、行为的迷信、社会的疯狂、知识分子的失职与怯懦"。

他说:"我身处这样子的岛上四十年,虽然不见容于朝、不见知于野,但是独来独往的气概,'我手写我口'的气魄,却老而弥坚。我绝不怕得罪人,也绝不媚世,台湾所有杂志都是媚世的,可是我就不信邪,我就要办个'谴责杂志'给大家看!"

他赞美乌鸦:"英国古歌《两只乌鸦》里,乌鸦对话,去吃死尸,最后吃得'白骨剥露,凄风永拂'。乌鸦的功劳,不正是如此吗?"

《乌鸦评论》自一九八八年十月至一九八九年三月,不足半年,出满二十四期。随后,李敖编务繁重,除每月出《乌鸦评论》四册之外,李敖出版社还按月份出《千秋评论》《真相丛书》《文星书店》若干册,李敖一个人总执笔,实在忙不过来,于是决定《乌鸦评论》休刊,精力集中于其他的李敖出版物。

然而，李敖的"乌鸦嘴"绝不停息。李敖不但带头批评国民党，也对与国民党作对的"党外人士"不留情面。他写过《党外与浑蛋》《我们要有批评党外的自由》等文字，对"台湾人的政治规格"，同样倾注了许多笔墨，以一种先知的姿态，抨击了丑恶的政治现象。

李敖不客气地说："最后这批人当道了、当家做主了，就轮流执政的意义来说，我已功德圆满，虽然我不免发生错误。例如我当年骂他们是浑蛋，现在我承认我骂错了，实际上，公道地说，他们实在不是浑蛋——他们是大浑蛋！"

第二十七章 "台独"走不通

在李敖"隐居"的日子里,他也结交了一些"小朋友",就是热心办刊物的年轻人。其中关系最密切的是,主办《自由时代》的郑南榕。

生于一九四七年的郑南榕,比李敖小一轮,差了整整十二岁。他是个能够独立思考的勤奋学生,从辅仁大学哲学系转入台湾大学哲学系,只佩服台大出的两个文化人,一个是当过老师的殷海光,一个是当过学生的李敖。其实殷海光没教过他,他只是殷海光的再传弟子,但这并不影响他对殷海光直接佩服。

殷海光与郑南榕之间,没什么私交。李敖评判,原因不是年龄相距太远,而是这两个人都有点阴阳怪气,他们的表面性格不合群,必须和他们有了深交,才能看到他们最闪光的一面,可惜他们缺乏深交的机会。当殷海光病故时,郑南榕怆然泪下,"我与苍生哭",仍不是"一己之私"的泪水。

郑南榕和李敖,就有些戏剧性了。他二十多岁时,曾经跑来看李敖,李敖没有留下特别印象,只记得他穿着短裤。郑南榕是个怪脾气,李敖也没有给他好脸看,似乎有着"洗脚戏门生"的孤傲。十多年后,李敖第二次做政治犯出狱后,与郑南榕在"紫藤庐"相遇,他走过来向李敖问好,李敖想起了这个穿短裤的怪朋友。此时的郑南榕,已经是小有名气的评论家了。

李敖入狱,郑南榕曾撰文,激愤若狂。郑南榕像佩服殷海光那样佩服李敖,他们并无私交。李敖出狱,郑南榕在《政治家》发表《李敖,不要走!》,假如他是"出入境管理的掌权人",他会"禁止李敖出境",台湾不能没有李敖,因为"李敖受了六年九个月的枯囚,同一时间许多人的心灵因而枯萎"。

怪人对怪人，倒有了"惺惺相惜"的意思。一九八四年三月，郑南榕提出，与李敖合作办杂志。他把李敖请到筹建之中的杂志社，拿出封底的设计图案给他看，只见醒目的黄色大字："争取100%自由"。

郑南榕亲自写作的文章《言论自由第一优先》，放在"创刊号"第一篇的位置，其中说道："在这个蔑视自由的小岛上，自由、百分之百的自由，从来没有过。李敖先生个人力争自由的成绩是第一名。"但在李敖看来，郑南榕后来居上，值得肯定。

《自由时代》由郑南榕实际主持，公开打出李敖的旗号，李敖用默许的方式表达了他的支持。当时的突破之举是连载江南的《蒋经国传》。郑南榕的这个冒险举动，事先没有告诉李敖。推出杂志时，在封面印着"李敖总监"，仿佛是李敖牵的头。"由此一事，可见我对他如何纵容与信任，他对我如何置之死地而后生，想来不胜惊叹。"

一九八五年三月二十三日，一位自称"许先生"的人找到郑南榕，他戴着眼镜，坦白地说，"许先生"只是他的化名，有关他本人的一切，都不便相告，务请原谅。他登门拜访，只是受朋友之托，把一包重要的东西交给李敖先生。托"许先生"的人在幕后，就是涉及江南命案的在逃神秘人物"小董"（董桂林）。

"许先生"透露，这包东西是小董亲笔所写。小董原先是想留下录音带的，但怕录音会有误差，所以决定用手写。小董在偷渡菲律宾的前夜，托"许先生"把这包东西转给李敖。小董走后，"许先生"不知到哪里找李敖，耽搁了一阵。他看到《千秋评论》第四十二期，刊登有李敖二月份日记，记载着郑南榕在二月里见到李敖十一次。"许先生"相信，以郑南榕与李敖的关系来看，郑南榕该是可靠的，所以来找郑南榕。送走"许先生"，郑南榕带着密封的这包东西，赶到了李敖家。

李敖看了小董密件，当即决定写篇文章，把小董透露的内幕发表出来。他跟郑南榕商量严格保密。在李敖写稿前，郑南榕不带走小董密件的影本。李敖文章写好，交给郑南榕发排。郑南榕听从李敖叮嘱，发排前让其他人员提前下班，由他自己在杂志社完稿付印。李敖赞许道："这个故事，显示了郑南榕虽然刚毅木讷，学哲学的，但是极有才华，举重若轻，于无声处听惊雷，真是罕见的大将。"

郑南榕发起反对国民党的"五一九绿色行动"，国民党找了别的借口，把他抓了

第二十七章
"台独"走不通

起来。郑南榕下狱后,李敖到他家,送了十万元给他母亲。他请郑南榕太太叶菊兰和杂志社业务负责人邱谦城到家里,当面拿出十万元说:"杂志赔了钱,本来与南榕讲好各赔一半的,现在由我全赔,不要南榕赔了。"叶菊兰再三推辞,李敖坚决让她收下。

一九八七年二月五日,出狱的郑南榕接受记者专访。记者问他:"在你的这个案子里,很特别的,我们看到李敖对你的关心是对别人从来没有的。从你被收押起,他就为你做了很多事。你的感受怎么样?"

郑南榕回答说:"李敖跟我私交非常深,我们的交往已经不是普通朋友的交往。人家说:'君子之交淡如水',我和李敖的君子之交是厚如蜜、浓如蜜,所以他会对我这样超乎他平常对朋友的行为规范。平常朋友被抓了,他不会出庭、打点等等,他用写文章来支援,从这点可以看出他和我的交情不太一样。他会对我这样,是因为看得起我办杂志有格;他对其他朋友只会做到某一个程度。"

至于李敖写文章批评台湾人的种种局限,郑南榕说:"李敖常常发表政治方面的意见,他刺伤了他现有的听众。他现有的听众大部分都只见过台湾岛。行文用字是一回事,但是你要看李敖在政治上的行动,他也没有放弃台湾,也没有和国民党妥协要国民党让他去美国那么大的国家。他在这里批评、批评、批评,就是他喜欢这个地方的人,就是希望这边的人他妈的比较有格调一点。"

报上登出访问记,李敖对郑南榕的表白评论甚高,集中来说是两个知道:知道李敖与他的交情;知道李敖对台湾的感情。李敖支持郑南榕,觉得他办杂志是争取言论自由的,但是郑南榕的重心逐渐地偏离,不满足于言论了,而是往"台独"的路上滑去。李敖不赞成"台独",与郑南榕有了分歧,话不投机,他们逐渐疏远了。

一九八九年三月六日早晨,郑南榕来电话,邀请李敖为《自由时代》杂志创办五周年写几句话。李敖一口答应了。他有些担心,在《自由时代》总号第二百六十四期里,郑南榕宣示:"他们抓不到我的人,只能抓到我的尸体。"

那次电话,似乎有一种预兆。郑南榕谈他的理念,而李敖告诉他,"台独"是一种梦幻,"我们要牺牲,但是不要为梦幻的理想牺牲"。

随后,李敖写了《言论自由还是第一优先》这篇文章,"逆耳之言,以博老友们的一脸苦笑",还是期望把郑南榕拉回来。

李敖没想到,一个月后,郑南榕真的自焚殉道。他终年四十二岁,却"追随"李敖长达二十一年。遗憾的是,郑南榕打来的约稿电话,是他们最后一次通话,也是没有结果的一次通话。他们谈了四十分钟,李敖没能说服郑南榕,"从此以后,南榕的声音,对我已是绝响了"。

年轻朋友的离去,而且是自行了结生命,李敖是很伤感的。郑南榕生前不加入国民党,也不加入民进党。郑南榕自焚后,民进党奉他为"灵魂党员"。李敖说:"殊不知南榕不屑入这种党,正因为这种党的政客没有'灵魂',他们唐突死者,无耻至此,南榕、南榕,真死不瞑目了。"

还有一个比李敖年长、比李敖在台大早十年毕业,而且与李敖坐牢有关的昔日朋友,就是大名鼎鼎的彭明敏。

早在一九六四年八月,主持《文星》的李敖编发了彭明敏的文章《泛非思想的感情因素》,他在"编辑室报告"中赞扬道:"读了这篇文章,使我们可从这段思潮的激荡中,得到触类旁通的领悟。"

说起来,李敖在台大法学院就读时,彭明敏是台大政治系主任,也算是师生关系,彭没有教过李敖,但教过李敖的不少老同学。李敖的第一本书《传统下的独白》出版,他送给彭明敏,彭回信给李敖说:"我一向爱读您的文章,且对您的许多见解,都很同感,希望将来有机会认识您。"此后,彭明敏在台北致美楼请李敖吃饭,这是他们第一次正式交往。彭的博学、谦和,使李敖挺有好感。

在《文星》发表彭明敏文章十个月后,发生了震惊全岛的"彭案",彭明敏被捕。彭原来是国民党最看中的年轻人才,他拥有博士学位,又是台大政治系主任,还担任"联合国代表团"顾问,参加过国民党高层阳明山会谈,当选台湾"第一届十大杰出青年"。但他不受"招安",走进了反对者的阵营。

彭明敏被抓进监牢,蒋介石下令,彭明敏得写悔过书才能放出来。彭明敏无奈,打算由母亲陈金英出面,给蒋介石写陈情书。再由彭明敏自己写悔过书。彭家和营救彭明敏的友人商议,想借李敖一支笔,代写陈情书和悔过书的拟稿,因为李敖是彭

第二十七章
"台独"走不通

明敏的朋友。谁知他们来请李敖,碰了一鼻子灰,李敖非常地不高兴。

李敖说,想革命就要做好汉,写悔过书算什么好汉!彭明敏又不是小孩子,要写他自己去写,我是不干这种遗臭万年的缺德事的!何况我也不会写这种文章!这种事找到我头上,简直是侮辱我!

彭明敏关了十三个月后出狱,仍没有脱离特务监视,往日的朋友断绝往来,连亲友都敬而远之。彭明敏在回忆录中说:"最难能可贵的,仍然有些例外的朋友。李敖就是这种极少数极少数例外的朋友之一。"李敖自己处境不佳,也不避嫌,跟彭明敏照常来往。他们在黄昏聚餐,在子夜长谈,酒逢知己,纵谈天下。"这种患难之情,于彭明敏则属惟一,于我则属仅见,于今回味起来,恍然如昨。"

也许因为李敖并不是彭明敏教的学生,"在灵犀相通之际、在杯酒谈薮之间",他向李敖敞开心扉,道出了他人不知的内心秘密。李敖不解地问他,为什么肯向蒋介石"悔过"换取出狱?彭明敏说:"本来我是不肯悔什么过,准备坐牢的。可是我一想到女人,我就只好投降了。"李敖记得,彭明敏还对他说,他羡慕《My Secret Life》一书的作者,那位先生一生风流,有过许多漂亮女人。

精通四国文字的彭明敏,是国际法学专家,养尊处优,品位高雅。他到李敖家,曾送来他亲手种植的非洲紫罗兰,把他养的小狗嘟嘟送给李敖的女友小蕾。不料嘟嘟中毒死去,李敖忙着写作,托他的老同学魏廷朝带着啤酒和杂志,去看彭明敏,代问有没有嘟嘟血亲可以领来接着养。魏廷朝回来说,彭明敏不在,只有他母亲在家。十一天后,魏廷朝又来李敖家,告诉他外电传来,彭明敏逃到瑞典了。

彭明敏回忆说:"一九六九年起,我开始准备逃出台湾,须与海外各方联络。所有通信都须请人带出海外投邮,来信也不能邮寄,只能从海外由人带进台湾。为此,需要一些可靠朋友,由他们再转托其可靠友人,带出带进。李敖便是这少数可靠的朋友之一。他曾为我转出一些重要信件,但他恐不知道我频频与海外联络,目的是什么。没有想到这竟成为他入狱重大罪名之一,我衷心歉疚,难以表达。

"我逃出台湾准备就绪,深知成功则生,失败则死。一九六九年末,我看见他时,知道这是我们最后一次晤面,但不敢告诉他我的计划(这与我未透露给家人一般,是要让他们免陷于'知情不报'的重罪)。我还是照例约定下次密会的时地,虽然心里清楚,不论生或死,我会爽约,他不会再看到我的。临走时,我心里黯然向他道谢、道别、道歉了。我受难期间,他对我那份厚情和义侠,永铭于心。"

随后,李敖被软禁,被监视,最后坐牢,其中的一条罪状是,"明知彭明敏有叛乱前科,其叛乱之念未泯,仍秘密与之交往",并助其偷渡。《台湾自救运动宣言》出自李敖老同学谢聪敏和魏廷朝之手,也被怀疑是李敖所为。就这样,李敖莫名其妙地受彭明敏牵连,成了"台独"集团的首要成员。

李敖被捕,谢聪敏、魏廷朝已经被捕一个月了,他饱受折磨,却守口如瓶,以免跟老同学口供对不上。后来他才知道,老同学供出了他与彭明敏的来往,包括彭明敏秘密写信给他,他们在李敖与彭明敏见面过后还见过彭。但是"警总"特务查出,最后一晚彭明敏还跟一个女人风流了一夜。当李敖为彭明敏辩护时,特务们举证说,你李先生眼中的彭明敏,私德卑鄙如此。李敖大感意外,无话可说。

一九九二年九月十八日,李敖写信给在美国的彭明敏,劝他保持晚节。十月二十一日,彭明敏给李敖回信,此后他们之间再也没有这样的信了。

"刚由日本回来,接到你的快信。很感谢你的关切。你所说的话,会铭记在心。确有人为了我的'晚节'而担心。但那是杞忧。多年在外流亡、折磨、锻炼,难道到此时还会出卖灵魂,'失身、失节'么?简直无法想象的。"

李敖的规劝与疑虑,彭明敏作了回应。不久,彭明敏回到了台湾。这时的台湾,在李登辉的主导下,纵容"台独"势力坐大,彭明敏也就成了凯旋的英雄。李敖在电视画面上看到,站在车上的彭明敏,风光十足地向群众挥手,想到蒋介石当年也喜欢环顾左右,一样的"风扇头",叫他哑然失笑。

直到彭明敏回台湾一年后,李敖应老友陆啸钊之邀,与彭明敏吃了一次饭。李敖与彭明敏分手二十四年后第一次见面,彼此变得很客气。李敖带了一件小礼物送给彭,那是一个小镜框,夹着一张外国人的照片。

彭明敏说:"你李先生太博学了,你考倒我了,这位是谁啊?"

李敖说:"他是捷克的国父马萨里克。他是名教授,当年带着学生领导独立运动,流亡海外,一九一八年他成功了,并且当了总统,一九三七年八十六岁时死去。

第二十七章
"台独"走不通

他为捷克打下独立的基础,可是他无法解决与强邻的关系,最后捷克被强邻所灭。他的故事告诉人们,第一流的知识分子搞独立是一回事,可是,纵使成功了,如果与强邻问题解决不了,也是空忙一场……"

彭明敏收下了小礼物,他是个聪明人,懂得李敖的意思。

一九九四年八月二十二日,彭明敏发表《写在〈台湾自救宣言〉三十周年前夕》的文章,李敖又收到老同学谢聪敏电传来的感言和电话,看到报纸上大版登着他们参加庆祝活动的照片。八月二十七日,李敖写了一封信,收信人是彭明敏,还有谢聪敏、魏廷朝,他们是当年"台独宣言"的合作者。李敖说:

> 彭老师文中指出"危险而无理智的'中国情结'"是错误的,这话反面解释,"安全而理智的'台湾情结'",自是可行的。不过,依我的先知水平,(别忘了我也是先知!)我始终看不出来"一中一台"有可行性,"一中一台"论者三十年来,从未提出任何论证(理智的论证)证明如何达成"一中一台"、如何抵抗大陆,让他们放开黑手,让台湾去"一台"。有起码常识的人都能清楚知道大陆绝对有"犯台"的能力、都能清楚知道美国人不可靠,何况通达世情、通达国际大势的国际法权威彭老师及其门徒?
>
> 虽然如此通达,却还高唱"一中一台"——只有空头主张、全无具体办法的"一中一台",这不是好梦又是什么?这种一厢情愿的思考模式,施之于贩夫走卒匹夫匹妇,犹可说也;施之于台湾人的先知,不可说也!……
>
> 你们是我共患难的朋友,素知我的为人,我可以容忍朋友的无情,但不容忍朋友的大错误——大是大非上的错误。因此,虽然我与彭老师渐行渐远、与廷朝形同隔世,我仍忍不住要写这封信向你们进言。天下能被彭老师虚心受言的人,恐怕也不多了,我敢说我是最后的一位。印度诗人说感谢光明,但别忘了在黑暗中执灯的朋友——我久历人间冷暖,我从黑暗中来,也将回归黑暗而去,我不奢求别人的感谢,但不希望与我同行过的老朋友在光明中目为之眩。该说的话,总归还是不免一说。先"自救"方足以言"台湾自救",你们三位先知,三十年后难道全无"自救"之处吗?我真的不

信啊!

李敖的信发出后,彭明敏、魏廷朝没有回音。谢聪敏来电话说,老彭说政治是要夺权的,你李敖谈那么多是非干吗!

李敖说,知识分子不谈是非只搞权力,是你们最大的堕落,我真为大家悲哀。

彭明敏的新书《彭明敏看台湾》,在台湾远流出版公司出版。李敖发现当中有一篇"原载于《中国时报》一九九二年十月十四日"的专访《为毕生理想再尽心力》,与原文不符。当时彭明敏说:"我赞佩的人当中有提携我的外省籍师长,如胡适先生、萨孟武先生、傅斯年先生等等,也有外省籍好友"和"这说明我绝不是一个狭隘的省籍主义者"之间,还有一句话"包括反对'台独'的李敖"。这九个字被彭明敏出书时删掉了。

一九九五年六月,谢聪敏感觉到,李敖将把他和彭明敏的往事公之于众,一再地打电话约李敖,说是他订下了七月五日的一个饭局,请他务必参加,内容是彭明敏、魏廷朝、他和李敖等人的聚会。可是,李敖却一而再、再而三地拒绝,态度非常坚决。李敖说:"我不想吃'最后的晚餐'啦!"

八月十七日早晨,李敖起床后,像往常一样浏览刚送到的一堆报纸。他翻开《联合报》第四版,在报导李敖新书《你不知道的彭明敏》的新闻之后,有一段话没有逃得过他的眼睛:"支持彭明敏参选总统的立委谢长廷则认为,李敖陈述不足以采信,因为并没有'受害人'出面指控彭明敏。"

李敖马上提笔,写了封信给谢长廷:"照你老弟的法律观点,则希特勒干掉三百万犹太人也自然是不足采信的,因为并没有'受害人'出面指控希特勒——事实上,这三百万犹太人也永远不能出面了,因为他们都被杀光灭口了。不过,没有'受害人'出面并不等于死了三百万犹太人的事实不足采信,事实毕竟是事实哟!

"我写《你不知道的彭明敏》,陈述的全是事实,从彭先生诬陷朋友到诱奸女生、从彭先生出卖同志到不义寡情,无一不举证历历,且我自己就是'受害人',你怎么可以在彭先生只手遮天以后,跟着双手遮天,说出那种话?是不是你的法律观点认为'受害人'本身之言不客观?你令我回想起我被彭先生诬陷后关在军法黑狱的日子,

第二十七章
"台独"走不通

不论多少'受害人'向军法酷吏喊冤,说被刑求逼供,但军法酷吏们千篇一律的判决总是'空言狡展,不足采信'。长廷老弟啊,你这次'不足采信'的话,真使我'故狱梦重归'呢!

"长廷老弟,你是我认识的'最聪明的台湾男人'(为什么写出性别,因为'最聪明的台湾女人'陈文茜会抗议吧),可是你对《联合报》的谈话却做了一件最笨的事。我请你公开更正、澄清,这样才配得上你老弟的聪明。你的谈话,对李敖这种世界知名的作家,是《刑事实体法》中妨害名誉及信用罪,'受害人'还健在、还在写这封信给你,是可以'出面指控'的,你总不希望我同你法庭相见吧?"

谢长廷也是聪明之人,他收信后,立刻去信给报社,提出更正,并在十七日就"长廷敬上"回信示好,中间只隔了一天时间。当然,李敖也没去法院告他。李敖的这封信借题发挥、绵里藏针,是风趣的体现,也是强悍的见证。

"彭李之交",是李敖交友史上"惊心动魄又代价奇高"的一幕。被称之为"台独教父"的彭明敏,人所共知反"台独"一以贯之的李敖,谁也说服不了谁。他们曾在反对派阵营中携手,又在台湾前途的认知上分道扬镳。"是解脱?是遗憾?是神伤?是梦醒?我想两人都会为之茫然。再会了,彭先生,你有德于我,我会刻骨;你失德于我,我会铭心,这就是李敖。这样的血性朋友,哪里去找啊?"

"台独"走不通,这是李敖的大声忠告。

第二十八章　有力量的"善霸"

李敖的第二次坐牢,虽然有政治的因素,但直接的"导火索"却是与老友萧孟能的反目为仇,而胡茵梦的"作证"也是"致命一击",后来李敖出狱重新起诉,状告萧孟能"诬陷",前妻胡茵梦自然也成了李敖的被告之一。

一九八五年四月二日,台北地方法院再次开庭。这是李敖第二次起诉,上一次萧孟能已经败诉,"诬陷罪"成立,被判入狱。

在法院的前厅,李敖与萧孟能、胡茵梦相遇了。胡茵梦还是那么美丽,着装得体,举止优雅,她主动跟李敖打招呼:"李敖,你好。"李敖笑笑,点点头。

庭审结束,萧孟能败诉。出了法庭,他们又碰到了。胡茵梦对李敖说:"李敖,你老了。"李敖说:"和你一样,老了。"胡茵梦说:"你看我头发剪短了。"李敖说:"你不是预言要做尼姑吗?还会更短呢!"

站在旁边的萧孟能,似乎有些尴尬。李敖拍拍他的肩膀说:"孟能啊,这一阵我告你,你先被判了一个月零二十天;现在又被判了四个月,一共五个月零二十天。你还欠我十天。等我第二次要你坐了牢,十天还我,就扯平了。你死了,我们朋友一场,我会买个金棺材送你。"李敖第二次坐牢刑期六个月,他才有如此"换算"。

萧孟能听了李敖的话,哭笑不得。李敖了解萧孟能的为人,不是背后有人挑唆,他是不会跟李敖翻脸的。可惜他听得进情人的话,听不进友人的话,以致铸成彼此伤害的大错。早在萧孟能警告李敖,他不惜与李敖上法庭之时,李敖就对他说:"孟能,你告我,官方一定趁机介入整我,我会垮下来,可是我李敖垮了会爬起来;你告我,你也会垮,你垮了就爬不起来了!"

第二十八章
有力量的"善霸"

李敖的话,当时说也没用。李敖真的被人家告倒了,真的坐牢了。可是李敖等到了出狱的那一天,一纸诉状把萧孟能告上了法庭,而且在媒体上炒得沸沸扬扬。庭审时李敖有理有据,地方法院的态度不得不有所转变。法官判决:"萧孟能意图他人受刑事处分,向该管公务员诬告,累犯,处有期徒刑六个月"。萧孟能不服,提出上诉,李敖奉陪。

一九八七年一月十四日,台湾"高等法院"开庭,李敖与萧孟能再度当堂对质。负责此案的法官劝说他们和解。李敖退庭后委托律师去函萧孟能,开具了登报道歉的和解条件,表明了同意和解的宽容态度。

二月十八日再次开庭,法官认为,李敖的和解条件是合理的,萧孟能当场表示,愿以文字登报和解:"自承怀疑之错误,并向老友李敖表示道歉。"眼看此案就要画上句号,没想到笔录完成后,萧孟能的律师突然提出,又要增加些内容,激怒了本想放他一马的李敖,和解宣告破裂,官司又继续打下去了。李敖说:"和解虽告破裂,萧孟能这一当庭表示的心态,却足证诬告李敖属实,否则又何必认错道歉呢?"

李敖望着萧孟能,内心是复杂的。他与这位昔日的老友有恩有仇。他没忘,萧对他有知遇之恩,在文星书店时请他主编杂志,他已用他的才华相报,使萧一跃而成为出版界大腕。他更没忘,萧对他有诬告之仇,他也用他的才华相报,让诬告他人者尝尝坐牢的滋味,知道伤害他人所付出的代价,还自己一个清白。

李敖反败为胜,把曾经起诉他的萧孟能告倒了。李敖归纳,萧孟能状告李敖的案子,造成了以下四点结局:"一、李敖坐了一次牢,但萧孟能坐了两次,又变成通缉犯,又在'最高法院'六件民事判决中全部败诉。他想要李敖的钱,可是一块钱都没要到。二、李敖帮助萧孟能太太朱婉坚拍卖了萧孟能和他情人的家,并为朱婉坚争回'天母静庐'的房子。三、李敖宣布和胡茵梦离婚。四、国民党做手脚使李敖入狱,以为封杀此獠,殊不知此獠大肆报复,一连报复三十多年,至今未息。"

他说:"世之好跟李敖为敌者,有如此萧!"

为什么不能原谅跟你有个人恩怨的人呢?李敖说:"可以原谅,先打倒,后原谅。就像清朝彭玉麟所说,烈士肝肠名士胆,杀人手段救人心。虽然表现出来的是金刚怒目,可骨子里是菩萨低眉。你要注意那种有仇不报的人,就是忘恩负义的人。因为他感情太浅,有仇不报,有恩就会忘。中国人总说'算了',可是犹太人就要以牙还牙,以眼还眼。我们应该学犹太人。"

还有一个绵延十多年,像电视连续剧那样上演的"长篇官司",就是胡秋原告李敖,而后李敖又告胡秋原的案件。

那是一九六二年四月,李敖的文章引发中西文化大论战,《文星》提供阵地,让人们各抒己见。论战进入高潮之际,李敖写出《给谈中西文化的人看看病》,反对的人不少,其中就有跟《文星》关系不错的胡秋原。李敖再写《我要继续给人看看病》,对胡秋原反击,这下子摸到了老虎屁股,胡秋原脱离《文星》,接办《世界评论》,跟《文星》唱起了对台戏,火药味越来越浓了。

胡秋原不光打文字仗,还以诽谤罪,把李敖与萧孟能、居浩然告上法庭。此举令舆论界哗然。《自立晚报》的社论说:"法律或许可以裁决一造胜诉一造败诉,可是中西文化的论战,难道能凭法律裁决谁直谁曲,得出一个结论吗?"

台北《征信新闻》以《在胡适安葬之日谈中西文化论战》为题,评论说:"胡(指胡适)先生虽死了,这场中西文化问题的论战并未结束。但却逐渐地脱离了主战场,而跳进了泥塘里纠缠不已。如果胡先生死后魂灵真的有知,看到这个原本是学术性的论争而竟演变到如此境地,闹到法庭相向,胡先生又会有何'感触'呢?"

二十七岁的李敖,平生第一次被人告上法庭,而且是个前辈。那时有些人劝李敖和解算了,其他人也有些动摇了,但李敖不理睬。

他说:"我的态度是:要告由他告去,要和你们去和,我李敖是不怕告,也不要和的。我那时很年轻,也很坚定。我认为,我遭遇的,是'是非'问题,不是'人情'问题。在'是非'上,我没有错;在'人情'上,为了真理我六亲尚且不认,何况非亲非故的胡秋原和非亲非故的萧孟能呢?

"我又认为:我出道写文章以来,就准备殉道,我绝对对我写的任何一个字负责任,并愿意面对考验与审判,打击与监狱我是不怕的。和事佬们都是萧家的朋友,他们包围了我,力劝我和,说不要道歉,只要声明所说不实表示遗憾即可。我说不行,

第二十八章
有力量的"善霸"

我所说的都是实的,也无憾可遗,不行,不和就是不和!"

官司打到一九六三年秋,法院判决:李敖、萧孟能,罚钱;胡秋原,也罚钱,因为法官说,告人诽谤的胡秋原也诽谤了他告的人。台北地方法院判决后,双方都上诉到高等法院。当事人的身份特殊,从此这个官司久拖不决。

法院毕竟是国民党的,而胡秋原是"党国"老人,李敖对判决能否公正是有心理准备的,但他不气馁,不灰心,有机会就在法庭上雄辩滔滔。

这官司给李敖上了一课,也给他带来了枯燥中的乐趣。有一次,胡秋原在法院不叫李敖的名字,而叫他"李匪帮",李敖听不顺耳,当即提出异议,法官一问,原来李敖是听错了,胡秋原操着湖北黄陂土话,他是在说"李诽谤",却发音像"李匪帮",法官听了都笑了,胡秋原也挺尴尬。

李敖更好笑的是,胡秋原当初请了一位律师,后又加请法学家陈顾远做律师为他辩护。陈顾远不知是真糊涂了,还是装糊涂,竟在法庭上说李敖的好话,辩护词向着李敖这边,气得胡秋原直瞪眼,再不请他了。

学者王企祥跟李敖挺投缘,他说得有趣:"你不能得罪犹太人,得罪了犹太人一如得罪了李敖,他跟你没完没了。"李敖听了他的话,笑着说:"你终于学到了跟李敖做朋友的窍门。"

一九七四年李敖坐牢期间,高院做出判决,当然是对李敖不利。出狱后,李敖的文字对胡秋原绝不轻饶,他从被告转为原告,状告胡秋原诽谤。

一九九一年十一月二十九日,李敖起诉胡秋原诽谤一案,法院做出了最终判决。刑事判决,拘役四十天,缓刑两年;民事判决,索赔四百万台币。胡秋原赔李敖三十五万,李敖嫌少,提请法院强制执行。

李敖委托郭律师代表自己,会同法院的执行人员,来到台北新店中央新村新五街十一号胡秋原宅,假扣押(抵押)他的住宅产权。胡秋原太太开门,胡秋原自楼上下来,接过文件签字,眼看着法官把封条贴在他家墙上。法院书记官说,你们打官司解决吧。胡秋原无奈地诺诺称是,他老得无力出庭了。

回来后,律师把这段经过告诉李敖,李敖闻后大笑。有人劝李敖,得饶人处且饶人。李敖说:"三十年前,胡秋原整我的时候,你为什么不向他说这句话呢?"在胡秋原状告李敖三十年后，李敖反败为胜，把胡秋原告倒，坚持把封条贴进他家。"好勇斗狠、有仇必报，并且没完没了！"

李敖的同学陆啸钊，曾是《文星》的主编，与李敖一起编刊物，一起倒过霉，他说起李敖，有个形象的比喻："李敖为人，绝不先向你开枪。但你先向他开枪，他就用机关枪打死你，打死以后，还要补上一阵枪。"

按说李敖也有教训。他在与萧孟能的官司上，虽然反败为胜，但当初也付出了代价。就因为说了几句公道话，不得不上法庭，老婆也丢了，还坐了监牢。从此事不关己，高高挂起？那就不是李敖了。再大的麻烦，他都坦然接受，个性并没有就此改变，仍然锋芒毕露，侠肝义胆。碰到不平的事，不论跟自己有关无关，他都挺身而出，敢做敢当，根本不理睬什么叫顾忌。

他的笔墨官司，更多的不是为了自己。"我生平喜欢打抱不平。不但为朋友打，也为敌人打；不但为认识的人打，也为陌生的人打；不但为近在眼前的人打，也为远在天边的人打。只要真理所在、真相所在、人道有关、公道有关，我都不论亲疏、不分彼此，一概奋笔为文，要打个痛快。"

张学良将军失去自由，李敖用史实说话。他写了《张学良研究》，写了简介："几十年来，国民党一谈到丢掉大陆的原因，就赖别人，从张学良到马歇尔等，无一不赖。为了驳斥蒋介石及其党羽几十年来的诬蔑与谬说，李敖决心出版《张学良研究》，来拍案与翻案，给民族英雄张学良做历史定位，证明蒋介石是历史罪人。"

他又写了《张学良研究续集》："蒋介石或杀或关，或辱或骗，一生中害了无数的同胞与同志，是现代中国最阴狠卑鄙的坏蛋，他对张学良的阴狠卑鄙，大者有二：第一是诬陷张学良，使张学良一直背黑锅；第二是关张学良，使张学良一直不自由。这本书就是要揭发这一史实，伸张正义。"

他还出版《蒋介石张学良秘闻》："本书所收秘闻，都是国民党查禁乏力的漏网之文，有在海外出版的、有在大陆刊行的，都是张正义而存信史的天网之作。读后得知张学良的苦心、蒋介石的私心，令你恍然有得、茫然若失。"

孙立人将军被打入冷宫，李敖推出《孙立人研究》："孙立人将军是现代中国最杰

第二十八章
有力量的"善霸"

出的将领。从历史定位上看,孙立人出奇兵、打硬仗,是第一流的名将,一如韩信;再从历史定位上看,孙立人案的种种冤情,又正如岳飞案。李敖编这本《孙立人研究》,就是在这种历史定位下完成的时代记录。"

李敖再出《孙案研究》,把孙立人案翻个底朝天:"人间的冤谤,不是一时一地一人或一群人的事,它们每个事例,都有警世作用、连锁作用,恰像那英国诗人笔下的人我关系;别人的丧钟,其实也在为你而敲。从这种角度追踪'孙案',我们才能了解它的来龙去脉,才能知道它正是你的案子。"

别人不敢说的话,李敖敢说。

有人不是曾经骂宋希濂将军"甘为中共鹰犬"吗?李敖不平。

他是熟读"党国"史的专家,为宋希濂将军的过去正名:"但我们遍查宋希濂的记录,却满篇都是'黄埔之光'、甘为中'国'(指国民党)鹰犬,他在四十三岁以前的青春,都是在为国民党做鹰做犬,出生入死,肝脑涂地。"

他提出,"为什么他在五十三岁出狱后开始转向?开始'此度见花枝,白头誓不归',为什么?宋希濂到了美国,已不在大陆,不在中共控制之下,他为什么不投奔自由?……"

李敖这篇名为《鹰犬将军》的文章在美国《北美日报》转载,宋希濂将军看后大为赞叹,索性将《鹰犬将军》作为自己新出回忆录的书名。李敖虽无利可图,仍设法出版《鹰犬将军》台湾版。他公布特赦后为祖国统一最后一呼的宋希濂将军的书信,赞扬这位前国民党高级将领"为国家为民族做了鹰犬"!

美国人不是攻击中国大陆"一胎化"政策吗?李敖不平。

"那个克林顿的老婆到北京嘛,就谴责'一胎化'。好了,我不'一胎化',你美国人帮我养吗?送我一袋米吗?没有嘛。对不对?邓小平当时跟卡特总统讲,你说我不让移民,我送给你,你要多少人?一千万、两千万、三千万,我都送给你。那卡特一个都不接受啊。不接受你讲什么风凉话?这个人口是我来养啊!

"台湾有个石门水库你们可以去那里参观。花了两亿美金盖个石门水库,一年这个高雄市的人口就会吃掉它。成长的人口就把它的利益整个吃掉了。人口不得了的!"

蒋经国去世十周年,曾任国民党"中央秘书长"的李焕出书,表示追念。李敖非常不满,在《李敖笑傲江湖》电视节目中,接连骂了他好多天。李敖对于蒋氏父子是追杀不已的,维护蒋经国的言论也在他的批判之列。

其实李焕家就住在李敖家的附近,李焕的女儿李庆安和儿子李庆华,跟李敖也有来往。李敖的朋友很奇怪,说李庆安帮你儿子入学,你欠了她的情;李庆华又跟你关系不错,怎么你骂起人家老子来,口气一点都不软?

李敖却说:"这就是李敖啊!别只看我骂李焕吧,我也为他洗过冤,当尤清捏造历史,说他在满洲国做过办报的汉奸时,我就公开指出这是造谣,我是讲求真相的人,即使对敌人,我们也不可造谣啊。"

为什么你不能多厚爱身边的人呢?他说:"你错了。我厚爱所有的人,我绝不主动对任何人不起。可是当别人对不起我的时候,我还手很重,都是重拳,这是我的一个缺点,一个认真的缺点。"

人家说他"霸道",他笑而纳之:"我自己要做有力量的好人——'善霸'。"

看来被他出拳的目标有些不妙。"被我'整'的对象,不分中外、不分老少、不论省籍、不论生死,凡是被锁定的,就难逃吾网恢恢。我最拿手的本领是口诛笔伐,不论动口动手,都出之以一针见血的犀利表达,造化之妙,臻于极境。"

"善霸"李敖,善字当头,霸在其中。

说李敖偏激,说李敖"好斗",李敖一概承认。尤其是那些历史上侵略过别的民族而至今不肯认罪的人,他绝不宽恕,主张斗到底。

第二次世界大战后,日本战败投降。给中国乃至亚洲人民带来深重灾难的日本,从未像德国那样,以政府名义正式向受侵略国家和人民道歉,只用了"遗憾"之类的模糊字眼,他们通过一个民间组织找到一些当过日军"慰安妇"的老婆婆,私下允诺她们每人给两万美金,让她们签字"和解",试图把这笔血泪账一笔勾销。

台湾当年被迫充当日军"慰安妇"的女子,已有许多人过世,幸存的还有五十多位,她们年事已高,大多经济拮据,体弱多病。就现实生活的惨状而言,她们想拿这笔钱过日子,可是民族大义又告诉她们,日本人不认罪,想用这些钱来封她们的嘴,

李敖痛斥日本侵略者

李敖参加揭露日军暴行的记者会

第二十八章
有力量的"善霸"

这是"卖命钱",不能要。她们走上街头,还在跟日本人理论。

在台湾当政的李登辉等人有"日本情结",对"慰安妇"的诉求十分冷漠。李敖看不下去了,他站出来说:"天天引得这些老太太与人交战是不合乎人情的!"为什么这些老太太应该忍受晚年的凄凉?为什么她们不能够讨回公道?李敖同情她们的"两难境地",他觉得每个有良知的中国人都应该站在她们身后。

李敖挥笔为文,替这些文化程度偏低的老太太申冤。他不满足于做文章,他要给她们以实际的支援。他想起北洋政府时代,曹锟贿选,张作霖反对曹锟,就对那些议员说:"曹锟给你们多少钱,我也给你们多少,只是不要选他。"李敖突发奇想,空话填不饱肚子,如果能有一笔钱,分给这些受害的老人,让她们没有后顾之忧,她们不收日本人的钱,腰杆直了,就能理直气壮地去要求日本政府正式道歉。

李敖不是大财主,也决心从自己做起。他和朋友商量,先从银行举债,预付给生活无着的"慰安妇"。然后,他拿出十多年收藏的艺术珍品义卖,所得款项义助"慰安妇"。

那一场义卖会激动人心,李敖捐出八十多件珍品,都被热心人以高价买走。李敖亲笔签名的《李敖回忆录》,每本标价一千元新台币,相当好卖。会上有人问李敖:"你还有什么保留没卖的?"李敖答道:"再卖,只有卖我自己了。"

李敖义卖,募得二千三百七十多万新台币,加上"省府"捐款七百万元,义卖主持人之一的歌星蔡琴"义唱"一首歌《最后一夜》七万元,全部义卖活动共募得三千八百二十八万六千元新台币(合一百多万美元)。报出数字后,李敖对这样的结果相当满意:"先垫付给'慰安妇'的银行债款,已经可以还清了。"

当全场的掌声响起来时,一向自负的李敖却再三摆手,谦虚地说,救援"慰安妇"不是他一个人的功劳,律师王清峰才是最大的功臣,她走遍台湾各地寻访台湾籍老"慰安妇"六年。李敖还说,他现在才加入救援工作,实在不算啥!

对于"慰安妇"的过去,李敖强调,那是历史的悲剧,她们的血泪史是日本侵略者罪行的一部分,值得铭记。他不会像韩国"慰安妇"支持团体,规定"慰安妇"拿了民间捐款,就不准再去要"日本国民基金";台湾"慰安妇"虽签了委托书给王清峰,对日索偿一定集体行动,即使有人"脱轨",他也不会对她们有任何谴责。

李敖真情流露,在场的人为之动容。代表"慰安妇"接受捐款的"妇援会"表示,义卖款将分给四十二名"慰安妇",每人五十万台币,还将根据李敖的意愿,以七百万台币作为"慰安妇"对日索赔的基金,余款留"妇援会"作为照顾"慰安妇"的专项开支。接着发言的各界人士说:与民间自发义助"慰安妇"相比,当局的行动在哪里?为什么当权者可以搞"金钱外交",到处撒票子,却不能支援自己同胞?

　　李敖义助"慰安妇",是他在打抱不平。侵略者狡辩侵略事实,拒绝民间赔偿,李敖就是看不顺眼。有错不认错,有罪不认罪,李敖绝不放过你。

第二十九章　无嗜好的"工作狂"

以李敖的一人之力,主持李敖出版社,写作、编辑、出版,拳打脚踢,成绩斐然。想怎么写就怎么写,想怎么出就怎么出,他不靠任何官方背景,编了这么多杂志似的书刊,在台湾"独此一家,别无分店"。人家对李敖好生羡慕,他好像还不过瘾,在一九九〇年岁末再出惊人之举,要独自办一张李敖式的报纸。

台湾报业解禁之后,登记者多达二百零五家,春秋战国,竞争激烈。李敖本来无意插足其间,李敖出版社就够他折腾的了。况且,台湾毕竟地盘太小,办报的成功率甚低。台北有一家外商总代理,名叫周孟禄,学新闻出身。报禁解除,他回收了一些旧印报机,堆在仓库里,本想转手卖出去,后想到"办报热",旧机器是现成的,如果加以废物利用,以小额投资办张报纸,可能是一个挣钱的好方案。

办报得有名人撑着,周孟禄想到了李敖,便辗转托人,邀请李敖合作。所托的人是伍振环,跟李敖虽然认识,但认识得很特别。伍振环原来是警备总部官员,当年曾经负责查禁过李敖的书,这才认识了李敖。如今找上门来,代朋友请李敖办报,李敖当然十分意外,甚至有些心中发毛。伍振环说得诚恳,李敖好笑之后,还是答应了,终究是个阵地嘛。他们商定,两位商人出资,李敖包办一切言责,他人不得参与。

报纸用什么名字?李敖选了"求是"两个字,确定为《求是报》。一九九〇年十月二十九日,李敖把《求是报》登记表送到新闻机构,同时附了两页民初著名报人戈公振所著《中国报学史》的影印件,然后注明说:"请看《中国报学史》第一一六页和一八二页吧,两次出现《求是报》的名字。这就是说,早在中华民国成立的时候,就出现以《求是报》为名字的报纸了。请转告邵玉铭那化石头脑,赶快给我执照吧,不给执照,我就申请办《人民日报》啦!"

一九九一年二月二十七日,《求是报》出版发行。这时《李敖千秋评论丛书》还没有停止,李敖一边出书,一边办报,忙得不亦乐乎。当天日记上,李敖写道:"本来要办报害别人的,结果先害了自己——每天只能睡五小时,累得七佛出世!"

李敖办报是头一遭,他对自己选的报名得以在台湾通过,大为得意。他办报还是"乌鸦意识",不唱赞歌,而是跟当权的国民党唱"对台戏"。

李敖撰文叙述《求是报》之名,对"实事求是"做了考证,这四个字出自《汉书·河间献王传》。"人们在现实生活中,最容易妥协、不讲是非、含糊其词,以调解人姿态,做乡愿、做烂好人,在真理面前和稀泥,做和事佬。人们所以如此堕落,原因无他,在不能真正信仰'实事求是'的精义。当人们真的信仰'从实事里求其是'以后,他们在真理与现实面前,必然勇于维护真理。"

《求是报》有四大版,在台湾少有这样的"一大张"报。像李敖的书那样,《求是报》坚持李敖风格,一问世就广受欢迎,尤其在海外,华人订户非常踊跃。"多揭发黑暗,少追踪黑屁",是李敖公布声明的办报主旨,也是叫人最痛快的地方。

有一期的《求是报》,登出"蒋介石杀害九岁小女孩"的文章,把蒋介石在逃离大陆之前,亲自下令给"军统",杀害杨虎城将军一家人的"秘史"公之于众。报纸发出后,台湾社会反响强烈,杨虎城女儿之死惊动了读者。报社接到不少读者的电话,有赞扬他们尊重历史的,也有兴师问罪,跟他们过不去的。

其中有一位老先生,平心静气地问值班编辑,资料来源是哪里的,有没有确实证据,编辑回答说,这件事在台海两岸都有记载,海外也早就知道,只是台湾不公布,台湾人被老蒋一手遮天瞒过了。电话那头有人发火了,抢过话筒,恶狠狠地恐吓说:"告诉李敖!我要用黑星手枪杀了他,叫他小心点!"

还有一位太太来电话说:"我们家都信佛,不杀生,你们报纸能不能不要刊这种事,你知道吗?蒋总统在我们心目中是很崇高的,怎么能这样说他?"

编辑回答说:"但是他杀人在先。"

"放下屠刀,立地成佛。"

第二十九章
无嗜好的"工作狂"

"蒋介石杀人时,已经是堂堂的一国领袖,竟然还做出这种事,他值得我们尊崇?如果那小女孩是你的孩子,你又作何想法?蒋介石是人,小孩子也是人,你为什么不替杨虎城一家想想呢?"

李敖得知这些人的心态,坦然面对。国民党在台上一味吹捧蒋介石,只向民众推出"伟大的蒋公",把他们的"蒋委员长"塑造成道德楷模,却有意识地遮盖了蒋介石的另一面,这正是他的报纸所要着力澄清的。

李敖的无畏触动了一些人的神经。竟有人打电话威胁说,要丢炸弹炸报社。李敖笑答:"不必丢了吧,我自己就是炸弹!"

早在李敖主持《文星》时,他就说过:"要想害一个人,最好劝他办杂志。"这话传出去,被很多人引证,成了一句名言。情同此理,"要想害一个人,最好劝他办报纸。"李敖办《求是报》,也是一件吃力不讨好的差事。

尽管李敖全力以赴,报纸的赢利仍然需要一个周期,但前景是光明的,读者面也在扩大之中。然而,商人的算盘是跟着钱走的,两个投资者看到办报不像想象中那么挣钱,又遇到别的经营上的事,就把资金抽走了。违背承诺,不守合同,李敖因此还打了官司。李敖独自延后了半个月,最后不得不停刊了。

《求是报》虽然停刊,李敖紧接着推出"求是评论"。一九九一年八月二十日,李敖发表《求是报》停刊告白:"所有《求是报》的订户(直接划拨给《求是报》李敖账户的),余款一律自动转为《李敖求是评论》订户冲抵(按月冲抵,扣完为止),希望读者以支持《求是报》与《李敖千秋评论》之心,转而支持《李敖求是评论》。《李敖求是评论》虽是月出一册的出版品,但是李敖每月重要的新作品、新意见,读者还是可以看到,还是可以聊补《求是报》与《李敖千秋评论》双双停刊的失落之感,还是可以不放过国民党当权派,每月干他们一次。"

《求是评论》从一九九一年十一月到一九九二年四月,每月一期,共出了六期。李敖宣称,这是一本"崇尚真理、全说真话、专讲是非、没有党派的杂志"。此外,他还编辑《李敖新刊》,出版了《没有国是孤岛》等七本书本式的杂志。

李敖办杂志的同时,应约在《世界论坛报》开辟"世论新语"和"李敖论坛"两个专栏。他还在美国《中报》开辟"李敖专栏",写了《"英明领袖"何能被欺骗?》《国民党气为之夺》《国民党法为之毁》《"新闻局长"何不检讨自己?》《李登辉与灶王爷》《达赖喇嘛"非暴力"么?》《两个法西斯》等等文章。

四面出击,春风得意,李敖不在乎敌人多于朋友。

上帝是公平的,给每个人都是一天二十四小时,时间没有多出来,李敖何以做出这么多的活儿?还在于李敖的自律和勤奋。然而李敖之所以是李敖,在于他不是一般的自律,也不是一般的勤奋。

拿他的话说:"我是工作狂。"

李敖给人的印象是风流倜傥,似乎是个风流才子,他从不受传统模式的约束,即使不拘小节,甚至放荡不羁,人们也可以理解。其实,正如李敖夫人小屯所透露的,李敖律己甚严,没有任何恶习,几乎是个"苦行僧"。他早睡早起,烟酒不沾,甚至不喝咖啡,不喝茶,也不喝凉水,据说跟蒋介石看齐,喝白开水。

他把整理资料叫做"做工",即使外出也带着"做工意识"。有一天上午,李敖到银行借贷,在彰化分行信义分行开户。排队的人多,窗口送出存折得等一阵子,他抓紧时间,竟在一边的柜台上摊开资料,大做起工来。他自己说,"勤奋如此,随地开工,想来也真古今少有也!"

他给自己制定的写作计划,也是天天必须完成的,有时打官司出庭,不得不耽误了,回家就要补上来。在他的日记里,不乏这样的记载:"今午为了补足昨天因开庭耽误的一千字,补写到三点才吃午饭。今日午前共写三千字。"

他不喜欢应酬,"关起门来做皇帝",每天读书写作在十小时以上,精力集中,很出活儿。他跟外人的交往,颇多"君子之交淡如水",好朋友也没有例外。不过总不能不见面吧,李敖最不习惯去别人家做客,人家找李敖,十之八九都是到李敖家,绝不是李敖去他家。这是他"君子之交"的原则。

到李敖家做客的朋友,如果不熟悉的,李敖会客气些,坐下来跟你谈。如果是老熟人,那就"惨"了。李敖有一个奇怪的"待客之道",专门用来对待老熟人,就是先敬上一杯茶,然后一边做工,一边同客人谈话。他的做工,就是整理资料,拿着剪刀糨

沉思的李敖

李敖书房

第二十九章
无嗜好的"工作狂"

糊,剪剪贴贴,他的手停不下来。他这样做,耳朵在听你讲话,注意力不受影响,应对自如。老熟人不计较,有的甚至跟他说话,也帮他做工。

尽管李敖常跟客人说,他有一心两用甚至多用的本领。客人找李敖是谈事的,到他家竟降为"苦工",有的情愿,有的不乐意,也有"抗议"的。

李敖的一个老友说:"李敖是一个苦人,有福不会享,整天做工。你跟他谈话,他五分之四的时间都不抬头看你,谁吃得消他啊!我才不要去他家呢!"那位友人再也不登门,联系方式改为电话。但他不知道,通电话时李敖用下巴夹住听筒,一边跟他说话,一边照样做工不误!

监牢里的孤独是被迫的,监牢外的孤独是主动的。他说,入狱是"以牢为家",出狱是"以家为牢"。"只有独来独往才能够成就一个伟大的文字工作者。如果你干这行,需要你孤独工作的时候,你没有孤独的本领;需要忍耐寂寞的时候,你不能忍耐寂寞,你就报销了。我能够干这行,不靠别人吃饭,就是因为有这个本领。当年马克思写作,要恩格斯供养。我现在是自己养自己。别人有这个本领吗?我吃喝嫖赌都不来,婚丧喜庆都不参加,只有我这种节约的、清教徒般的生活才能够积累财富。"

李敖的财富,是他数以百万计、数以千万计的文字。

一九九一年,李敖从第一天起,定之为"一个大忙特忙年的开始"。他决心从"惜阴"着力。着力点在:一是做这段时间中最该做的事,并有效率地做。二是除写作时外,其他时间尽量"一时两用"。李敖发明的"一时两用"举例如:1.来回带物法;2.念念有词法;3.大便看书法;4.谈话做工法。

日程表上,李敖"以取消约会、演讲"为原则。健身运动也是不出大楼的:"清早八时走楼梯上下各四十级。中午十二时体操、哑铃。"

他给出版家沈登恩的信中,描述他的状态说,他每天除了散步一次外,整天藏在家里,在家里保证是"天下第一忙人"。"忙的情形,有'来回带物法'可见一斑。'来回带物法'是我自己摸索出来的方法,就是在家里,只要一走动身体,不论从书桌到餐桌,或是从这间房到那间房,来去之间,绝不空手,总要顺便带件东西、带件资料,把相关的一切顺手归位。甚至小便时也此尿不白撒,一边小便,一边看马桶盖上的零

269

星资料,顺手带回,即予分类入档。虽然这样勤勉,一天下来,总还觉得时间不够用,恨不能延寿半世纪,把永远做不完的事,再多做一些。"

当有人怀疑,以李敖的个人能力,怎么能横扫台湾,做出这么多的成绩,简直太奇怪了。李敖笑道:"我全无嗜好,只有专注的工作、工作、工作,我像一个清教徒似的律己甚严也责人甚严,所以我有是非,有成绩。我的本领非偶然可得,也非好吃懒做、游手好闲可得。所以,你们不必奇怪。"

一九九二年,李敖与王小屯结婚之年,是他第二次出狱的第十年。

李敖不会沉醉于温柔乡中,他的"讨伐"大业并没耽误,带头"正人心、布公道、求真相、抱不平"。他立志"匹夫而为百世师,一言而为天下法"。李敖当时写有一首打油诗,亦庄亦谐地描画出他的心态,自称是躺在浴盆里作的:

一

二次出狱后,声名翻两番。先当孙行者,后变彼得潘。
只做单干户,不搞李家班。独来又独往,管他关不关。

二

二次出狱后,声名翻两番。早戒夺命酒,不抽长寿烟。
忙时撼天下,闲来逛地摊。周公不吐哺,独自吃三餐。

三

二次出狱后,声名翻两番。东留浑似水,北望气如山。
春去人稍胖,老来心更宽。蜀中需大将,留我做神仙。

四

二次出狱后,声名翻两番。笔写甲乙丙,口喊一二三。
狂酿工蜂蜜,不搬陶侃砖。知音究竟少,何必相见欢?

第二十九章
无嗜好的"工作狂"

五

二次出狱后,声名翻两番。少食花生米,多吃豆腐干。
她将裙儿解,我把裤子穿。夕阳无限好,只是要变天。

六

二次出狱后,声名翻两番。口诛群党棍,笔伐大汉奸。
无心做牛饮,顺手把羊牵。一篇伤心事,不独为台湾。

此时,李敖名气大增,但他绝不躺在名气上吃老本。他专注自己的事业,对于事业以外的"关系"不感兴趣。"一切要靠'拉关系'、要靠人际关系好才能办事的现象,是可耻的!因为它把'人情'高过'是非',又违反公平原则。中国人最犯此病。结果人的精神、时间都花在做公关、交朋友、拍肩捏臂、酒食征逐上面,一切都讲关系才能过关,这成什么话啊!"

他的交友之道,也很特别,划定在已有的圈子之内:"新朋不交,旧友不补,乃是参悟人生后一乐。朋友是写作的敌人,因为他们太耽误时间。胡适一辈子交游满天下,造势成功,写书失败,这是得不偿失的事。"

有一次,老同学聚会,邀请李敖与小屯参加。吃了一顿豪华大餐。燕窝、鱼翅、鲍鱼、龙虾等一应俱全,李敖因为不喜欢出席大宴会,生平没吃过如此奢侈的东西。饭后,老同学邀李敖他们上楼,第一次考察了什么是KTV。

老同学畅怀大唱,歌声在屋里回荡。李敖坐着没劲,"殊觉庸俗无趣。坐到十二点,与小屯先归。五个半小时,就这样泡汤了。"

回到家已是半夜。李敖记下了他去赴宴的经过,在日记中告诫自己:"我对知识的专注,使我完全在娱乐上、交游上'隔世'了,我也甘愿'隔世',我决定这是'最后的晚餐',以后晚餐不和友人在外面吃了。"

李敖时常接到一些请柬,邀他参加各种活动,他一概谢绝。有些名人聚会的邀请也叫李敖发笑,他曾记了一则笔记,名做《不与美女人共舞》:"'中国男人'社赖灿德请参加中国小姐选拔会的酒会与舞会,美女三十多位云云,我说我不跳舞,我也从不参加婚丧喜庆。"

李敖曾与电影演员林青霞有段对话,谈到做名人收到的来信太多,回信太累,不胜其扰。林青霞劝李敖说:"千万不要给崇拜你的人回信,因为一回信,他又来信,就没完没了。"李敖哈哈一笑:"事实上,我极少回信,不论对方崇拜不崇拜,我都一视同仁,原因是要写大文章,无暇私交。"

一九九五年,著名歌星邓丽君去世。台湾媒体报道参加邓丽君丧礼的各界人士,李敖的名字赫然在内。李敖留意了一下,有四张报纸和一家电视台。他当即去信更正:我没有参加邓丽君的丧礼。报纸和电视台收到李敖的信,不敢怠慢,赶快公开更正了。主办丧礼的慈济功德会也来人,向李敖表示道歉。

朋友打电话问李敖,这是怎么一回事?明明你没参加,媒体却说你参加了?李敖说,这是热心的佛教徒们做的好事。他们佩服李敖,也喜欢邓丽君,认为"李吊邓丧"是一幅好画面,就不由分说,分之以义、约我以礼了。这种人以为只要做好事,就可造假,这种心态,也是很恐怖的呀。

虽然弄错了,又不是大事,李敖何以如此较真?以李敖的个性,人家不是攻击你,而是试图做好事,像这样的事太小,你也可以懒得去理嘛!李敖说,不行啊,近年我朋友的爹妈去世的大有人在,朋友看了报,会奇怪你李敖为何不参加伯父母的丧礼,却去参加小邓的丧礼,岂不怪事吗?

当然,跟李敖关系密切的朋友并没有相信。老同学陈兆基看到电视新闻就说,这不是真的,肯定搞错了。李敖笑陈兆基,知李敖甚深。

记者问李敖:大陆有众多崇拜你的人,特别是青年学生,还有人自称"大陆李敖",因为自己写了几本针砭时弊的书。你想对这些崇拜者说些什么?李敖笑着答:"我认为,他们第一应该确定要超过李敖,应该有这个抱负。第二要认清:李敖是很难超过的。"

记者又问:谁都知道你是"工作狂",这种生活有没有使你感到孤独呢?李敖说:"你孤不孤独跟你的工作连在一起,那就很惨了。你要靠着别人才能快乐的话,那你就更惨了。我基本上一个人过生活。我很欣赏的,就是大科学家爱因斯坦的一句话,他说,他最喜欢过的生活就是孤独的愉悦。"

李敖理解爱因斯坦的孤独。"孤独的愉悦是最快乐的。那时爱因斯坦独自做着物理的科学研究,都是他一个人,在精神上面可以得到最大的快乐。一般人在精神上得不到快乐,要靠跟别人搅在一起,一没有人他们就觉得很孤独。所以,我们的快乐不能靠跟别人的关系,这样的话太被动了。"

李敖的"工作狂",正在于主动享受"孤独的愉悦"。

第三十章　应聘"东吴"上讲台

李敖在上世纪六十年代坐牢,正是蒋介石和蒋经国在台湾主政期间。他出狱后,对蒋家王朝一路追杀,毫不留情。蒋氏父子生前,他的笔猛揭老底,蒋氏父子死了,他还是口诛笔伐。与蒋氏父子势不两立,是人所共知的李敖立场。

到一九九三年,李敖与蒋家又有了一番接触,也是他惟一的一次接触。不过,来的人是蒋家第三代,东吴大学的校长章孝慈。

说起来,李敖的父亲大半辈子都在教书,而李敖想当个教师的愿望,从来就未能实现。李敖"被封笔"的同时,自然也"被封嘴",与三尺讲台无缘。直到李敖出狱二十多年后,才时常被邀请演讲,大学的校门也向李敖敞开。

李敖的演讲从不看别人眼色,他的锋芒丝毫不减,他的思辨敏锐仍旧。清华大学请他演讲,他讲《清华生与死》。师范大学请他演讲,他讲《师大新与旧》。辅仁大学请他演讲,他讲《辅仁神与鬼》。他的演讲大受欢迎,盛况空前。

有一次,东吴大学法律系学生黄宏成和朋友去听李敖的演讲,早就崇拜李敖的黄宏成非常激动,突发奇想:我们东吴大学为什么不请他?

黄宏成"初生牛犊不怕死",在李敖演讲结束时,凭着"厚脸皮"的精神,与李敖相识。他以青年学生的真诚,跟李敖"纠缠不清",反而逐渐赢得李敖的信赖。也许是李敖见多了复杂的嘴脸,年轻人的单纯与朝气,是他所欣赏的。

此时的东吴大学校长章孝慈,是蒋经国与他的红颜知己章亚若的儿子,章孝慈与其兄章孝严也不讳言,蒋氏遗孀虽不肯承认,但这已是公开的秘密。而李敖对蒋家的研究,令人叹为观止,可以说"两家渊源"十分"久远"。几个年轻学子大胆设想,

第三十章
应聘"东吴"上讲台

"由孝慈校长出面请李先生任教",寓有很深的含意,也有很强的戏剧性。

促成李敖与蒋孝慈会面,首先得出于双方的意愿,顾及双方的面子。在拜望李敖的时候,黄宏成小心翼翼地问:"李先生,如果章校长来见您的话,您会不会给他难堪啊?"

李敖笑答:"他来了是我的客人,我怎么会给他难堪呢?"

李敖如此豁达的表示,叫黄宏成喜出望外。

接着,黄宏成和同学转而"争取"章孝慈,他们找机会跟校长聊天,谈起李敖先生的才华,认为东吴应该请他来教书。章孝慈开始笑而不答,学生们不甘心,找了一堆李敖著作送给章孝慈看,他这才告诉他们:"其实我年轻的时候,李敖的书对我影响很深,很多李敖写的书我都有。"

当章孝慈表示愿意与李敖见面后,黄宏成代他跟李敖约时间。这个年轻人有些担心,李敖先生上次的表态,是不是真的呢?

黄宏成的担心是多余的。李敖言必行、行必果,向来痛恨出尔反尔的人,他说过把章孝慈当客人的话,也就准备这样做。

一九九三年三月二十六日,李敖在敦化南路的金兰大厦家中,接待了来访的章孝慈,黄宏成作陪。当他们的手握在一起的时候,笑脸对着笑脸,仿佛是久别重逢的老朋友。三十年前,也是三月,李敖被判刑十年,坐了蒋介石的牢。三十年后,他正在写作蒋介石的评传,却跟蒋介石的孙子谈笑风生。历史永远充满着意外。

章孝慈准备了一套婴儿服和儿童玩的画板,送给李敖的儿子,做见面礼。李敖拿出《北京法源寺》回赠,他在书的扉页上写诗一首:"台海一岛,法海真源;我与孝慈,走过从前。"

章孝慈在李敖家的客厅落座,首先谈到李敖曾给他上了一课,四年前就想结识李敖,因故未果,四年后有缘拜会,得偿夙愿。

章孝慈说的一课,是李敖的一篇文章,题为《给章孝慈上一课》。当时媒体传说,章孝慈以大学教授之尊,却热衷于政治,似乎有从政的趋势。李敖写了短文,发表于一九八八年八月二十八日《世界论坛报》。李敖的文章保持了他的锐气,但也不乏中肯的劝告、少有的语重心长：

"二十多年前,在美国新闻处副处长司马笑的家里,叶公超就向我说,他加入国民党,原希望他两脚踩到泥里,可以把国民党救出来,结果呢?他不但没把国民党救出来,反倒把自己陷进去,言下不胜悔恨。章孝慈也许以为他出来搞政治,可以得乃父之余荫,但是他该知道,与其得先人之余荫,不如自己在一旁纳凉。

"当年袁世凯身败名裂而死,他的儿子袁克文鬻文卖字为生,寄情于昆曲山水,培养家中的书卷气,最后他家老三袁家骝与媳妇吴健雄都成为物理学家。这种光宗耀祖,岂不比搞实际政治更多收获?足见终老学术,才是上智,愿章孝慈勉之。"

其实,那时李敖与章孝慈素不相识,因为都是社会名流,说起来并不陌生。后来章孝慈没有从政,而是在教育界崭露头角,其中是否有李敖的影响,外人很难揣测。章孝慈当面致谢,说明了那一课的分量。

李敖性格豪爽,感情细腻,这似乎截然相反的个性特点,非常和谐地集于一身。既然约请了章孝慈,他就不愿意伤害到朋友。那几天,李敖的老母亲住在他家,当章孝慈到家之前,他请老母亲回避,到街上去逛逛。细心的李敖想到的是,章孝慈从小就失去了母爱,看到别人家里老人尚在,会倍加伤感的。

他们谈到了蒋家统治的结束。章孝慈说,你是蒋家统治时代的受难者、被害人。

李敖听了他的话,直截了当地说,你也是受难者,你也是被害人,甚至比我还有严重的部分。至少我的母亲还健在,而你的母亲却死得不明不白。

章孝慈不便说什么,这也是人所共知的事实。

李敖说,我虽然受难、被害,但我手写我口,我还说得出来,但你不能"干父之蛊",一切就只好"为亲者讳"了。

李敖坦白,章孝慈也坦白。他感慨不已地说:他对记者一直否认他是蒋家后代,直到他哥哥章孝严先承认了,他才只好承认。

李敖感觉到章孝慈的内心之痛:这种有苦说不出,岂不是受难之首吗?

当章孝慈起身告辞时,旁边的黄宏成敏锐地感到,这是一幕难得的历史画面,他问道,是否可以拍张照片留作纪念呢。李敖无所谓,他没什么可怕的,但章孝慈有些顾虑,说是不方便,黄宏成只得作罢。

第三十章
应聘"东吴"上讲台

当晚,章孝慈在"胡须张"饭馆设宴,款待李敖。他们指点古今,相谈甚欢。席间,李敖开玩笑道:你敢不敢聘我到东吴教课?章孝慈有礼貌地笑而不言。

李敖看出章孝慈的来意,干脆挑明了,将他一军,也知道难以实现。他们心照不宣,继续说笑,权当一个开心的话题。

在这次很愉快的聚会后,四月二日,章孝慈在《中国时报》发表访谈录,显然是在试探社会的反响。他何尝不知,李敖走上东吴讲台,将是台湾的头号新闻,无疑会承担很大的风险。

"我最近和李敖聊天,他问我敢不敢聘他到东吴授课,坦白地说,我正慎重考虑,很多人讨厌李敖是印象式的反对,没注意其论著资料的丰富和架构的严谨,大学就要容纳各种声音,我在当法学院院长时,自由派的李鸿禧、蔡墩铭、林山田和最保守的大法官,都被我聘请来授课,院内各路学派都有,让学生自由选择,大学文化也就丰盈了,后来我转任教务长,他们一个个离开,我现在想来都觉可惜。"

六月七日,章孝慈请李敖吃早茶,正式邀请李敖到东吴任教,李敖悉听尊便。二十六日,李敖收到"东吴大学聘书",上面写着:"兹敦聘李敖先生为本大学兼任特聘教师",请李敖在六月底回复。

随后,东吴大学送来教师表格,请李敖填写。在表格中的"著作"一栏中,空有一大块,李敖只填了四个字:"不胜枚举。"另一栏的内容是:"若干老师反映班级人数过多,影响教学品质,故调查各老师对班级人数设限之意愿",李敖填了一句话:"教得好不怕学生多。"

这是李敖有生以来头一回填写这么多的表格。

九月二十一日,李敖到东吴大学历史系上了第一课。那天教室内外挤满了人,争睹这个文化名人的风采。普通教室容不下,后来换到了大礼堂。很多记者早就等在现场,在东吴大学的历史上,还没有哪一个特聘教授像李敖这样"大牌",也没有其他人可以让东吴之名接连出现在媒体上,做足了免费的广告。

美国《世界日报》的报道,倒也十分有意思:"时常撰文批评'蒋家',且曾因政治主张入狱的作家李敖,受蒋家第三代现任私立东吴大学校长章孝慈之邀,今天开始在东吴大学历史系教书。李敖表示，虽然与章有所交情，在上课时如果谈到必须批评蒋家的内容，'一句话都不会饶他'。"

当记者采访李敖时，他自嘲，当教授是他十多年来第一份正式职业，以前没想到有人敢聘他教书，而且是到大学教书，更想不到，出面"三顾茅庐"的还是身份特殊的东吴校长章孝慈。他开心地说，年届五十八岁，许多同年龄的人都快从大学教职退休了，他才进大学教书，心里觉得怪怪的。

李敖很佩服章孝慈的胆量和度量。佩服两个字出自李敖之口，倒也是很少有的事。章孝慈就在他身边，他却形容章孝慈是"歹竹出好笋"，而且打比喻说，秦桧的曾孙秦钜也是抗金而死的好臣。李敖的形容颇为出格，在场的人心知肚明。

章孝慈只反问："究竟指谁为秦桧呢？"然后一笑了之。

李敖还说："蒋介石、蒋经国对我的政策是'放虎归山'，章孝慈则是'引狼入室'。"至于"开场白"的内容，他透露："我在头一堂课，先花许多时间骂章孝慈的爷爷、骂章孝慈的爸爸，然后才进入正题。"

当时李敖走上东吴的讲台，轰动了岛内外媒体。台湾《联合报》标题:《李敖东吴开讲座无虚席没准备特殊内容但见流利口才》;《民众日报》标题:《"失业"十年后获教职天马行空畅谈古今李敖"忘我"爬上讲桌授课》;香港《开放》杂志标题:《批蒋作家李敖东吴开课——蒋家后人章孝慈"引狼入室"》。

美国《侨报》记者采访章孝慈，他强调"包容性强，大学才会活泼"的观念，坦言道:未来东吴大学将以发扬人文精神为办学宗旨，绝不让政治和商业干扰校园。也许这种人文风气好几代才能扎根，但是第一步就是从聘请李敖做起。

李敖在东吴开课，给章孝慈带来的麻烦不断，赞许的有，更多的是指责。但章孝慈轻易不拍板，拍了板就不悔初衷，他在不同的公开场合力排众议，认为东吴敢于聘请李敖，是东吴"作风保守、学风自由"的得意之举。

一九九四年八月十五日，"华视"播出"大学教育之精神内涵"演讲会，章孝慈说："李先生到学校来任教，有很多的报道蛮关心的，说东吴大学怎么聘李敖呢？李敖是备受争议的一个作家。有人说他是个疯狗、有人说他是个流氓、有人说他是个打手、有人说他是个天才，各种说法都有。我们很单纯，我们认为任何角度的学者都可以

第三十章
应聘"东吴"上讲台

在东吴发展一个看法、一个见解,因为这是一个自由市场,能不能被接受,就须经过所谓的市场检验,这是一个最客观的环境,而不是某些人来认定是好、是坏,让他有机会在学校里、在大学里,把他的学术见解提出来,如果他真的是被大家所无法接受,可能的结果是没有人选课嘛!"

说到李敖上课的效果,章孝慈也不无幽默道:"我们常说:'人民的眼睛是雪亮的'。我向各位报告,学生的眼睛是雪亮的,哪个老师好,哪个老师不好,他清清楚楚的,你教的东西有没有内容,他也是清清楚楚的。让李敖到东吴来,赞成他也好,不赞成他也好,那你在课堂上、在学术上和他讨论,让同学来做个选择,一所大学的学术生命要延续、要发展,不可缺少的就是兼容并蓄。"

就在章孝慈发表这篇演讲三个月后,十一月十四日,章孝慈赴大陆访问。他来到桂林,冒着细雨,为母亲章亚若扫墓。蒋经国送给章亚若的定情之物,一个精美的化妆镜,由亲友保存了半个多世纪,终于交到了章亚若的亲骨肉章孝慈的手上。章孝慈代表他自己,也代表暂时不能来大陆的哥哥章孝严,圆了回乡的梦。

天有不测风云。素来身体强健的章孝慈,在北京期间劳累过度,突发脑溢血,急送医院。"北京海协会"与"台湾海基会"热线联系,沟通了海峡两岸专家的抢救阵容。章孝慈病情太重,仍陷入昏迷不醒的状态。后因家属要求,护送回台北治疗。

十二月十三日,李敖写信给东吴大学历史系主任王庆琳,表示自己的心意:

> 前承素昧平生之东吴高材生黄宏成青眼建议、校长慧眼亲邀,复蒙吾兄大驾光临,竟使李敖在他人濒临退休之年,得进大学执教,对东吴言,足彰自由人文学风之光宠;对李敖言,终得有人识货之礼遇,"寒雨连江夜入吴",每一念及,百味杂陈。近日校长一病如此,百味之外,益增苦涩,正思有以略尽心意之际,顷得系上转知东吴大学秘书室专函,云"各单位同仁之捐款,可委请专人统筹,齐一划拨入户",特写此信,奉报三点:
>
> 一、自执教以还,每月薪资,皆由校方直汇我在邮局专户,我一直原封未动,早拟退还,惟恐校长怪我矫情,故暂置之。于今累积至新台币六万三千二百五十五元,我特全部提出,再照数加捐一倍,共计十二万六千五百一

十元,随信附上,敬请查收。

二、今后每月薪资,累积到学期终了,我会继续比照办理,加倍奉还。

三、我正筹办一李敖私人收藏拍卖会,如果成功,对校长自可多金多助。深感校长与吾相知之情,特陈心意,聊报一二……

一九九五年四月四日,李敖筹办的"为东吴大学校长章孝慈筹款"拍卖会,由李敖委托的传家艺术公司主持,在台北新光美术馆举行,结果大获成功。

提供收藏品义卖的李敖在记者会上公布:拍卖所得落槌价共一千一百零二万元,加上收到捐赠一百五十万元,扣除拍卖公司手续费五十五万一千元,总计一千一百九十六万九千元。李敖当众约定分成五项用途,其中七百万捐给东吴大学,由东吴自行决定在章孝慈医疗基金、兴建女生宿舍、章孝慈人文精神教育理念推广等方面的分配比例。另外四百九十六万九千元,李敖拟用做雏妓救援、促进"二二八族群融合"及子女教育基金。

李敖说:"拍卖会成功,这不是我一个人的力量,而是大众力量有以致之。我首先要感谢二十九位买主的大力襄赞,尤其买了孙中山先生墨宝的张慈让先生,他不但花了三百二十万买字,还当场捐出一百万元帮助章校长。听说有人出六百万元请他割爱,他都不肯,真是义行可风。会计师黄秋雄买字之外,又捐出五十万,也让人感佩。"

李敖当场致赠书帖给张慈让、黄秋雄两位先生,表达个人敬意。他当场捐给东吴大学拍卖所得分配的七百万元,以及自己在东吴一九九三年度教学薪资的双倍,计十二万六千五百一十元,交给东吴大学代表黄宏成。黄宏成就是向章孝慈力荐聘请李敖任教的东吴法律系学生,他接受李敖捐款,是救助章孝慈校长,不免感慨。

四月四日李敖的记者会,主题是"为东吴大学校长章孝慈筹款",宣布给章孝慈捐款的同时,发表李敖与汪荣祖合著《蒋介石评传》出版的消息。

李敖即席发言说:"今天是蒋介石死后二十年的日子,别人把他做的坏事忘记了,可是我没忘记,所以二十年后,还由汪荣祖教授同我合写这部评传鞭笞他。蒋家天下碰到我这种死对头,可真生无宁日,也死无宁日了。"

第三十章

应聘"东吴"上讲台

李敖评价他的举动说:"刚才捐出的七百万,证明我李敖多么爱蒋介石的孙子;现在发表的这部书,证明我李敖多么恨章孝慈的爷爷。我李敖的恩怨分明,在他们祖孙两人身上,正好做了既强烈又鲜明的对比!"

汪荣祖是美国弗吉尼亚州立大学资深教授,曾任美中学术交流会访问学者等职,他比李敖小五岁,在台大历史系比李敖晚两班。李敖当预备军官退伍,考入台大历史研究所,与汪荣祖太太陆善仪同班。汪荣祖赴美留学,在西雅图华盛顿大学获得博士学位,在文史领域专著甚丰,是李敖的好友。李敖曾给汪荣祖的《章太炎研究》写过序:"台大历史系老同学汪荣祖是我最佩服的历史学者。在他眼中,成为历史学者除了历史在行外,还得有伟大的正义感。环顾中国,两者兼得的,荣祖要列前茅。"

据汪荣祖写的《蒋介石评传》序言称,他早就提议,已经出版不少蒋介石研究专集的李敖,应该写出一本有分量的评传。李敖"于血战玄黄之后,颇有厌倦之感,更不愿独力任此'艰巨'",遂决定两人合作。一九九四年三月动笔,到同年九月已写下四十多万字的初稿。"一九九四至一九九五年时序交替之际,我又飞回台北,在李敖的金兰大厦里,日以继夜地并肩工作,做最后的增补与定稿。"

对于这本评传的合作者,李敖表示了君子风度,这与他对是非的毫不留情又形成了鲜明的对照。汪荣祖也如实写道,"李敖公开宣称,这部评传由汪执笔,他自己只提供资料。这是向来不谦虚的李敖,对老友兼好友的谦虚。"

二十年前,一九七五年四月六日,李敖正在监狱中向高墙之外眺望,突然看到狱警们的臂膀黑了一块,原来一个个都戴上了黑纱。不知道是哪个领导人死了?李敖耳目闭塞,坐牢期间只准看点书,但不准看报纸,对外界消息知之甚少。等到放风的时候,他悄悄地问一个秦姓班长,你们戴黑纱干什么?那人低声说:"老总统死了。"李敖不动声色,心里暗喜,他坐的牢,就是"老总统"蒋介石的冤狱啊!回到单独关押的牢房,李敖用暗号告诉隔壁的难友刘辰旦:"老王八蛋死了!"

整整二十年后,一个曾被蒋介石关在牢里的囚犯,把蒋介石推上了历史审判台。李敖解释他与汪荣祖为什么全力以赴,只用了一年的写作时间:"我希望在蒋介石死掉二十周年之际出版,借以雷霆万钧之势做盖棺后的定论。"

李敖在《蒋介石评传》出版时,感受到一个时代的过去:"对我来说,这本书的完成,象征的,的确是个全面的结束——我终于结束了蒋介石,同时也结束了我一生中最快意情仇的一页——他死了,但我青春已去,我老了。"

一九九六年二月二十四日,章孝慈在台北病故,年仅五十四岁。李敖真诚地怀念他:"章孝慈算是我的新朋友,'三顿饭的朋友',两人并无深交,但他有胆量和度量,还有超人的眼光,请没人敢请的李敖到东吴,使我得以展开笔伐以外的口诛大业,在他不幸因公殉'植'(植物人)之际,捐之以款、援之以手,岂不正是侠骨柔情者所应为的么?"

李敖与东吴的关系,自然缘于章孝慈。他曾写信给章孝慈说:"来到东吴,独步后山,独通书库,山林与学术之乐,他人不知也。独乐之时,心想大江东去,垂老入吴,此皆章孝慈破格'引狼'之功,如不被解聘,此生或将终老于斯。窃笑之下,不禁神驰。"

比李敖小六岁的章孝慈走了,李敖对东吴也意兴阑珊了。一九九六年五月二十一日,任教近三年的李敖上完最后一课,便提出辞职,终于与东吴分手。

人们对章孝慈与李敖的这段缘分,颇有议论,众说纷纭。一次聚会上,有人说,章孝慈在李敖走投无路时请了李敖。李敖友人江述凡当场驳斥道:"李敖从前没路,现在没路,将来也没路,但李敖有他自己的路,这就是李敖。"

曾经牵线搭桥的当年学生黄宏成,为促成李敖与章孝慈的相见锲而不舍,是他人生的一大成功之事,而他的遗憾是,没有抢拍下一帧可供回忆的两人照片。他总以为有的是机会,李敖与章孝慈来往会有许多,没想到章孝慈突然卧病在床,后又长辞人间,他们两人合影的可能,竟然会稍纵即逝,永不再来。

第三十一章 电视上的"笑面虎"

一九九五年,李敖六十岁。花甲之年,耳顺之年,李敖这个寿星依然青春焕发,精力旺盛。

四月二十四日,出版李敖《蒋介石评传》的商周公司,在台湾大学"校友会馆"举办李敖演讲会,与其"铁杆"读者共同为李敖"暖寿"。

四月二十五日,李敖生日这一天,李敖家中倒没什么庆祝,晚间的"寿宴"移在当时台湾最豪华的圆山饭店。这是几家出版社老总联手,庆祝李敖的"六秩华诞"。亲朋好友相聚,欢声笑语不断。李敖心情甚好,笑容可掬,他外面一身深色西服,里面是一件红色衬衣,领带则是蓝底白点的图案,显得风流倜傥。

寿宴上,李敖抱着两岁半的儿子李戡,和妻子小屯一起,切下六十岁的生日大蛋糕,数十位赴宴的来宾鼓掌祝贺。虽说是朋友出了钱,李敖还是不放过调侃的机会,他笑说:"自己庆祝要花钱,吃资本家的饭很好的。"

寿宴的主办人之一,远流出版社负责人王荣文开玩笑地对李敖说:"如果让我重新选择,我宁愿不认识你!"王荣文的意思是,和李敖交朋友很难有平等的关系。

李敖不动气,笑嘻嘻地接受友人的"炮轰"。

耳顺之年的李敖特别说:耳顺,就是被"人家骂了也不生气"。

其实李敖的敌人多,朋友也多,他的"读者联谊会"成员,他的多年老友,还有不少知名人士,都以亲赴李敖寿宴为荣。

时任《中国时报》副总编辑的苏登基,在学生时代就崇拜李敖,他说出了李敖为人的另一面:"有人说李敖张牙舞爪、笔锋如刀,是个可怕的敌人,但我以为,那是与他有利害冲突者的感觉。事实上,站在做朋友的立场上看,李敖性格热情奔放,待人周到细心,与他相交,是很愉快的一件事。"

李敖的"不动怒",只限于友人。

寿宴上,李敖也坦言:"我还是讼性难改。"

打了三十一年官司的李敖,当时正跟台湾"故宫博物院"院长秦孝仪较真儿,起因是一幅孙中山墨宝的真伪,这场官司以李敖胜诉告终。

李敖自己的"寿礼",是在报刊登出广告,大书"中国台湾有史以来最受争议的风云人物",又自述、又骂人、又推介李敖新作。

谁都知道,圆山饭店有蒋家的背景,与宋美龄有着千丝万缕的联系。李敖的"六十大寿"在圆山饭店举办之时,蒋介石与蒋经国都已作古,"暂厝于桃园大溪",宋美龄远赴美国长住,蒋方良闭门不出。而曾被蒋氏父子关进大牢的李敖,却是青春常在,笑口常开,真是历史的巧合,也是历史的讽刺。

六十岁正当年,李敖"跨行业之举"悄然酝酿。

一九九五年十月三十日,在台北"真相新闻网"中,播出了一个新的节目《李敖笑傲江湖》,出乎所有人的预料。随后,每周一至周五22:00—22:30,李敖都会准时在电视台与观众见面,每档三十分钟。

怎么,"老顽童"玩起了电视?隔行如隔山,李敖不信这个邪。或者说,他自认为他主持节目,比圈里人更好。

台湾的电视媒体如"春秋战国",竞争激烈,谁都想出奇制胜,打出名牌。就在这一年开春,"真相新闻网"的负责人周荃约李敖吃饭,提出了她的创意,能否推出专栏《李敖个人秀》,李敖并没有痛快答应。

到了夏天,周荃又请来她的老师张煦华,同李敖面谈。张煦华是美国密苏里大学新闻学院博士、淡江大学传播研究所和大众传播系主任,他的专家眼光也看好李敖。本打算就此专心写作的李敖,终于动了心。

周荃透露了她请李敖时的一段有趣对话。周荃当时对李敖说,希望你能够在我们的电视台畅所欲言,特别是批评时政。李敖说,好多电视台都找我呢。周荃说,你

李敖应邀上电视

李敖六十生日

第三十一章
电视上的"笑面虎"

放心好了,没人真敢找你,因为你胡说八道乱讲话。

周荃说,其实说实在的,也只有李敖敢讲,他本身学问就很渊博,又有这样的道德勇气,能从时事聊到文学、历史,聊到其他的一切,他是一个很丰富、很精彩的大师级的人物。他有他的独特的观点,就叫"李敖观点"。

八月十四日晨,李敖致信周荃:"承蒙以青眼、巨金、黄金档相邀,在'真相新闻网'做一个半小时周一到周五的'真相敖出头'节目,我思之再三,深感为我荣幸、为你惶恐——我早晚会把你的人际关系骂光,此之谓诚惶;又早晚会把你的朋友同志宰尽,此之谓诚恐。目前你虽说什么都不怕,但惶恐临头之日,即凶终隙末之时。'文星'以还三十多年来,不论善类恶类,凡与我合作而倾心相与任我翱翔者,无一不灰头土脸,自悔误交匪类。我常笑谓'打李敖牌'就如同美帝'打中共牌',打到最后,前程有限、后患无穷。我生平素来尊重女性,优待美女,故坦然相告,并歉然谢绝,特写此信,晓以利害,盼你暗中窃喜而明示遗憾也。"

李敖又说:"感谢我说动股东们——尤其是反对李敖的股东们赞同你这一'大胆西进'的计划,他们运气真好,因为我优待美女,故先主动谢绝,否则我答应了、下海了,我在海上做天地一沙鸥,他们跳海变落汤鸡矣,险哉!"

到了十月,"真相新闻网"与李敖协商谈定,节目上马,定名为《李敖笑傲江湖》。双方签署的合约与众不同。除了节目时间和内容之外,他们还有三条特别的规定:甲方(真相新闻网)如不得乙方(李敖)同意片面删改节目,乙方得要求甲方每集赔偿新台币三十万元;乙方于合约期间非经甲方书面同意,不得在其他电子媒体任何频道任何节目担任主持人;惟乙方同意,除非甲方未履行支付乙方主持费用或删改乙方节目,乙方自不能以任何理由或任何原因向甲方提出告诉。

李敖说:"很明显的,我剥夺了他们的删改权,取得了百分之百的言论自由,除非他们不怕罚钱;相对地,他们剥夺了我的好讼权,取得了百分之百的'免于恐惧的自由'。结局可谓皆不满意,但均可接受。"

《李敖笑傲江湖》开播,耳目一新,大获成功。

李敖得意地说:"自人类发明电视以来,从没领教过节目是这样干法的:一世之雄,一手包办,一袭红衣,一成不变,一言九鼎,一座称善,一针见血,一厢情愿,一板三眼,一唱三叹……"

或许,只有李敖能做这样的节目,他的出现本身就是一个卖点。从选题到策划,都是他的点子。摄像师省事了,对准李敖的最佳角度,架好机器拍就是了。李敖根本就不管什么电视制作规则,"撇开一切动态与精致,单刀直入,以证据入眼、以口舌开心,开电视未曾有之奇,说它乃千古一绝,也不为过"。光是阅读李敖的文字,对李敖十分佩服的人们,得以在电视上与李敖见面,听他"上下五千年,纵横九万里",想骂谁就骂谁,禁不住为这个"另类"节目拍手叫绝。

《李敖笑傲江湖》开播之际,正是他的作品结集之时。

一九九五年十二月三十日,辞旧迎新之际,《李敖大全集》二十卷出版。

出版这套书的,是李敖好友苏荣泉家属投资的"荣泉文化公司"。原来,李敖的友人苏荣泉在泰国遭枪杀,苏荣泉家属找到李敖,请他撰写提诉状,向保险公司索赔。李敖仔细研究了保险条款,列出了最具说服力的条文,结果非常成功。苏荣泉家属非常感激,决定拿出赔款的十分之一用来成立文化公司,李敖出于对友人的缅怀,授权出版他的全集,"用来纪念一段生死交情"。

到了除夕,友人打电话跟李敖聊天,转告电视专家的意见:"如李敖年轻一点、言论缓和一点,李敖将通吃所有谈话性节目,没人是对手。"

李敖却不以为然:"他错了,我就这么老,就这么激烈,就足以通吃了。"

《李敖笑傲江湖》播出一年,收视率居高不下。"真相新闻网"与李敖再续约一年。李敖已经培养出了相当数量的忠实观众,一集接一集,不知不觉播出了几百集,形成了他特有的电视风格。不论是专家学者,还是一般观众,公认这是台湾说真话揭真相的批判性谈话节目,具有惟一性。电视界喜欢互相模仿,有了一种成功的样式,立马有人跟风,偏偏李敖节目的风格,别人偷不去,也学不来。

每到预定时间,李敖准时出现在《李敖笑傲江湖》里。在电视屏幕里,他穿着他那件著名的红夹克,白衬衣上一条黑底白格的领带,坐在桌前张口道:"李敖笑傲江湖又来了!"侃侃而谈的他面带微笑,左边是几本书,右边是竖立的卡片夹,惟一的道具是一把不锈钢裁纸刀。他一会儿翻翻书,一会儿拿出一张卡片,用裁纸刀指指点

第三十一章
电视上的"笑面虎"

点,为他的论点找论据。真相电视台在屏幕一角注明:"本节目内容由主持人负责"。李敖敢想敢说,痛快淋漓,像个独来独往、云游四方的剑客。

他有这么多的话讲吗?也许,别的主持人没这么多可讲,李敖却有讲不完的话题。李敖说,《李敖笑傲江湖》栏目脱颖而出,它让人爱也让人怕的最大特色是:不以空口骂人,而是以证据骂人。骂人威风所至,最后演变成"不被李敖骂,就对李敖感激了;若被李敖捧一下,那就感激涕零了"。

李敖的好友陈文茜跟他开玩笑:"我们不怕你骂而怕你得了老年痴呆症,你骂人凭证据,我们如该骂,被你凭证据骂了也就算了,不过你已建立起骂人的信用,一旦你老年痴呆了,不凭证据骂我们,甚至造我们谣,别人听了信以为真,我们就惨了。"

李敖哈哈一笑:"惨"乎哉?不"惨"也!

李敖给人的印象是爱骂人,其实他也有另一面,就是他讲义气,对于朋友的义气也很看重。值得肯定的朋友,他是不吝好话的。

李敖欣赏"真相新闻网"负责人周荃的眼光与胆量。像李敖这样口无遮拦,给周荃带来多少麻烦,是不难想象的。各种压力,多方责难,都向她压过来。加上李敖我行我素,在电视节目中坚持己见,她要给予理解和宽容。周荃是记者出身,有胆有识,才有《李敖笑傲江湖》的完整播出。很少夸人的李敖说:她真了不起。

李敖对外辟谣:"传说真相新闻网是新党的电视台,完全不确。周氏姐妹以宽容的心胸维系真相与自由,与新党毫不相干。有观众写信说新党花大钱收买了我,这种观众既不了解新党,也不了解李敖,混蛋极了。"

一九九七年十二月三十一日晚,在这一期《李敖笑傲江湖》节目的最后,李敖像往常一样,说了句"今天讲到这里",又说了一句:"并且可能永远讲到这里",似乎大有"收山"的意思。在隔了两天后,又到了《李敖笑傲江湖》的时间,"真相新闻网"播出的是重播节目。许多观众纷纷打电话询问,是否李敖要走。

李敖想走,也没走成。"真相新闻网"再三挽留,下一期的《李敖笑傲江湖》,又照常录制了,李敖笑嘻嘻的,仍在"江湖"……

他调整了目标,以一千集为限。

当《李敖笑傲江湖》播满一千集时,"真相新闻网"仍不肯放李敖,设计了一档新节目,叫做《李敖——秘密书房》,摄像机扛进了李敖的书房,李敖的丰富藏书就是访谈节目的背景。他的藏书有好几十万册,称为"秘密书房",是因为他的书房只在他的文章中出现,从来不轻易示人,上电视也是从来没有过的。

二○○○年十月十四日,李敖在"真相"主持最后一次的特别节目。

李敖与"真相"合作五年,《李敖笑傲江湖》满了一千集。李敖决定退出"真相",中止"笑傲江湖"节目。在特别节目录制时,他发表"电视告别演说",旁边的"真相"董事长周荃感慨落泪。李敖脱下穿了五年的招牌红夹克,送给周荃做纪念。他不改调侃的口吻笑道:"我又不是死了,我以前是'音容宛在',以后是'音容不在',想我的时候可以看李敖大全集!"

李敖说,他退出的原因有三:"一是君子知进退,自己明白什么时候该急流勇退。二是陈水扁当总统,别人问我为什么股市跌到谷底,我不知道该怎么回答,所以干脆退休。三是我已经六十五岁了,是法定退休年龄,我奉公守法,所以我退休。"

"敖迷"们对他十分不舍,李敖开玩笑说:"婴儿长大的必要过程就是断奶,我建议大家在我不主持节目后,干脆就不要看电视了。"

这时,两位被李敖骂得最惨的政治人物"分身"登台。李登辉的"分身"是演员侯冠群,陈水扁的"分身"是演员唐从圣,他们特地到场向李大师致意。三人一台戏,气氛顿时活跃起来。"李前总统"说:"看吧!少了一个妖言惑众的人没事乱骂我,真是太好了!""陈阿扁"接口道:"六十五岁还不退休要做什么!"不过,李敖告诉他们:他还会继续骂下去。逗得全场大笑,冲淡了原本"曲尽人散"的伤感。

回首上千集的《李敖笑傲江湖》,可谓创造了个人节目的"世界之最"。李敖说,当初他并没有想到会做这么久,后来欲罢不能。五年做下来,到底骂了多少人?李敖笑说不记得了,被他点名"修理"的也不在少数。被李敖点名骂过次数最多的人,要属李登辉了。由于他骂得太凶、太刻薄,一度引起台湾"调查局"的"关切"。李敖毫不畏惧,他说:"鬼神都怕我,我比鬼神还凶!""调查局"也不了了之。

结束《李敖笑傲江湖》,莫不是李敖没有可骂的了?李敖说,非也。台湾混蛋这么多,不愁找不着人骂,但他不想再浪费了,"我不想再花太多时间在这些烂人身

第三十一章
电视上的"笑面虎"

上!"李敖早就决定录满千集后退出,告别荧屏专心写作。

《李敖笑傲江湖》在电视圈"通吃",叫别家电视台眼红。"真相新闻网"敢吃螃蟹,也把别人的胆子带大了。尤其是大选期间,李敖发表的政见演说,收视率居高不下,简直是火透了,几家电视台都出面邀请李敖。本想告别荧屏的李敖,竟然像个电视明星,电视制作人都想抢到手,怎么推也推不掉。

架不住友人的诚意相邀,李敖在最后完成"真相"谈话节目的同时,答应主持"台视"的《李敖TALK秀》,这让"台视"喜出望外。他改变以往的政论路子,算是"下海"跟综艺节目打交道了。

李敖的本事又让人想不到。凡是和李敖熟悉的人都知道,他平时不喜欢看电视,也不喜欢看报刊的影视版,只是有关他的新闻,他才看几眼。像他这样跟演艺界不来往的人,却能访问艺人,与艺人做交流,居然也游刃有余,像模像样。

李敖当主持人的酬劳如何算?他并不保密,把他所获酬劳的给付方式告诉记者:"以物易物"。比如在"真相新闻网",第一年,电视台购买李敖七百套书。第二年,购书的数量翻倍,等于给李敖的主持酬劳加了钱。李敖用书的批发价卖给电视台,他们用市价卖给观众。李敖赚的是卖书钱,"真相"因为李敖的书,更因为李敖的节目,赚到了书的差价和电视的广告费。这样一算,双方都不吃亏。

是文化人不好意思谈钱呢,还是讨厌"铜臭"呢?李敖说恰恰相反,他跟钱没仇,他从来不避讳谈钱。先卖东西给人家,再帮人家主持,就是不想让对方有我在占人家便宜的感觉,这样,做什么事情的时候,都能比较理直气壮。

台视节目制作人程执中久仰李敖,力邀李敖主持《李敖TALK秀》。李敖答应考虑,条件是卖六幅名画给他,作为主持节目的报酬,名画出自名家溥心畬之手,李敖开价一千五百万元。程执中有备而来,一点没有犹豫,当即一口答应,顺利地达成了协议。程执中很高兴,既能邀来名人,又能买到名画,一举两得,真的是太划算了。约略计算,李敖一集酬劳约三十万元新台币,程执中以为是"物有所值"。

大概是看到李敖主持节目的红火,一家电台也出面邀他主持节目。李敖没有回绝,提议对方买他的古董碗。只要买卖成,就答应在协议上签字。问李敖什么价,李敖开出的条件是"两个古董碗是一千五百万元"，电台来人一听愣了，望碗兴叹，只得打道回府。明知电台拿不出这么多钱，李敖为什么要吓住人家？

李敖诡秘地笑说："我是故意狮子大张口的，我哪里不知道广播主持的行情？广播一集最高五千元，我不如在家看书写书呢。"

原来，这是李敖不得罪人的"推辞之术"。

按《李敖TALK秀》的策划，李敖在每集中访问一位艺人，节目最后再播出这位艺人的MTV，这样做得比较丰满。李敖起先以为这个节目播不长，所以答应全力配合，没想到节目做了一个多月，观众反响颇佳，还得再做下去。

既然做了，就得认真做，李敖的敬业叫制作单位大为感动。他对每一集都不马虎，访问前有案头准备，熟悉艺人的背景和成就，以便访问有的放矢，准确无误。他没有"李大师"的架子，倒是许多艺人面对李大师挺紧张的。

在访问高山族"动力火车"歌手时，李敖兴致勃勃，跟他们交流民俗文化，提出原住民的名称不妥，还是应该叫高山族；他也同情高山族的历史遭遇，探讨了高山族的变迁和现状。当主题延续到"哈日族"时，现场虽有日本人，他仍狠批了一顿日本侵略军的"南京大屠杀"，现场气氛有些尴尬，台下日本观众听得直点头。

《李敖TALK秀》打出了知名度，是后来的事。这样的节目定位不高，开始并不抱希望，以李敖的名气，为何同意主持？

李敖的回答不绕弯子："为了钱呀，我今年已经六十五岁了，我有母亲、妻子、前妻的女儿、两个小孩要养，必须多赚一点钱呀，其实我很骄傲孤僻，我喜欢做学问，不喜欢主持节目。价码合适，才可以应付应付。"

李敖的长处在时政，《李敖TALK秀》的定位，先是综艺，后改谈时事，毕竟这是李敖的强项。"敖迷"反映"对味了"，收视率直线上升。跟"真相"的《李敖笑傲江湖》一样，"台视"也注明"本节目内容由主持人负责"。碍于"台视"的官方背景，李敖被限制谈话内容，据说有时内容还被修剪。因此，李敖在告别"真相"《李敖笑傲江湖》时，也打算同时告别"台视"《李敖TALK秀》。

记者们打听，李敖在"台视"的请辞是主动的还是被迫的？李敖说，是主动，因为他不想为难制作人程执中，他和程执中是好友，程执中在"台视"不只他一个节目，他

第三十一章
电视上的"笑面虎"

不能不考虑程执中的处境；虽然程执中没要求他退出，但他感受得到这样做大家才如释重负。过去，李敖遇到打压便全力反击，这次却选择主动请辞，他说："我不会害朋友，何况，我就是反击，又能把'台视'怎么样呢？"

李敖当时决定退出电视圈，不再主持任何节目，访谈也罢，综艺也罢。李敖几档收视率可观的节目中止了，"真相"与"台视"这两家的制作人担心，观众会遗憾，"敖迷"受不了。李敖说不必担心："在最好的时候说再见也很好，我很感谢观众的支持，不过，凡事都有聚有散啊！"

"敖迷"们不愿意李敖"隐退江湖"，他们通过信件、传真或电话，纷纷表达请李敖继续坚持下去的热望。电视制作人看到李敖的荧屏号召力，仍然千方百计地请他"出山"，这当然是后话了。

第三十二章 参选"总统"的"老顽童"

一九九九年八月十八日,一条叫人不敢相信的新闻,突然出现在台湾各大媒体的头版:李敖将代表新党,参加本届"总统"选举。

李敖向来远离政坛,并保持着批评姿态,对政治人物不留情面,对政治内幕一揭再揭。他的好友许信良邀他共组"梦幻组合",角逐明年的台湾"大选",他曾不屑一顾地说:"人生有限,还去搞政治?"

然而,与李敖当了十多年邻居的李庆华登门,恳请李敖"出山",作为新党的"总统候选人",李敖居然点头同意,"选个总统玩一玩"。

新党是从国民党分裂出的政党,在台湾政坛异军突起。身为新党全委会召集人的李庆华,是在五个月前接任的,当时新党在"立委"选举惨败,党内几位有影响的"大佬"全数"阵亡"。外界讥讽新党是"泡沫党",嘲笑李庆华是"泡沫党主席",媒体竟有这样的标题:《推不出总统参选人,新党泡沫成真?》。

台湾"总统大选"在即,政坛上烽烟四起,剑拔弩张。眼看新党在"大选"中可能"缺席",李庆华向新党全委会提议,达成征召李敖参选的共识。李敖与李庆华有约在先,李敖的参选,志不在胜选,重要的是拉抬新党"国代"选举,真正为小老百姓代言。他说,新党的候选人到位,才是"总统"大选战幕的真正拉开。

毕竟新党与国民党原先是一家,有的主要成员历任"党国"高官,能不能接受一个与国民党打杀几十载的李敖?李庆华并不讳言,他这次的"怪招"富有颠覆色彩,其中颇有曲折。连他老爸李焕,曾任国民党"中央"党部秘书长的重要人物,也专门找他沟通三次,好多人向李焕告状:"你儿子怎么能做这样的事?"

第三十二章
参选"总统"的"老顽童"

在新党全体公职人员大会上，讨论征召李敖参选案。有人提出质疑，有人拍手叫绝，就此案的正当性和程序问题，讨论相当热烈。原定上午十时召开的记者会，也延后了近一个小时。最后，以记名举手投票的方式表决，六十六位与会者有五十三位表示赞同，李敖以高于八成的支持率获得新党"总统候选人"提名。

李敖接受《中国时报》记者专访时，语调轻松，满脸笑容。他说，他只花了一分钟就决定了参选这件事，好事就有冲动，新党反"黑金"、反"台独"、当小市民代言人的主张与他相同，这是双方合作的基础。如果不提名他，乃新党的损失。

李庆华则慎重地说，新党之所以推荐李敖参选：一是李敖的学识渊博，有宏观视野，口才好，具战斗力；二是李敖对台湾的民主化有重大贡献，甚至因此坐牢多年；三是李敖长年揭发弊案，为弱势团体——诸如为慰安妇说话，堪称小市民代言人；四是李敖反"黑金"、反"台独"，坚持社会正义；五是李敖乃新党的强烈支持者。

最后一条，李敖是有所保留的。代表新党参选，并不意味着他将加入新党。

八月二十五日，台北"国际中心"召开新党成立六周年大会。在五千支持者的掌声里，李敖与王建煊等新党"大佬"走上讲台。王建煊在致辞中说，他相信李敖是个有guts（有骨气）的中国男人，也会是个理想的"总统"参选人。他想不透，李敖代表新党参选，就是他们新党家庭的一分子，李敖为什么不加入新党？李敖要大家成全他一生不加入政党的期望，"但李敖能不能成全在场数千群众的期望，加入新党？"

李敖正式戴着"总统参选人"的头衔，发表首次演讲。他的口气和缓多了。比如他曾说新党是"烂香瓜"，他要收回这个说法。有人讲，他代表新党参选是"上了贼船"，他说，"不是上了贼船，而是贼上了船"，惹得笑声一片。

群情激昂的气氛中，李敖谈笑风生，微妙地避开刚才王建煊柔中有刚的说辞，只是祝新党不断壮大。其实，李敖认同新党的政治主张，但他与新党某些人理念有差距，如大多数新党成员不否定蒋介石，李敖却对蒋介石"追杀"不已。他不因为代表新党参选一次，就放弃不在任何政党之中的人生态度。

新党"大佬"们终于承认现实，对外界表了态：让李敖维持新党"客卿"的角色，可能对新党或对李敖都是件好事。

李敖正式参选，令参选格局大乱，好戏连台。他自我评估，他必使其他几位"候选人"的选情大受冲击，使国民党参选人连战"噩梦将至"，让民进党参选人陈水扁"汗流浃背"，让独立参选人宋楚瑜（选后成立亲民党）"哭笑不得"，也让独立参选人许信良"悲喜交集"。他旨在"洗你（指选民）的脑，掐他（指候选人）的脖子"。

　　台湾媒体天天对着李敖，李敖走到哪里，就把新闻带到哪里。有报纸评述道："原本死板、无趣的一场选战，随着李敖的加入，精彩可期。李敖谈情说理，完全摆脱世俗束缚；引经据典，被'检验'的竞争对手，总无招架还口余地。一场乏味的选战，可看性大增，原本担心无聊的社会大众，同样可以松一口气。"

　　李敖不加入新党，也不要新党的一分钱。

　　每一位"总统"参选人，必须缴纳新台币一千五百万元的选举保证金。李敖体谅新党是个小党，作出了其他人不曾有的决定：自掏腰包参选。口袋里没有这么多钱，他组织了声势颇大的义卖会，捐出自己收藏的四十件珍贵文物和四百四十套善本古书，筹募这笔巨额参选资金。

　　李敖表示，他全部义卖品的总标价近亿元新台币，包括南宋官窑的一对菊瓣碗、张大千早年画作飞禽精品、溥心畬的三幅钟馗画像、徐悲鸿的剑仙图、清末大臣胡惟德写的对联，还有近代名家李可染、林风眠的画作。

　　李敖还整理出四百本古籍义卖，其中三百本英文书、四十本日文书、五十本中文书，大多都有百年以上的历史，不乏收藏价值。值得关注的是，李敖这次捐出的古书中，包括古代春宫图，还有西洋油画的裸女图。李敖自有他的说法："谁说'总统候选人'就不能卖春宫图和裸女画？我要为人民带来春意！"

　　桀骜不驯的李敖当了"总统参选人"，既然代表新党，他对于新党表露出了一家人似的诚意。受命之后，他客随主便，穿上新党标志物的黄衬衫、黄领带，拜会新党各级党团，争取新党内部同仁的认同。在公开场合，他收回他将与新党"杀来杀去"的言论，不再刻意攻击新党，而是把新党的理念推而广之。

　　李敖的调侃，叫新党人听了百味杂陈。他说，如今是新党跌倒了，而他是单身贵族，将新党这可怜的流浪母女"收留"。他强调，他和新党的意见是一致的，绝对不会

第三十二章
参选"总统"的"老顽童"

"中途落跑",在共同合作过程中,彼此的关系"可长、可久"。

当李敖与新党公职人员举行沟通会时,李敖逐一和与会者握手,弯腰致意,礼数周到,让这些只闻其名不识其人的公职人员受宠若惊。听别人发言,他勤做笔记。别人对他的提问,他回答直率,再严肃的话题总能够轻松化解。

新党抬举李敖,李敖报之以尊敬,虽说他弯了腰,但仍坚持他认为该坚持的原则。与提问者回应,李敖的话锋既犀利又坦白,他一张口,根本没人接得上茬儿。新党有位"大佬"当面对李敖说,要他不要对不起新党。李敖收敛笑容,正色道:"此话言重了,这是做人的基本美德,怎会拿来要求我?"一时说得人家语塞。

至于新党以外的人想跟李敖对谈,李敖发觉他现在的"身份"不同,倒也可以抵挡。民进党立委沈富雄多次在"叩应节目"中叫,电台约李敖与之对谈,李敖却半真不假地说:"我现在是'总级'人物,专访可以,岂可与他对谈。"

李敖的参选,给台湾的"选战"带进一股新风。

李敖常常"忘记"自己是"大人物"。他不要竞选总部、不下乡拉票、不摆流水宴席,只是到处讲演。他不像其他参选人的出行前呼后拥,没有保镖,一切从简。

竞选期间,李敖到一家酒楼用餐,待酒足饭饱,准备买单,那酒楼老板说:你是李敖啊,你到我这吃饭,我怎会收你的钱呢?我请了!李敖坚持付了账。这种事他遇过多次,没有一次吃白食。李敖说:"他们把我当成大人物可以,可若把我和那帮国民党大人物看成一路货就不行了,我最怕人家说我是伪君子。"

在一次竞选演讲中,有一个二十多岁的年轻人对李敖说:"李老师,你的故事我听过看过不少,所以我对你十分敬佩。我相信你说的话,我的选票一定会投给你的!"

李敖身边的其他人也大声说:"李老师,我们选你当'总统'!"

李敖却说:"你们叫我李老师,我可不敢当啊!我这个人胆子特大,天不怕地不怕,就怕人家叫我老师。为什么呢?老实说,我现在玩政治了,五个人抢一个'总统',总有四个落选,可谁也不想甘居人后。这样就热闹了,为了当选,你骂我,我骂你,我揭你短,你出我丑,互相扒粪,互下死手。'总统'谁都可以当得,李登辉那个王八蛋不也当了十二年吗？老师的称号可尊贵多了，非德才兼备、品格高尚者不能称之。"

他的"老师说"非常独到："我李敖自认当'总统'还可以，可叫我老师，那就万万不可。不瞒诸位，我也是个毛病很大的人，缺点一大堆，丑事也不少。有人见我参选，正在准备扒我的粪呢！老子光明磊落，好汉做事好汉当，用不着他们动手，老子自己就扒粪了，而且扒得比他们还彻底、还臭！老子就是想让大家看看，我李敖就是赤条条一个，也比那些遮遮掩掩的伪君子们干净！老子是死猪不怕开水烫，先扒自己，后扒别人，剥皮抽筋，开膛破肚掏黑心。反正我豁出去了，正所谓勇者无畏！"

听众大声叫好，掌声如潮。有谁像李敖这样敢说真心话呢？没有！

李敖嘲弄那些权贵："其实说真话也难为了他们：他们心怀鬼胎，人事没做过半点，狗事倒有一箩筐，他们怎敢和我李敖一样呢？"

李敖的竞选语言掷地有声。

"我自信我是出类拔萃、有大智慧的人，总统我绝对当得。我又是爱打抱不平的好汉，当上'总统'能干好多文人干不了的好事。再有我绝对不贪，不盛气凌人，不死不要脸，不狗眼看人低，所以我不愁没能力，不担心横死，不怕人笑，不忧人人喊打。如此心态，如此货真价实，天下总统似我者，又有几人？！"

李敖矢言他将"打扁（陈水扁）、攻连（连战）、不放过宋（宋楚瑜）"，不花费一毛钱，运筹帷幄之中，决胜千里之外。

"俗话说得好，会说的不如会听的，如果我们不先入为主，不对骗子抱有幻想，不把政客当人，凡事又多思多想，想不明白再不耻上问，找我李敖聊聊，看看我的讲话、文章，我们又怎会被政客骗倒呢？"

他呼吁，选民投票原则要"三心二义"，"三心"是原打算选许信良和宋楚瑜的人，请"一心"选他们，不要选李敖；要选连战的人，请"动心"改选李敖。"二义"则是"阵前起义"，愿支持李敖的人，不管是任何阵营，请公开起义；"临时起义"，不敢公开支持李敖的人，请暗中支持或者投票当天把票投给李敖。

李敖坦然地说，他与新党合作参选，最重要的就是"堂堂正正地提出两岸问题的

李敖参与台湾竞选

李敖笑言:不利的话都听不见

第三十二章
参选"总统"的"老顽童"

真相",因为台湾现在没人敢说出真话。无党籍"总统"参选人许信良只说了"大胆西进",就被别人封杀,新党不过多说了几句就被戴上帽子。

他不怕被戴帽子,强调说,"'一国两制'究竟好不好"是可以讨论的问题,不是一味地封杀就有用的。他主张,"一国两制"承认台湾现有的制度,保证五十年不变,我们可以有五十年的时间,为什么不要?台湾明明可以有谈判的机会,为什么又不去争取?新党不过是发出"两岸可以谈判"的声音罢了,有什么罪过?

李敖说出一个无可回避的事实:"东帝汶以公投决定是否独立的模式是否适用于台湾?我说,根据新的国际法,一个国家不是说独立就能独立的,必须有客观环境,以及'邻居们'同意才行,由此看,台湾与东帝汶的情况并不相同。"

他发问道:"我们过去被一厢情愿要台湾独立、要进联合国等观念给骗了,今天若要和大陆打仗,你的家人和自己都有可能被打死时,你愿意吗?台湾值得我们去抛头颅、洒热血,每家都死人吗?"

在一次外出途中,有人喊着"台独"口号,挡了李敖的驾,指名和他叫阵。李敖看他年纪太轻,没跟他一般见识,不想理他。想不到那人又纠集一大堆人,挡在李敖的车前,李敖只好从容下车,听听他们的高论。

说话者七嘴八舌,陈述主张"台独"的理由。李敖心头发笑,一会儿也笑出了声。他们愤怒地喝问李敖,这笑是什么意思?李敖说,我想笑就笑,谁也管不了,想当年人见人怕的蒋介石,我都骂他个狗血喷头!

那些人一听急了,说好汉不提当年勇,你李敖不是靠骂人、耍笔杆吃饭的吗,我们就不信说不过你。李敖见他们急不可耐的样子,倒是一点不气,可怜他们头壳坏得不轻,正需要我好好诊治。李敖不急不躁,引经据典,说着说着进入了状态。当友人拉住李敖的手臂,请他停止雄辩时,他才发现眼前空空如也,那帮人早已跑光了。

正如李敖解释的,参选不是从政,而是另一种"思想运动"。

有记者不放过李敖,追着他问:万一不小心当选了"总统",你该怎么办?李敖想也不想,随口答道,如果他当选,那么他一定会请宋楚瑜当"行政院长",他自己做个虚位的"总统"就行了。

还有记者问李敖,当选后是否能称职,李敖哈哈大笑道:"台湾人民再笨也不会笨到选另一位姓李的'总统'。成功不必在我。"

李敖落选,不在他的预料之外。

参选的连、宋、扁三大阵营,据广告市场人士初步统计,仅在电视频道,他们就投下了广告费五六亿新台币,其中以"连萧阵营"居最大宗,超过三亿元,其次是"宋张阵营"约一亿四千万元,"陈吕"阵营近一亿一千万元。

李敖足以自豪:"一分钱不花玩竞选,这是第一。"

他总结道:"这次参选,我创造了好几个'第一':我是台湾第一个书生参选、第一个与台湾人民'祖裎相见'的总统参选人(因为我以前曾经公布过我的裸照);我也可能是最爱女色、官司打得最多的一个参选人!"

"李敖先生没有成为'李敖总统',我一点也不生气。南韩金大中总统在野时被判死刑,险些丧命。留得命在,什么没有呢?何况经此一战,李敖只是牛刀小试,就闹他个天翻地覆,令人大伤脑筋,李敖功力,何可限量!"

他对自己的自信心,丝毫没有减弱:"伟大人物凤毛麟角。台湾'大选'竟是一下推出五个'伟大人物',实属太多,完全出乎我的意料之外。'大选'过后,那个真正的伟大人物名列榜尾了,倒是让我见怪不怪:伟大人物向来不易为人们认识和接受,林肯是这样,丘吉尔是这样,我李敖也是这样。"

有这样一个有趣的插曲。一个号称会相面的人,曾给李敖打来电话,说他精于相理,百发百中,以"神算"自居。他说,这次五位竞选人的面相他都考究多遍,其中属李敖面相最好。"大选"过后,没想到那个会相面的人又来了电话,说他这次失算不是他错了,而是你李敖错了:因为你的面相实在太好,应是大国领袖的料,参选一个小岛的看门人,能选上才怪呢!他劝李敖别再作贱自己了,令人捧腹。

参选的李敖光明磊落,独来独往,不搞竞选总部,也不到处拉票,最多就是应邀演讲。没想到被W国记者捕捉,大感意外。那个记者对人说:李敖先生是生不逢时,也生不逢国,在台湾,他肯定要输;在W国,他赢定了!

何以见得?W国记者说:台湾的"大选"太黑太滥,是假民主;W国的大选最清纯,是真民主。假民主选出小人"总统",真民主选出君子总统。李敖是君子,在台湾

第三十二章
参选"总统"的"老顽童"

参选能不输吗？李敖很乐意引用这位"旁观者"的看法。

"我没当上总统，不是我损失什么，而是台湾损失太多。"参选失败的李敖，斗志依然高昂，"我浑身上下全是'总统'相，又有文化，又有风度，又有善心，又有公义，这样的人实在难找极了，我都敬佩我自己。"

香港《明报月刊》二〇〇二年四月号，刊登了李敖的文章《李敖的四点书面谈话》，这是李敖在台湾"总统"选举结果公布后发表的看法：

一、一百七十四年前，美国第三任总统杰斐逊死了，在他墓碑上，刻的是："美国《独立宣言》起草人，弗吉尼亚宗教自由法令作者，弗吉尼亚大学创办人托马斯·杰斐逊安葬于此。"以三行履历，概括一生，但绝口不提他曾做过美国总统。连做过美国总统都不值得一提，做个残山剩水只有宪法上二百六十六分之一领土的"中华民国"的所谓总统，又算什么呢？

二、严复译《天演论》中有英国诗人丁尼生的诗，说："挂沧海，风波茫茫，或沦无底，或达仙乡。"二千多万的人，他们下堕"无底"，或上达"仙乡"，都在他们明智的一择。在选举中，部分选民无此明智，而要害明智的选民同归于尽，此正英国史家汤因比所谓"一个民族的自杀"，我们只好奉陪。

三、在一起没有好下场之前，我们一息尚存，绝对揭竿而起、挺身而斗，以"鹦鹉救火"的精神，挽救"飞蛾扑火"的愚昧，我们绝不灰心。

四、在汉朝光武中兴的战斗里，他们也被打败过，大家沮丧的时候，只有吴汉将军意气自若、磨刀擦枪，即时准备下一次的战斗。

现在，我们要团结所有明智的选民，大家笑嘻嘻地联合起来，即时准备下一次的战斗。

当民进党以微弱优势取得"大选"胜利，陈水扁和吕秀莲分别当选正副"总统"时，李敖又对台湾"总统"选举当头棒喝。

李敖重申的是，他在半年前的《明报月刊》所发表的观点，题为《民国定义和总统定义》。李敖一针见血地指出：台湾根本不是一个国，正因为发生国不国的问题，所以它的"总统"定义，也不宜拘泥在政治学上的定义，而该有它特殊声明下的定义，事实上，它只是"中国台湾的领导人"的别名而已。

"正因为真相如此，所以这次选举结果，在国际和中国大气候上，台湾的所谓'总统'并无'关门做皇帝'的余地，而在台湾小岛上的我们，即使在小气候上坐看'沐猴而冠'，我们也不会怀忧丧志，别忘了他们虽然当选，只获得百分之三十九点三的选票，而反对他们的人，却占百分之六十点七的选票，只不过选票分散了，才让他们得手而已。"

《明报月刊》那篇李敖文章落款："二〇〇二年三月二十一日，在中国台湾。"

因为李敖的参选，他的政见可以在电视直播，在报纸流传，总之各种媒体都对李敖敞开了大门。李敖的"思想运动"，名至实归。

"陈水扁赢了吗？看似赢了，可他一下就是众矢之的，坐在了火山口上，焦头烂额的麻烦多着呢，可谓后患无穷。再说，他的得票率未过半数，就是说有一多半人没投他的票，他绝不是真的赢了，而是沾了这个鬼岛狗屁选举制度的光了。"

"大选"结束，新党给李敖颁授了一个"替天行道"的奖座，以此感谢李敖义助新党的侠义精神。李敖从李庆华手里接受这个奖座时，眉开眼笑，"你们颁这个奖给我，终于洗刷了七个月来说我害新党的罪名。"

李敖说："'大选'之后，有人对我说，连战看上去至少老了十岁。我哈哈一笑。待有人对我说，我看上去年轻了十岁时，我却笑不出来了：我这次玩得特别痛快，每照镜子，我就发现我至少年轻了二十岁，怎会只年轻十岁呢？"

第三十三章　李登辉，我告你！

二〇〇一年五月二十日，台湾新领导人陈水扁上台。

"大选"结束了，李敖的使命并没有结束。在家里他有洁癖，角角落落都打扫得干干净净。出了家门他仍有洁癖，丑恶就像眼中的沙子，令他难以容忍。

前"总统"李登辉大概没想到，刚卸任就有人告他。五月二十一日上午，李敖以"前新党总统参选人"的身份，和"立委"李庆华、台北市"议员"李庆元等人，召开记者会。李敖开口，新闻不愁，各家媒体派员赶来，等着看好戏：李敖的生日过了，书也出了，他还有什么话没说？

李敖语惊四座，矛头直指台湾的"太上皇"李登辉。他说李登辉下台，已无"宪法"赋予他的刑事豁免权，他们将在次日赴"高检署"与"地检署"控告李登辉多项罪名，要求司法部门依法展开调查。

李敖说，李登辉不再是"总统"，就和平民一样，他们公道在手，终于等到可以依法追究李登辉刑责的这一天了。

李敖的指控又是特大新闻：他有李登辉在瑞士银行的秘密账户，以及李登辉伪造蒋经国遗嘱的相关证据。将在日后公布。韩国总统贪污下台后被依法追究，"韩国能，我们为何不能？"

李庆华等人接着指出，李登辉购买的鸿禧山庄别墅涉嫌逃税，并利用职务之便，使有关十八个单位受到压力，将基地变更建地使用，又涉嫌贪污、逃漏税等，他们要看司法单位有无勇气依法传讯李登辉，将违法乱纪者"绳之以法"。

李敖说，他是痛打落水狗。有人忙纠正，应该是"过街老鼠，人人喊打"。李敖当即采纳:"这个时候,我还这么客气称他为狗不为鼠,看来,我的心还不够狠,手还不够辣。李登辉啊、李登辉,你那杀人不眨眼的功夫是怎么练的呢?"

李敖状告李登辉,台湾多家报纸抢新闻,迅速做了如实报导:"李登辉卸任就吃上官司,李敖控告他多项罪名。"

李登辉曾经封杀过李敖。那是一九八一年,当李敖申请到《千秋评论》杂志执照后,已被判处无罪的李敖"侵占案"又被改判有罪,李敖突然收到台北"1981府新一字第三〇三一号"来函,他的《千秋评论》杂志执照"依法"注销。

来函说:"一、准'台湾高等法院'一九八一年六月二十九日刑勇字第二六号函略以:李敖因侵占罪经判处有期徒刑六月确定。二、依'出版法'第十一条第三款规定,被处二月以上之刑在执行中不得为杂志之发行人。另同法施行细则第十六条规定:新闻纸、杂志……之发行人有'出版法'第十一条各款所列情事之一,未依同法第十条之规定申请变更发行人登记,注销其登记。"

落款是当时的台北市市长李登辉。

收到这封李登辉来函,李敖"又大惑不解、又恍然大悟",并公布于众。他大惑不解的是:李登辉如果奉旨承风,欲封杀李敖《千秋评论》杂志,可以"依例通知",为什么抬出"台湾高等法院"的招牌呢?他恍然大悟:不抬出"台湾高等法院",封杀李敖的依据,只能给新闻媒体一条李敖判罪的新闻,师出无名,贻笑大方,而抬出"台湾高等法院",先定李敖有罪,似乎封杀的理由就有了。

李敖从李登辉的来函中看出了破绽。杂志执照是"新闻局"核发的,而李登辉给李敖的信中,却声明"副本收受者:行政院新闻局",明显有违行政作业的常规。"因为在我尚未拒绝申请变更登记前,毫无知会'新闻局'之理,可见市长李登辉知会局长宋楚瑜,全是两条蒋家走狗串通法院的联脚作业。"

李敖没有做"变更登记",他以毒攻毒,在台湾"出版法"中找到了生存之道,那就是前面已经叙述过的"出书类杂志"。

报纸杂志可以"定期停止发行"、"撤销登记",但对非"新闻纸类"的"书籍类",既然不是"按期发行",自然"行政处分"最多不过即时查禁。李敖就以"书籍类"面目出现,写作和编辑他的言论杂志。

后来李敖第二次进了监狱,他的《千秋评论》杂志执照被注销,而他的《千秋评论》改名《李敖千秋评论》丛书,在监狱之外一本又一本地照出不误。"就在前无古人后无来者的出国民党不意的情况下,'创世记'一般地出现了它的'创书记'。这种突破与成绩,足登世界纪录全书而有余矣!"

李登辉抬出"市长"的大印,没能封住李敖。

如果以为,李敖是在李登辉下台后才发出讨伐之声,未免低估了李敖的胆量。

一九八八年一月十三日,蒋经国去世,李登辉接掌台湾政坛。李登辉当上"总统"之初,还是"学者从政"的面目,李敖就指出李登辉是个有问题的人。

李敖批评蒋介石父子不遗余力,可是李登辉并不是蒋家的人啊。

李敖说:"让我给你讲个笑话。我当兵时,经常要喊'国父精神不死'的口号。一次军官领口号说错了,说成'国父不死'。旁边有人提醒说:'还有精神'。于是军官就忙改口:'国父不死……还有精神。'蒋介石、蒋经国虽然死了,但他们的精神还在,李登辉还在。李登辉刚接班时,我说他有问题。大家说怎么可能呢,李登辉是台湾人,是教授,是基督徒,能有什么问题? 我就说:'你们别忘了他是蒋氏父子精挑细选出来的接班人。'很快就证明了。全世界我最早发现李登辉是共产党的叛徒。"

以"历史真伪"为己任的李敖,击中了李登辉的痛处。

一九八八年七月八日,《自立早报》披露了一则内幕:"民国七十三年,李登辉当选'副总统'的当天下午,蒋'故总统'亲赴李登辉寓所早致贺意。当时,李登辉不自在地只坐满座椅的三分之一,双手不断摩擦双膝,仿佛他不是那间寓所的主人。"

这篇文章是说李登辉被蒋经国所倚重,两任"总统"的"亲密关系",李敖从中看出了官场中的丑恶,他写下了《李登辉的屁股功夫》,考证古人《佞臣传》就有这种人格萎缩的现象,称之为"政治屁股","在蒋氏父子统治下,凡不知只坐半个屁股的,是乃不知官箴者也,休想'坐'到大官的。"

李敖的结论是:"由此可见,正因为李登辉深谙'政治屁股学',他才因失态而得国。世之欲知国民党官场观形者,请看斯臀!"

一九九一年三月下旬，八十九岁高龄的老国民党员黄玉明上书，追问李登辉以前的共产党员身份，被"国民党主席"李登辉下令予以制裁。李敖撰文指出，这是李登辉"杀鸡儆猴"，其用意在于压制他人，实行个人独裁。

李敖看透了李登辉的思路。他写出《李登辉学蒋介石》等文章，把号称"民主先生"的李登辉与"政治强人"蒋介石作对比，指出李登辉是在步蒋介石后尘，走的是同一条独裁之路。其第一招，是"搞总统兼党主席的党政一元、党政不分"，第二招，是"搞起立方法（按：系指选举）强奸党意"，第三招，是"搞家长式领导来误尽苍生"。李敖在李登辉照片旁，代拟题词道："我学蒋公，登高自卑；我学蒋公，心慕手追。／独裁在握，民主口吹。若微斯人，吾与谁归！"

一九九三年，李敖写出《李登辉的真面目》，并将其列入李敖《真相丛书》："李登辉上台，大家以为他是学者、是教授、是基督徒、是好人、是台湾人，没问题。可是先知李敖首先用证据拆穿了他，指出他是蒋氏父子的忠狗、是害同学被枪毙的卖友求荣者、是比蒋介石还蒋介石的坏人，你上当了。"

此后，李敖把他未汇入集中的李登辉评论四十篇中抽出五篇，加上另写的十七篇，洋洋洒洒二十多篇，编成《李登辉的假面具》一书，对李登辉的其人其事作了痛快淋漓的批判。"攻击敌人与丑类，有道是左右开弓，我这里却是真假开弓。"

李敖依据台湾"国家安全局"的"机密"文件，披露"匪台湾省工委会台大法学院支部叶城松等叛乱案"，公布叶城松（三十一岁）、张璧坤（三十岁）、胡沧霖（三十一岁）、赖正亮（三十一岁）、吴玉成（二十六岁）五人被判死刑，在一九五五年四月二十九日枪决内幕。"案情摘要"中，第一段就是"叶城松于三十六年十月间，由奸匪李登辉介绍参加匪帮，受杨匪廷椅领导，担任台大法学院支部书记"。

李敖指出："原始介绍人'奸匪李登辉'却未闻有法办之事。由此可见，所有杂志关于李登辉做过共产党的报导，都是捕风捉影的，都提不出来文证。我现在提供官方的文证如上，以证明所谓基督徒、大好人李登辉，其实是个特级犹大和坏蛋！同样是共产党叛徒的蒋经国看中了他，选他为继承人，真是别具'红'眼也！好汉惜好汉、坏蛋惜坏蛋，我们在这些丑史上，终于见识了他们是些什么东西！"

李敖说："直到今天，他还缩在那里，不肯坦白他的过去，还在以神秘的身份，妄

第三十三章
李登辉，我告你！

想做光天化日的'总统'，这是非常不光明磊落的。我们有权利要知道他的'交心'记录。不单是向蒋氏父子'交心'、向国民党交心的记录，且是要知道他肯不肯做出向台湾人'交心'的记录。如他仍旧闪躲，我们也就没完，这才是真正为台湾人争正义！"

一九九五年四月二十六日，李敖在公开演讲时，用《李登辉总统言论集》的内容揭发李登辉。李登辉在此书中曾表示，"总统"任期结束，他要和"副总统"李元簇一同退休，也不会参加下一届"总统直选"。但是，临近一九九六年"总统大选"，李登辉绝口不提这事，好像他没有说过这些话似的。

李敖发问："总统"的诺言可以不算数，那么他还有哪句话可以相信？

一九九九年七月九日，李登辉在接受"德国之声"广播公司记者采访时，提出了两岸关系是"特殊国与国关系"。他坐在台湾决策者的位置上，终于撕掉了面具，现出向往"台独"的本质。分裂国家的"两国论"一出笼，就遭到海峡两岸同胞及全世界华人同声谴责，国际社会也认定李登辉是"麻烦制造者"。

坚持反"台独"立场的李敖，对李登辉的"两国论"非常愤慨："李登辉按民间的话讲，就是蚱蜢斗公鸡，活得不耐烦了！"

在李登辉抛出"两国论"不久，凤凰卫视时事评论员曹景行专程赴台湾，就此话题采访了李敖。他问道：李敖先生，李登辉最近提出的"两国论"引起轩然大波，您能不能分析一下，李登辉为什么突然提出这个看法？

李敖说："我们不能以正常人的观点来看李登辉，因为他是一个穷人乍富。蒋介石是在孙中山死了以后十四年，才夺到了国民党总裁的位置，可李登辉呢，十四天他就抢到了，当上'总统'也是如此。李登辉忽然得到这些东西以后，不知道天高地厚，今天这种行为就是表示他的不知道天高地厚。"

李敖敢于跟"台独"叫板，在于他曾经是"党外"的老大哥。他认同中国文化，坚决反对"台独"，是始终如一，尽人皆知的，可是阴差阳错，他到台湾时才十四岁，国民党没办法给他定性"共匪"。干脆给他扣上"台独"的帽子下狱。那时，反国民党专制的阵营统称"党外"，李敖的不妥协，被"党外"人士引为骄傲。后来随着民进党的产生,"台独"倾向日益突出,李敖就与他们分道扬镳了。

一九九九年五月,是李敖到台湾五十年,他以"李敖祸台五十年"为题,举办了讲演会。听众热烈,礼堂里坐满了人,后来的人只能站着听。

当台湾省籍的李登辉上台后,人们对省籍的评述很敏感,惟有李敖照说不误:"如果台湾人自大狂妄到一定程度,就会产生痛苦。有人问我:'你难道不是站在中华民国的土地上吗?'我回答:'不,我是站在中国的土地上。'"

一九九九年十二月,李敖的友人徐渊涛写了《替李登辉卸妆》一书,李敖欣然为之作序:"当年提拔李登辉的,让他在国民党官场大发特发的,是他就读台大时期的老师徐庆钟,如果不是徐庆钟向蒋经国推荐,李登辉这块材料要冒出头哪有这么容易?徐渊涛先生是徐庆钟先生长子,早年徐家和李家关系密切,李登辉发迹过程和个人过往,哪能逃得过徐庆钟的眼睛?徐渊涛先生从小看在眼里,当然他很清楚李登辉一家子的底细。"

徐渊涛以他的良知,非但不和"李家班"同流合污,而且站出来掀李登辉最见不得人的底牌,成为李登辉亲友中第一位站出来讲清楚、说明白的人,这究竟是为什么?徐渊涛告诉李敖,他重病在身,生死置之度外,岂会在乎和盘托出的后遗症?自然也不怕秋后算账,反正他好汉做事好汉当,愿意和李登辉周旋到底,让台湾民众彻底认清李登辉的本来面目,并矢志要以有限的时间,亲笔见证他所知道的李登辉。

李敖欣赏友人徐渊涛的勇气。比徐渊涛更早,李敖就是向台湾人民揭发李登辉丑行劣迹的第一人。"但是,当初台湾人民就是不信,结果台湾给李登辉胡整了这十一二年,捅出的危机问题越来越多,天灾人祸层出不穷,未来要赔上多少的时间和代价,才能弥补李登辉当权给台湾带来的大灾难?"

李敖在肯定《替李登辉卸妆》的价值的同时,也不无遗憾:"我认为,徐渊涛先生写的这本书出来的时间嫌晚了些,如果,他能够在十一年前,蒋经国刚死的时候,把全部的真相端出来给台湾人民看,或许台湾这十几年来的时间也不会空白一片,也不会给台湾留下这么多的后遗症了。"

可惜的是,历史进程之中没有"如果"。

第三十三章
李登辉，我告你！

二〇〇〇年八月十一日，李敖应大陆中央电视台之邀，在海外频道的《海峡两岸》节目中开讲。这套节目被海峡两岸媒体称为李敖的首次登"陆"（指祖国大陆）。李敖仍然是一身红夹克，以智者的形象，出现在亿万观众的面前。

记者问道：你为什么要在中央电视台《海峡两岸》节目中开讲？

李敖说：甲午战争之后，台湾被日本占了五十年；后来又被国民党占了五十年。这样，使得一百多年同祖国内地分开，而且许多政客在挑拨着台湾与祖国内地的关系。现在，海峡两岸在不断地进行接触，进行"三通"，但这往往是物质层面的，我很想在精神层面对两岸关系进行沟通，通过它交流思想，我觉得有这个机会很好。

谈到台湾的发展，李敖说，所谓"台湾独立"，实际上完全没有可行性，完全没有应该实现的条件。我认为台湾如果没有祖国大陆作为它的腹地，台湾根本没有发展的条件。在一九四九年的时候，蒋介石把全中国国库的黄金全部运到台湾。然后用九十二万两中的八十五万两，做了台湾的新台币发行的准备额、准备金。然后台湾就开始了所谓经济起飞，这么多年来台湾就变成了暴发户。可是，这是用全中国的钱，建设了中国的一个省。这是很对不起祖国大陆的，用会计学的说法就是耽误了内地发展的机会成本。所以我认为，当时台湾抢走了祖国大陆国库的黄金，现在自己发了财，就想逃掉，哪有这么简单？

谈到李登辉，李敖说，李登辉在品德上面是很糟的。李敖说，他一下台，我就将他告上法庭。我是全世界当然包括全中国最早写了一本书拆穿李登辉的人。李登辉做了蒋介石、蒋经国的接班人，我就写了一本书，叫做《李登辉的真面目》，我谈到了李登辉这个人有问题。我的书出版后，人家说你李敖不厚道，说李登辉这个人有什么问题呀？后来我根据资料，揭发了李登辉是中国共产党的叛徒，在台大的一个案子里，他出卖了叶城松、杨廷椅等人。这些人都是他拉去参加共产党的，然后李登辉投降了国民党，害得这些台大同学都被枪毙了。所以我认为李登辉品德上面是很糟糕的。

记者问李敖：你对台湾有感情吗？

李敖说，这个孤岛嘛，我曾经住过五十年，从青年到老年，我都住在这儿。这儿是一个奇怪的岛，不论我住多久，不论我有多少快意恩仇，总觉得只有我一个人在那儿。虽然如此孤寂,我还是忘不了它。

李敖没有回过大陆故土,他的节目在北京播出,是中央电视台委托台湾"真相"电视台拍摄的。李敖胸襟宽阔,他身居海岛台湾,却与"岛民意识"苦苦抗争,他着眼点超越海峡两岸之上,在于整个民族的前途与命运。

二○○一年五月二十二日,是李登辉卸下台湾"总统"职务、回复平民身份的第一天。上午,李敖和"立委"李庆华联名递状,正式状告李登辉。他们在支持者的簇拥之下,先到台湾"高检署",告发李登辉涉嫌内乱;然后再到台北"地检署",对李登辉提出涉嫌泄密和渎职、违反税捐稽征法等罪嫌的控告。

李敖指控,一九九九年七月九日李登辉接受德国媒体访问,公开提出两岸是"特殊的国与国关系"的"两国论",明显构成"破坏国体"的犯罪,涉嫌内乱。李敖并指控李登辉购买鸿禧山庄别墅时,涉嫌"图利建商"及逃漏赠与税。

李敖公布他三年前完成的《李登辉鸿禧山庄贪污舞弊案调查报告》,列举李登辉不仅是鸿禧山庄第一名客户,还依恃"总统"身份为财团图利,鲸吞道路用地及河川用地,大盖违章建筑,以贪污舞弊手段取得房地产,并公然逃漏税。

李敖撰写的"调查报告"指出,李登辉是"当今圣上",行政机关岂能不给方便?鸿禧山庄所在的土地,根据地政资料,原属于"国有水利用地",一九九三年十二月八日,李"总统"夫人曾文惠自商界闻人张秀政手上购得该笔土地,地政机关在短短十五天内,于同年十二月二十三日把该地的"国有水利用地"性质变更了。

另一笔土地,是一九九一年十二月七日核准在案的"道路用地",但曾文惠于同年十二月十一日非法经张秀政购得。李登辉不按原核定建筑设计,非法私自扩建,并要求张秀政废除原核定"道路用地"性质,据为私有。李敖曾亲自到鸿禧山庄做了实地调查,看到李登辉的别墅还占用了其他河川用地,是个违章建筑。

李敖说,李登辉在一九九三年购置鸿禧山庄后,社会上议论不断,他到底花了多少钱买房子?没有人知道。李登辉对于购买鸿禧山庄的质疑,始终没有明确回答。

李敖先按照公开的数字推算:"总统府"曾发布,李"总统"从一九八四年担任"副总统"到一九九五年为止,政府发给他的薪水为新台币八千七百四十三万元,扣除购

第三十三章
李登辉,我告你!

买鸿禧山庄后的积蓄,还剩下四千四百二十三万七千余元,绰绰有余。

但是,李敖以"监察院公报"及当时行情评估,李登辉的鸿禧山庄房价应高达一亿六千多万元,如果核算房价及房屋装潢及土地费用,李登辉的薪水远远不够,购屋不足款其实应高达一亿二千六百余万元,内情大有蹊跷。查阅"监察院公报",李"总统"并未申报贷款,李敖提出疑问:如果李登辉没有运用他的特权,以低价购得鸿禧山庄的话,李登辉是如何以现款的方式支付这上亿元的天价呢?

李敖还指出,李"总统"以"显著不相当的代价"购买鸿禧山庄,先大逃一次税;李自己说是他出钱,为太太购屋,却未缴纳赠与税,再逃一次税;曾文惠把房子过户赠与孙女又逃一次税。由于李登辉涉及"刑法"第一百二十一条及第一百二十二条的"要求、期约或收受贿赂或其他不正利益"的罪嫌,应进行调查,还给社会公平正义。

台湾检察部门对李敖的诉状表示受理侦办。然而,李敖状告的结果,还是不了了之。李敖对此早有思想准备。新上台的陈水扁与李登辉理念相同,处处袒护李登辉,这是李敖预料之中的,他要的就是敢于告状的过程效应。

李敖说:"李登辉当然受到台湾的法律保护,我和李庆华告的意思,是让历史留下些记录,知道还有我们这种不服气的人。"

有一个现象值得注意,李敖对李登辉穷追猛打,李登辉一路高升,李敖一路"紧逼",从台北市长、"副总统",到"总统"、国民党"主席",精通权术的李登辉可以"消灭"一个又一个政敌,却"消灭"不了李敖。

不管李敖说李登辉什么,也不管李敖对李登辉如何地揭老底,弄得李登辉灰头土脸,李登辉不屑回应,还是不敢回应,反正是都不曾回应,像个"缩头乌龟"。

记者问李敖:用什么样的简洁语言可以评价李登辉这个人?

李敖笑着答:混蛋!

第三十四章 "女人我不想躲"

二〇〇一年四月二十五日,李敖六十六岁生日。

他给自己的生日礼物是,长篇新作《上山·上山·爱》。

二十五日上午,李敖《上山·上山·爱》新书发表会在台北举行,同时欢度六十六岁生日。讲台后的舞台背景,是三幅高挂的李敖巨幅照片,展示李敖霸气、雄辩、拘谨的三种不同的生动形象。百多位来自各方的朋友相聚一堂,为李敖新书助兴,为李敖生日庆贺。寿星李敖和与会来宾的妙语对答,炒热了现场气氛。

李敖以喜欢美女裸照出名,但主持人出示的裸照不是美女,而是李敖自己的裸照,拍于李敖当兵之时。看着李敖袒胸露体,神气十足地站立着,在场所有的人一阵惊呼,随后掌声如潮。旁边的李敖,脸上也是开心的笑容。

就在李敖生日的前几天,ET JACKY频道的"心灵投手"给他录影,也是为新书作宣传。连李敖都没有想到,主办单位出了"奇招",突然有身材"惹火"的裸女走出,捧着"阳具大蛋糕",送给"特别嘉宾"李敖。

李敖是来讲他的新书的,面对制作单位突如其来的美意,也有些意外。"一丝不挂"的裸女把热吻献给寿星李敖,李敖泰然自若,权当一场游戏。倒是前来采访的记者发问:"这样限制级的镜头,在普通级节目中能播吗?"

"心灵投手"是ET JACKY频道晚间九点播出的普通级的节目,制作人李慧明表示,当初设计裸女献吻,是针对李敖六十六岁大寿,"投其所好"送礼物,目的不在做节目。她同时解释说,完成的节目中,这些"全都露"的美女正面和背面,会全程打上马赛克,而且只剪辑几秒钟播出。

第三十四章
"女人我不想躲"

而在新书发表会暨六十六岁生日庆祝会上,李敖称之"老虎会",他发言说,取名"老虎会",意指一群重要且凶猛人士的一场聚会。"今天是我的生日,接受任何人的访问,绝不会生气。"随后,李敖调侃了几位在场当官的老同学刘泰英及韩毅雄等人,说自己和他们同龄,但"大头和小头,都比这些人好"。应邀出席的来宾上台致辞,也以幽默的发言,肯定李敖对台湾的贡献和杰出的文学才情。

新书发表会上,有四位电台和电视台主播"公审"李敖。话题敏感而劲爆,也许别的被访者不愿说或不敢说谎,李敖来者不拒,什么题目也难不倒他。他自剖生命中和女人的关系:"我最喜欢的事就是'性交'。"触犯台湾当局,李敖当了两次"政治犯",坐了十四年的大牢,也让他见个女人都困难,"憋了十四年"。他愤恨地说:"因此一想到性爱,就让我恨死了国民党。"

《上山·上山·爱》,是李敖在台湾"大选"后闭门写作的创作结晶,文学意味浓厚,构思精巧奇特,一经推出就震动了两岸三地的文坛。出版不足一个月,这本李敖的新书竟售出了十万册。在出版业不景气的台湾,这几乎是个奇迹般的数字。

谁说李敖不能写小说?李敖要用他的笔作一个证明。

先是《北京法源寺》出手不凡,再是《上山·上山·爱》震惊读者。

《北京法源寺》宛如一曲慷慨悲歌,拨动着一个民族的心弦。《上山·上山·爱》则像一首婉约情歌,余音绕梁,让人一击三叹。

《上山·上山·爱》虽是李敖继《北京法源寺》之后出版的第二部长篇,然而它的构思却在后者之前,两本书的命运迥然不同。

早在三十年前,当李敖激情浩荡、以犀利文风在台湾文坛崭露头角之时,他就酝酿一部爱情小说了。难道他只会"审丑"吗?他想写一个好看的故事,把想象中最动人的女人勾勒出来,把他的"审美"尺度告之于天下。她们应该是美的化身,也是善的化身,值得所有的男人去珍视,去挚爱。

《北京法源寺》是黑牢中的思想火花,成形于李敖被判刑十年,并不准备上诉之时,当时有人提出异议,恨不能把他关更久的时间,让他在黑牢里等待复判的结果。坐牢的磨砺,令李敖多了几分男人的坚忍,他的感觉穿越高墙,审视自己,也审视社会。他出狱后挥笔一气呵成,灵感与牢狱分不开。

《上山·上山·爱》却构思在李敖入狱前,有空的时候,他已经陆续写了一些小说章节。李敖入狱,"警总"派人到他家搜查了两次,搬走好多个纸箱的"叛乱文件",都是李敖看书的记录和随笔。"警总"检查得挺细,不敬的危险字眼都在清除之列。他们过滤出六箱不重要的材料,退还给了李敖,其中就有《上山·上山·爱》的那些片段,原因是内容乃"黄色的"而非"红色的"。

这些爱情片断,就成了幸存的文字。

一九八四年,李敖这部才开了个头的小说,在报纸连载,他打算边登边写,把构思已久的爱情故事写完。没想到,小说刚登出,当局主管宣传的部门立刻下达了查禁令,国民党的书报检查官发现,李敖即使写爱情也是反"政府"的,必须"没写完,就查禁"。李敖苦笑道:"'焚书坑儒'又算老几呢。书没写好就先焚了,才知道他们的厉害!"李敖中断小说,挥笔写他的反击文章了。

李敖出了牢门,他的作品仍在禁书之列。继续出版的《李敖千秋评论丛书》和《万岁评论丛书》,有的被查禁,有的虽没查禁,也不准上市。李敖的名气大,总有读者来淘他的书,售书小贩悄悄地进点货,警察和特务便威胁说:"反正凡是有'李敖'两个字的书,就不要卖!"李敖备尝艰辛,只是挥笔作刀,为他也为民众奋争不息,顾不上他的爱情之作,那需要一种沉静的氛围。

到二〇〇一年,李敖"再续前情",承接十七年前启动的创作思路,终于完成长篇小说《上山·上山·爱》,也完成了三十年的心愿。

十七年前,只把片断印成铅字。十七年过去,李敖的爱情"审美"不变,飘逸的文笔不变,足足三十万字,写尽了人世沧桑。书在"六六大寿"问世,给世人一个惊奇。

此时,李敖的爱情已有了一个结局,然而他的梦仍然绵延。与小蕾的聚散、与胡茵梦的恩怨,以及小屯给他的幸福,让他塑造的女人形象更为真切。他的爱恋、他的遗憾、他的快乐,都是不可替代的珍贵回忆。

明眼人看出,《上山·上山·爱》带有浓烈的自传色彩,男主人公万劫身上有着李敖自己的影子。

第三十四章
"女人我不想躲"

李敖说,女主人公不是某一个具体的人,而是集合了所有女人优点的女人,是真实与想象的结合。她们作为一个综合体,一部分来自李敖的亲身体验,一部分来自他的想象,还有一部分是阅读的结晶,即理性的产物。

在李敖的观念中,现实生活中的性与爱充满遗憾,因为最美丽与最永恒的爱情只存在于想象中,只存在于短暂与距离之间。他说他不忍看见美女的丑态,他把寻找真爱的重任,放在他的这部探索爱情的小说中。

之所以起个奇怪的书名《上山·上山·爱》,起因是三十年前和三十年后,各有一位女主角"上山",与男主人公产生恋情。

男主人公万劫与少女叶柔相遇并相恋,山盟海誓,难舍难分。但是幸福是那么短暂,缠绵了六天,万劫就因政治原因被捕入狱,与叶柔从此天各一方。出狱十年后,万劫又邂逅了女大学生君君,并与之产生了恋情。在他陪君君去祭扫母亲墓的时候,万劫发现,君君母亲竟然就是他心仪过的叶柔。

"上山","上山",分别是母女两个人。

当两个女人二十岁生日那天,前后有三十年间隔。两人并不陌生,因为她们是母女,但又陌生,因为她们未见过面。母亲生产时因羊水栓塞昏迷死亡,君君跟母亲当年的情人在一起,她毫不知情。冥冥之中,君君接替了生命,也接替了爱情。万劫不愿说出真相,为了死者和生者,他只好把一切长埋心底。

相隔十七年了,这部曾被查禁的小说又复活了,出笼了。此书来势凶猛,席卷台湾,抢占香港,似乎白色、红色、黄色交汇,很难一言以蔽之。在文坛内外,还掀起定位定性的浪潮:《上山·上山·爱》是"黄色小说"?是"情色文学"?还是"打开天窗说亮话,脱了裤子谈思想"的中文巨作?

议论李敖,议论小说,七嘴八舌。一部小说,何有如此的说道?有人关注,说明李敖三十年的工夫没有白费。

翻开小说,扉页上印着李敖写的两句话。这是构思三十年,最后花了四个多月把它写完的作者的十四字自白:"清者阅之以为圣,浊者见之以为淫。"

清浊之分,关键何在?李敖把球踢到了读者面前。

"一个白色恐怖下的红色故事,你可用黄色的眼光去看它。"

李敖说,《查泰莱夫人的情人》的作者劳伦斯,有篇论文叫《色情与淫秽》,对淫与非淫的区别,反复陈词,其实劳伦斯说得太多了,反不清楚了。真正的判别方法,在于读者能不能受小说影响,从而激浊扬清,这就要看小说内容有没有这一功力。《上山·上山·爱》这本小说,涉及的重要主题有上百个,如此丰富,可谓前无古人,至于后有没有来者,要看我何时死了而定。

李敖断言:"我就是我的来者,当我一旦物化,这种小说必成绝响。"

有一段时间,李敖"被提名诺贝尔文学奖"的消息被两岸媒体热炒,有人问李敖,写《上山·上山·爱》是不是为了增添些砝码。他直摇头,倒不是谦虚,而是他认为,他的作品数量与质量,都早已超过诺贝尔奖的评选标准了。"在诺贝尔文学奖的评审过程中充满了傲慢与偏见,中国人没有可能再获诺贝尔文学奖。"

根据李敖自我界定,《上山·上山·爱》属于十九世纪末、二十世纪初的那类流行小说模式,很具体,也很具象。不过这种小说模式被时下小说主流所反对。李敖举例道,俄罗斯作家陀思妥耶夫斯基的《卡拉马佐夫兄弟》,书中一段对话写了七千九百字,他的书中也有一个人讲一二张纸的激情表述。

《上山·上山·爱》笔调清新亮丽,即使床上镜头、浴缸镜头和雨中镜头也如诗如画。有人说,被许多人痛恨的李敖,逃不脱"黄色小说"的归类了。

但是,台湾的"黄色小说"每年都有三百六十万册了,又何劳大师李敖"加盟"?把李敖如此定性,未免太草率,也太小看他了。

李敖用"老虎嗅玫瑰",比喻小说中细腻的情感描写。他坦白,不可否认,两性关系有着最大的吸引力,所以他写女人,选择复杂的两性关系作为切入点,不是就性写性,而是"用性作为引语来使你进入真理"。

他承认小说更多是想象:"小说里的限定,是我实际接触的那些女孩子的优点,或者是我想象中应该有的优点,在浓缩的短短六天到最后的一天以内表达出来。可以说在事实上,既没有这样的男人,也没有这样的女人。"

然而,有心的读者,仍可以从书中寻觅到李敖的女人观。

第三十四章
"女人我不想躲"

一位香港记者访问李敖,直截了当地说:在六十五岁之际,你还能在青春女孩的身上感受到那种爱情的冲击力,还能写出这么一部充满动感的爱情小说,是否也证明着你还保存着年轻时的感受?

李敖:应该说,感受和以前是不一样的。她们给我的感受是一种快乐,而不是悲情。高行健(法籍华人、二〇〇一年诺贝尔文学奖获奖者)的小说,把情欲写得太粗犷了。如果一个女孩子对我说那句粗话,我不会喜欢她。太不含蓄了!

记者再求教:你心目中的女孩应该是含蓄的,有一点书卷气、感情的表达是细腻的,而且最好是娇小玲珑、小鸟依人的?

李敖:没有错。我不喜欢很无知的女人、很粗糙的女人、很凶悍的女人。有些女人长得还好,但是很凶悍,动辄要向男人瞪眼睛,就不好了。我喜欢的女人,温柔是很重要的,要很女性化。新女性主义说,你是大男子主义,欺负我们。不是的!不是说女子横眉怒目,就可以与男人去一争短长。不是这样的。

围绕《上山·上山·爱》的趣闻,闹到了台北市"议会"。在开会时,一个"议员"拿出一张纸来,上面影印着《上山·上山·爱》的一段文字,旁边没有说明。他问台北市新闻处长金溥聪,这段话,是不是黄色的?金处长看了看,肯定地说,是黄色的。那个"议员"说,这是李敖写的。金处长忙纠正说,李敖写的就不是。

金处长赶紧打了一个电话给李敖,向他解释:"李大哥,你不要生我气噢,他们故意骗我,我一时查不出来。你不要生我的气噢。"

"你知道,他们多怕我!就这么一个小事情,他宁愿当众立刻改口。"李敖在接受《联合晚报》记者访问时,他就讲了这件事,后来《联合晚报》如实照登。李敖说,这个金处长是全世界"知过能改"最快的人。

受到称赞还是谩骂,李敖并不放在心上。

他最多哈哈一笑,把往事一笔勾销。

《上山·上山·爱》使李敖的女人观再次引起争议。

李敖的爱情思考是反叛性的:"谈到爱情,有一个前提,就是爱情不是很永久的。真的爱情是要分开的。同时,爱情本身要有很多的情调,可是现在年轻人不太讲情调。连情书都不太会写了！我认为爱情是个变数而不是常态，要有这个心理准备。有合必有分，说什么海枯石烂，除非在两个人海枯石烂的时候殉情。"

李敖写过一首爱情诗《只爱一点点》，发表后不胫而走，被谱了曲，由歌星巫启贤在台湾唱红了：

不爱那么多，
只爱一点点，
别人的爱情像海深，
我的爱情浅。

不爱那么多，
只爱一点点，
别人的爱情像天长，
我的爱情短。

不爱那么多，
只爱一点点，
别人眉来眼去，
我只偷看你一眼。

情诗大多有的放矢，难免引来许多猜测，这是写给谁的？最权威的猜测，可能是李敖写给大美人胡茵梦的。李敖自己的解释是，那时他跟胡茵梦还没有见面呢。他在坐牢期间，对爱情有过慎重的反思，写作当然是有感而发，但他当时面对的，只是雪白的墙壁，没有一个俏丽佳人。

李敖的女人观，向来争议最多。台湾有名的才女，跟李敖针锋相对，有过精彩的"过招"。李敖毫不隐讳自己的观点：女人，就要像女人。

台湾华视《今晚有约》，曾请李敖与女作家李昂对谈，李敖以"大男人主义"闻名

第三十四章
"女人我不想躲"

于世,而李昂是"大女人主义"的鼓吹者。两位著名作家对谈,固然有文学创作的话题,也涉及到各自的女性意识。

最有争议的地方是,对"新女性"的定义与看法。他们对现代新女性的期望南辕北辙,两人唇枪舌剑,逗得主持人捧腹大笑。

李敖说,他对"新女性"没什么好感,"新女性"常常自认为自身条件很高,样样要跟男士比,做些反传统的事,比如以往提倡的是"走出厨房",而现在根本连厨房都不进了。他笑李昂就是"光说不练"型,以文章来带领风气,实际上可能没有对社会对妇女产生帮助,反而还会有负面的影响。

李昂却反驳,其实她主要帮助基层的妇女同胞,以新的角度来看婚姻状况。她对李敖的观点持反对态度,做了一番得不出结论的争辩。

最后,主持人张小燕问他们,对未来新女性有什么看法,他们互相调侃,把节目的气氛又搅和得热闹非凡。

李敖对"新女性"表示极端厌恶,公开场合也不打算遮遮盖盖,他打趣地说:"未来新女性增加,这个世界就完蛋了。"

李昂马上回敬道:"未来世界如果缺少了李敖,新女性就出头了。"

在另一个电视节目中,主持人问才女陈文茜:"你给李敖评为全台湾最聪明的女人,请你为我解惑,你认为李敖这个人如何?"

陈文茜是李敖多年的朋友,她说:"他是台湾最聪明的男人,可惜太老了。李敖不但说我是最聪明的女人,还在我年轻的时候,忠告我:'你们这群新女性,将来都不会有好下场。'以现在我的境遇来说,李先生的确是先知。"

陈文茜先扬后抑,她话锋一转道:"不过,我惟一聊以自慰的是:'任何下场,相信都比嫁给李敖的结局好。'"全场鼓掌。

李敖自己看到这句话,也笑夸陈文茜真聪明。

在接受一家美国杂志采访时,人家问李敖:"你的兴趣除了与国民党战斗外,还有什么?"李敖不假思索,便笑着回答:"女人!"

李敖酷爱漂亮裸女的照片,也是有名的。在清一色男性的军营,在高墙环绕的监狱,裸女照片陪伴着李敖,度过了许多寂寞甚至痛苦的时光。当他拥有了空间可观的书房和写作间时,也没有忘记在墙上挂出裸女照片,让她们跟无处不在的书香朝夕相处。对于来访者来说或许有点尴尬,房间主人却自得其乐。

他对裸女的欣赏目光可是"毒"的。形象美、体形美、性感美、纯净美,在他的选择中融为一体。裸女要"脱衣",更要"脱尘"。

早先李敖给《联合报》副刊写稿,主持副刊的女作家林海音来看李敖,她知道李敖的嗜好,特地带了几张她选的美女画片,当小礼物送给李敖。当着林海音的面,李敖客气地收下了,等林海音一走,他就把这几张画片扔进了垃圾桶。李敖对林海音这位老大姐是尊重的,对她的"选美标准"却不以为然。美则美矣,不够性感,老大姐看中的美女,与李敖看中的美女,不是一个概念。

李敖不隐瞒他喜欢画片上的美女,也喜欢生活中的美女,用不着他的敌人攻击他,他自己就揭了自己的老底。这也是中国传统文化人中少见的坦荡。仿佛李敖可以赤裸着自己,站在别人的面前,结果害羞的不是他,而是紧裹着一层层衣裳的别人。于是,李敖出奇制胜,骂李敖的人不管怎么骂,都骂不到他的私生活。对于一个根本不打算隐瞒自己的人,有什么理由再说他是"伪君子"呢?

台湾电视人李宁采访李敖时,李敖自信地说:我不会被小人包围。李宁问:你为什么这么自信?李敖说:小人包围不到我,因为我被女人包围。

当李宁再问:你似乎对女人比对男人友善,为什么?

李敖说:因为女人也对我友善啊!男人就不行,他们妒忌我。

李敖的脸上,一直挂着孩童似的笑。李宁不时会冒出一句:别开玩笑了,你知道我的意思。可李敖的正经话,就是玩笑话呀。

女人,生命的母体,世界的一半,永恒的主题。立志写出不朽之作的李敖,与其说对女人有兴趣,不如说对人生有兴趣。

细心的读者会发现,进入李敖笔下爱情的女人,没有丑恶,只有美丽,《上山·上山·爱》也不例外。

李敖谈起女人兴致盎然:"有趣的是,我在男人世界里横冲直撞,耀武扬威,女人堆里我可是麻烦多多。女人让我吃尽了苦头,我并不在意。一生之中没让女人恨恼过,作为男人这是一件很失败的事。所谓无爱便无恨,无情也无恼,女人若对你视而

第三十四章
"女人我不想躲"

不见、爱恨全无,人生又有什么意思呢?"

"女人和政治是世上的两大麻烦事。女人我不想躲,政治我躲不掉,好在我应对自如,做得比谁都好。有人向我探问其中有无诀窍,我毫不迟疑地告诉他:'有!当然有了!在我们这个鬼岛,女人是纯洁的,我就比女人更纯洁;政治是流氓搞的,我就比流氓更流氓。'"

第三十五章　跟诺贝尔有点缘

二〇〇〇年二月,一个有关李敖的最近动态轰动海峡两岸:李敖正式获诺贝尔文学奖审核小组通知,提名为当年的诺贝尔文学奖候选人。

台湾媒体透露,他是以其长篇历史小说《北京法源寺》一书获提名推荐的,这是中国台湾地区第一位获诺贝尔文学奖提名的作家。

二月十五日,李敖诺贝尔文学奖提名暨新书发表会在台北举行。推出李敖《北京法源寺》英文版的英国牛津大学出版社,当日也同步发行该书英文版。

一身长袍马褂的李敖,一开口就给人以信心十足的感觉。他说他的提名,"证明了在台湾被排挤的,反而更可以向世界进军"。李敖没忘记,他当时还是代表新党的"总统"参选人,不过他更重视作家身份。"入围诺贝尔,比选什么鬼'总统'容易多了。"

李敖开心地表示,他过去在台湾被当局打压排挤,"文建会"编列的台湾作家名单中,竟然没有李敖,如今获得提名诺贝尔文学奖候选人,而且是台湾惟一的,表明李敖正大步向前,走向世界。

本来就具传奇色彩的李敖将角逐诺贝尔文学奖,令人兴奋。当记者赶到李敖家中采访时,六十四岁的李敖肯定了这件事的真实性:"今年在诺贝尔文学奖方面,我也会参与,当然能否得奖是另外一个问题。"

那么,李敖这个候选人的资格,是不是自己申请来的呢?

当然不是,李敖矢口否认。李敖说:"这是我的一些朋友,拿出我的《北京法源寺》给我申请参加这个奖的评选,获得了提名,最初连我自己也不知道。"

第三十五章
跟诺贝尔有点缘

李敖透露他这次入围,是由几位东吴大学的教授为他申请的,有专人翻译他的小说;他是在一月底才被告知受理入围了。

李敖在《世界论坛报》写专栏时,有读者抗议说,李敖的文章为什么总是谈许多小人物的小事啊?李敖回答道:"你呀,要有见识一点!台湾哪有大事可谈?台湾有的,都是屁事小事,不谈这些,没的可谈了。"

诺贝尔文学奖,地球上不知有多少人在谈论它。

没有李敖,台湾哪来这样世界性的话题?

李敖接电话,见记者,乐于回复相关的提问。

他不无自豪地说:"在年复一年坐牢的时候,我构思出几部小说,其中一部,就是《北京法源寺》!"六十年代他在狱中所构思的这部历史长篇小说,以清末戊戌政变为主题,主要人物包括康有为、梁启超、谭嗣同等知识分子,展现他们与腐败的时代对抗、发动维新与政变,这部惊世之作是李敖个人思想的文学表达。

"由于在黑狱里禁止写作,我只好粗略地构想书中情节,以备出狱时追写。"李敖这部大作可谓坎坷之作,"一九七六年我出狱,在料理劫后之余,开始断断续续写了前几章。一九七九年我复出文坛后,几乎全部精力,都投在其他写作方面,《北京法源寺》就被耽误了,只断续写了万把字,始终没法完成。"

李敖动笔之初,给自己定了最高的标准:"耽误的原因其实不全在时间不够,而是我心理上的一个求全故障。伏尔泰说过一句话:'最好是好的敌人。'正因为我要写得'最好',结果连'好'都踌躇下笔了。"

当李敖再次进入创作状态的时候,那段逝去的历史仿佛浮现在他的眼前。他选择法源寺做支点,那些近代中国的人物在这个舞台上走动。李敖小时候在北京住了十一年,他没有去过法源寺,可是他对法源寺的熟悉程度,超过了许多今天的北京人。"当我确定以法源寺写小说的时候,我是根据很多法源寺的历史资料,还请我的朋友到法源寺去丈量,去拍照片,然后才有这样一个构图,才以它做背景写出来。"

李敖在他书房桌上的文件夹里,找出几张草图给我看,这是北京法源寺的平面图,各个部分都很细致,上面还标着文字注释。

"所以法源寺什么地方有一棵丁香树,或者有什么地方,其实我已经神游了,已经神游到那个地方去了,其实我认为,做一个文学创作的人,如果没有这种想象力,一定要身临其境的话,这种人太笨了。"

一九九〇年,李敖花了一个多月的时间,每天写两个多小时,于年底完成了《北京法源寺》全书。在李敖的计划中,这只是他众多史诗式小说中的一部,他不打算用一部小说涵盖所有的主题。他的创作展示了他的史学积累和文学想象。用至今屹立的古庙法源寺为纵线,以烟消云散的历朝各代的史事人物为横剖,"举凡重要的史事人物,都以历史考证做底子,它的精确度,远在历史教授们之上。"

李敖这部小说的内涵,仍然叫人吃惊不已:"书中写了四百个小主题,如生死、鬼神、僧俗、出入、仕隐、朝野、家国、君臣、忠奸、夷夏、中外、强弱、群己、人我、公私、情理、常变、去留、因果等等,都在论述之列。"他说他的小说其实是一部哲理小说,用文学手法来表达思想。

一九九一年六月,《北京法源寺》正式出版。

李敖在"后记"中说:"在一般以小人物为主人公的作品中,我高兴我完成了以大人物为主角的这部《北京法源寺》。写大人物是多么振奋自己、振奋人心的事!"

谭嗣同,是李敖在书中浓墨描述的"大人物"之一,他以身殉道,慷慨赴死,"一人足以当之"。李敖倾注了他的崇敬之情。

他讲述了这位"真人物"的一个细节,谭嗣同用一生心血撰著《仁学》,成书之时,正是《马关条约》割让台湾的惨剧发生之际,在北京的赶考书生热泪飘零,谭嗣同仰天长啸,有感于台湾新丧于日本的痛楚,乃不用其真名,而以"台湾人所著书"落款,"颜其封面,借哀浊世"。

李敖最后的自述是沉重的,仿佛一声长长的叹息:"如今,我独处台湾,写《北京法源寺》,'台湾人所著书'之谶,百年孤寂,又复重演。契阔四十载。今印此书以归故国,沧海浮生,难忘我是大陆人而已。"

但是,如果处在当年戊戌变法的历史环境之中,李敖作出的选择,是像谭嗣同那样留下,慷慨赴死;还是像梁启超一样,远走高飞?

第三十五章

跟诺贝尔有点缘

去与留,这是一个很艰难的选择。

以为李敖敬佩谭嗣同,就会学谭嗣同,恰恰错了,李敖的答案是:"我会学梁启超,我会走的。"难道,死是艰难的,生比死更艰难?

李敖说:"因为梁启超走了以后,他办《新民丛报》,发挥那么大的力量,最后把坏政府推翻。他不要做烈士,他要做个成功的人,做成功的人比做烈士应该更正确。"

生与死,在李敖来说,只是对与错。

时隔九年后,李敖因《北京法源寺》获诺贝尔文学奖候选人提名,这部历史小说再度激起了人们的阅读热情,读者群急剧膨胀。

李敖有个特点,新书的广告词都不假人手,自己亲自为之。确实,以李敖的眼光,别人的文字难以叫他满意。李敖这回这样"广而告之":"《北京法源寺》是李敖写的第一部长篇小说。三十多年来,一般以为李敖是思想家、是历史学家,其实李敖更是文学家。这本特立独行的小说,对话精彩,布局特殊,使你看了,会深刻地感到,原来这种小说才是真的小说。"

李敖说,小说放在今日来读,借古讽今之意不减。他不客气地告诉大家,《北京法源寺》描写的时代,和台湾今日的腐败相去不远,他借着此书让民众明白:"台湾再这样搞下去,如果没有革命,没有改良,最后终将沦为一场空。"

《北京法源寺》翻译成了英文,但李敖对西方人是否认同,似乎信心不那么足。他觉得,西方人要读懂一部中国文学作品其实很困难,中西文化的差异和语言上的障碍都可能影响到相互间的沟通。"我的《北京法源寺》英译本是牛津大学出版社组织翻译的,但西方人要想真正读懂,仍然需要大量的注释。"

李敖让诺贝尔文学奖贴近了中国。

在一个公众场面,李敖当仁不让地说,他获得诺贝尔文学奖的几率,可能会比当"总统"的几率高得多。有人追问他,对于获奖的可能性怎么看?李敖笑言:"远在天边,近在眼前。也许要等很多年。去年获诺贝尔文学奖的德国作家君特·格拉斯等了二十七年,米兰·昆德拉自一九八七年起不断被提名,至今尚未拿到。"

"获奖的资格,我早就够了。"李敖表示,他不但符合诺贝尔文学奖的评奖标准,而且是超过诺贝尔文学奖的标准,他的著作就有一千五百万字之多。如果他不能得奖,那就是诺贝尔奖委员会的问题,是种族的问题。

他对诺贝尔文学奖颇有微词:"天下一家,诺贝尔文学奖已有一百年的历史,至今没有颁给一个中国人,是他们的失误;一个占世界人口四分之一的国家,一个有数千年文明历史的国家,没有一个人得到这个奖,也是极大的遗憾。"

在李敖看来,中国作家不乏可以获奖的人。"老舍就有这个资格"。老舍以他的《四世同堂》《骆驼祥子》《茶馆》等佳作,写出老北京风情,其鲜明的民族性带来了世界性的声誉,可惜死于"文革"动乱。

李敖说:"因此不是内容,而是如何评估的问题。亚洲有四个人获奖,以色列一个,印度一个,日本两个,就是没有中国。有人说是你们的作品不合格,不够标准。一百年都不够格?我不相信,觉得不服气,所以我也想给他们展示一下。当然,这也是大陆作家的一块心病。"

"不过,近几十年的中国文学的确不能令人满意。"李敖的批评是相当尖锐的,"即使是'文革'以后的内地作家,比较多的也往往是写个人的苦难和哀怨,写得很小气,缺乏对于人类的博大的关怀。诺贝尔文学奖恰恰要求作家的整体人格和精神,而不仅仅是文学功力。它要求作家必须是理想主义者,必须坚持公理与正义。在这个意义上,中国的绝大多数作家距离诺贝尔文学奖还有很长一段路要走。"

李敖对自己是中国作家绝对自豪:"西方文学界总有一天要了解,中国占有世界四分之一的人口,中国也在起飞,西方无法漠视东方的存在。"

李敖自己怎么看这个颇有分量的提名?他并不掩饰自己的好心情:"出了小小一点恶气!(笑)要获诺贝尔文学奖,中国当今够资格的不止我一个。而我是最有资格获奖的。台湾当局查禁我的书,台湾'文建会'甚至不承认我是作家,我获得提名,对他们是绝大的讽刺。"

原来虽然李敖著作等身,在文化界闻名遐迩,他总说是"自己吹牛"。李敖现在的妻子王小屯在大学念中文系时,去查"作家名录",她翻看台湾"行政院文化建设委员会"出版的《作家作品目录》,厚厚九百页,胡茵梦也占了一页,可是李敖连一行字都没有。

李敖愤愤道:"可见在国民党钦定的名单中,胡茵梦是作家,而李敖连作家都轮不到,李敖之为无名小辈,可想而知矣!"

难怪李敖要出口"恶气"。

有位记者来了个"激将法":你向来以愤世骂世著称,在得到诺贝尔文学奖之前,你有没有胆量骂骂诺贝尔文学奖?李敖答道:"我的心怀是救世的,但在我的方法上,却往往出自于愤世而骂世,这是我的性格使然,所以我当然敢骂诺贝尔奖!"

他给记者上了堂"普及课":"诺贝尔奖的颁发经常是不公正的,特别是诺贝尔文学奖,评委会历来不给中国人这项奖,不承认语言隔阂的原因,只认定我们没有世界级的作品,这是有偏见的。文学奖强调的是作品中的理想主义成分,还有作者有没有和权势作斗争,这两点,我都做得非常好,也可以说最好。"

他举例说,南非女作家纳丁·戈迪默,是一九九一年度诺贝尔奖得主,当时六十八岁,九岁起写作,十五岁开始发表作品,她写的书中有三本被南非当局查禁了十二年。"比起我来,真是小巫一个!"

有记者问:"诺贝尔文学奖会不会成为政治的工具?"

他说:"已经成为政治工具了。我角逐是逗他们玩,看看有没有例外。"

记者又问:"难道是半真半假吗?"

李敖的结论令人捧腹:"我的提名,也是为了考验考验评委会。诺贝尔文学奖颁奖一百年了,还颁不了一个给中国,太荒谬了。"

还有记者问李敖:你看中诺贝尔文学奖,是否也同时看中了一百万美元的奖项?除了卖文为生,你还有什么其他生财之道?

李敖坦然一笑:"一百万美元折合台币,大约有二亿五千万新台币,不多不少,也是一笔钱。但我申请诺贝尔文学奖,绝对不是为了这笔钱。我的座车很豪华,说明我还有点钱,别人休想收买我。我也不光靠写书赚钱,过去有过,后来发现写书赚的钱是比较少的。帮人家排难解纷打官司,我倒是赚了一点钱;在台湾有很多麻烦是黑道白道都解决不了的,这种案子我能够解决,我就赚这个钱。我讨厌穷酸潦倒,绝不使自己陷入穷酸潦倒,我早就脱离了'一文钱难倒英雄汉'的窘境了。"

中国作家百年来的"诺贝尔情结",能不能靠李敖完结?

那几天,李敖家电话不断,连大陆记者也"跨海咨询",李敖对记者坦承:"我没有'信心'获得诺贝尔文学奖,因为这个奖一百年都不颁给中国人,他们绝不会轻易给中国人颁奖。这不是我们中国人不行,而绝对是他们有问题。"

当诺贝尔文学奖即将颁发之际,李敖对此已经不感兴趣,忙别的去了。他说:"诺贝尔文学奖的评选受地域和政治的影响太大,偏向于西方国家。去年的文学奖得主,是申请了二十七年才得到的,我不可能有这个耐心。"

李敖做好了"落选"的准备:"在文学史上,像托尔斯泰、易卜生、哈代、康拉德、马克·吐温、高尔基、德莱塞、毛姆等作家,作品都很好,都应该得诺贝尔文学奖,却没有得到,特别是托尔斯泰,这是不公正的。"

李敖对诺贝尔文学奖的分析,也是客观的。他认为,诺贝尔文学奖从没颁给中国人,除了地域和政治原因,还有语言文本上的原因,中国文字难以言传。"语言的隔阂相当厉害,评委会不可能读懂汉语作品。"

当诺贝尔文学奖的名单公布之后,记者采访李敖,请教他对高行健获诺贝尔文学奖的看法,"落选"的李敖不客气地说,自己并不意外,诺贝尔奖的政治因素很重,这次高行健是以法国人的身份得奖,不能算是为中国人争光。

至于"等待",李敖一反前几天的"没有耐心说",恢复了自信:"前年的得主花了二十七年才获此殊荣,自己从现在六十五岁开始努力,至少在九十三岁前都有机会。"李敖打趣道,这个期间诺贝尔奖主办单位可以安心:"我不会批评它的!"

终于有人不放心,提出了质疑:李敖提名诺贝尔文学奖候选人是不是真的?

当李敖提名的真假考证众说纷纭的时候,恐怕惟有李敖"偷着乐"了。李敖借着中国人的"诺贝尔情结"火了一把,原先很多读者觉得深奥的《北京法源寺》,在台北出版,又在北京出版,已有一段时间,而借着"诺贝尔文学奖候选人提名",顿时登上各大书店的畅销榜,口口相传,一版再版。

早在十年前,有一个名叫方健祥的读者,就《北京法源寺》中的失误之处,给李敖

第三十五章
跟诺贝尔有点缘

写了封信,提出了意见。李敖的史学功底人所皆知,他不觉得有失体面,回了信,而且把两封信都收入了《李敖大全集》。

方健祥致李敖信说:"李敖先生:我是您的读者,看了您的大作《北京法源寺》,为书中展现的渊博的历史知识、深刻的思想观念、英雄豪杰的行径,心灵颇受震撼,无疑地,本书可以传世矣。对于本书,有求全之心,故书内有两处小疵,希望再版时予以改正。一、三十四页一行引用《金刚经》语,用双引号谅必系引用原文,则'一切有为法,如梦如泡影'应是'一切有为法,如梦幻泡影'之误。二、八十四页一行:又过了十一年(1860),依原书故事推算应是一八八〇年才合理。"

李敖答方健祥说:"健祥先生:多谢来信。《北京法源寺》出书前适与办《求是报》撞档,不及细为校对,承你这样高明的读者惠为指正,真是高兴。现在我综合陈兆基、林永丰、潘毓刚和你前后的指正,统一做勘误表如下:(略)盼你此后续为指正。有你这样的护持,方是著作之幸。'随处结读者,诚意方殷,诸书现全身。'——这是我的'金刚经',写出来报君一粲。"

李敖从善如流,即便对一个素不相识的读者也不怠慢,并不像有的作家那么爱面子。读者来信与李敖回信,李敖起名为《〈北京法源寺〉再勘误》,似乎要在他的文集中"立此为证",长久地流传下去。或许,从这两封信中,可以领悟到李敖的大家风范,也可以领悟到他对于提名诺贝尔文学奖候选人的态度。

是真?是假?面子那么重要吗?

曹雪芹说得好:假做真时真亦假,真做假时假亦真。

二〇〇〇年诺贝尔文学奖揭晓,李敖落选了。他早就有言在先,失败也不足奇。丝毫不见他气馁,春风依旧,以"失败的英雄"出现在人们面前。出书是他批判的方式,亦是他庆祝的方式。话音刚落,《李敖诺贝尔奖提名文选》就问世了。在这本书的序言中,李敖笑谈提名和落选,把这本书作为自我"庆祝"的礼物:"一般人只会庆祝成功,我固然也庆祝成功,但也庆祝失败。像我这样肯把失败当成功一样庆祝的人,全世界恐怕绝无仅有。我能从失败中看到它的好处,并且愿意这样看,结果,我从失败中看到成功的一面,从不幸中看到幸福的一面。"

至于什么是胜利者,李敖有自己的判断:"很少人知道,在有比赛的情形下,比赛下来,胜利者往往有两个,就是胜利者和躺在地上吹口哨的失败者。在没有比赛的情形下,一个快乐的失败者,本人就是另一个胜利者。"

《李敖诺贝尔奖提名文选》走俏台湾。

该得的得了,该说的说了,该骂的骂了。

什么"诺贝尔",再见吧。

第三十六章　养生送死母子情

二〇〇〇年七月二十九日，李敖母亲张桂贞因心肺衰竭过世，享年九十二岁。

年事已高的张桂贞病危，变成了植物人，懂医学的朋友劝李敖，你母亲病情再恶化就不要急救了，只会增加老人的痛苦，让老人家安静地走吧。李敖转告了医院。母亲过世那天，医生还是急救处理，正如朋友所说，并没有救过来。李敖不解地问，为什么要这样？医生说："因为是李敖的妈妈，不救怕挨告啊。"

张桂贞是个有文化的老人，十分开通，生前就跟李敖交代，她死后火化掉。她的生命终止后，李敖要求医院尽快火化，院方告诉他，按规矩得等二十四小时，葬仪社建议先请僧人念经八小时，送送死者，这也是规矩。李敖一口回绝："我和我母亲都不是佛教徒。"葬仪社说，那放录音带吧，他斥之：无稽之谈。

李敖从不随波逐流，连母亲丧事也是"李敖式"的。人家的丧事有种种程序，他一概简化，既不念经烧香，更没发讣文举行丧礼。由于第二天是例假日，第三天他就火化了母亲的遗体，不请任何人，前后只花了三天时间。

本来李敖应该到电视台录节目，他请假暂停录影，要办母亲丧事，朋友们才得知李母过世。亲民党主席宋楚瑜听说了，打电话给李敖，希望向李母遗体行礼致意，李敖谢了他的好意："已经烧掉了，向我行礼吗？"

没见过这样办丧事的。熟悉李敖的人听说，母亲去世，没发讣文也没办丧礼，一点忙都不必别人帮，惊讶得不知道该说什么好。

李敖二十岁时父亲过世，当时他不肯守灵、磕头、念经，认准了繁琐的丧礼非改不可，遭到长辈和友人责骂。他说："中国人的丧礼太虚伪，弄得活人变死人，死人变成鬼,很不健康,我用自己的方法怀念逝者。"

八月十日,李敖套着他的红夹克,走进"台视"《李敖TALK秀》录影现场,与特邀佳宾李昂对谈。看李敖谈锋仍旧,李昂进场前准备好的安慰话说不出口了。她想了半天,才说了一句同情的话:"你憔悴了。"

李敖点头,嘴角浮现出复杂的苦笑,不打算回避外界的议论,不就是人家不理解的丧事吗:"是的,瘦了两公斤。我极度地理智,至今没掉过一滴泪。丧事这么办,我不怕人家说我不孝,我母亲的养生送死都是我。"

李敖继承着母亲的刚直。他用自己的方式怀念给他以生命的母亲。

当初李敖的大半家人到台湾,李敖大姐和二姐留在大陆,是张桂贞的一块心病。一九七六年,三姐李琳首次从美国回大陆寻找大姐二姐,这才知道李家所有成员的下落。大姐李珉毕业于辅仁大学医学系,夫君也是医生,家居昆明。二姐李珣和丈夫均是工程师,家居上海。两位姐姐事业有成,"辛苦成巢",李敖甚为欣慰,他做的第一件事就是,出资供两个姐姐的孩子到美国求学。

一九八三年,张桂贞去美国探亲,李敖承担路费,请她由美国飞往香港与大姐和二姐团聚。年过七旬的母亲终于看到了大女儿与二女儿,两个如花似玉的姑娘已年过半百。李敖为此写下了《乱世母女泪》一文,饱蘸血泪,感人至深:

> 最近大姐参加医学会议,到了香港;二姐申请海外探亲,也到了香港。妈妈因为国民党不开放香港观光签证,只好先去美国。国民党刁难她,迟迟不给她出境证,直到无可再拖,才给了她。妈妈从美国转到香港,大姐、二姐在入境室欢迎她,三十五年的长别,三十五年的离散,三十五年的梦里音容,在泪眼里、在呼唤里、在拥抱里,立刻模糊成了一片……
>
> 大姐、二姐跟妈妈分别的时候,她们是大一、高三的女学生,青春美丽、云英未嫁;三十五年后,她们都已老去,在风霜中老去、在苦难中老去,老得比分手时的妈妈还要老。三十五年的生离,使人跟不上记忆:妈妈记忆中的女儿,相见之下,已是红颜老去的母亲;女儿记忆中的妈妈,相见之下,已

第三十六章
养生送死母子情

是老态龙钟的祖母。三十五年的生离,突然相见,见得无法事先调整记忆,但记忆又何必调整?

就让皱纹加在脸上、就让岁月滑过手上,妈妈永远是妈妈,一如女儿永远是女儿。虽然国民党永远是国民党,但是,毕竟在三十五年以后,中国人民赢回了一次——他们可以南下北上,他们可以东去西飞,他们可以在一块失去了一百四十年的中国土地上相会,哪怕相会只是七天。但那是三十五年后的七天,那是"德政"脱线后的七天,那是中国人民为国民党革命付代价后的七天。

任何中国老太太经此一遭,都可以死可瞑目,但她们不会死,她们愿意再等三十五年——她们不要只赢回一次,他们要和女儿长相聚!

一九九二年年底,李敖拿出了一大笔积蓄,邀请分别四十四年的全家人在台北大团圆。在大陆的大姐和二姐两对夫妇来了,在美国定居的三姐、四姐以及大妹、小妹来了,移民加拿大的小弟也来了。那是一次百感交集、五味杂陈的家庭聚会,兄弟姐妹公认,这是"以妈妈为核心、敖弟为支柱",才得以梦想成真的。

一九九五年春节过后,退休的二姐李珣又在台湾住了一个半月,那时李敖忙着募集章孝慈医疗费用的古董义卖活动,报社记者、电视台记者、摄影师、鉴别古董专家,还有各路名流,纷纷上门,访客不断。二姐能帮上忙的,只有接接电话,传个话给李敖,客人来了倒杯水。她能帮一点忙,就很高兴了,李敖总是及时介绍说:"这是我二姐!"二姐知道,他可能怕客人误会她是用人,可见李敖的细心之处。

随着时间推移,母亲一天天地老了,难免有不可理喻的时候。即使是分别了数十年的亲生女儿,没见面时朝思暮想,见了面也会发点脾气。

李珣在李敖家,母亲常对她发火。有一天,李敖看到了,老太太在那里数落二姐,感到很奇怪。他悄悄地问二姐:"为什么老太太对你这么凶?"李珣说,她也习惯了。李敖更奇怪了,问:"从什么时候开始的?"她告诉他,是从香港就开始了。

李敖二姐与母亲,别离三十多年后在香港重逢,李珣明显感到妈妈个性变了,要强,脾气也大。一天吃饭,李珣拿起饭勺盛饭,妈妈说:"你怎么那么笨?别用饭勺,要用筷子挑!"李珣没吭气。妈妈让她舀汤,她刚拿起小汤匙,妈妈又骂她笨:"你为什么不用饭勺舀汤?"她无可奈何,对旁边的人说:"我活到六十五岁,就从来没听说过用筷子挑饭、用饭勺舀汤的事!我们这老太太脾气有多古怪!"

照顾老太太的保姆小声嘀咕,老太太耳背,听不清。李珣气不过,大声对妈妈开玩笑说:"这儿人少倒不要紧,原来咱们家十多口人吃饭,若是都用筷子挑,那第一个人吃完了,最后一个人的饭可还没挑进碗里呢!"

听了二姐的诉说,李敖谈了自己的看法。他劝二姐从母亲角度想想,什么疙瘩都不难化开了。既然是为陪老母而来,何必计较小事呢?老太太有了不顺心的事,对女儿发泄一下,也不足为怪啊。当然,二姐是亲生女儿,被妈妈指责几句也就算了,可以不放在心上,如果骂媳妇或女婿,人家怎么受得了?

李敖与二姐的共同看法是,做妈妈的人时常会忘记儿女已是成人,甚至是老人,也时常忘记父母说了算的时代不复存在了。对妈妈的晚年心态,多体谅吧。二姐望着李敖这个弟弟,感到他是这么善解人意,心情舒畅多了。

张桂贞毕业于吉林女子师范,是旧时代少有的知识女性。当时李敖父亲也在吉林女子师范教书,在辈分上该是他的学生。只不过李敖父亲教的是高年级班,他妈妈在低年级班就读,没有听过他的课。

李敖的父母就是以"媒妁之言",在那段时间结的婚。李敖还记得,父亲的前妻是尹女士:"那时爸爸离婚不久,所以难安于位。爸爸给她找来医生诊断,但尹女士是旧式的中国妇道人家,非常'羞医',不肯让医生看她的妇人病,最后郁郁而死,这当然是'礼教杀人'的一个例子。我小时候,逢年过节要同姐姐们折锡箔,装入天纸口袋,烧给死去的亲人,其中一袋,就是烧给尹女士的。"

张桂贞嫁入李家,像那时大部分的女人那样,做了一个上有老下有小的专职主妇。"中国旧式家庭有三大战:婆媳之战、姑嫂之战、妯娌之战。这三大战争,都跟媳妇有关。妈妈是我们李家媳妇,当然无役不与。李家正赶上中国大家庭的解体时代,所以大战的程度极轻,只限于背后的一些女人是非而已。作为一个媳妇,妈妈对奶奶不错,奶奶临死前,缠绵病榻,每天给她擦身体的,就是这位二媳妇。"

李敖与母亲张桂贞、二姐李珣

李敖负子图

第三十六章
养生送死母子情

  李敖观察到老辈人的一种绵延的心态:"爷爷奶奶一直跟老二和二媳妇一起住。但奶奶却说老二以外的儿子和媳妇最好,奶奶会对整年养她的老二和二媳有微词,却对平时聊拔几毛,只在年节生日送点小礼的其他儿子、媳妇大加称赞,这种是非不明,是旧时代老太太的一个特色。爸爸妈妈身受委屈多年,想不到妈妈老了以后,也有这种倾向,也变得抱怨'养生派'而偏心'送礼派',谁说历史不重演。"

  李敖苦恼地说:"我妈妈有八个子女,只有我愿意跟她住在一起,赡养她,但她总说,其他七个是孝子,只有我不好。给她派个用人,她说是来监视她的。我入狱时,有一处房产记在她的名下,她没有经过我的同意,就拿去做抵押,给我弟弟做生意,结果国民党没有把我的财产没收,倒是我妈妈替我没收了。"

  那是张桂贞的失误之举,让李敖想来就生气。李敖的一处房产在她名下,李敖坐牢时,她自作主张,把这处房产交给李放做抵押,结果弄没了,李敖得知后非常不乐意,这是他最后的经济来源之一啊。老太太哪里知道商海无情,生意赔钱呢。

  李敖说是这么说,对母亲还是十分孝顺。他感念母亲在他失去自由时,与小文相依为命,度过最艰难的日子。虽然有时也跟母亲斗斗嘴,但他总是想着母亲,陪她看电影,逛商店,让母亲开心。

  张桂贞平生最大的嗜好,就是看电影。李敖形容道,她三天不看电影,就觉得头昏脚软,人生乏味。张桂贞自认为有三大生命:"第一生命是她自己,第二生命是弟弟,第三生命就是电影,她统其名曰'三命主义',并扬言三者一以贯之,相辅为用,互为表里,缺一不可,极富连环之特性。"

  李敖的家庭是民主的,做母亲的张桂贞时常跟子女开玩笑,没大没小。一九五九年,李敖写过一篇文章《妈妈的梦幻》,以"妈妈"与"爸爸"的当家之争,探讨了中国社会的家庭观。其中的爸爸像个专制的"独裁者",妈妈则抱有想当一家之主的"女人梦幻"。通篇的口气是调侃的。

  不难看出,《妈妈的梦幻》的虚构成分较重,妈妈与爸爸的形象,只不过是李敖观念的载体,比如"妈妈把六位千金叫进房里,叽叽咕咕地开了半天妇女会",就与李敖有两个姐姐在大陆不符。但是李敖又写到"我与弟弟",妈妈是"一个能生八个孩子的大孩子",似乎有点李敖家的影子。

这篇文章登在一九六〇年十二月二十日台湾《联合报》副刊,当时"联副"读者面甚广,李敖之作发表后,朋友看到了,纷纷写信给李敖,夸耀他写得有意思,没想到擅长论战的李敖,还有另一副笔墨。可是李敖妈妈不乐意了,她找到李敖,向他"口头警告"说:"大少爷!你要是再把我写得又贪财又好吃,我可要跟你算账了!"等李敖出文集时,把妈妈的警告作为附记,也收进书中。

其实李敖身上就有他母亲的个性,执着,坚忍。

张桂贞老人既好强,而且能干。郑板桥有四字名言"难得糊涂",她看了不以为然:"谁爱糊涂谁糊涂,我就不糊涂!"

在李敖父亲李鼎彝去世后不久,台中一中接纳张桂贞当了职员。她从师范学校毕业,在家操持家务半辈子,早就想出来做事了,不管一中是不是看在李鼎彝的面子上,张桂贞总算是走出家门了。她在学校训导处掌管全校的操行登记,当时李敖弟弟李放也在一中,功课远不如李敖,张桂贞常常拜托老师照顾。当别的老师反过来,拜托她放宽操行登记,她却铁面无私,不予理睬。李敖笑他妈妈,"公私标准,煞是有趣。"

到她退休之后,跟李敖住在一起,她每天忙得很,居然能下楼帮李敖买报纸,回来剪贴,做好投寄大批信件的准备。有趣的是,各地的邮政编码她都能熟记,李敖写好了信封,她会把邮编校对了再发信,并将信件按邮编分类,便于人家投递。李敖说:"邮政局真该奖励尽义务的妈妈!"

李敖总找些老人力所能及的工作,让妈妈有事做,使妈妈保持活动能量,保持脑筋清醒。张桂贞与儿子李敖都是个性很强的人,拿他们比较,在办事认真、有条不紊、会动脑筋、善于思考等方面,都真不愧是母子俩。

与张桂贞有过交往的人,都很惊讶,八旬高龄的她记忆力和理解力还好得出奇,除了患有轻微气喘,身体相当硬朗,而且很是健谈。膝下八个儿女,六个女儿已子孙满堂,远居大陆和国外。小儿子也移民加拿大,只有长子李敖在身边。

有人找张桂贞谈话,谈的最多的还是李敖。有个出名的儿子,老太太还是保持着平常心。她所说的李敖,绝不是人家印象中张牙舞爪、动不动会气坏老年人的样

第三十六章
养生送死母子情

子,而是和善、懂事、好学不倦、用功读书的孩子。

"他呀,从小就聪明,喜欢看书。那些书啊,就像是他的命根子一样。"张桂贞指着满屋子的书籍,笑着告诉来访者,口吻中流露着对于儿子的肯定。中外图书散发着幽幽的清香,整齐而有序地挤在书架上,只要仔细地看看书脊,就知道主人是分门别类的。书架填满了四壁的空间,显示着主人的博学。

没有人会问老人,李敖坐牢时她是怎么挺过来的,怕回忆会带来不愉快。她以花甲之年,带着一个才念小学的小孙女,不向人低头,在几番风雨中从容地面对。用"女强人"来形容张桂贞,实在不为过。

张桂贞愿意热闹,她的嗜好是逛逛街、看看电影,与李敖的生活习性恰恰相反。说起李敖平常的日子,老太太边笑边摇头:"他个性很强,跟他爸爸一个样儿。在家他轻易不见外人,老朋友也不大见,整天关在房子里整理这些书。这些书以前放在台中老家,现在搬过来了,但是丢的丢了、散的散了,乱七八糟的。李敖很有耐心,慢慢整理起来,花了很大的精神,贴贴补补。你看,现在蛮像样子了。"

人越老,越爱回忆往事。张桂贞最乐意抖搂那些李敖的往事:"他从很小的时候,就喜欢买书。后来和卖旧书的人混得熟了,人家常常就一整箱一整箱地送到屋里来给他挑选。他抓起一本书来,前面翻两页,后面翻两页,就知道啦。好,这是要的,这是不要的,经常一挑就挑了大半箱子。他很乐,卖的人更乐。"

"他最喜欢拿剪刀剪剪贴贴,看到什么书报杂志,动手就剪,收集了一屋子的资料。他以前出去买糨糊,一买就买回来好几罐,然后从房间到客厅,到处柜上、桌上都给摆上那么一罐,我问他干吗呢?他说这样子用起来方便。"

张桂贞应女儿之邀,回大陆探亲观光访友,路费全由李敖"报销"。她坐飞机飞越海峡,回到台北,没有远途奔波的疲惫,还是中气十足,腿脚灵活,不像"八十老妇"。李敖常跟母亲开玩笑,当时他有四个朋友的老母亲,相继在一个月之间去世,他对母亲说:"别人的妈跟你同岁,都死了,你有何感想?"

张桂贞答曰:"我身体好得很呢!我跟你一起死!"

李敖到处说:"老太太真风趣。"

母亲去世了,李敖以往不曾提到的"老"字,出现在他的嘴边。看透了生死的李敖,不会把悲伤挂在脸上,但会深埋在心底。

"老了,我六十六岁了。尤其是我母亲死了以后。她是九十二岁时死的。本来感觉阎王爷和我之间有老太太挡着,现在她一走,我是直接面对阎王爷了。记得梁实秋跟我说过:'李敖你记住,人过了六十以后,谁比谁先走就不知道了。'"

第三十七章　给漂亮女人一个机会

封杀过李敖的人,不是与世长辞,就是垂垂老矣,惟有李敖,四面出击,日子过得津津有味。他可以不靠任何出版机构,拥有"李敖出版社",把他的"禁书"一本本"重见天日"。他的情感之舟经历大风大浪,驶进神往已久的宁静港湾。他向世人证明,他并不花心,他也是个适合过家庭生活的好男人。

李敖很有"女人缘"。在他大起大落的传奇岁月中,除了不得不服兵役和因"文字狱"坐大牢的那几年之外,身边不乏妙龄女子的垂青。与他生命有关的女人,都被他写进了文字,比如他的两次婚姻,前一次短暂,挣不脱政治的阴影;后一次持久,躲开了媒体的视野。现任太太小屯,是他感情的最后归宿。

也许知道仇敌太多,李敖从不让太太和儿女曝光,可以说他们之间的故事,但不可以让他们的模样上电视或登报纸。就连参选"总统",别的"候选人"夫人抛头露面,帮着拉选票,但李敖不管什么"惯例",他宣布"参选"也同时宣布,谁把他妻儿当跟踪目标,甚至拍照片刊登,就会收到他的律师信。

李敖提到王小屯,仿佛换了个人似的,收起辛辣的口吻,充满着少有的柔情。小屯本名王志慧,生于一九六四年,属龙,今年三十八岁。他们相识已十八年,结婚超过了十年。她和李敖恋爱之初,他们到台北"故宫博物院"参观展览,看到一只可爱的"小猪",李敖灵机一动,替她起了个小名叫小屯。

一九八三年的夏天,十九岁的小屯像往常一样,在台北市仁爱路一个公车站牌前等车。她那时正在某护校上学,秀发披肩,短衫短裤,洋溢着阳光女孩的朝气。她的目光投向前面,一边喝着易拉罐咖啡,一边等公车。

李敖大传

一辆公车快进站了，小屯向前走几步，她正准备上车，突然有人拍了拍她的肩。她回过头，见是一个中年男子，不知什么时候冲到了她的背后。有事吗？哎，怎么这么面熟？他自我介绍，他就是李敖。她倒不觉得惊奇，甜甜地一笑，真有意思。李敖抓紧时间，问她要电话号码，说是再跟她联系。她没说什么，就给他了。

李敖是一见钟情，被她的漂亮和纯真打动。他相信自己的"第一感觉"，打定主意急起直追。小屯后来笑说，给李敖电话号码，想反正也没什么，无非有事能帮个忙。谁知道李敖电话攻势惊人，三下两下就把她给"骗"了。

马路上的"艳遇"，缘于李敖的机警。他放下架子，主动搭话，才有了一个美丽的开始。李敖自有他的道理："别人会说，你怎么不找人介绍呢？但是没等你找到介绍的人，她就要坐公车走了。别人还会说，你如果被拒绝了，不是很没有面子吗？可见他们喜欢自己的面子，过于喜欢女人。"

"我不是这种人，遇到漂亮女人，我要给她们一个机会。"

小屯与李敖女儿小文同年，比李敖小近三十岁，可是他们相处似乎并没有年龄上的障碍。四十九岁的李敖知识渊博，思想新潮，比年轻人更有活力，使王小屯很有好感。也许是文学的共同话题，使王小屯和李敖越来越近。后来王小屯考入文化大学植物系，又转考中兴大学中文系插班生，李敖是她最好的朋友，也是最好的老师。本来就像个"顽童"的李敖，也因为迟到的爱情变得容光焕发了。

李敖开着车，当小屯上大学的"护花天使"。李敖有空就接送她，小屯不上课，就和李敖谈天说地，天天泡在一起。但是，他们的恋情是个秘密，不管李敖在外人眼里多么风光，小屯在校园里从不跟人家提起，她说："我念大学的时候，中国思想史老师一天到晚都在讲：李敖书里说了什么、写了什么，但是我都装作与我无关。我跟他在一起这么久，从没有人知道我认识他，即使我父母都是一样！"

小屯落落大方，穿着新潮，在李敖看来，她非常现代，更具有许多现代女人欠缺的内在之美。"她为人聪明、漂亮、善良，喜欢偷吃零食，喜欢开玩笑，还会写诗呢。"懂得欣赏李敖，而又被李敖欣赏的女人，非小屯莫属。

李敖对自己的形象，是非常自信的，但他在小屯面前，也挺有自知之明，自认不

第三十七章
给漂亮女人一个机会

是马英九似的帅哥型。小屯曾经也"追星",追的不是演艺明星,而是"小马哥"马英九,是从大学时代起就迷的。有次吃饭遇到偶像,害羞得头都不敢抬、话都不敢说。李敖说到这事带着点酸葡萄的劲儿,让人忍俊不禁。

李敖援引孔子的话:"真人不露相",自己是属于这一类真人。他拿自己开涮,说是如果他现在不穿红夹克和花哨衬衫,眼镜也不戴,只穿着一件灰色夹克坐在那里,简直就像大厦管理员一样老土。

酸葡萄是李敖拿小屯"开涮"的。有一年李敖生日,小屯冒充"静宜女生"写了一张贺卡,放在李敖的信箱之中。

贺卡上诙谐地写道:"李先生:自从那天听了您的演讲之后,我就对您一直念念不忘,本来我的偶像是马英九先生,但见了您之后,才发现马英九的浅薄,您的神采飞扬、意气风发、辩才无碍、潇洒自得,处处皆在马英九之上,所以您才是我的真偶像,所谓少女情怀总是诗,您的身影已深深地烙在我的脑海里了,终于禁不住思念的苦闷,壮起胆子写信给您。我知道您喜欢年轻貌美的女孩,而我今年二十岁(江苏省吴县人)身高一百六十八公分,体重五十公斤,同学们都说我长得有点像林青霞+彭雪芬,所以我自忖条件还不错,才有胆子写信给您啊!只要您肯见我一面,一定不会失望的!我衷心期待着。电话(04)2871054转401室。"

李敖读到贺卡,乐不可支:知我者,小屯也。

李敖和小屯的恋情,在第七年瞒不下去了,他们得结婚了。

当小屯在家宣布她要结婚时,父母还笑嘻嘻的,问她爱上的人是谁。她再宣布,她的结婚对象是李敖,顿时全家陷入"一片愁云惨雾"之中。"我妈妈当时哭得要命!"小屯是父母最疼爱的宝贝女儿。"他们总认为我应该可以嫁给更好的人,为什么偏要选李敖?他不仅大我三十岁,还那么不保险,简直令人担心!"

小屯痴心不改,父母非常失望。李敖听说了,请小屯的哥哥帮忙,跟老人家疏通,说李敖的好话。小屯自己也坚持说:"如果不嫁给李敖,我就一辈子不嫁!"眼看女儿如此执着,爱女心切的父母没什么可说,只得点了头。

一九九二年三月八日,李敖和王小屯相识八年之后,完成了"爱情长跑",走上正式婚姻的殿堂。李敖一向不愿意落入常人俗套,对中国人婚礼的繁琐早就有过抨击,而小屯生性不喜奢华,两人可谓心有灵犀,一拍即合。

早在三十年前,李敖就跟朋友宣布:"如果我结婚,登报一定要不落俗套。"他当时写的"结婚启事"是这样的:

"李敖与某某结婚了,因为我们不赞成两人的婚姻需要第三者来作证,所以我们不请证婚人;又因为我们反对父母来做主,所以我们不由父母出面;我们不用戒指来'戒'我们向别的男女'染指';我们也不想骚扰朋友们,所以我们小两口儿就如此这般地成其好事了。但是我们觉得偷偷摸摸的也不好,所以从荷包里忍痛掏出三百元来登报,借'广告'的力量,使认识我们的任何人(不论是亲戚、朋友、仇人、情敌)知道丘比特的金箭射中我们了,哈哈!"

李敖的"结婚启事"没有派上用场,其实是随手写下的戏言。他的婚事都请了证婚人,连第一次婚姻的解除,也请了见证人。也许他也没料到,他关于戒指的预言,在他跟小屯谈婚论嫁时,真正地实现了。李敖把小屯娶回家,没有给新娘子买什么金银首饰。见小屯手指上空空如也,他顺手拿起"易拉罐"的金属环说:"就用它代替戒指吧。"小屯当真接过来,乐滋滋地套在手指上,她以为,形式不同,意义一样。小小的玩笑,透着他们既相爱又相知的真情。

正式地结婚,当然得向户籍机关申报。他们在街上买来"结婚证书",李敖请四位老友见证完毕后,挥笔题字其上,字曰:"证人从老,证书从俗,正朔从伪,三从出炉。"这最后一句,戏称小屯如果生在古代,会是"三从型",即是遵循"三从四德"的好女人,她虽然受过高等教育,却有着传统的忠贞美德。

一纸婚书,两情相悦。李敖笑她"骗婚",小屯笑着反唇相讥:"你那么奸诈,谁骗得了你!"

坐牢没有使他趴下,反而给他更大的胆识。他结婚了,离婚了,等着看他笑话的人,等到的又是一个失望。因为他又结婚了,找到的是,一个美丽的"另一半"。

经受八年考验的爱情大获全胜。

小屯的父母原籍河北,家教甚严,家风质朴。李敖说小屯也是"纯种河北人",有

第三十七章
给漂亮女人一个机会

传统、保守、敦厚、耿直的个性。女儿结婚之初,虽然家里勉强同意了小屯的婚事,父母还有些疙瘩,对小屯的抉择很难接受。结婚头一年,小屯与父母断绝往来,也是怕惹他们生气。直到小屯生下儿子,她跟父母才恢复到了从前的关系。

有时李敖跟着小屯回娘家,李敖明明知道小屯父母都是非常好的人,彼此也十分敬重,李敖和他们说话却说不多。李敖倒不是摆"李大牌"的,而是丈母娘的年纪比他还小,他不知道该怎么说,只能多一点谦和的微笑。

小屯从认识李敖,与李敖相爱,到后来嫁给李敖,她除了校园,就是家里,听从李敖的意见,没有到外面上过一天班。她学校毕业后所做的惟一的工作,就是在李敖出版社推出每一本新书之前,帮他做文字校对。因此,李敖至今出版过的所有书籍,小屯在上市前大都读过了,而且是逐字逐句读的。

不过,也有两本畅销书是例外,一本是《李敖快意恩仇录》,一本是最新出版的《上山·上山·爱》。李敖专写他和女人的文字,在读者中炒得再热闹,小屯不管,不问,也不看,这是家里不成文的规矩。李敖走出去天不怕地不怕,回到家倒也知趣,会把小屯可能"拒看"的书和杂志藏起来。

在李敖看来,小屯现在是个"一百分的妈妈"。有了孩子,她把所有的时间和心思,都放在两个小宝贝身上,陪他们玩乐,跟他们说话。对照着食谱资料,她亲手做出精美的食品,李敖赞叹不已。当儿子李戡上学后,她更忙了,每天接送,陪他读书、弹钢琴、找资料、做功课、画壁报,是个全职的母亲。

让外人想象不到的是,李敖夫妇是男女平等的楷模,小屯从来就不用照顾李敖,李敖开玩笑说,她倒一杯水给他喝,就会使他感动得不得了。家里的杂务事,小屯很少插手,大部分都由李敖和菲佣来做。别看李敖在公开场合大大咧咧,却是细心而有条理,他一个人生活惯了,桌子整洁,书房有序,扫地、拖地等等,他看成运动,连衣服扣子掉了也是自己找针线钉上,从不抱怨,乐此不疲。

而在小屯眼中,李敖并非书本或荧屏给人的印象:特立独行、荒诞怪异或是花花公子。她说,李敖根本是一个单调、枯燥,甚至有点儿不懂情调的人。他的生活很有规律:吃饭、读书、写作、做学问,偶尔赴朋友宴请,平时电视不看,应酬也不喜欢。可是,小屯最看中的,就是他的勤奋、上进、永远嫌时间不够。

李敖的脾气大，谁也不敢招惹他，这是人所共知的。与他朝夕相处的小屯，对丈夫的性情却有新解："他在家很少发脾气，只有在事情挤在一起的时候才会生气。他是急性子，平均大约四五个月，才会见他发一顿脾气。那时候他就会显得不可理喻，我就暂时不理他，他闹一闹，两人就好了。"

太太小屯给李敖一个温暖而可靠的后方。他们的儿子戡戡与女儿谌谌天真活泼，一对可爱的儿女是他们生命的延续。李敖自己到处抛头露面，却对妻子儿女百般呵护，让他们深居简出，免于新闻媒体的干扰。如果有记者对他的家事感兴趣，他会半真半假地来一句："小心我告你啊！"

李敖自诩"中国台湾有史以来最受争议的风云人物"，从来不低头，他自己不得不承认：只有儿子、女儿能令他"百依百顺"。他骂人严厉，嘲讽辛辣，可是谈起家人，却流露着满腔慈爱，简直是判若两人。

李敖在他居家的宽容中自得其乐："我太太比我小三十岁，儿子比我小五十八岁，女儿比我小六十岁，所以我们是一个很奇怪的家庭，我一回家就跟三个小孩子在一起，我是他们祖父级的人，我对他们充满溺爱。"

当儿子李戡百日之时，李敖提笔给友人写信，专门报告儿子的憨态。他起名《有子三书》，收入了他的文集中，可见李敖对这三篇文字的得意。他的如刀之笔所向披靡，有趣的文章不少，极少有写这般温馨的家庭画面的。

他给老同学潘毓刚夫妇的信写道："胖小子取名'李戡'——国民党戡乱停止，我戡乱开始。古人有以'戡'取名者，像宋朝章戡等是，但我戡迥异彼戡，彼戡非此戡也。胖小子已一百天，学会'人来哭'，有所要挟，看不到人，只哼哼唧唧而已；一看到人，即放声干号。如此可以保持实力，噪音战奇效非凡，连战奏捷。"

给老同学陈平景夫妇的信写道："胖小子小名'戡戡'，我有儿歌为证：戡戡是个小河马／胖胖屁股一个'顶俩'（北京话发音，意思是等于两个）／吃起牛奶就装傻／光着脑袋不理发／不用上班不打卡，一身肥肉把你压垮垮。"

给友人汪荣祖夫妇的信写道："电话中要我珍惜与小孩相处时间，说得真对。台

李敖一家

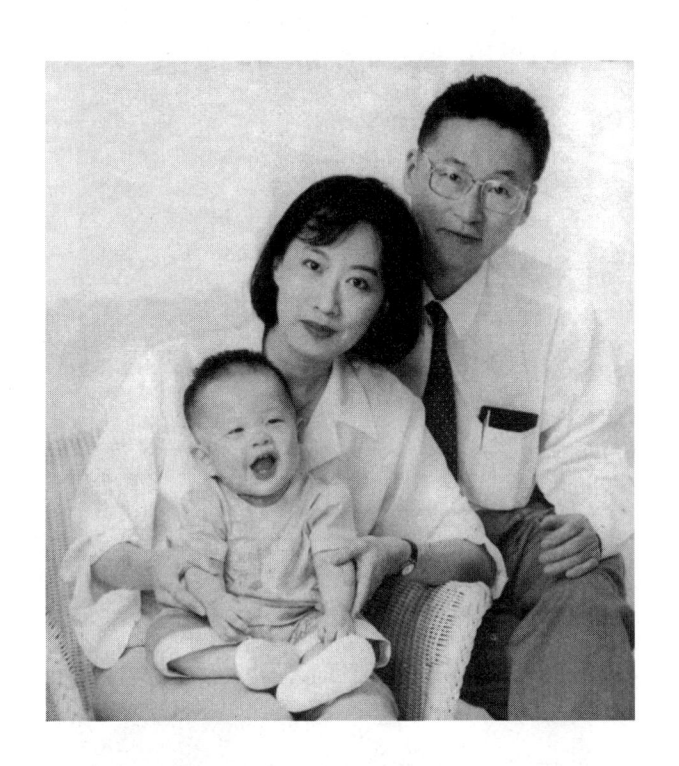

李敖与儿子

李敖与妻儿

李戡与李谌

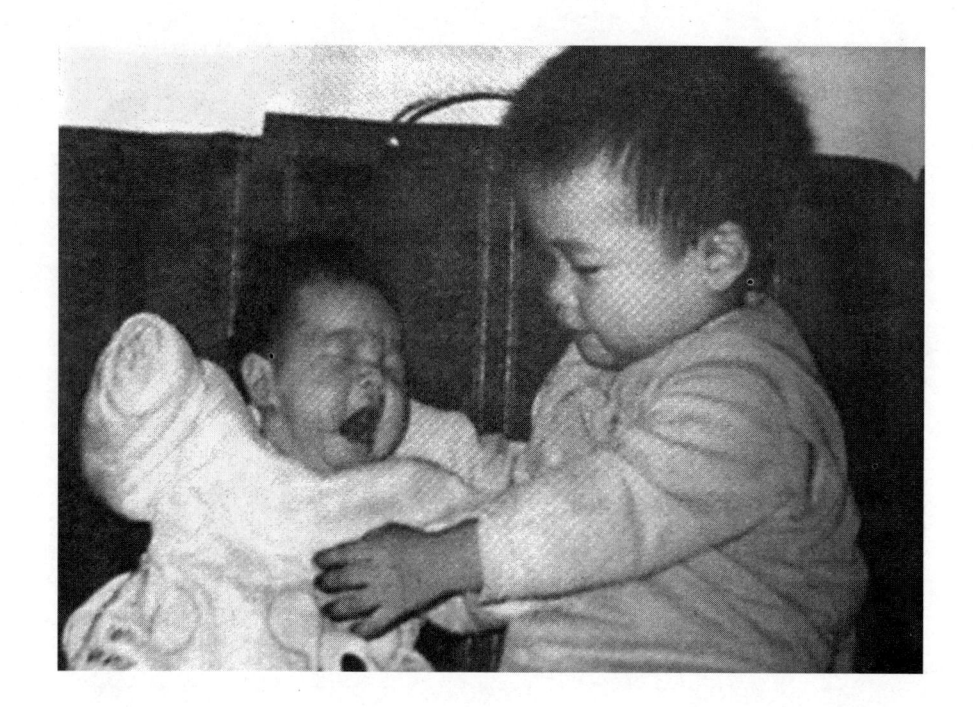

第三十七章
给漂亮女人一个机会

语'一眠大一寸',有其土理。虽然是胖模样,但日迈月征,变化却多端。胖小子初生,喂奶前以手指触他嘴角,他即时'同步口追',头部随你左触右触而急转,一副追咬奶嘴模样,这种有趣的反向动作,曾几何时,已不复见,改为目前的攘臂翘嘴急迫状,再也不受大人作弄矣,虽然别有稚气与憨态,但'同步口追'镜头,瞬成往事,想来与养小猫酷似——小猫转眼成大猫,届时小猫动作递减,猫生幻化,所过者神。人生如猫,心同此理也。"

一天三封信,主题都是宝贝儿子,是李敖心境的流露。

在一次生日宴会上,李敖抱着儿子李戡切开蛋糕,他说:"这是全世界惟一能骑在我头上的人!"友人数落道:"其实,李敖慢慢也有点娘娘腔了。像他只要一提到他的儿子戡戡,样子马上就变得如同反串的梁兄哥。所以在李敖的镜子里,现在有两个人啦,一个在头上,一个在屁股下。这个,我们应该原谅他,因为他无法抗拒他的'去氧核糖核酸',孙悟空再厉害,还有如来佛呢!"

据说,台湾有人成立了一个"高龄奶爸"俱乐部,请李敖出任会长,李敖欣然从命。他为什么答应得这样痛快呢?

李敖说:"台湾的一些有名的人,他们都是老夫少妻。小孩子还很小,他们就变成了一个高龄奶爸,不分各党派的,大家集合在一起,就想到我,因为我比我老婆、儿子、女儿大这么多岁,所以他们请我做会长。"

那对于孩子来说,他是一个怎么样的父亲呢?

李敖说:"我是个惯坏小孩子的父亲,因为年龄差距太大了,所以我就惯他们。我小女儿对我很凶悍,比方她念《唐诗三百首》,背一首王维的诗,我说这是王维的诗,她认为是李白的诗,我说王维,她说李白,我说王维,她说'李白、李白、李白、李白,你不信你去问李白',就这样的一个小女孩,然后手就抓过来,恐怖极了。"

哈,李敖也有了"小对头"啦。李敖笑说:"不过,有一点很丢人的,他们两个,我的儿子跟女儿,怕一种人,怕警察,我这么凶悍的人,他们很丢人,怕警察。"

但是,敢跟李敖这样的父亲吵架,胆子这么大?

李敖说:"是呀,所以孔子讲'易子而教之',很重要的,你自己你教不了他,你在他面前没有尊严,他就这样子。有一次在阳明山公园,我儿子就伸手跟我斗,我说你千万不要这样子,给人家看到,人家就不怕我了。"说毕大笑。

他向来勇于面对真实,对家庭也不例外。他正视他与家人的年龄差距,说他的孩子长大了,他可能已经过世,教育孩子的问题,就留给太太小屯负责,而他只记录孩子小时候的想法,"那太有趣了,是天使的声音"。

李敖举了一个例子。有一次,他们全家人到阳明山去玩,有只毛毛虫爬到李敖身上,他把它弹到地上去,儿子戡戡抬起脚,想踩死这只毛毛虫,他太太小屯阻止了他。等小屯转过身,戡戡一脚就把毛毛虫踩死了。太太板着脸对戡戡说:"就在今天夜里,小毛虫会找你算账。"戡戡说不会的,"小毛虫不知道我们家的地址。"

李敖对蒋介石痛恨,是不依不饶的,他从来不到"中正纪念堂"去。但是台北最华丽的音乐厅,就在"中正纪念堂"的旁边,涵括在那一片建筑群之中。当音乐厅举办世界知名的三大男高音演唱会时,那极富音乐天分的儿子戡戡想去听,李敖"破例",陪儿子走过"中正纪念堂",来到音乐厅当了一回忠实听众。

爱子之心,人皆有之,李敖也不例外。

李敖与来来往往的女人,是个扑朔迷离的话题,加上李敖笔下的坦诚,更平添了几分神秘。李敖结交女友,真是那么随便?谁能保证他不会见异思迁?小屯说,就她所知,她认识李敖以来,李敖就只有她一个女人,再没有别人。她与李敖有约在先:"如果你有了别人,我也会二话不说,马上走人!"

她还说,李敖单身时,虽然交往过不少的女友,但都是一个一个来,从不"脚踏两条船",而且每一次都很专情、很投入,这就是为什么李敖对每一段感情至今念念不忘,并且还见诸笔端的原因。虽如此,由于李敖仍保存着美好的感觉,对当事人的描写是"拔高"的,许多被他写到的旧情人,都还很高兴呢。

李敖在《上山·上山·爱》开印之前,曾四处挑选做封面的女主角,请人费了几天时间满街找,想拍张照片,就是找不到适合的。苦恼之际,他在家中翻阅旧照片,觉得他曾经唤作"汝清"的那个女子,相貌和气质都符合书中女主角的感觉。他与美编商量,最后决定请"汝清"出场。小屯透露,"汝清"姓黄,一九五八年生,只有初中毕业,有过三次不幸的婚姻。她已离婚,但当年她跟李敖相遇却是已婚。

第三十七章
给漂亮女人一个机会

李敖对小屯实话实说,从不隐瞒。李敖书中所写的那些女人,小屯大多陪着李敖去见过面。李敖对她们的描写,小屯认为,并不是百分之百的真实:"有些是骗人的!"她们大多数被李敖美化,加入了李敖的想象成分。

李敖说:"《我的爱情短》那个歌词就代表了我的爱情观,含蓄、挺老派的。"也许正因为短暂,李敖与情人大多友好分手,余韵萦绕。

在李敖倾心过的女子中,以小屯的审美观,她觉得"真美"的,大概只有三个人:海蒂、小蕾和胡茵梦。尤其是性格柔顺的小蕾,在李敖首度入狱前与他共患难,是李敖此生最刻骨铭心的一段感情,此话不过。小蕾毕业后结婚成家,经人介绍,到一家法律事务所上班。小蕾现已五十出头,不再是李敖思念的年轻姑娘。而李敖不忍破坏过去的美好,从没有去找过小蕾,让那一段感情永远充满着诗意。

海蒂已与丈夫分手,现在台北开店,销售法国名牌皮鞋,她谈起李敖,还说李敖是令人怀念的好人。至于胡茵梦,与李敖的"口水战"打了几十年,也算是"有缘"了。这些女人与李敖的纠葛,小屯都是知道的。

李敖和小屯的"老少配",是他们的无悔选择,也是他们的家庭现实。李敖有时也惊觉,他有些老了。好几次,李敖半真半假地跟小屯说,他很担心以后她不关心他、不照顾他。小屯却说,那是因为现在孩子还小,以后等孩子长大了,你也老了,我会照顾你。她斩钉截铁地说:"我绝对会跟你到老,而且绝不会嫌弃你!"

依然美丽的小屯承认,随着年龄增长,她已懂得不能以貌取人,而能够欣赏别人的内涵。她与李敖婚前天天热恋,一日不见如隔三秋,婚后是妻子又是母亲,虽然他们之间加入了亲情的成分,但李敖的吸引力是别人身上没有的,他的特质也是无人能比的。她走近他的身边,多年来还是有着崇拜偶像的心情,把他看成上苍送给她的礼物,值得她珍惜,浓烈的感情不曾因此淡漠。

李敖曾说过:"一般人以为找性格相近、气味相投的异性相爱才能幸福,其实那个结果只是一种'人格的重复'。许多表面或第三者看来不太合适的男女们,他们却往往因潜在的'心理需要'相合,而成为美满的婚姻。"

也许,李敖与小屯性格互补,正是他们婚姻美满的秘诀所在。

第三十八章　老李飞刀，其乐无穷

二〇〇一年六月七日，李敖住进了医院。以胆大包天自诩的李敖，因为患了胆结石，不得不躺到病床上，准备接受胆囊手术。这一刀看来躲不过去了。

李敖很忙。他参加台湾"大选"，发表政见演说，牵扯了很多精力。对"台独"势力的反击活动，他也义不容辞，宁可耗神，宁可费时。

李敖还是《李敖电子报》的惟一撰稿人。

一九九九年十一月一日《李敖电子报》创刊，到二〇〇〇年十月三十日停刊，除周日之外，每天一期，雷打不动。每期的内容，都是李敖亲自口授，请专人输入电脑。李敖多次生病，《李敖电子报》的出版没有耽误过一期。《李敖电子报》成了李敖的言论阵地，他反"台独"，反黑金，反腐败，所向披靡。

李敖撰写的《李敖电子报》发刊词，仍然是他的顽童风格。"我要用《李敖电子报》，重新接续我八年前，就是一九九一年办的《李敖求是报》的远景和目的。我在办《求是报》的时候，拿出一个广告稿，曾经被国民党控制下的媒体拒绝刊登。那个广告词是：李敖创办《求是报》／男人喊爽女人叫／别的报纸是手枪／我的报纸是大炮。

"这首诗送到媒体以后，遭到封杀，理由是男人不能喊爽，女人也不能叫。于是我同意改写，把'男人喊爽女人叫'改成'好人喊爽坏人叫'。可是还是不能过关。并且通知我，诗里不能有手枪大炮等字眼，理由是这些字眼不雅。八年以后，我终于能够重新用这首诗来作我的广告词，送给我的朋友游士贤先生：李敖创办《电子报》／男人喊爽女人叫／别的报纸是手枪／我的报纸是大炮。八年之后，我终于可以用电

第三十八章
老李飞刀，其乐无穷

子'打炮'。"

《李敖电子报》停刊后，从二〇〇一年二月十六日起，曾宣布闭门写小说的李敖应友人之邀，在中国青年报社主办的《青年时讯·京萃周刊》开设专栏"李敖特区"。这是李敖首次在大陆媒体开的专栏。他依然保持"开骂"的风格，文笔犀利泼辣，观察入木三分，老李飞刀，痛快淋漓。

《为什么要声讨"法轮功"？》是台湾作家第一篇对"法轮功"的声讨檄文。李敖说，"法轮功"是中国的新兴邪教，如果纯粹是"祛病健身"，没人要反对它，问题出在它要"修炼"，这就是祸源。

李敖在列举了世界各国邪教的特点后指出："邪教无不以'修炼'起家，到头则是动乱祸国。它的走向，连邪教自己都掌握不住，都收拾不了。更恐怖的是，它的扩散能力，由于现代科技的帮助——广播、电视、网络、电影、传真等等，已经爆发出惊人的'运动战'的能量。再加上惟恐中国不乱的洋人介入，所以，我赞成声讨'法轮功'，因为它有爆炸性的祸害，有它就不稳定了。"

《送高信疆归大陆序》，赞誉他的老友，台湾著名文化人高信疆的民族情怀。在李敖被国民党封杀之时，高信疆主持报纸，曾给李敖开辟过专栏。他还是李敖与胡茵梦的证婚人，只是不愿意在他们的离婚证书上签字。

李敖评价高信疆赴祖国大陆开辟事业的决定时，把他称之为"最优秀的中国人"，这是一向吝啬赞扬的李敖少有的嘉许：

"这些最优秀的中国人，他们不甘心埋没在千分之三的中国领土上，他们希望有朝一日，能够为千分之九百九十七的中国，略尽绵薄。我的好友高信疆是有大才干的优秀中国人，他将把他优秀的余生，贡献给千分之九百九十七的中国。"

李敖最后以古典名篇作为基石，托起了人生的一种境界。

"一千二百年前，韩愈写《送李愿归盘谷序》，写大丈夫人生方向的转折，最后'升高而望远'，'终吾生以倘徉'。一千二百年后，我以超迈古人的新赠序类文体，为信疆一壮行色。前瞻大陆，回首台湾，人生倘徉至此，亦高人哉！"

还有一篇《李鬼出书记》，李敖以辛辣的笔触，抨击了大陆不法书商盗用"李敖"名义，非法出书牟取暴利的丑恶行径。文中引用李鬼冒充"黑旋风"李逵，却被李逵迎头撞见的传说,冷静地嘲讽了"李鬼现象"。

"李鬼是小说人物,未必确有其人,但在今天的中国出版界,确有李鬼存在,他们冒李敖之名,出起书来了。例如一九九九年六月,有'时代文艺出版社'在长春出版《李敖读男女》,二〇〇〇年十一月,有'陕西旅游出版社'在西安出版《李敖"变脸"三部曲》等书,都堂而皇之地标题'李敖著'。事实上,这都是冒李敖之名的,都不是我的文章。虽然这些李鬼们,'也学老爷名目,在这里胡行'、'辱没老爷名字'、'坏我的名目',我却无须'教他先吃我一斧',因为他们的文章太烂了。内行人一看就知道李敖写不出那种烂文章。"

李敖在每篇文章末尾,除了写作日期,还要署上"李敖在中国台湾"。

不过,办《电子报》,写专栏文章,这些"拳打脚踢",在李敖满满当当的时间表上,毕竟还是"不务正业"。前一年退出电视圈后,李敖拿出更多精力投入作家的本职,着手五本书的写作,呕心沥血,夜以继日。

他的雄心,是写出传世大作。同时做几样事的李敖,工作节奏太快,得不到休息,以至于积劳成疾。他多次发烧生病,而且患了胃溃疡,曾有不到三个月时间生了四场病的记录。不过,在外人面前,李敖总是神采飞扬,妙语连珠,从不以病态出现。

当许多记者听说李敖住院的消息,纷纷打电话询问。从来是向社会黑暗开刀的李敖,自己的胆上要挨一刀,令大家十分牵挂,也说明李敖在人们心目中的地位。李敖在电话中说得轻松:"这是没有办法的事情,不得不开刀。"

二〇〇〇年六月十五日,李敖的胆囊手术顺利,胆结石成功地取出,没有什么大的问题。他的刀口很快愈合了。谁知祸不单行,隔了一个月后,李敖又被检查出总输胆管结石,只得再次住院开刀。比起第一刀,这第二刀是大手术,划下的切口十四公分长。"那什么感觉呢,就像是一个六十六岁的高龄产妇剖腹生产。"

这两刀使李敖元气大伤,他不得不卧床静养。

一旦有记者来,面对采访,他还是那个精力充沛的李敖。

二〇〇一年八月,台湾年底选举在即,政论节目成了各家电视台的当红栏目,名嘴当道,讽刺调侃,争抢收视率。中天电视台总经理江永庆亲自出面,邀请李敖在该

第三十八章
老李飞刀，其乐无穷

台推出《李敖大哥大》，评点时政，李敖同意了。

在台湾电视圈真正开风气之先的，就是李敖。在"大选"后李敖退出了电视，专心写作，且住院开刀，身体还未完全复原。李敖说，一年来台湾变化太大，"扁政府"已乱掉了，是基于义愤他才复出荧屏，重返江湖。

李敖复出的消息传出，有人高兴，有人发愁，陈水扁"政府"高层表示严重关切，"总统府"甚至托人传话，希望"中天"不要找李敖主持。

中天电视台没有理睬，李敖当然不会理睬。他做完胆结石手术切除胆囊，成了"无胆之人"，胆量丝毫不改。与其他名嘴相较，"李敖杀伤力无人能比"。李敖的开场白道："打开天窗说亮话，只有真理没八卦。狗男狗女我全骂，好人喜欢坏人怕。酸甜以后又苦辣，摆平以后又上下。快看李敖大哥大！……"

二〇〇一年十二月二十二日晚，大陆中央电视台第四频道播出了与台湾中天电视台联合推出的一期特别节目，邀请李敖在台湾通过卫星与大陆观众见面，这是破天荒头一次，因此节目定名为《李敖与大陆观众的第一次对话》。

李敖前一次在中央电视台亮相，是他的第一次开讲，由真相新闻网录制后传送过来。而这一次，台湾那里是中天电视台摄录，卫星把李敖的画面送到北京演播厅，而李敖在台湾也能看到大陆观众，接受大陆观众的提问。

主持人说：观众朋友也许并不知道，李敖先生除了作为作家，其实也是我们的同行，也是一位电视人，先在台湾"真相"做《李敖笑傲江湖》，现在又在中天电视台主持《李敖大哥大》，我想问的是，当初怎么想到做电视节目的呢？

李敖答道："当蒋介石在台湾统治了二十六年以后，他的儿子又统治了十三年以后，经过四十年，台湾国民党的伪政府统治力量减弱了，因为减弱了所以我们有一点点自由，这个自由，注意了，不是他们给我们的，是我们抢来的，争取来的，这个时候电视由于开放了一部分，我们才有机会能够进入电视。

"我们进入电视的原因是因为我们讲话有特色，能够在台湾的市场上面占住一席之地，老板们不喜欢我们，可是他为了观众，为了广告，只好请我们来放言高论，所以我在六年以前就进入到媒体圈里面去，变成媒体的一个发言人，大家发现李敖写文章以外还会讲话,我的优点越来越给人家看到了。"

主持人再问:现在为什么重出江湖,又做《李敖大哥大》的节目呢?

李敖说:本来我去年已经洗手不干了,我觉得电视对我的浪费比较大,对我个人不好,原因就是对我最好的一部分是我能够安下心来写我自己的作品,这是我最愿意做的一件事情,我基本上文字的表达比较细腻,语言的表达比较粗糙,所以我希望来写书。可是现在台湾已经乱得不成样子了,台湾有一批混蛋要脱离我们的祖国,这时候一定要有一些勇敢的、聪明的人出来阻止这股逆流,当然我是这种人里面的最好的人选,所以我就出来预备做一年,给大家洗洗脑。用我"土法炼钢"的方法来洗洗脑。

李敖做人,早就与"谦虚"这两个字告别了。

在《海峡两岸》特别节目中,李敖在电视屏幕上与大陆观众对话,到场的人中有李敖母校北京四中的许多师生。有个老师提问道:"您作为四中一个老校友,想对现在的这些小同学说些什么?"

李敖说:"我现在对年轻的北京四中的小朋友们所说的话就是,这个世界已经变得越来越没有个人了,你的个人越来越变得很渺小了。我总觉得在这种乱哄哄的世界里面,在你一天二十四小时的时间里面,哪怕是抽出一个小时或者半个小时,是属于你真正自己的时间,做你自己真正想做的事情可能是最好的。

"想想看,达尔文他后来身体很不好,每天只能做一个小时或两个小时的工作,可是他可以在《演化论》上面,可以有那么高的成就,变成世界有名的博物学家(李敖特地说明,我们翻译成《进化论》是错误的,应该是《演化论》)。我觉得小朋友们,除了你的时间被别人占据以外,你跟着朋友们去唱歌、去跳舞、去看电影以外,你最好能够争取到一个小时、半个小时真正属于你自己的时间。"

"来干什么?来看李敖的书。"

至于陈水扁,这个李登辉的接班人,李敖对他也不客气。

陈水扁在与国民党作斗争时,得到过李敖这位"党外"老大哥的鼓励。等陈水扁当上"立法委员",做法有失大雅,李敖照样不饶他。

雄辩的李敖

李敖在书房最自在

第三十八章

老李飞刀，其乐无穷

那是一九九一年十二月六日，"立法院"院会召开提案会议，民进党籍"立委"陈水扁所提的两项提案，虽是众人连署，却是由同一人代签，国民党籍"立委"郁慕明当场揭发这个"冒签"事件，他说："有些人过去很有原则，还在议场门口站岗抓代签名者"，他请民进党"立委"要"有原则到底"。

然而，陈水扁不但不觉惭愧，反而表示，这是经党团成员授权的。他的话，引起李胜峰的揶揄：如果可以这样授权，以后"执政党"仅须书记长一人代表开会就可以了。

台湾记者报导说：过去曾有资深"立委"代表签到，民进党籍"立委"整天派人看守"立法院"议场门口，指望"人赃俱获"逮到冒签者。时过境迁，昔日喊"抓贼"的人，却成了"贼"。无怪乎郁慕明要他们"坚守原则"！

十二月七日，李敖写出《看扁阿扁》，抨击"立法委员"陈水扁。李敖说："此事在法理上，民进党陈水扁方面的确站不住。我曾说民进党一朝小人得志，就会一切学国民党，是国民党第二。如今不但学国民党非法代签，甚至连事后狡赖的嘴脸都一模一样。搞政治的人不可令人信任，连阿扁都要被看扁也。"

在陈水扁通向"总统"宝座的道路上，李敖送给他的仍是"三板斧"：以最快速度出版新书《陈水扁的真面目》，揭发陈水扁的"财产来历不明"。

李敖说，根据陈水扁向台湾"中央选举委员会"申报的财产，包括存款台币五千四百万元、房地产五栋、股票及有价证券一千五百多万元及价值百万元以上的富豪轿车等，依市价估算，总计有新台币二点二亿多元的财产。

而对比陈水扁担任台北"市长"任期的第一年财产申报，包括存款、股票及房地产，总计不超过七千万元，此外，陈水扁的两名在学子女的财产超过四千万元，陈还设法把房产过到儿子名下，逃避财产申报。

李敖质疑，陈水扁在台北市长的短短四年任期之内，为什么财产暴增三倍多，有什么"致富秘诀"？陈水扁应主动坦白。

在《陈水扁的真面目》这本书里，有一篇文章是《陈水扁给李大哥的信》，记述一九八五年四月二十四日，李敖五十岁生日前一天，发出"五十闭关宣言"给朋友，是他"吃不消朋友太多、太占我工作时间，因而发出的通知，颇有息交绝游的味道"。宣言发出后，李敖收到当时担任台北市"议员"的陈水扁的信：

> 李大哥勋鉴：很高兴看到您的"五十闭关宣言"，相信在您"专心写作"下，于"老死台湾"前，必有不朽的成就。作为朋友不一定要见面，有时只要读一读您的大作，得到启示，就终身受用无穷了。有时批评尽管严厉一点，未尝不是善意的期许。感谢您最好的方法，就是努力再努力，改进再改进，永无止境。敬祝闭关成功！

李敖把陈水扁的信全文收录，他告诫迷信陈水扁的人们："从这封信中，可以看到陈水扁十四年前对李敖的恭敬与友善。随着岁月的流逝，政治人物陈水扁也今非昔比了，政治人物的势利与现实，足可醒世也。"

李敖还说，自己和别人最大的不同，就是批评别人都有证据，谁敢对他的批评狡辩、吭气，他就"一本书伺候你"。

二〇〇一年十月，陈水扁新书《世纪首航》出版，这是台湾在位"总统"的第一本书，自然会有附庸者叫好。李敖不买"总统"的账，在十月三十日台湾《劲报》上，发表专栏评论文章《世纪首航阿扁出本屁书》。李敖对陈水扁出书《世纪首航》进行了毫不留情的抨击："做戏无法，出本屁书。"

李敖说，他"忍不住要做激烈的批评"，因为陈水扁"不是作家，是'总统'，每天日理万机，竟然会有闲情写书，写这种狗屁东西给我们看，我觉得非常可恶"。

之所以在送给"总统"陈水扁八个字"做戏无法，出本屁书"，李敖解释说："过去在大陆乡下有句土话，叫做'做戏无法，出个菩萨'，意思就是，戏演不下去，或者观众冷场、不鼓掌，索性就抱个菩萨兜一圈，在台湾就是'弄个妈祖出来'，台下观众看到之后充满敬意和紧张，这就叫'做戏无法，出个菩萨'。今天阿扁出书，就是'做戏无法，出本屁书'。"

李敖理直气壮地说："书是该你陈水扁写的吗？要写，等你将来不干'总统'时，随便你怎么写，像美国总统退下来之后都写回忆录。现在岂是你写书的时候？陈水扁整个拍子都乱了，在'总统'任上竟然有工夫写起书来了，证明我们给他的薪水、给

第三十八章
老李飞刀,其乐无穷

他的希望都是落空了,真是太可恶了。"

在李敖过生日时,已经当上台湾"总统"的陈水扁,把他的自传《台湾之子》精装书,赠送给李敖,扉页上写道:"敖之吾兄:生日快乐! 弟陈水扁。"还派人送花到李敖府上,表示对李敖生日的祝贺。

李敖笑言:"在我攻击他的时候,批评他的时候,这个东西对我没用。"他所在意的,不是个人的恩怨,而是民族的大义。

李敖把陈水扁称为"小老弟",在李敖支持郑南榕办刊物时,李敖任总监,陈水扁任社长,郑南榕任总经理。"以前他跟着我的,我办周刊的时候,他等于我手下嘛。我会心肠软一下,可是我手不软。你懂我意思吧? 这就是我。我软硬都不吃。我是讲理智、讲是非、讲真理的。我在台湾这么多年,每个人都会骂别人王八蛋,可是我会证明他是王八蛋。我攻击你,我是拿证据来,不是说我情绪上说你,不是那样。大家觉得恨我,怕我,就是因为我会拿出很多黑资料出来。"

二〇〇二年七月,台湾当局"教育部"通过采用"通用拼音"作为中文译音的决定,引起一片责难。还在当局酝酿此举之初,李敖就在电视台政论节目中发表看法,批评当局以"台独"意识介入单纯的语言拼音问题。

李敖在中天电视台主持的节目《李敖大哥大》中,对扁"政府"的不智之举批评道:"什么是通用拼音呢? 就是一群不懂事的、以台湾'本土化'的、台湾本位的人,所创造的这种怪模怪样的拼音,他们主要是表现台湾的'本土化',另一方面却说要走出台湾、走向世界,可是你走向世界要跟别人接轨啊!"

李敖质问:"我们要跟世界同一个轨道,然后却采取独有的、只在台湾适用的'通用拼音',请问这是走向世界吗? 这是使别人重视我们吗? 这是使台湾世界化吗? 这是给老外方便吗? 都不是啊! 我们马路路标上的英文拼音,这不是给我们看的,是给老外看的,但老外看了却不会拼,为什么呢?

"他们在外国学华文的时候,都是根据中国大陆开发出来、经过联合国肯定的汉语拼音,但在台湾居然来了一个邪门的、'本土化'的'通用拼音'。你给老外看,老外又看不懂,这什么意思啊! 故步自封,谁要理你呢?"

与己无关,明哲保身,这些文化人的修身之道,李敖学不来。他的话铿锵有力,振聋发聩,即使不喜欢他的人,也不能无视他的存在。

与民众有关的,就与李敖有关。

还是借用李敖答记者问的话,窥探他的理念吧。

问:为什么你不能多厚爱身边的人呢?

李敖:你错了。我厚爱所有的人,我绝不主动对任何人不起。可是当别人对不起我的时候,我还手很重,都是重拳,这是我的一个缺点——一个认真的缺点。

问:你也很少给人掌声或鼓励,为什么?

李敖:因为他们太混蛋,浑话太多。他们不能维持"不说浑话"的水平。我李敖一直"老眼平生空四海",不轻以许人,为什么呢?因为这个岛上的水平不高。水平不高,所以发为言论,就忽然一脚高一脚低。我常常说,我简直不敢为别人说了一句高明的话而鼓掌,因为我刚要鼓掌或刚鼓完了掌,他下一句就常常冒出来浑话!我不但不想鼓掌,并且想打他嘴巴子了,这就是我的悲哀——我的手的悲哀。我的手在家要写文章,出门要打人嘴巴子,你说我多忙!

第三十九章 "难忘我是大陆人"

凡是见到李敖的人,大概都会忘记他的年龄。他的思路、他的举止、他的相貌,绝对与常识中的老年无缘,比年轻人还年轻。他身高一米七三,生来的体重没有超过六十八公斤,显得十分匀称,自称"善保千金之躯"。

老天爷何以厚待他?为什么他显得如此年轻?

李敖挥动着手臂,笑着说:"比起我那些同学来,我是最有活力的。这和我坐牢的经历有关。坐牢期间,上帝不算时间。"

在李敖客厅沙发边的茶几上,摆着一张七寸见方的镀金卡片,那是李敖被新党推选为"总统"参选人期间,特警保镖们送他做纪念的。

李敖对"参选"并不当真,但他的身份一变,马上风光一时。他也没想到,按"总统"参选人待遇,每天二十四小时被十几个特警保镖全天候守护,这些人还宣誓说,在必要时刻为保护"总统"参选人的生命,甘愿牺牲自己。

人生难以逆料。当年被军警跟踪,也是二十四小时全天候,他失去人身的自由。而被逮捕、施刑,军警把他视为"最危险"的敌人。

谁知有一天,军警们把李敖奉为上宾,甘效犬马之劳。尤其有趣的是,李敖以"总统"参选人的身份,可以咨询"政府"职能。于是,他大摇大摆地走进"安全局",听取局长的汇报。听完了,骂人家一顿,扬长而去,好不快哉。

李敖这下可逮住机会了,可以说他想说的,做他想做的。他在香港报纸写文章,声明自己代表新党参选,是竞选台湾地区领导人而非总统,因为台湾不是一个国家,再就是到处宣传"一国两制"没有什么不好，是台湾人占了大便宜。

李敖出尽风头，是电视媒体的男主角。别的"总统"参选人西服革履，只有李敖，他走到哪儿，都不改一身红夹克，反而十分特别和抢眼。如果几位候选人碰到一起，要照个合影照片，他非得站在中间不可。

也真奇了，"总统"参选人在一起照相，李敖如果不站中间，就不照。都是有头有脸的人物，谁也不服谁，旁边的人问了，为什么五个人照相，你站中间？

李敖说，我年纪大，就站中间。

人家说，还有什么理由吗？

李敖说，我抽的是三号，你知道三号吗？一、二、三、四、五；五、四、三、二、一，我都在中间啊。

李敖笑，旁边的人也都笑。

"到第二次再照，我还站中间；第三次我还站中间，他们不肯了，不肯走下来跟我照。我也不肯，我站中间，后来听到讲一句话：哎呀算了，算了，让他站中间算了（大笑），然后他们这样走过来，我在那儿左右看，一边两个我才肯照。"

接受媒体记者的"狂轰滥炸"，李敖也不忘讽刺几句："我在台湾住了五十年，从没离开过。如果以为爱台湾的标准，我是最爱台湾的人。但在台湾，我却被忽略，一路被打压。我讲一个笑话：我李敖在台湾被当成卫生棉，感觉不到它，几乎忘了它的存在。直到我参选'总统'，你们才透过媒体，重新认识了我。"

如今，李敖并没有因"落选"而有丝毫沮丧，一副胜利者的模样。

"你不知道我的性格吧？我一点亏都不吃的。我很像犹太人、以色列人。我反应是立刻的。我们中国人相信'吃亏占便宜'，我从来没有这样。过去吃亏就是吃亏了，可是现在我要占便宜占回来。我这人就是这样，绝不吃亏！"

李敖的写作是古典的，少不了纸和笔。

李敖公开宣称，他不用电脑，因为他的人脑更好。但《李敖电子报》似乎是一个例外。

李敖请了从美国回来的一位小姐，担任快速中文打字输入。李敖在"发刊词"

第三十九章
"难忘我是大陆人"

中说:"我觉得,《电子报》对我最大的功用,就是对一个已经写过一千五百万字的大作家来说,我可以考虑不用手写,而用能干的助理小姐,经过我口述,而能变成文字。"

李敖对新事物的态度,向来为我所用,既不盲从,也不拒绝:"我也尝试要接受这种现代科技对我的挑战,虽然我一直想打败它。引起我办《电子报》的最大兴趣是,一个现代的优秀中国人,他同时有办报纸跟办电子报的经验。这种人在台湾只有两个人,一个是中国时报的余纪忠先生,一个就是我。其实我比他还厉害,因为他要靠千百人帮他办报,而我的报纸只要能够伸出一只手指的人数就好了。"

《李敖电子报》办到不想办了,李敖就收摊了。

网络文学的浪潮,在李敖看来,远不能跟传统文化相提并论。他对《李敖电子报》有一个比喻:"我不觉得可以满足过去我在当兵作预备军官的时候,看到很多在厕所墙上或门板上的'厕所文学'。电脑对我而言,就是'电子化的厕所文学'。惟一不同的是,别人的'厕所文学'都是化名或匿名的,而我这边都是真名。"

厕所文学?亏李敖想得出来。

他还是回到他的书桌前,在稿纸上耕耘。"我不用电脑,我也不会电脑,稿子全用手写。我也不收发电子邮件,我跟外界是隔绝的。"

至于电视,李敖基本不看。他虽然把访谈节目搬上电视,创造了一千集的奇迹,可他自己定位,还是个"文字工作者"。

"电视太粗糙了,其实我是很孤僻的,喜欢独处的愉悦、细腻的文章,我也羡慕海明威能够一天写五百字,其他时间也是属于自己的。"

所以李敖说,他希望自己有个像李敖这样的朋友。

李敖是不怕累的"诉讼大王"。

他有个做律师的朋友,跟李敖深交已久,目睹过李敖的一场又一场官司风波。他感慨地说:"李敖打官司写的文字,比我这个资深专业律师写状纸的文字还要多。我干律师已经泄气了,他打官司却从青年时代打到耳顺之年,不论胜败,越打越勇敢,乐此不疲。他如果干律师,一定是前无古人、后无来者的大讼师。"

台湾《新新闻》刊登过一篇文章，题目是《打开李敖官司史，总统、院长无一幸免！》文中列举了李敖打官司的显赫战绩：

"除了是知名的作家，有名的政治犯，李敖还是人人皆怕的诉讼大王。除了告过'总统'、五院'院长'、故宫博物院院长、台面上知名的政治人物、媒体负责人，甚至连政府机关，只要被李敖锁定，几乎很难逃过被李敖告的命运。"

李敖打官司，打出了名，也打出了威。

他宣称民众的观念要更新："中国人要有进步，必须从'认真''不干休''争个明白''不让人'等类型的进取观念开始。换句话说，中国人必须练习放弃退缩的观念，如'得过且过'、如'让人三分'、如'讼则终凶'、如'相忍为安'等等等等，因为有这类观念并且成为习惯的人，绝不是工业社会里的人，他们该退到用牛耕作的农村去，去做任人宰割的'顺民'！"

李敖曾控告某位评论家"辱骂"，开庭之时，被告向法官大倒苦水："李敖写文章也有骂人的话啊！"法官却说："那是另一回事，别人可以告他，与本案无关啊。"那位评论家无奈地说："可是，没有人敢告他！"

为什么没有人敢告李敖？因为告了李敖会惹得满头包。本来只被李敖骂一次的，因为告了，反倒挨更多的骂了。跟李敖纠缠，得不偿失。

连李登辉这样的前"总统"，被李敖告了，也不敢吭声。

至于官司是胜是败，李敖抱着"成固欣然、败亦可喜"的心态，自认为站在正义的一边：法官苟有异数，同我一边，是为"欣然"；法官同流合污，不同我一边，但他们的判决书可以被我批得"遗臭万年"，留为历史活证，这也不错，是谓"可喜"。打官司对我是"正义的娱乐"，既是"娱乐"，就要高高兴兴去面对，不能怄气啊！

"现在台湾不景气，我的被告少了，只剩了十七个人。"

以为李敖是法庭上的"常胜将军"，也是个误解。

他说他的官司，其实常常打输，并不是常打赢。有个高官曾公开讲："法院是我们国民党的！"那么你怎么打得赢那些官司呢？"可是有一点，你要注意，一般人以为打官司是看打赢打输，我认为是错的。打官司更重要的在于打的过程，就好像我们看球赛一样，我说你不要看球赛了，明天我告诉你哪一队赢了，好不好？你

李敖在书房

李敖佩服的人在镜子里

第三十九章
"难忘我是大陆人"

喜欢这个结果吗?你不喜欢。为什么呢?看球赛的过程很过瘾,打官司也是打过程。"

他还用拳击赛做比喻:"拳击赛有个术语叫TKO,技术击倒,比拳时,张三可能打不过李四,可是张三忽然一拳,先打了李四的眼睛,李四的眼睛流血了,旁边医生说,你不能再打了,等于你在技术方面赢了对方。所以我认为,打官司是一个技术击倒的问题。太看重胜负,你会很失望。"

不过,李敖打官司是争是非,也是在"立德"。他自认为,他的"立德"比"立言"做得更出色。"台湾太小,中国的一个省而已,无功可立。我比别人'立言'都多,但我觉得自己的本事是'立德'。在台湾,我是真正做了一个走过从前、始终如一的人。我是一个单干户、个体户,公开站出来,跟国民党干,虽然坐牢,虽然受刑,可至今没有改变。我觉得这个是一般人做不到的。"

李敖判断被告的标准只有一个,那就是"是非",其他外在的一切可以忽略不计:"仇家不分生死,不辨大小,不论首从,从国民党的老蒋,到民进党的小政客、小瘪三,都聚而歼之,不亦快哉!"

谁是朋友,谁是敌人,李敖自己就是权威的审判官:"英国人说英国没有永远的朋友,也没有永远的敌人,只有永远的利益。对我李敖来说,我没有永远的朋友,也没有永远的敌人,只有永远的正义。"

李敖的青春常在,还在于他的养生之道。

身怀大志,志不在温饱。衣、食、住、行,李敖对前两项不在乎,对后两项较为讲究。他说,住大房子,是补偿他多年蹲小牢房的局促。开高级车,是警告想收买他的人老子有钱。至于吃无所谓,并且喜欢奚落喜欢做美食、吃美食的友人。他自己非但不好吃,而且饮食也有节制,超过清教徒了。穿衣更是随意,以买百货公司换季时的廉价品为主,跟裁缝店是绝缘的,没耐心去量来量去。

他在军中熬夜写稿、上厕所抵挡臭气、与友人放松聊天,是个吞云吐雾的"烟民"。他给自己定了"饮食八戒",用毅力戒掉:一、烟;二、酒;三、茶;四、咖啡;五、可可;六、花生;七、可乐。连成形的糖也戒了。

他欣赏美国前总统艾森豪威尔。这位将军担任哥伦比亚大学的校长时，脉搏突然加快，遵照医生嘱咐，他毅然戒了吸烟的嗜好。过了一个星期，他的脉搏恢复到正常的七十二次，此后他竟然再也不吸烟了。有人问他："如果有人在你的办公室里吸烟，你是否反对？"艾森豪威尔回答："哦，不会的。这样更会增强我的精神上的优越感，表示我有充分的意志力来戒烟；但是，他们却没有。"

"这是一件最使人感动的身教，一种有所不为的意志。"李敖从大学时代就记住了这个故事，激励自己抵御诱惑。他还记下了将军的"戒烟成功方"："找一些别的事情来使自己忙碌不停，想些别的事情并避免一种自怜的心理。"

他自己定的指标是一百岁。

"我活一百岁。不但要活一百，并且八十以后还有二十年大运。八十岁比六十六到七十好多了，因为六十五岁以后，大家在等你退休，静养天年，你变成一个不满现实、满腹牢骚、走路一瘸一拐的过气人物。如果你到八十岁仍然活着，每人都会奇怪你还没死、还能走路、还能大声说话，有时头脑清楚，他们也觉得非常奇怪。七十岁时，不论你做什么事，大家都会发你的脾气。八十岁时，不论你做什么事，大家都会宽恕你。因此我说：人生八十才开始。凡我死敌、死友都在阴曹地府或伊甸天堂，等着瞧吧！"

他的时间有限，潜能却无限。他志在发挥生命的最佳效用，比赛谁更长寿。当年送他坐牢的头面人物，已经化为灰烬了。只有比他的敌人活得更持久、更健康，才能有"最后的笑容"。这是李敖压倒所有新老敌人的法宝。

"我可以说我高兴说的，不看任何人的脸色；我可以吃自己的饭，不为五斗米折腰；我可以完全掌握自己时间，做最有益世道人心的用途。我目前能够做到这些，可是，我已经饱受忧患，我付出了太多的代价——我已经开始老了。"

关于生与死，李敖早就看得很透。

李敖多次郑重声明，他决定有一天自己死后，将把遗体捐给其母校台湾大学的医院，免了火化的麻烦。他跟台大医学院骨科主任韩毅雄医师、法医学科主任陈耀昌医师谈定，对他的遗体做"大体解剖"，然后做成完整骨骼标本，永远悬挂于台大骨科。如果他太老了才死，骨质疏松挂不起来的话，他不介意"躺着"。这一异于常人

第三十九章
"难忘我是大陆人"

之壮举,除惠及医学教学及研究之外,也可让恨他入骨者与他"髑髅相见"。

"我要以中国人身份死在台湾,此志不移了。"

看来,生前和死后,李敖都会惊天地,泣鬼神。

很多人把李敖跟鲁迅相比,认为他们都是"横眉冷对千夫指",都是文笔犀利,毫不容情,李敖怎么看?

"我认为这个类比不确切。我从来不太横眉冷对,其实我是笑嘻嘻的,可能是个'笑面虎'吧。"

当初李敖的私生女在美国出生的消息一经披露,种种的猜测都冒了出来。有人估计李敖是有预谋的,理由是:"李敖这个女儿在美国出生,就是美国人了,李敖的目的,是二十多年后能以'美国人的爸爸'身份去美国。"

李敖听到后一笑,觉得很滑稽:"李敖这么有远见吗?有本领把计划定到二十年后吗?二十年太长了吧?"

不过,李敖真想去美国,实在不必靠女儿。李敖第一次出狱之时,已定居美国的李敖三姐没有告诉李敖,就替他申请成功了移民的名额,只等他办手续就可以成行,但他没有离开台湾的意向,也不准备因"出国"而妥协。

他写过一条"不愿离开的理由",戏言道:"我不愿意离开台湾。因为从外国旅行归来,台湾更丑得不能住了。"

他在许多台湾人面前摆老资格:"我年纪愈大,愈比年轻的台湾人更台湾人,因我年纪减去他们年纪,足证我在台湾时间比他们久。"

李敖自从踏上台湾,就没有离开一步。

与李敖合写《蒋介石评传》的汪荣祖教授,对李敖友人陈平景说:"敖之自诩足不出户能知天下事,其实视野上是会有死角的。"

陈平景在电话里转告李敖,李敖说:"荣祖说得对啊,可是我的博学,使视野太宽了,有点死角也不要紧呀!"

古人云,读万卷书,行万里路。李敖却与这条古训背道而驰。

"康德一辈子也没离开过他家方圆八十里地,可是他是大思想家,而且他还教世界地理。教世界地理我也行,我在家卧游已久。"

也有人逼问他:老实说,你想不想出去看看?

李敖言:"你是说镀金?我不需要镀金,因为我本身就是金。那些破铜烂铁,再怎么镀也还是破铜烂铁。"

而今,台湾开放赴大陆探亲了,李敖母亲生前回过大陆了,李敖姐姐从大陆来了,李敖的电视演讲在大陆播了,李敖什么时候回大陆故土看看呢?

李敖说:"如果从感情层面,我以为回大陆'重温旧梦',就是'破坏旧梦'。那个旧梦没有了,我希望我不要有意破坏它。如果从理性层面,要了解大陆,不需要这么麻烦,不需要我亲临其境,我从很多资料中也可以了解。一定要直接了解吗?不一定。我们很内行的人不一定要直接了解。我的知识都是间接来的。"

李敖心中的"旧梦",是传统的,也是神圣的,包含着那种中国人原始的美德。"我可以告诉你,我不回大陆的原因之一,就是我所看到的那个五十年前的北京,现在没有了。我告诉你那个北京吧,你穷飕飕到他店里去,他一看就知道你买不起他东西的,他会跟你说很客气的话,然后倒一杯茶给你。这个味道现在有吗?没有了吧?那是真正文化的、礼貌的,当然你可以说那是虚伪的,可是人与人之间相处的那种分寸捏得很准。那种文明,在海峡两岸都有过的,现在全部给撕裂了……"

李敖在大陆拥有庞大的读者群,对于李敖何时返大陆,许多人有着浓厚的兴趣。我的一个朋友是从事台湾文学研究的,就曾经策划过邀请李敖来大陆讲学,他跟李敖本人通过话,但被李敖婉言谢绝了。

李敖说:"我去了看什么?使人看到我?钱钟书说,只要看到鸡蛋就好了,不需要看到老母鸡。人家看了我以后,也会失望的,尤其我现在已经不好看了,这么老了,老掉了。"

李敖的"大陆情结",是人所共知的。

李敖在他的文章中写道:"大陆是我的乡土,但我不在其内;台湾是我的乡土,但我被见于外,不过,对我说来,在内与见外,皆属过眼烟云,总归中国是我的乡土,在这乡土上,大陆也好,台湾也罢,对我都是一样,我的终极是在无何有之乡、在广漠之

第三十九章
"难忘我是大陆人"

野、在中国与人类的历史上定位。在那定位深处,我英灵不泯,也会蓦然回首,回首'向来萧瑟处'的台湾、回首'也无风雨也无晴'的台湾,而予以浑然一笑。"

李敖题了一首七言诗《台湾无处不中国》:"妄想海峡两地隔,妄想'台独'自快活。我且当头来棒喝,台湾无处不中国。"

他自诩是"在台湾的中国人(不是台湾人)"。他毫不隐讳,他的知识结构的基础,就是早年在北京建立起来的,他在台湾文化界有地位,因为他的文化底子别人比不了。"我们都是中国人嘛。为什么两岸很多东西分隔这么多年啊,还这么熟悉,还这么亲?亲的原因,就是它有共同的文化、共同的血统,有它历史上的共同背景,很多看法也相距不远,不过解释上可能会不一样……"

李敖一共写了一百三十本书,国民党曾查禁九十六本。"这个在全世界的纪录里面,恐怕是绝无仅有的。这个作者怎么会有这样的耐心呢?一本一本地往下写。而这个国民党怎么会也有这样的耐心呢?居然一本一本地封。"

采访李敖时,太敏感的问题,我想避开,以免尴尬。李敖却不怕敏感,他反对"台独"的观点非常鲜明:"我早就讲过嘛,我们中华民族有五千年的文明史,国民党到台湾不过五十多年,你有什么资格闹'独立'?"

虽然我知道李敖在电视上畅所欲言,没有他不敢说的话,可是当面我还是问过李敖,你在台湾说这样的话会不会有麻烦?

李敖说他才不怕呢,他的观点写文章出书是公开的。

中国传统文化中讲究宽容,讲究忍耐,像李敖这样绝不手软、坦荡而尖刻的人,实在是个"另类"。李敖自称,他佩服的是法国思想家伏尔泰。当年被流放海外的伏尔泰,运用数学知识计算概率在彩票中赚了一笔钱。他临终前对他的安葬做了交代:把棺材一半埋在教堂里,一半埋在教堂外。意思是说,上帝让他上天堂,他就从教堂这边上天堂;上帝让他下地狱,他可以从棺材的另一头悄悄溜走。

李敖的一个友人说了一段评价李敖的话,李敖听了正中下怀,很高兴地在不同场合引用:"李敖是全台湾最快乐的人。因为他独来独往,高兴骂谁就骂谁,就能骂谁、就敢骂谁、就毫不顾忌任何人地骂谁。他没有老板、没有上司、没有朋友,又一笔在手六亲不认,多痛快啊!李敖是全台湾最快乐的人!"

至今已写下近三千万字作品的李敖,人生词典中没有"偃旗息鼓"一词。他的思想之火不停地燃烧,让少数人烦恼,给多数人快乐。"他们看到的是一个大陆来的怪杰,不是一个台湾土壤所能产生出来的李敖。"

　　因此,还是《北京法源寺》的最后那句话振聋发聩:

　　"沧海浮生,难忘我是大陆人而已。"

第四十章　单打独斗,永远乐观

上帝似乎总是偏向李敖,让他成为一个老男人之后,仍然智慧洋溢不见老态,拥有众多的"敖迷"。但是,这只命运之手,似乎也会开他一个玩笑。

二〇〇三年十一月九日,李敖在医生好友一再建议下,例行去医院验血。验血结果有些不妙。医生建议他做切片检查。后来,确诊为前列腺癌第Ⅱ期。

如李敖这般的神勇之人,碰到癌症又该如何面对?

李敖何等聪明,他对生命早已看透,早就立字为据,把身后之躯捐给医学院了。他冷静地向医生了解此癌的特性,得知他患的是一种现代医学的可治之症,为老年男性多发性癌症,病情尚在初期,可用"根除性治疗"切除癌变部分。

此时,还有一年零五个月,李敖就七十岁了。时隔两年,李敖不得不住院,做了手术,但他康复后仍然锋芒毕露,绝不退缩。而这次李敖患癌症的消息传出,许多友人表示关心和慰问,李敖显然没被癌症吓倒,他幽默地对大家说,上次参加台湾"总统大选"后,他就"视死如归"了,因为"司马迁一个就够了"。他又广而告之,说他会考虑接受医生的建议接受治疗,原因是"敌人还没死光"。

以强悍形象著称的李敖生了病,而且是有失男风的病,不免引出一些题外之话。台湾无党籍"立委"陈文茜、亲民党"立委"李永萍等女性好友都打电话,向李敖表示同情与问候,也不忘跟他开几句玩笑。跟陈文茜通话时,李敖自嘲道:"男人得了这种病,真不如死了算了!"陈文茜笑说:"大概是你以前交太多女朋友了,才会得这种病吧。"李敖听了不仅不生气,反而朗声大笑。

于是,人们看到李敖笑着走进医院,又笑着走出医院。

十二月十五日,开刀后出院的李敖,一脸笑意,脚步轻松,步出医院的大厅。闻讯赶来的众多媒体记者已经围堵在门口。有记者问李敖,现在有什么感受?李敖笑嘻嘻地说,他出院第一个感受,就觉得他是死里逃生。

有人打趣地问,手术后李敖先生的性功能如何?

李敖旁边的主治医师张树人说,李敖是个很配合的患者,三个月到半年内可以恢复九成的性功能,他能保证。

李敖则乐呵呵地说:"恢复九成性功能,就是少了一成的女人缘啊!"

当记者问李敖,生病时家人究竟怎么说的?

李敖说,他太太喜欢跟他开玩笑,曾在他身边叉着腰,指着他说了一句话:"现世报!"李敖顽童般的口吻,令在场记者笑成一团。

眼前这种场面,李敖都是"单人秀",李敖太太王小屯肯定是躲开的。她了解丈夫,不管李敖在外面说什么,她都不会生气。

二〇〇四年三月八日,又一个国际妇女节。这一天,开刀出院三个月的李敖,众人以为在家静养的李敖,穿着他那件招牌式的红夹克,突然出现在势头强劲的凤凰卫视中文台。他发表的不是妇女节感言,而是独力担纲主持《李敖有话说》,当天开播第一集。

大病之后,居然如此大出。原来李敖根本不曾静养,他的行动跟他的语言一样,总是出其不意。让无数"敖迷"们喜出望外的是,李敖在创造上千集《李敖笑傲江湖》的传奇之后,又带着他那种李敖式的旋风,卷土重来。

此后,《李敖有话说》接连不断,如江河直泻。"凤凰网"披露此档节目的妙处所在:《李敖有话说》将由李敖一手包办、一言九鼎、一针见血、说一不二,打破电视制作模式,单刀直入,以证据骂人、以口舌开心,结合博学、勇气和口才,说真话揭真相,慓悍无惧,誓创电视之奇,闯出一片言论新天地。

善于塑造名星主持人的凤凰卫视,此番重金礼聘李敖以广开言路,确是独具慧眼。与以前需要宣传和包装的主持人不同,李敖本身就是名星。《李敖有话说》定位于一个日播二十分钟的"单人脱口秀"(周一到周五),又是一个非黄金时段播出的节目(下午4点首播),照常理很难引起观众的注意。要知道,如今可供观众选择的电

第四十章
单打独斗，永远乐观

视频道太多，能对一个老者的自言自语感兴趣吗？

然而，"有话说"的确不是别人，是李敖。几乎在一夜之间，《李敖有话说》就成了两岸观众锁定的焦点，众多媒体关注的重点。喜欢他的人大呼痛快，不喜欢他的人也骂声不绝。但有一点是谁也没法否定，那就是李敖一以贯之的"狂敖"，使得说好也罢，说坏也罢，反正有人看李敖，收视率不容置疑地上升。

也许别家电视台有些醋意，甚至成为一个传媒界的研究课题。因为专业人士看来，这档节目和李敖以往的《李敖笑傲江湖》一样，风格如故，制作简单，背景不换，机位就那么几个，成本实在很低，跟眼下电视节目动不动推出的豪华阵容完全不搭界，不过是李敖一人天南地北地"说说"而已。

问题是，海内外又有谁，像李敖这样敢说？

《李敖有话说》在台湾闹哄哄的"大选"之时开播，可谓恰逢其时，给了李敖"英雄用武之地"。李敖通今博古，其长处就是尖锐地抨击时政，而"大选"前后的各种事件五光十色，送他以取之不尽的评论内容，随手拈来，直指要害。这也就是节目一开播，就能吸引受众的关键，选题丰富，紧贴现实。

"现在你们该知道，我李敖的预言多么地准确了，我曾预言陈水扁会以两三万票当选，现在就是这样吧……"这是台湾大选落幕，某一天《李敖有话说》的开场白。与常人的思维定式不一样，不论怎样云山雾罩，口若悬河的李敖，都能用他的独特视角另辟蹊径，让你或顿开茅塞，或引起思考。

《李敖有话说》一天、一周、一月地播下去，真是洋洋洒洒，蔚为壮观，可谓一部大书。李敖的"自评自说"话题广泛无边，风格如同他的文章一样，一针见血、犀利尖锐。李敖以漫不经心之状，抖搂他那百科全书似的渊博，痛快淋漓地解剖台湾政治的变迁、台湾社会的真貌、海峡两岸的关系以及中国人的劣根性。从政情、社会、经济，到治学、读书、生活，到女人，无所不谈，时常妙言连珠。

听听《李敖有话说》的广告词，也是别具一格，大意说：在日益繁忙的资讯世界，让李敖读历史，我们来读李敖。

有趣的是，内地一位名教授批评《李敖有话说》格调不高，时常讲错话，很多网友愤愤不平。其中一位网友发帖子说：我愿意听李敖的尖锐意见，即使他讲错的话，也比哪位教授平庸的"老生常谈"有意思得多。

而李敖自己,对《李敖有话说》的教化功能看得很淡。

他还是带着他那一脸灿烂的笑容:"我李敖的电视节目为什么在台湾这么受欢迎,就是有些人白天受了一肚子气,感觉很窝囊,晚上临睡前,听我李敖骂完人很爽快就能睡觉。我做节目有一种消痰化气的功能。"

《李敖有话说》推出后,人们可以上凤凰网,对李敖评头论足。其中,有一条尖刻的评论,说李敖"是一个过气的人,凭借一点运气,制造了人气"。有人当着李敖的面,问他对于这条评论,是怎么看的。

李敖的回答带着他的自信:"我只能说,说这种话的人充满了酸气,对我的伟大完全不了解。朱自清写过一篇文章《论书生的酸气》,写的就是这种人。有'酸气'的人就会吟诗呀、喝酒呀、惆怅呀、悲哀呀,我就不会。我的人生观跟他们不一样,打压我是正常的,但是我会去战斗。我李敖处的时代,是知识分子、是臭老九的时代,我李敖能在电视上玩,替这些臭老九扬眉吐气。"

在此期间,李敖旋风般地"冲锋陷阵"。当台湾第六届"立法委员"选举之时,《李敖有话说》里人气正旺的李敖重出江湖,以"无党籍人士"身份参选台北市南区"立委"。而他宣布的"竞选总部"只有两个人,一个是前任"立委"陈文茜,惟一的"竞选助理",另一个就是他自己。

竞选"立委",自然要向公众宣布竞选理念。记者一再追问李敖:明年你就七十岁了,以年近古稀之龄,参加本届"立委"选举,你的初衷是什么?胜败的估算如何?陈文茜上届的选票,是否能顺利移转到你身上?

李敖答曰:我的选举方式,是违反常理、违反一般竞选活动常态的选举,因此,选举的结果很难预估。一般的政党选举,是政党对政党的选举,是政党对团体的选举,但我是个人对团体,这完全违反政治原理,在台湾也没有先例。至于我为什么投入这一场选战,一句话:为的就是要颠覆它。

至于陈文茜的票是否可以顺利地移转给李敖,李敖说,因为我的选举不是常态的,所以也很难评估,也许是叫好不叫座吧。陈文茜日前在赵少康的电视节目《新闻骇客》中,就说她很关心这场选举,但也学到李敖的"坏习惯",就是喜欢吹牛。这是李敖戴防毒面具在台湾"立法院"

不老的李敖

学无止境的李敖

李敖在上海

第四十章
单打独斗,永远乐观

笑骂之词,不过,对于当选或落选,我都不以为意。

也有的记者不放过李敖说过的话,盯着他问:假如你真的当上"立委"以后,你要做什么样的"立委"呢?

李敖说:我在《北京法源寺》里写了两种人物:一类是谭嗣同,他当了烈士,死了。一类就是梁启超,他跑了。可是后来他在日本办报纸,清朝被推翻了,打败了他的敌人。这样他就变成了一个战士。做烈士不算什么,做战士才聪明。我不只是一般的战士,还是神气活现的战士、快快乐乐的战士、使你哭笑不得的战士,这才有趣,绷着脸做战士没劲。我的原则是快乐地把敌人拖垮。

在台湾从来没听说过,有这种"竞选"言论的。

与那些视"竞选"生死拼搏的人物不同,李敖宣布参选"立委"以来,奉行"四不一没有"的政策:不满大街插旗子、不印选举背心、不扫街拜票、不搞造势晚会,也没有其他人那样庞大的竞选总部。

当台湾"立委选举"将揭晓那天,一大早就有许多人都盯着电视屏幕,等候那个有人笑、有人哭的开票时刻。惟有李敖,已经把此事丢到脑后,他按他原有的计划,到他熟悉的书店去买书。对他来说,这场选举本身就是场闹剧。他像上次参选"总统"那样,以顽童的心态搅了一把局。

然而开票的结果,好些人都没想到。有的候选人到处拜票照样名落孙山,李敖获得三点三万票,却当选为他所在的选区"立委"的最后一名。

有的媒体报导,不免有些发酸。一则题为《李敖低票当选立法委员 为自己增添"吹牛"资本》的文章声称:"在这次'选举大战'尾声,最让人感到开心的莫过于李敖了,他最终拽着'牛尾巴'以低票当选立法委员,这位酷爱自我表扬的李大师又多了个'吹牛'的资本。这也没办法,胜利者怎么吹牛也不用纳税。"

虽然最后一名,也是当选。李敖当然可以"吹牛"了。

有人问,李大师,开票时你恰好在书店选书,是不是说明你对当选也不自信?

李敖振振有词道,这不是不自信的问题,是不在乎的问题。我这哪里是从政,我这是游戏。政治人物哪里会像我这么高兴这么爽快的,他们围着电视机又哭又笑,我去逛书店了。这个"立法委员"对我来说是小不点儿。我雄心壮志,没把它看在眼里,不过是多个指东画西的机会和平台。

还有人问,你不用去拜票,还是会有人选你,这是些什么人呢?

李敖得意地说:都是有头脑的、知识水平在上层的人。不用你打躬作揖的这种选民能分辨出来我的长处和他们的短处。

他自我分析道,我的长处,第一个就是我非常有个性,我不会因为选举就低三下四地求你,满街去叫嚷,这就可以看出我特立独行的这一面。另一个就是我的见解,我出来以后可以使"官不聊生",人家说民不聊生,我偏要让"官不聊生"。

二〇〇五年二月,台湾"立法院"第六届"立法委员"就职。眼见李敖踌躇满志,有人提醒他,"立法院"经常有动手打人的事,你得小心啊。

李敖不以为然地说,这个你不用担心,他们打人是看人的,我是国宝,那还了得,他们动手就是破坏艺术品。

"立委"李敖"上任"后做的第一件事就是以"盗用名义"之罪,状告"立法院"除自己以外的全体"立委"。

原来,三月四日台湾"立法院"通过反大陆《反分裂法》的决议案,以全体"立委"的名义通过。李敖当即向新闻界指出,此案声称全体"立委"通过,但他并没同意,这表示他遭到了侵权。李敖认为自己名义遭到他人冒用,决定对除自己之外的二百二十四名"立委"提出告诉,象征性地向每人求偿新台币一元。

二〇〇五年九月,应凤凰卫视老板刘长乐之邀,以"狂人"自许的李敖,终于跨越海峡,开启"李敖神州文化之旅"。李敖占尽新闻要素,他的到来与其他政治人物不同,人们期待的是他的智慧、锋芒、内涵乃至狡黠,而且是喜笑颜开的另类方式。先有李敖之女李文笑语"美女相迎",后有李敖自己调侃"航空小姐作伴"。

原来,李敖六十五年来头一次回大陆,也是有生以来头一次坐飞机。他自称,由于历来对乘坐飞机有恐惧感,所以多年没有离开台湾岛。对于将乘坐飞机来大陆,李敖笑言:克服坐飞机恐惧症的秘诀,就是要找个漂亮空姐。

对于即将到大陆演讲,李敖幽默地说自己是去演讲比赛,要证明自己的口才比连战和宋楚瑜都要好。如何克服飞机恐惧症的李敖,也想出了妙招,他笑说只要有

《鲁豫有约》访李敖(摄影:傅宁军)

上：北京的敖之迷（摄影：傅宁军）
下：清华园的敖之迷（摄影：傅宁军）

李敖接受鲁豫访谈

李敖在故宫博物院

第四十章
单打独斗，永远乐观

美丽空姐，自己搭飞机的恐惧症可就不是问题了。于是，他的高空之行，终于在举杯笑饮中安然度过。此后，他的大陆演讲总是激起如潮的笑声与掌声。

二〇〇六月十二月二十九日，李敖在台北录制《李敖有话说》："今天是最后一期节目了，我李敖就要跟大家说再见了，我首先回顾一下我在'凤凰'做这个节目的这些日子，然后告诉大家我新年新的计划……"李敖直言"我老了"，在写书上荒废了十年了，决定在余生再写几本书，他对观看节目的观众说感谢。

二〇〇七年一月三十一日，《李敖有话说》在凤凰卫视历经两年十个月，播出七百三十一集，终于画上句号。"李敖一手包办、一言九鼎、一针见血，打破电视制作模式，以证据骂人、以口舌开心，闯出一片言论新天地。"对于李敖的离去，网民一片哗然，以惋惜的留言居多。有人感叹："哎，李敖大师，我还是会想您的！您的自大、自负、坦荡、骄傲，都是我学习的重点。"有人调侃："我知道您这个年纪的男人不太适合很多的床上运动了，所以请您多写一点好书出来吧！"

但是，退出电视屏幕的李敖并没有"马放南山"。他身为台湾的"立法委员"，仍然时常出现在电视新闻里。"立法委员"要选择参加某一个委员会，李敖确定加入"立法院国防委员会"，有权听取"国防部长"李杰的报告，可以以"立委"身份质询。当初，"立委"李敖与"国防部长"李杰碰面，有人开玩笑，说是"桀骜（杰敖）不驯"的会面。李杰说："我们两个都是六十多岁的老头子啦。"

李敖却回敬道："呵呵，六十多岁的老人正是好战的年龄。"

对李杰的报告，李敖分外在意，认真地听，认真地做笔记。

身为台军"上将"的李杰对李敖非常客气，也十分低调，恳求两位"六十多岁"老人别吵了，想让"军购案"早日"过关"。

然而李敖自许为"刽子手"，绝不手软，他说："刽子手与死刑犯见一次面就好了，不需要见很多次，因为见了就要直接杀人了嘛，现在还没有到对决的时间，我要慢慢凌迟，享受千刀万剐的快感。"

狭路相逢，将台湾"国防部长"李杰形容为"死刑犯"，只有李敖才敢。李敖当众放话，要好好"凌迟""国防部长"。每一场"双李对决"，都大为轰动。尽管李杰说明，他将拜会朝野党团，希望争取"军购案"过关。李敖却毫不客气地说，他和李杰的关系,就是"刽子手与死刑犯",没有什么可商量的。

李敖态度鲜明,就是与"台独"势不两立。一如他在《李敖有话说》所言,"反军购到底",要把六千一百零八亿军购预算删到一毛不剩,不该"花一毛钱向美国购买军备"。每当台湾"立法院"表决"军购案",李敖总有出人意料的绝招阻挡,甚至穿着防毒面具大闹会议,叫"国防部长"李杰等人哭笑不得。

看来,李敖的男子气概不只是令女人倾心爱慕,也使男人退让三分。"我一马当先一夫当关,挡住了美国人要卖武器给台湾!"

第四十一章 "我希望继续做李敖"

二〇一〇年上海世博会,聚集了全球各地乃至海峡两岸的关切目光。仍是应凤凰卫视老板刘长乐的盛情相邀,七十五岁的李敖答应再次走出台北书斋,踏上重返大陆"看世博"的旅程。尽管上海世博名人如鲫亮点多多,但这消息还是让奔走在世博的两岸记者眼睛一亮。毕竟,与那些拥有国际声望但国人知之甚少的艺术家或政要相比,李敖在大陆早已成名,哪怕他不近人情、口出狂言,都能拿来当新闻的作料。

且慢。五年前,二〇〇五年,"李敖神州文化之旅"历时十二天圆满落幕,李敖公开说过,他将不会再回来了。直到二〇〇九年,李敖接受媒体采访还毫不犹豫地说,除非比上次风光,否则我不会再回大陆。虽然有些戏谑,语气却很肯定。那么,年过古稀的李敖,不是向来就有不赶时髦的超人定力吗,何以再次"食言"?

李敖并不遮遮掩掩。在好友陈文茜的访谈节目中,他坦率地承认,第二次到大陆,纯粹是为了家人。带着从未有过的无限感慨,他道出了藏在内心的柔情:"我们一家人其实从来没一起出来旅游过,以后也许没有更多的机会了。来看世博是一个幌子,我要和我的家庭,和李戡、李谌、我的太太,来一次锵锵四人行!"

哦,独来独往的李敖也要举家出游啦。

八月二十六日,自称"祖父辈"的李敖携太太和一双儿女,从台北直飞上海,开始为期四天的"李敖世博行"。尽管离上次来大陆五年了,尽管七十五岁是高龄了,李敖还是酷酷的模样,戴着浅蓝色墨镜,身穿那件红色夹克外套,白衬衣上系着一条蓝格子领带,显得神采飞扬,举止利落,并无垂垂老矣的迟暮感觉。

李敖步入浦东机场候机厅,接过世博志愿者的献花,很配合地向拍照的媒体记者微笑。贵宾接待室拥满了数家媒体记者,李敖侃侃而谈:"六十一年前我离开上海的时候,你们还没有出生,如果说见证上海的变化,我比在座的都有发言权。"五年前李敖首次大陆行,曾在复旦大学做过讲演,可惜时间匆忙,此番再来,无疑仍然感慨良多。一口标准京腔的李敖,居然顺溜地来了一段"脱口秀",意思是他对上海话并不陌生。李敖在浦东机场的题词簿上,欣然题下"旧地重游,阿拉归来"八个大字。

参观世博的行程十分紧凑,在媒体围追堵截中的李敖始终乐呵呵的,并不忌讳发表现场感言。在中国馆他听介绍说,中国馆的斗拱造形"红妆"是参照故宫古建筑群,在不同高度和不同位置使用不同的红色,汇聚了七种"中国红",李敖点头称好,他指着自己穿的红色夹克说:"我的红,也是中国红,中国馆'第八红'"!

李敖参观世博园的各省市馆,毫不掩饰地称赞:"太漂亮了!"到台湾馆参观,在显示屏前用按钮的方式点灯祈福。李敖两次许愿,都选择同一个内容,让"两岸和平"的天灯在大屏幕上缓缓升起。他说:"还是两岸和平啊!"记者问李敖此时的感受,李敖直言,自己是最有资格说台湾的人,亲眼看到了台湾的成长。"其实,现在的我很忧虑,忧虑台湾没有视野。爱台湾,就是要承认台湾是中国的一部分。"

李敖世博游的预案里,凤凰卫视备了一辆轮椅,头一天跟在他身后,万一他体力不支,打算推着他续游世博。可是李敖精力之好出乎所有人预料,他随身带的那一根拐杖,有人的场合基本不用,轮椅更用不上了,第二天就被撤掉了。只是李敖左耳听力不佳,周围嘈杂干扰,每次记者和他说话得提高声调,而李敖则拢起耳朵,靠近才能听清楚,他笑说:"我老了,说话也啰嗦,不小心就说了这么多。"

李敖在世博园之外的活动,也与历史文化紧密相关。从上海博古斋,到中共一大会议旧址,再到上海图书馆古籍阅览室。陪同的上海图书馆馆长没想到,他提起哪部文字古籍,李敖随口就言及与之相关的典故,让馆长很叹服。馆长请李敖题字,李敖写了八个字:"颓乎其间,人书俱老。"李敖解释,欧阳修《醉翁亭记》曰:"苍然白发,颓乎其间者,太守醉也",意思是,我如同太守一样也醉了。李敖借题发挥,用"老"字写出对于年岁的感慨:"这里的书,年纪岁月都很老了,它们老了,而我也老了。"

我老了。李敖居然承认,实在稀罕。谁都知道,李敖一向不服老,他再来大陆却

第四十一章
"我希望继续做李敖"

常把老字挂在嘴边,分明是一个值得重读的李敖。

如果说,二〇〇五年,李敖以我们不熟悉的方式初来大陆,那么,二〇一〇年,李敖则是以我们不习惯的方式再返大陆的。比如,人们印象中的李敖似乎浑身长刺,从来把家人隐匿在自己的身后,对于媒体有深深的防范意识,而"一家四口"世博行,李敖却乐于让家人公开亮相,毫不避讳记者的围追堵截,表示出不一般的耐心友善,甚至让人有些奇怪:素来六亲不认的李敖先生,怎么变得如此婆婆妈妈了?

伴随李敖的,是长大成人的儿子李戡。前些年,李敖在那个独自主打的电视节目《李敖有话说》里,曾经无比骄傲地展现李戡的儿时裸照,一口一个大胖小子。他自嘲"七十古来稀",身上不可避免地出现老年征兆:"第一个,喜欢谈自己的儿女。第二个,就一再谈儿女,一而再一而再谈儿女,不断地重复谈儿女。"

李敖记者见面会,有两个主题,一是"世博之旅",二是《李敖大全集》发布。对于这部"大全集",李敖并没有谦虚的意思。他说:"这次《李敖大全集》算是全部恢复了我的作品,我写了两千七百万字,鲁迅只写了七百万字,因为我活得比较长命。"用一贯自我表扬的口吻调侃写作的容量。《李敖大全集》修订版经过两年多精心编纂,比较一九九九年旧版在体例上有重大改变,除了新增《陈水扁研究》等作品的篇幅,还将全书分为"文学与自传""政治人物研究"等六个版块,厚厚的四十卷之多。

李敖谈兴正浓,还是看不惯就狠狠抨击。他举例道,"乡愁说"如今不能成立,因为台湾到大陆一个半小时足够了。有记者问李敖将来打算,他回答得干脆:"写作不会停止。"《李敖大全集》大红封面,一如李敖最喜爱的红夹克,在主桌上摆放了一长溜。带着李敖生命的千万文字,似乎就是他嬉笑怒骂的底气。

然而,李敖很快把以往形象"毁"了,由坚强斗士转回了柔情父亲。他把话题引到儿子李戡身上,举贤不避亲,直截了当在记者面前猛推李戡:"我儿子李戡这个月才过十七岁,他是一个可塑之材。"父亲高谈阔论,儿子洗耳静听。李戡戴一副眼镜坐在一旁,安静又略带羞涩。李敖笑着相告:"我的儿子忠厚老实。"

凤凰卫视老板刘长乐当着李敖的面调侃,李敖这次来大陆是"托孤"的。什么人会"托孤"?什么人到大陆"托孤"?这个玩笑其实有些残酷,尤其放在七十五岁的李敖身上。记者的旁观可谓一针见血："李敖变得谦和，狂语锐减，取而代之的是殷殷的父爱，以及一个老人对于生命前景的那种本能的关注。"

出生于一九九二年的李戡，这个被李敖推出的"李敖之子"，成为李敖溢于言表的骄傲。"他在台湾成长，受过教育的污染。这次考上了国立台湾大学，'台大'和'清华'都录取了他，但他最终还是选择世界排名五十位的北大。"

李敖家族与北京大学有缘。李敖父亲早年毕业于北大，而李敖五年前"神州之旅"又重回北大。当许多大陆学子出国留学的时候，李戡却放弃在台湾读名牌大学的资格，转而选择了北大，他在申请书上写道："台湾是祖国的一部分，但是太狭小了，我写了一本书，一方面检讨台湾的狭小，一方面展示我辈的心愿。"

李戡虽然表面上比父亲腼腆，骨子里颇有父亲的真传。他像李敖那样泛舟书海，也像李敖那样大胆质疑，高中一毕业，就写就第一本书《李戡戡乱记》，用两个月的自身思考，痛批台湾教育制度种种不堪。李敖的态度一是支持二是欣赏，为《李戡戡乱记》写了一篇导读："二〇一〇年了，新一代的十七岁蹿起来了。没有我的悲怆，没有我的虚拟，新一代有新一代的光华，他自持、快速、务实。他叫李戡。"

作为记者见面会主角的李敖，在推荐自己大全集的同时，举起儿子的新书让记者拍照："李戡最近出了一本新书《李戡戡乱记》。"李敖招呼李戡坐到自己身边，有史以来第一次公开认输："我儿子以后是要超越我的！"

也许与儿子新书有关，李敖对主持人说，让记者多提问吧，尽量满足他们的要求。这真叫人纳闷，还是那个桀骜不驯的李敖吗？记得有一本大陆学者出的书，题曰《狂人李敖》，突出的是一个狂字。而李敖在世博会的公众场面，极为难得地展示了他的另一面，不是一个狂人，而是一个爱人、一个慈父、一个长者。

按预先计划，李敖一家四口在大陆逗留五天，其中三天在上海，一天去杭州。八月三十一日，李敖带着女儿李谌返回台湾，妻子王小屯则陪着李戡去北大报到。九月一日，一到北大的李戡就上了报纸，成为北大该年度最受瞩目的一个新生。

"李敖的儿子"的推手都是高级别的，比如李敖好友陈文茜，就在她的专访节目中请来了李敖父子。虽然李戡还没到大陆来，媒体已经为他找到了对手，掀起了一场与大陆"知名少年"韩寒的嘴战，使他迅速抢占了曝光率。

上：李敖一家游世博

下：李敖与妻女

上：李敖与李戡
下：李敖与陈文茜

上：李敖与刘晓庆
下：李敖《虚拟的十七岁》新书发表会

李敖与夫人逛诚品

第四十一章
"我希望继续做李敖"

"我是沾了我爸爸的光,才会引起这么多的话题。"媒体的追逐并没有叫李戡陶醉,难得李戡年纪轻轻就头脑清醒。当有的记者问李戡,如何评价父亲李敖,李戡说:"他对人情世故看得很淡,但他是个尽职的父亲。"

也就是李敖一家"世博行",使李敖一双儿女频频出镜,两个台湾九〇后让大陆同龄人不陌生。李敖自称"祖父级"的老爸,有一套与孩子相处的心得。"我们之间落差很大,所以我很滑头,不太管他们。"在这个家里,李敖当的是甩手掌柜似的"董事长",太太王小屯则是负责杂事的"总经理",照料孩子日常起居。

李敖在台湾有两处房子。一处在阳明山上,与绿树杂花作伴,可以置身于远离喧闹的写作空间。另一处在都市中心,就是台北敦化南路的金兰大厦,周边车水马龙热闹异常,现代生活设施齐备,如今太太带着孩子常住这里。

自从二〇〇四年李敖当选"立委"之后,由于他经常应约做电视节目,有时回来已经很晚,作息时间和家里人不一样,便去阳明山的书房过夜,后来次数渐渐多了,便把那里作为常住点,反而一周才下山一次,回金兰大厦和家人团聚。此前李敖在接受媒体采访时曾笑言,这样做能"让家人逐渐适应没有我的日子"。

渐渐长大的李戡,和父亲交流的话题多了。李敖和他聊台湾社会存在的问题,让他理解父亲一生所坚守的思维方式。在李戡的国中毕业典礼上,李敖出席并讲话,他对台下的少年坦诚地说:"你在人生里可能会遇到难题,这个难题和你一点关系都没有,可是你必须要忍耐,必须要突破,必须要警觉,这就是教育的目的。"

至于女儿李谌,李敖有一个亲切的称呼:"我们家的小妹妹"。李敖坦言,"我比我的小女儿足足大了六十岁,对她我坦白讲,我不能够完全了解她。"

然而,"我们家的小妹妹"也不了解父亲。二〇〇八年四月,李敖在七十三岁生日当天,在台北发表新书《虚拟的十七岁》,因为其中有大量的性爱描写,有人抨击这部小说是一本"黄书",李敖因此又有了"饱受争议"的待遇。

李敖当然不放在心上,他早就炼就金刚不坏之身。家里最不愉快的,是当时十四岁的清纯少女李谌。她觉得李敖的书伤了她的自尊,父亲这个老头子是"色情狂",让她在学校抬不起头。李敖有点哭笑不得,曾公开笑着抱怨:"她看到我的书,好几天没理我,觉得我丢了她的人,写的是些什么乱七八糟的东西啊!"

李敖把太太王小屯叫做"保守派"。他写作《虚拟的十七岁》时,受到太太为首的"集体抵制"。他告诉陈文茜,王小屯对儿女说,"你爸爸在写黄色小说,说出来我们全家很丢脸的。"李敖虽有厉害的口才,在家里没用武之地,最明智的办法,就是逃到阳明山的书房去写。他开玩笑,不然可能"被儿子给毒死。"

女儿李谌被李敖称为"最大克星"。李敖看到女儿开冰箱吃零食要管,管的方法是告诉太太,被女儿嘲笑是"告密者"。李敖房内挂裸体美女图,早已被李敖广而告之,却被女儿说成"色情狂"的一大"罪状"。李谌曾告诉媒体,在家里不高兴,就会对老爸"又骂又打",李敖在一旁笑着补充:"下手很重。"后来李敖参选台北市长,李谌噘着嘴巴对父亲嘀咕:"选输了,我的脸往哪里放。"小小年纪,已经知道"我的脸"了,宝贝女儿说什么,在李敖听来都是童言无忌,他会当做有趣的作料。

当儿女长大了,与李敖的感情更融洽了。李敖三天两头躲进阳明山写作,他的慈父形象仍留在孩子的心头,他的理性和睿智逐渐被孩子所尊重。虽说,李敖的为人处世与常人不同,但最亲密的人不需要光环,矛盾琐事同样存在。尤其孩子任性,叛逆,倔犟,和管他们的妈闹别扭,有时气得跑到山上哭着"告状"。

李敖很得意担当裁判角色。那天他在阳明山上写书,女儿李谌打电话催他下山,说是考试考砸了,不敢告妈妈,请老爸在考卷上签名。李敖赶紧下山,回家提笔就签,他给孩子的要求十分简单:"健康第一、品性第二、学业第三"。晚上一到十点,他逼儿女上床睡觉,功课没写完、考试没准备,"统统没关系"。

淘气而又天真的李谌,哪怕有些"胡作非为",李敖都报以欣赏的微笑:"那种任性,那种胡为,那种纯真,那种率真,是小孩子的方法。"那么,老爸对于女儿有什么样的期许?在李谌小学毕业典礼上,校方请家长李敖上台致词,李敖鼓励毕业生,学习教科书上学不到的事情,做人高人一等,比别人更好。李敖接受媒体访问时说,希望女儿成为"乱世佳人",人要做强者不要做弱者。他引用前以色列总理梅厄夫人的话,"没人愿意战争,但打起来我要赢。"也许,这就是李敖宽容女儿的理由吧。

李敖主张顺其自然:"你对你的下一代任何安排都是危险的,因为你的设计可能是错的,你觉得一切会水涨船高,事实不然。不过,可教给他比如'跌倒经验'。我告

第四十一章
"我希望继续做李敖"

诉他,如果你跌倒后不立即爬起来,要东张西望,也许能捡到东西。"

台湾名嘴陈文茜力挺李敖的教育方式,她特地做了一期"李敖父子"的特别节目,把李敖与李戡请到了现场。难得披露李敖父子情深的故事,大屏幕播放他们父子许多照片,陈文茜一改犀利尖刻的表达风格,场上的气氛温馨而动人。嘴上不饶人的李敖并不领情:"你心思很坏,搞得我像一个即将大去的人一样!"

李敖毫不掩饰,老爸的舐犊深情就是"溺爱",他自己做节目还作为经验之谈,惹得有的李敖粉丝大为不快,指责李敖对儿女的放纵。尽管很多人并不认同,但有一个事实无法否认,李敖的"育儿经"并不正统,却结出了硕果。儿子李戡凭本事考进名校,少年老成,文气非凡,女儿李谌也亭亭玉立,温婉可人,他们与父母出行时扶持不离左右。一对儿女大方而又懂事,不能不说李敖的家教有独到之处。

众所周知,李敖对于电子产品原先很是抗拒。不用电脑不上网,曾经是李敖有别于他人的标志性状态。不过,一物降一物,李戡和所有九〇后一样酷爱上网,他的微博粉丝已超四十万,有一天他突发奇想,悄悄鼓励老爸开微博。不会打字没事,可以找助手啊。李敖居然被说服了,向来有定力的他这回可没定住。

二〇一一年五月十七日,自嘲"计算机盲"的李敖开了微博,名为"哈啰李敖"。个人简介仍然透出自信:"前无古人,后无来者,要看此公,就在眼前。"微博在网络开通的当晚,代为敲字的助理忙得不亦乐乎,一个小时连发三十条微博,每条微博有几百至上千条评论和转发。此后短短三天,粉丝就超过了三十万。

微博在互联网时代风行,玩主大都是年轻人,李敖似乎跟年轻人较上了劲,第一条微博他写道:"不是写一百四十个字吗?拿牛刀的来了!"一篇微博限定一百四十字,李敖老夫聊发少年狂,打开"哈啰李敖"微博,"博主通告"毫不示弱:"迩来又与年轻人争胜,我很会写一百四十字的网络文学,要将'小鬼们'通通打败!"

李敖公开戏谑道,文章是真的,"因为别人写不出这手奇文";打字是假的,"前三十篇是手拿底稿,到处求人打字"。一个七十多岁的老头上网玩微博,打字不得不求人,此番场景令人忍俊不禁。有一段时间,"哈啰李敖"班底是这样的:李敖手写、太太小屯打字、好友赖岳忠制作。最后,还是现代科技帮了李敖大忙,新型上网工具

iPad只要手写即可输入汉字,免去打字之苦。对此,他欢欣雀跃。

李敖冲上互联网,语出惊人仍是他开微博的特色。天上地下,远古近今,有恨有爱,突显了话锋带刺的一以贯之的李氏风格——

> 我虽然喜欢和孟夫子一样骂人,但我只是骂人,从不争权夺利,所以尚未引来杀身之祸。我一生争的是道理与是非,世俗的权与利,我不放在眼里。看到他们争权夺利,活像一群秃子在抢一把梳子,我为之大笑或窃笑(闽南话用"偷笑",别有俗韵)。小时候在北京,看到漫画《秃秃大王》,于今为烈矣!

> 人老去,会退步,但也不无进步可寻。我找到了一项进步:年轻时,我责人甚严;年老了,我会设身处地,一件难事,如果我做不到,我不再责备他做不到;如果我不能比他做得更多,我不再责备他做得太少。当年我责备胡适不反对蒋介石,今天我知道他技巧地反对了,设身处地,我也不能比他做得更多了。

> 不说客气话,但说漂亮话;不说俏皮话,但说风凉话,让我们看不起这种人!在人海里、在网页里,我们看到太多的漂亮话和风凉话。这种人一针见血,你的血;一掷千金,你的金;他们对秦始皇一个屁也不敢放,却又漂亮又风凉地骂你,说你不骂秦始皇。在人海里、在网页里,他们永远是懦夫和小人。

> 一个精神病,总以为自己是一粒米,怕鸡吃他。经医生治疗,病好了。一天中午,他满头大汗、两眼发直,又找上医生,医生一看就知道病又发了,说:你知道吗,你是人,不是米。病人答道:我知道我是人不是米,可是鸡不知道。先知李敖一生,要告诉许多人:别紧张了,我已经让鸡知道了。

第四十一章
"我希望继续做李敖"

李敖开微博引起八方议论。网友"向北的南"说,"李大师豪言壮语!振奋人心,不愧是名嘴!"网友"灰色路西"说,"围观打小鬼!"网友"疯牛牛"不以为然:"大湿(师)现在有点廉颇老矣,胡言乱语似的!"网友"二十一世纪中国革命家"则调侃称,"长江后浪推前浪,您早晚会被拍在沙滩上!哈哈!"

且不论说好说坏,"哈啰李敖"开张刚满月,粉丝就突破一百万。李敖很开心:"看来'读书破万卷'以外,要'上网破百万'才够看!"

在李敖的身后另有其人,他说这个幕后推手是儿子:"'哈啰李敖'的'暗将军'是在北京的戡戡,他是最早鼓动我玩一百四十字的。'暗将军'是日本鬼子偷去的中文,含义深长,我把它抢回来用。戡戡每天电话遥控不绝,实乃真正操盘者也。在北京的小文,鼓舞我尽快启动,将来我的魂归祖国版,全靠她来埋伏。"

"李敖李戡,双双落网。"李敖得意非凡。眼见"哈啰李敖"粉丝增长速度,丝毫不亚于任何一位明星。他时不时地自我表扬一下:"一百四十字不是那么好写的!当你没有知识、没有想象、没有才气……你写的全是鸡毛蒜皮!"

李敖最大的本事,还是在书桌上。与时光抗衡的李敖,功成名就本该安度晚年了,但是他依然每天伏案写作,并没有停下手中的那支笔。

回到书桌前,李敖保持多年的习惯从来没改过。他不用电脑,天天手写,一本本的稿纸整整齐齐。躲在阳明山修身养性,其实还是"工作狂"。独居在堆满书籍资料的书房,每天的生活极其单调又极其自律,不抽烟,不饮酒,不喝茶,连肉都很少吃。他沉浸在学知之海不知疲倦,工作节奏与写作速度不输年轻人。

他非常享受一个人独处的愉悦。

他非常享受一个人战斗的痛快。

二〇一一年七月,李敖新作《审判美国》简体中文版出版。他把矛头指向了当今世界最牛气的超级大国。李敖接受记者连线采访时说,很多人向往美国,作为个人选择无可厚非,他写作此书是"希望中国人要了解真相"。

构成《审判美国》这本书的基调,仍是李敖的批判精神。他告诉记者:"我不服这口气,我的本领又不是跟人家成群结队打群架,我也没有这个机会,就落到一个人求知识,在知识里面得到真相,我也很有本领在知识里面得到真相。"

审判世上最牛的国家,李敖挑了一个强硬的对手。《审判美国》写法诙谐幽默,以剧本的形式,虚拟"最后审判"的"法庭"。美国历届总统按照任职顺序排排坐,李敖化身"上帝李"依据历史史实,开庭数落他们的条条罪状。李敖搜罗了很多资料,列为"审判"对象的罪证。有记者问"审判哪个总统最过瘾",李敖说:"写得过瘾的应该是越写越好的部分,写杰克逊、林肯都不错,写杜鲁门、小布什很过瘾。"

二〇一二年六月十一日,李敖再次发力,出版了新书《大江大海骗了你》。他在新书发布会上公开强调,根本没有"中华民国"的存在。别人问他,既然没有"中华民国",你住在哪里?李敖回答说:"我住中国,我是中国人"。

这本书缘于台湾作家龙应台长篇纪实《大江大海一九四九》。二〇〇九年八月龙应台此作一出,在台湾颇获好评,李敖却看不下去。他认为,书中描写国民政府迁台的近代史,有许多谬误。李敖主动邀约媒体采访,不改批判本色。他宣称,撰写《大江大海骗了你》,目的是用最真实的史,证明龙应台的错。李敖说:"谈现代史就踩了我李敖的线,她书中很多历史,都只有写前面,没有写后面的原因。"李敖直接肯定龙应台的文笔,但也不假辞色地批判,认为龙应台的程度不足,误解了一九四九年的史实。

直指龙应台,猛批蒋介石。《大江大海骗了你》狂卖数万册。全书洋洋洒洒二十四万字,李敖透露,他只挥笔四十天就潇洒完成了。

有意思的是,任李敖如何大动干戈,同在台湾的龙应台并没有接招。李敖毫不在意对手是谁,是不是应战,他只是要大声发言。

都说李敖爱打官司,即使人到晚年也绝不示弱。离现在最近的一桩官司,始于《许倬云谈话录》,二〇一〇年一月广西师范大学出版社出版。许倬云是台湾"中央研究院"院士、著名历史学家,李敖一纸诉状,把他告上了法庭,认为《许倬云谈话录》七十七至七十八页内,有些话是在诽谤他。在这份诉状中,李敖三处举证:许倬云诽谤李敖是打手、诽谤李敖说谎及偷书、诽谤李敖因不名誉故台湾大学未毕业。

好奇的记者赶紧找书来看。许倬云于二〇〇〇年一月间自己口述,由大陆记者撰写了《许倬云谈话录》,书中有言:"李敖聪明有余,没有章法。我和李敖之间很不

李敖展示《第73烈士》

李敖与资料为伴

愉快,因为他说谎、偷书。""等到李敖要毕业的时候,我不盖图章,所以他没毕业。""萧孟能捧李敖出来,当他是朋友,他把朋友家里的字画偷掉。"等等。

记者对比发现,李敖认定"诽谤"的内容约二百多字,李敖的诉状却多达六千余字。把一个诉状写成一篇长文,不依不饶,死磕到底,也只有李敖能为。他这个原告当得认真,仅证明退学出于自愿,就拿出了《台湾大学学士学位证明书》等十五件证据。而许倬云一方,虽说延请律师应诉,好像并无恋战之意。

二○一三年十二月,台北地方法院审理认为,书籍第一版出版,使李敖在社会上受贬损的文字已散布,许倬云过目书籍初版后为其写序,显见书籍内容均经他事前口述并事后审核同意,判决他赔偿李敖新台币二百万元并登报道歉。

李敖打赢了这场官司,台湾媒体并没太多关注。一位台湾记者道出了其中的缘由:"就台湾媒体一贯的操作方式来说,这起官司话题性不强。再说,李敖告的是许倬云'诽谤',这就更不稀奇了!被李敖告诽谤的人还少吗?"

哦,李敖赢了不是新闻,输了才是新闻呢!

虽然,李敖多次说,来大陆"应该没有下一次了",可很快"下一次"又来了。二○一○年十月,李敖第三次访大陆,直奔广州黄花岗七十二烈士墓前。他以黄花岗七十二烈士为背景写的新作,书名叫做《第73烈士》。

李敖这部书的曲折故事,已在他心中酝酿了五十年。李敖说:"据我考证,当年有一个参加黄花岗起义的英雄,他叫莫纪彭。在当年的黄花岗起义中,他是一名先锋队队长。起义后,他虽然活了下来,最后来到了台湾,但是这段历史却没有人知道。事实上,他的人生和记忆最辉煌的那一段已经被保留在那段历史中了。"

随后,李敖应聘担任厦门大学名誉教授,海南大学、海南师范大学也聘请李敖担任客座教授。牵线搭桥是好友陈平景先生,李敖跟他开玩笑:"引狼入室,惟你是问。"与当初李敖来大陆的宣传盛况相比,此后李敖又重返大陆,大陆媒体不再热心了,报道极少。喜新厌旧是媒体的通病,即便对于李敖也不例外。

其实,李敖每到一地,地方官员都会高规格接待。被很多人诟病的是,李敖素来尖刻,却对大陆这么地友善,还说要给大陆进步的时间。甚至有记者当面问李敖,有人说您年轻的时候是自由主义战士,为什么现在成为了民族主义者呢?李敖说:"我要补充一下,我小的时候,看过日本兵骑着马从我身边走过,印象很深刻,所以当有一个政权出现,不再让日本兵在我们的国家骑着马走过,我就拥护这个政权,这就是我的心态,你们可能感觉不到,因为你们或者生长在一个很正常的社会里。"

必须承认,李敖在大陆有众多的粉丝。比如李敖在上海的那次,他刚走出金门大酒店,人群中传来粉丝的叫喊声,"李敖我爱你,爱死你了,I love you!"不断有人冲过来和他一起合影,他的无限风光不逊于任何一个大牌明星。

可是,争读李敖的情景已不复存在。尽管李敖推出新的大全集,增补了上百万字的删除内容,无疑具有不可替代的价值。尽管李敖亲自出席新闻发布会,展示一生心血、文采、智慧的结晶。然而,与李敖"世博行"报道量相比,有关李敖的书各家媒体都没兴趣,读书界也颇为沉默,反倒是李敖其他新闻不断涌现。

李敖至今仍是一个话题人物。他在新闻媒体时有曝光,可不在文化版,而在娱乐版。比如,他大贬张兰,他要告小S,他赠诗刘晓庆,他上《康熙来了》节目……记者对李敖这个人的关注乐此不疲,好像李敖是个娱乐明星。

李敖确有这样的本事,兵来将挡,水来土掩。在这热闹喧嚣的背后,有一双眼睛冷冷地看过来。以李敖如此的睿智,何以看不透媒体的价值取向?他是清醒的,知道世道已变,在经济社会环境中,媒体的眼球并不文学。

在许多人的印象里,李敖是一个锋芒毕露的刺头儿,固定的模样不能变,可李敖根本不在乎,他从来不靠别人的评价支撑他的自信。

客观地说,李敖所处的环境与当年已有天壤之别。以往不屑于与人为伍的孤傲,使他深居简出,以清高狂狷之人面世,而今他却被前呼后拥,对蜂拥而来的记者侃侃而谈。李敖最愿意谈的是写作,他希望被定位文学家,可是记者们对"八卦"更感兴趣。难道,就是时光的流逝,改变了古稀李敖的执拗?

是读者兴奋点转移了,还是李敖"生不逢时"了?

提到岁数与时光的抗争,访问者不敢提,李敖主动挑开了话头:"我身体岌岌可危,也可能是来日无多。"他以帕瓦罗蒂为例,难得流露出了淡淡哀愁,"和我差不多岁数的人,世界三大男高音的那个大胖子,都已经死掉了!"

第四十一章
"我希望继续做李敖"

李敖的办法是不回避,他每周给孩子一天的时间。"我跟他们说,我慢慢老了,你们要习惯这个家里没有我,我不出现你们怎么生活!后来,我星期天回来的时候,发现他们反倒不习惯,我出现了他们又不知该怎么生活了!"

生与死,年近八旬的李敖看得很开。

李敖说:越老越看得开,不可避免的。我希望像我喜欢的那名美国专栏作家那样,他最后交代朋友办酒会,笑嘻嘻地死掉了。同类故事也发生在中国清朝的袁枚身上,他没死的时候就让朋友提前给他办丧事,锣鼓喧天,死得非常洒脱。一般印象里,把死看成很悲哀的状态,可是这种人把死亡当成闹剧,我觉得很好。

时常把老字挂在嘴边,李敖还是没有龙钟的老态,他的脑子依然好使,说出的话掷地有声,精气神如同年轻人一样旺盛。至今不停笔的李敖为历史留痕,对于一个不停行动的描述对象来说,一部写他的书稿只能是一个未完成式。

有人问李敖,你最想做什么?

他说,"我希望继续做李敖!"

李敖还当李敖?有些拗口,却有些无奈!

李敖比谁都明了,李敖已经不是那个李敖了。

李敖不会低头,他还要做那个李敖!

后记：中国有个李敖

李敖说，他"本像一颗钻石，是多面发光的人物"。确实，一百个读者的心目中，就有一百个李敖：疾恶如仇的李敖，侠肝义胆的李敖；咄咄逼人的李敖，宽以待友的李敖；风流的李敖，忠贞的李敖；思想家的李敖，文学家的李敖……

虽说李敖仿佛都市中的隐士，一般人想看他的"光辉形象"倒并不困难。在李敖的一本本书中，在李敖的电视节目里，他穿着那件招牌红色夹克衫，打遍天下无敌手，哪个电视明星比得上他的风光？不过，你想敲开李敖的家门，想当面听李敖的犀利言辞，顺便亲眼看看李敖的藏书大屋，对不起，那可难上加难了。

深感幸运的是，我头一次走进台湾，就有了上门拜访李敖的机遇。回头品味李敖的笔力，感觉到了文如其人的亲切之感。想写李敖，要读李敖。大量案头工作，使我更靠近了李敖的为人，靠近了李敖所处的人文环境，避免因海峡两岸的阻隔，带来想当然的误差，事件、人物、时间、地点等等的核实，尽可能客观公允。

正巧台北友人崇先生来大陆办事，他是我们初识李敖的牵线人，听了我的写作打算大为赞赏，热情地给我打气："写李敖的大陆作家，你是最先到李敖家采访的，当然应该写。"崇先生给我出主意，由我给李敖写了封信，请崇先生带到台北。过了数日，与崇先生通长途电话，他告诉我，他已经跟李敖通了电话，说了我的情况，表明这个作者的创作态度是严谨的，并不想猎奇，把我的信转交了，李敖没有表示反对。

在我动笔之前，仍不放心，再次提笔，又写了封信给李敖，诉说我的想法。估计差不多该寄到了，我便按照李敖给我的名片，拨通了台北李敖家的电话。前两次，都是李敖太太王小屯接的，李敖不在家，她说李敖晚上会在的。

后记
中国有个李敖

那晚,我终于在电话里找到了李敖,听到了他的熟悉的声音。我自报家门,从那年到他家采访说起,直到我想写他的初衷,一口气把我的想法说了。李敖很有耐心地听完,然后客气地说:"是你写我吗?这是你的事情,不用跟我说了。"我又问:"是不是我写好了以后,要给您看看呢?"李敖说:"不用了吧。"

不久,我跟资深编辑彭沁阳谈起李敖。人民文学出版社曾出版李敖系列,其中论文集《传统下的独白》(1989年)、长篇小说《北京法源寺》(1992年),由彭沁阳担任责编。《北京法源寺》刚在台湾问世,人民文学出版社就得到了李敖的大陆版权。因出书的事,她跟李敖通过电话,李敖很客气,很有礼,没有耍大牌的霸气。

我的感觉与彭大姐一样,李敖能分辨出谁是好人,谁不是好人。你是羊,他也是羊。你是狼,他也是狼。你是老虎,他就是武松。

写李敖的书,在海峡这边也有过。怎样写自己心目中的李敖,各人有各人的看法。但有一点我是确信的,李敖不该是一个只会谈恋爱的"多情公子"。他曾说:"有本书写我的情史。根本不是我的情,把我写得跟西门庆一样……"

无疑,李敖是文坛的大家。神话大家固然不可取,不食人间烟火的李敖并不存在。然而,把大家庸俗化,也不符合大家的原貌。最吸引我的,是李敖的人格魅力和行为方式,以及他对中国文化的独特贡献。香港《明报》曾撰文称,李敖"是一个集天才、自大、狂傲、犀利、狡黠、善良于一身的台湾奇人"。旁观者清,李敖特立独行,绝不会与旁人混淆。包括他的恋爱观、婚姻观、家庭观,无不打上了他的深刻烙印。

当面请教过李敖,我确实感到很佩服。也许有些时候大家也像是凡人,然而大家终究非凡超群。大家从凡人中来,但大家之所以是大家,就因为凡人身上,缺乏大家的才华、气魄和风采。大家说到的,做到的,是凡人说不到、做不到的,或者是凡人想到了也不敢说,说到了却做不到的。不然,何以李敖让许多人肃然起敬?

我的思路逐渐明晰,终于一章一章地写下去。李敖,一个大写的人,一个真实的人,向我走来。完成这部书稿,从年初的寒冬,到年末的深秋。其间的挑灯夜书,是难以尽数的。感染与支撑我的,就是李敖的"工作狂"精神。

这本书第一版《完全李敖》于二〇〇三年出版。李敖是容纳百川的大海,他的独特魅力和人生经历,他所代表的时代特征与人文意义,给我以写作的激情。人民文学出版社重视这本书,领导与责编提出了十分专业的意见。使书稿日臻完善,其认稿不认人的"大社风范",使我如沐春风。我知道,我只是个向导,我尽我的努力,能使人们由此而了解李敖,激起阅读李敖、欣赏李敖的兴趣,我就心满意足了。

二〇〇五年李敖重返大陆,第一站北京,最先见到的亲人,就是长住北京的长女李文。三分钟的拥抱,一千美元的红包,都被敏感记者的镜头与笔头抓住不放。李文博士,这位不惜与物业公司对簿公堂的留学"海归",这位高调行事、我行我素的知性美女,连同她敢作敢当的行事风格,成为李敖新闻的一大亮点。

常言道,有其父必有其女。说到李敖,却改动了一个字:有其父更有其女。此句话印在李文著作《我和李敖一起骂》的封面,扉页曰"谨以此书献给充满趣味、勇敢而又拥有顶级智慧的爸爸——您是我心目中最伟大的学者。"

我是从《我和李敖一起骂》"后记"看起的。李文说到序言的由来,让我觉得父女真情没有例外,即使像李敖这般不同常人的"独行侠"。开始对李文的直言不讳仍有些担心。虽然李敖不怕树敌,也乐于应对,却对女儿流露出父亲的特殊牵挂,李文坚持出书,他不再反对,托他的好友冯沪祥给李文带来照片和资料。

李文要父亲写序,而李敖要她用《坐牢家爸爸给女儿的八十封信》的序。李文不愿意,她对冯沪祥抱怨说:台湾许多不相干的人,爸爸都帮他们写序。我是他女儿,可他就是不肯写。冯沪祥说,其实这是你爸爸令人感慨、令人感动的地方。要他真实写你,有很多很复杂的心理过程,他可能不晓得怎么写,他是有点在逃避。

后来,李敖对冯沪祥半开玩笑地说:"沪祥你写,免得我要写一些小文的缺点。"不轻易求人的李敖,之所以拜托冯沪祥,自然是有原因的,曾任台湾"立法委员"的冯沪祥,在李敖作为新党候选人参加"台湾总统大选"时,他是"副总统候选人",他是看着李文长大的,了解他们父女之间的深情,而且文采飞扬。

冯沪祥对李文说:"你爸爸从没有要求我做过什么。我也很少帮人家写序,你爸爸既然开口,我会写的。也就是说,你爸爸还是希望这本书可以写得好。"

我忙翻到前面,打开了这篇李敖首肯的序言,只见标题为"有其父,更有其女——李敖、李文父女剪影 冯沪祥":

后记
中国有个李敖

人民文学出版社在二〇〇三年六月,出了一本精彩的李敖访问集,应该算是第一位大陆作家进入台湾、访问到李敖本人的作品。在这本作品中,作者用了一种特殊的手法,形容李敖:一百个读者的心目中,就有一百个李敖:疾恶如仇的李敖,侠肝义胆的李敖;咄咄逼人的李敖,宽以待友的李敖;风流的李敖,忠贞的李敖;思想家的李敖,文学家的李敖;而以李敖说他自己,本像一颗钻石,是个多面发光的人物。

这段内容,非常中肯地说明了李敖的多面性;至于李敖形容他自己本像"一颗钻石""多面发光",其实也并没有夸张……

哎呀,如此熟悉的文字,如此熟悉的比喻!

我猛地意识到,这里说的这本"精彩的李敖访问集,应该算是第一位大陆作家进入台湾、访问到李敖本人的作品",认为"非常中肯"的描写,正是由大陆最权威的出版机构人民文学出版社正式出版的、我写的《完全李敖》一书。

由此看来,轻易不表态的李敖先生,与他的家人与友人,已经给予这本书难得的肯定。我想,这是对写作者与出版方最大的慰藉。

之所以我要写下这一段,因为有意或者无意,我始终关注着李敖。由于海峡两岸长期的隔绝,也由于某种思维定式,把李敖太政治化了。实际上,人为拔高李敖,对李敖也不是敬重,反而是嘲弄。至于自以为是,把李敖肢解一通,更是班门弄斧。真正欣赏李敖的犀利与温情,会懂得李敖最独立的是他的思想。李敖打不倒的原因,在于他所解剖的不是某一种政治势力,而是深层人性,有着长久的文化价值。

自一九九六年我在台湾与李敖长谈,迄今有十八年了。十八年,足以让一个柔弱婴儿长成一个壮实青年。十八年,我时常会想到李敖,这个没工作、没单位、没后台的文化人,怎么会在台湾社会"翻江倒海"的。十八年,我也有自己遇到的沟沟坎坎,而静静地感悟李敖,居然能让我平静许多。拣主要的叙述如下吧——

名人,尤其是文化名人,可以拥有名气,不一定拥有传奇。独守书斋、皓首穷经、与世无争、谦谦君子等等，似乎给名人塑造了一种既定的形象。我如实写来的李敖，恰是一个公认的例外：直言不讳、抱打不平、挑战权势，而且以"博学猛兽"的自信，笑对人生。李敖自许"笑面虎"，这开怀的笑容也就虎虎生威了。

　　其实上天并没有厚待李敖。从少年时在战乱中的颠波，到从军时在底层的磨练，再到十年牢狱的面壁，更不用说失恋、离婚、朋友背叛，李敖的经历换在别人身上，肯定不堪回首。有人说，台湾牢狱好像更有人性，那你试试，把你自己关在小屋里，什么人都见不到，关上一年半载，不得神经病算你有本事。李敖能从最倒霉的境地中站起来，活得有滋有味，他的言行举止，让许多人惭愧汗颜，与许多人分享了坚忍。

　　李敖对中国传统文化的继承是丰厚的。在文化传统的熏陶中成长的李敖，能向传统提出挑战，自有他的扎实功底。在校园他是"长袍怪"，穿着长袍，而思想在现代的前沿。他饱览群书，达到随手拈来、运用自如的地步。他一反"吃亏是福"的千年古训，公开地说，李敖不吃亏，吃了亏还要赚回来。人们光看到李敖尖刻的一面，其实，过人的大度，开阔的胸怀，使他在受到伤害时坦然一笑。他对同学，对朋友，有着旧式的义气，两肋插刀，义无反顾。至于对家人的温情和责任，更是古典极了。

　　李敖叫人明了，其实不在于灾难，灾难有时想躲也躲不掉，你在灾难面前的视角，这是你的学识、你的智慧、你的人品可以发挥出来的天地。李敖用一种明朗的、开心的、智慧的人生态度，坦然接受了酸甜苦辣。如李敖当兵，到最基层当了个最小的官，有背景的同学都留在上面，他并不羡慕，居然坚持写日记，六十万字。李敖在大学时代就练身体，到兵营经受得起折腾，一段遭遇成了一段人生传奇。

　　我常在琢磨：为什么李敖四面出击，许多对手怯于攻击李敖？我想，是因为李敖无所畏惧。一个把个人隐私抖搂得如此干净的人，一个先说出他与女人扯不掉的关系的人，一个本该忧愁却毫不忧愁的人，连他的敌人都不敢面对，只能说算了吧，谁叫他是李敖呢。与其说是李敖的人生境遇，造成了李敖的人生态度，不如说是李敖的人生境遇，反过来营造了李敖的人生境遇。李敖魅力在于他的自我完善。

　　写李敖、读李敖，我无意于仰视李敖，把李敖放在神坛上。李敖在人间，所有的磨难对他而言也是磨难。站着说话不腰疼的旁观，与真正的李敖相距甚远。我也无意于俯视李敖，对李敖的文章说三道四。隔着海峡评李敖，有许多不适当甚至强加

后记

于人的缺憾。不管李敖的生活状况在哪一条水平线上,他的思想都在制高点上飞扬。他那些透视人性的文字,不论因何而发,都已经超越政治,极富人文的色彩。

李敖不是政治上的风云人物,以他的才华,他原来有可能当大官,却走了另一条路。他既然不是大官,不能决定两岸关系的走向,只是与历史风云纠缠不清,在风云变幻之中保持着智者的锋芒。一个没有任何权势背景的文化人,能在台湾指点江山、激扬文字,让人拍案叫绝,不说是文坛的奇迹,也该是文坛的骄傲吧。

做男人做到李敖这个份上,的确凤毛麟角。李敖说,锻炼一个男子汉最好的地方有两个,一个是军队,另一个是监狱。他可谓两者兼得,无出其右。其中监狱可谓人间最容易绝望的地方,常常需要面临孤军奋战。李敖有说话的资格,因为他坐了三次牢。而且他还笑言,每坐一次牢,战斗力就更强,所谓愈战愈勇。

逆境,确是李敖性格的磨刀石。

强者李敖,这是我写李敖的最大感慨。李敖在命运面前,堪称强者,不是他自封,是用他的言行举止证明了的。读了李敖,你会豁然开朗,懂得什么叫做天无绝人之路。人生的漫漫长路上,有太多的无法选择,但你不必沮丧,你可以选择你的态度。如同陈文茜所说,每次垂头丧气来看李敖,走的时候都会精神抖擞。

李敖重返北京时,回到母校新鲜胡同小学,曾在黑板上写下《晏子春秋》一句话:"为者常成,行者常至",送给教室里的小朋友。

李敖说,这句话的意思是:一个人只有努力做事,才有可能成功。如果不做,就一点成功的可能也没有。对走路的人来说,你朝目标走,不一定能走到,可只要你坚持走,常常会走到。这个人生观是成熟的,它告诉人们,做与不做是不一样的。

支撑起李敖的,不只是他的口才,更是他的行动。李敖说的许多话、做的许多事,别人学不来,但我们能学的是李敖的人格力量。如果你事业有成,风头正劲,可以学李敖的智慧。如果你遭受挫折,心灰意懒,可以学李敖的豁达。

总之,有一个叫李敖的强者相伴,你会多些淡定与从容。

就台湾文化人曝光率而言,李敖的名字绝对靠前。如果提出哪一个台湾作家,像李敖这样在大陆知名度最高的,恐怕很难再找出李敖第二。

对于李敖,我们不必一味赞美或者拼命贬低。李敖用他的方式说话、写作、生活,就像别人用自己的方式一样,无非另一种人生。我们知道有一个李敖,从两岸封闭到两岸开放,他嬉笑怒骂地一路走来,固执于一己之见,这也就够了。

李敖来大陆的次数多了,有人说他是自毁形象。

问题在于,我们还希望李敖是一个什么形象?是一个老愤青吗?有喜欢的,就有不喜欢的,李敖在意别人的喜欢或不喜欢吗?

网友对于李敖来往于大陆的议论铺天盖地,其中一位网友说法耐人寻味,请允许我一字不漏地抄录在此:"我们这些懦夫把希望寄托在这位强者身上,把本应由我们自己完成的加于一人。但这位强者却令我们这群懦夫失望了,于是便带着深深的失望情绪,把所有不屑与愤懑投向他……他无言以对,只带着笑,一种无法形容的笑,这笑意也许只有他自己明白。于是他也有一个期待——期待我们能读懂他的笑。"

李敖是斗不倒的,也是压不垮的。当国民党结束戒严,台湾政权一再更迭,李敖最辉煌的时期画上了句号。没有政治打压,没有牢狱之灾,没有两岸隔绝,难道会有打遍天下的李敖吗?越斗越勇,越压越强,李敖在逆境中令人佩服,而在顺境中失去光环。没了抗争,谈何战胜?虎落平川总有些寂寞,有些伤感。

李敖的名声并不弱,只是,与作家的关系却远了。我问旁边的人,知道李敖吗?他们说,当然知道啊。我再问,知道李敖写过什么吗?他们摇摇头,不知道。我们身边的现象挺有趣,你知道一个人很有名,不知道他为什么有名。李敖著作等身,自视甚高,他的名字连同他的作品曾被封杀,却在海峡两岸封闭的当年不胫而走,为大陆许多读者喜爱,但在两岸开放后,李敖不再神秘,读者凋零,"敖迷"锐减。

人生潮汐,有起有落。昔日李敖倒霉透顶,惨遭打压,却带来名声雀起,赞誉无数。今天李敖时来运转,享有大师之尊,却有不敬之声。

这是李敖的幸运,还是李敖的悲哀?

苦于没有对手,是许多英雄的喟叹。

我至今仍不能忘记,李敖站在清华大学行政主楼礼堂的讲演台上,口若悬河而谈笑风生,一次又一次激起如潮的笑声与掌声。在现场更能感受到李敖不可抗拒的魅力。李敖与大陆学子的互动洋溢着亲切与坦诚的气氛。有一位学生提问:"李敖先生

后记

毕竟在海峡两岸都有政治影响,请问此行有什么政治目的?"李敖举重若轻:"你把我看小了。政治是暂时的,文化是长久的。"还有一位学生在提问前,对李敖回到大陆表示热烈欢迎,李敖听了哈哈一笑,说:"这是什么问题?我根本没有离开!"

当我重整这部书稿时,耳畔仍回响着李敖的声音。

纵观台湾文坛,包括时常往来于两岸的作家与学者,没哪位敢像李敖这样自信地说:"不是台湾出了个李敖,是中国出了个李敖!"

是的,跟随家人坐船到台湾的李敖,写台湾的前面总要冠以中国的李敖,以《北京法源寺》证明传统文化底蕴的李敖,在北京说一口北京话的李敖,在台北可以痛斥"台独"的李敖,他与我们民族基因贴得如此之近——

"根本没有离开"!

感谢人民文学出版社的持续厚爱,更感谢李敖先生的宽容大度,使我有机会追踪李敖的人生脚步,不时记下应该补充的若干文字,让这本书的新版以全新面目与更多的读者见面。同样有缘的是,这本书初版到再版,再到增补版,责任编辑都是杜丽。她对文学的感悟和对史实的推敲,使书稿日臻完善。

但凡写李敖,都该有一个开放性的结尾,还会遗漏无数"正在进行时",因为李敖不按常理出牌,一不留神他就走在我们的前面了。

就像我再次与李敖相见,以为李敖会穿那件红夹克,我特地换了一件蓝夹克,没想到他系领带穿西装。我的衣着如此随意,与李敖的严谨正装,形成了鲜明反差。尽管我是无意的,却有不敬之嫌,弄得我合影时有些不自在。

李敖总是出人意料。以为李敖不会守着一段婚姻,错了;以为李敖不会让儿女曝光,错了;以为李敖到七十多岁搁笔,又错了。

他每每让人家的预测落空。

二〇一四年,七十九岁的李敖自在洒脱,我行我素,谈笑间不见衰态,笔力仍然硬朗,如同身板仍然挺直。瞧,他的眼藏在墨镜后面,挂着那根陈文茜送他的银灰拐杖,又穿起一身招牌式的红夹克,脸上挂着人们熟悉的狡黠微笑……

2014年春于紫金山麓

李敖
大传